MW01113662

# 99 POR 1

## por Will Cravens

**Publicado, versión: primera edición,**
**Diciembre 2017**
**Endurance Leadership, Inc.**
**Ashburn, VA 20148**

**99 por 1, Derechos Reservados de Autor © 2017**

**Portada Diseñada por A.J. Ferrin**

**ISBN: 9781980259084**

# Dedicatoria

Este libro está dedicado a mi mejor amigo de la infancia, Ed Pelzner.

Nuestro tiempo creciendo juntos y los increíbles recuerdos me han convertido en el hombre que soy hoy.

Gracias, Ed, por contribuir a la aventura de mi vida y por retarme a asumir más riesgos.

Incluso en este viaje, has agregado a la riqueza de mi vida sin saberlo.

Si no te hubieras perdido en las calles de San Diego, nunca hubiera conocido a tantos hombres y mujeres extraordinarios que viven allí. Quiero agradecerte por tu amistad. Y oro para que el Dios vivo traiga restauración a tu vida de tal manera que te conviertas significativamente más de lo que nunca soñaste posible. En ese día, será claro para todos que Dios hizo un milagro.

Te quiero, hermano,
Will

# Agradecimiento Especial

Quiero agradecer a mi increíble amigo Steve Bowman. Aunque él nunca conoció a Ed personalmente, él me acompañó en cinco viajes. Steve invirtiho su propio dinero y tiempo, caminando más de 200 millas en las calles de San Diego para ayudarme en la búsqueda, mientras amaba a un sinfín de indigentes en el camino. Él es un amigo asombroso y un líder dedicado. Gracias, Steve, ¡no hubiera podido hacer esto sin ti!

También estoy agradecido con los 42 hombres, mujeres y ninos que me acompañaron en los viajes buscando a Ed. ¡Ellos amaron a muchas almas sin hogar en el camino!

Además, quiero agradecer a mis amigos que me ayudaron con el proceso creativo y de edición para escribir y publicar este libro. Esa lista de personas incluye, entre otros, a Sandra Cravens, Gene & Linda Davis, Jane & Gary Ellrod, Lily Jourdan de Hidalgo, Dustin Holliday, Elaine Sales y Suzanne Vel.

Por último, quiero agradecer a mi increíble esposa Sandra Cravens por apoyarme a lo largo de este viaje. También fue extremadamente comprensiva cada vez que anuncié que regresaría a la costa oeste en busca de mi amigo. Sandra fue mi mayor animadora, aunque eso significó que estuve fuera por un total de diez semanas en total. Incluso me acompañó en cuatro viajes diferentes y nunca dejó de creer en la causa. El amor y el apoyo de Sandra hacia mí a lo largo de este proceso emocionalmente agotador de seis años ha servido para mantenerme en marcha y estoy agradecida con Dios por darme una esposa tan cariñosa y una mejor amiga con quien compartir mi vida.

**Viaje 1:** (2/9-13/15) Will Cravens

**Viaje 2:** (9/14-20/15) Will Cravens, Brian Carruthers y Steve Bowman

**Viaje 3:** (2/7-13/16) Will Cravens, Steve Bowman y A.G. Ukwa

**Viaje 4:** (3/23-28/16) Will y Sandra Cravens

**Viaje 5:** (10/9-16/16) Will Cravens, Steve Bowman, Dave (Gumby) Houston, Trevin Frame, Tom Pounder, John Costello, Georgia McGowan y Audie Hall

**Viaje 6:** (2/12-18/17) Will Cravens, Steve Bowman, Jason Bruce, Dave (Gumby) Houston, Georgia McGowan, Ben Atkinson, Evan Reyle, Connor Sarant y Courtney Cravens

**Viaje 7:** (8/14-20/17) Will y Sandra Cravens

**Viaje 8:** (9/17-23/17) Will Cravens, Steve Bowman, Eric Locklear, Connor Sarant, Ben Skriloff y Laki Atanasov

**Viaje 9:** (2/11-17/18) Will Cravens, John Morales, Ben Skriloff y Semisi Tipeni

**Viaje 10:** (8/29/18 – 9/4/18) Will y Sandra Cravens, Eric Locklear, Ed Hidalgo y Lily

Jourdan de Hidalgo, Capri y Skye Cravens

**Viaje 11:** (9/17-22/18) Will Cravens, Steve Bowman, Georgia McGowan y Andrew Beall

**Viaje 12:** (12/30/18 – 1/5/19) Will Cravens, Steve Bowman, Holly Bowman, Kara Bowman, Clay Whitley, Georgia McGowan, Hawley Hansen, Peter Hong, Randy Stenson, Melanie y Enzo Uribe

**Viaje 13:** (8/12-19/19) Will & Sandra Cravens, Lily Jourdan de Hidalgo, Hailey, Capri & Skye Cravens, Dustin & Lisa Holiday

**Viaje 14:** (1/12-18/20) Will Cravens, Steve Bowman, Kara Bowman, Hawley Hansen, Peter Hong, Emil Short, Bill Bryson, Brian Silvestri, Betsy Jones, María Arévalo

# Acerca de este Libro

*Los detalles de este libro son verdaderos y sin exagerar. Todas las fotos fueron tomadas por los participantes del viaje con el consentimiento de quienes estaban siendo fotografiados.*

*Yo espero que los detalles de esta travesía inspiren a otros a buscar a aquellos que han perdido su camino. El verdadero amor es el que se demuestra con acciones y no se limita a las palabras. El mundo tiene una extrema necesidad de personas dispuestas a dejar la comodidad de su entorno para buscar y cuidar a aquellos que han perdido su habilidad de ayudarse a sí mismos.*

*La travesía de dejar a 99 que están en un lugar seguro para ir a buscar al único que está en problemas es una tarea noble, digna de nuestro tiempo y recursos.*

*Nota: ¡Un porcentaje de todas las ganancias de "99 for 1" se dona a los esfuerzos continuos de la misión que benefician a los menos afortunados y, a menudo, se pasan por alto en la cultura actual! A través de la organización sin fines de lucro, Endurance Leadership continuamos organizando y dirigiendo misiones médicas, excursiones para personas sin hogar y otros viajes destinados a sacar a las personas de sus zonas de confort. Buscamos crear oportunidades para que las personas amen a los demás atendiendo necesidades prácticas y cuidando a los demás como nos gustaría que nos cuidaran si los roles se invirtieran. Dichos viajes han demostrado ser un cambio de vida.*

*Referencia: El concepto de "99 por 1" viene de la Biblia (Lucas 15:3 – 7).*

Will Cravens, Autor

# Contenido

# Prefacio

Por Steve Bowman

*(Participante en 8 viajes)*

*(De izquierda a derecha: Steve y Will)*

¿Quién es este amigo de Will llamado Ed? Eso era lo que yo necesitaba descubrir después de escuchar a Will Cravens pararse frente a la congregación en Agosto del 2015. Él le preguntó a una iglesia entera si alguien quería ir a San Diego a ayudarlo a buscar a su amigo de la infancia, Ed. Aparentemente, de un momento a otro, Ed había dejado todo lo que tenía -- posesiones, amigos y familiares-- para vivir en las calles de San Diego.

Will explicó que ya había ido a San Diego una vez a buscar a Ed, en vano. Durante su primer viaje, un indigente, llamado Ted, lo desafió a vivir en las calles para encontrar a su amigo y aprender más sobre la nueva manera de vida que Ed había escogido. Así que, Will siendo Will, empezó a planear justo eso, y comenzó a reclutar voluntarios para la misión. Cuando escuché el reto, pensé, "Ese es un viaje al que jamás iré." Dios tenía un plan diferente.

Durante las siguientes dos semanas, mi mente seguía pensando en el reto de Will. ¿Cómo sería vivir en las calles y ayudar a Will a buscar a su amigo? "Ése debe ser un gran amigo," reflexioné.

Después de un tiempo en oración, me convencí de que debía ofrecerme como voluntario para unirme al grupo de búsqueda. Mi próximo reto era ingeniar cómo presentarle esta idea a mi esposa. Para mi sorpresa, ella me apoyó inmediatamente. No perdí tiempo y llamé a Will para decírselo. No tenía idea en lo que me estaba metiendo. Éste iba a ser un viaje a ciegas, pero algo me decía que era lo correcto.

Decisiones y viajes como éstos están muy fuera de lo normal en mi vida. La idea de estar en las calles y vivir como un indigente estaba completamente fuera de mi entorno diario. Mi ingenua idea era que exploraríamos las calles por el día y simplemente encontraríamos a Ed en una esquina. Este no fue el caso. Fue más como encontrar una aguja en un pajar. Después de enterarnos que el número de indigentes en San Diego pasaba los diez mil, me di cuenta de lo desafiante que podría ser la búsqueda.

Durante los nueve viajes que hice con Will, aprendí más de Ed y del fuerte vínculo de amistad que compartía con Will. Estaba empezando a sentir como si yo también lo conociera y esto empujó mi determinación a encontrarlo. El agradecimiento que expresaban los padres de Ed antes y después de cada viaje, y su amor por su hijo, alimentaban mi empeño por encontrarlo.

Nuestro tiempo buscando no fue en vano. ¡Los indigentes que conocimos en la calle eran increíbles! Cada uno de ellos tenía una historia única sobre cómo terminaron viviendo en las calles, desde pérdidas financieras, adicción a drogas y alcohol o el deseo de escapar de la sociedad.

Fue durante mi quinto viaje con Will que me percaté de que esta misión se había expandido más allá de encontrar a Ed. Encontramos que los indigentes que vemos en cada viaje disfrutan de nuestra compañía y de saber que son amados. Los que hemos llegado a conocer por su nombre y ellos están ansiosos de vernos cada vez que volvemos. La amistad que he desarrollado con Will es algo que estimaré de por vida. Definitivamente uno se acerca a alguien después de enfrentar juntos retos tan significativos, así como caminar innumerables millas cada día, y luego tener que dormir afuera en el frío, bajo la lluvia, y en un campo con un sistema de riego inesperado.

Es difícil olvidar la cantidad de veces que la policía nos despertó con la luz de sus linternas en nuestros ojos, además de las muchas risas y lágrimas que compartimos en el camino. Estoy convencido de que al leer este libro, usted también se preocupará más por aquellos menos afortunados, como Ed; y además verá cuán increíble es Will Cravens, que ha llegado a tales extremos en la búsqueda de su amigo de la infancia.

Así que, reto a todos los que lean este libro a que dejen los noventa y nueve, y vayan a buscar al uno. ¡Es un viaje que vale la pena hacer!

# Prefacio

Por Eric Locklear

*(Participante de viaje 2 veces)*

*(Eric Locklear en bicicleta en Maui)*

Yo era un cristiano reacio cuando entré a Bridge Community Church un domingo por la noche en 2016. Digo reacio porque no ignoraba al Señor, ni estaba totalmente contra la religión, simplemente no era un entusiasta, tibio en el mejor de los casos. Nací en el condado de Robeson, Carolina del Norte, un lugar donde compiten los pentecostales, los bautistas y el pecado. Aunque crecí en Reston, Virginia, había oído y visto muchas cosas. Mahatma Gandhi resumió mejor mi pensamiento cuando dijo: "Me gusta tu Cristo, no me gustan tus cristianos. Tus cristianos son tan diferentes a tu Cristo". Sin embargo, cuando mi esposa llamó mi atención sobre una historia en la cuenta de Facebook de Will Cravens, vi las publicaciones y las fotos que describían su búsqueda de Ed Pelzner en las calles de San Diego.

Mi vida se congeló momentáneamente. Me explico, conocía a Will y a Ed desde que asistimos a la Escuela Primaria Hunters Woods hasta que nos graduamos de la Escuela Secundaria South Lakes muchos años después. Nuestras vidas volverían a estar inextricablemente unidas después de una brecha de 30 años desde la última vez que nos vimos. ¿Quién además de Dios hubiera sabido que aproximadamente un año después de que entré a esa iglesia en 2016, estaría caminando por las calles de San Diego? Solo Él podría haber sabido que viviría entre las personas sin hogar y que me impulsaría una fuerza invisible, a través del calor y el viento en contra, para encontrarme con Ed Pelzner al año siguiente, en una esquina de Paia, Maui, a fines del verano de 2018. Ya no era yo el cristiano reacio y escéptico, estaba comprometido.

Atribuyo este cambio profundo al Dios vivo de la Biblia, que mi amigo Will Cravens me hizo ver. Cuando digo que me llevó a experimentar un cambio significativo, debo agregar que no predicó sobre eso como yo esperaba, sino que simplemente amaba a Dios y a las personas que se cruzaban en su camino. Si bien usted puede atribuir mi pensamiento a otra cosa, lo que es indiscutible para mí son las vidas que he visto transformadas positivamente desde que volví a comprometerme con Dios. Las historias escritas en estas páginas solo arañan la superficie de las miles de otras vidas que fueron impactadas de manera positiva. Uso la cifra de 'miles' ya que el número real sería inestimable, pero calculable anecdóticamente. Digo esto porque es imposible dejar de lado las comodidades de una familia amorosa, el hogar y la comida para caminar por las calles de una ciudad lejana, hablar con los desamparados y vivir entre ellos, sin que la experiencia impacte significativamente tu visión del mundo, cristiana o no.

Después de mi viaje a San Diego en 2017, me di cuenta que veia a las personas de manera diferente y que veia mi lugar en este mundo con una nueva perspectiva. Un ejemplo tangible del cambio que se produjo en mí, me llevó a comprar burritos de desayuno de McDonalds los miércoles por la mañana y repartirlos a las personas sin hogar que encontré en la estación de metro de Washington DC antes de ir a trabajar. Al igual que el hombre que repartia burritos que conocí en Pacific Beach durante mi semana en las calles allí, me inspiré a seguir su ejemplo.

La narración que Will Cravens cuenta de su relación con Ed en las calles, bosques y campos de Reston, Virginia, donde crecimos, es deslumbrante en su simplicidad y hermosa en su impacto. Will camina por esta vida y ama a las personas en el camino. Will va de compras y ama a las personas en el proceso. Will anda en bicicleta y ama a las personas que ha conocido. Mi suposición es que Will no vivió de esta manera desde el momento en que llegó a la fe cuando era un niño de secundaria. Me imagino que las semillas de su carácter deben haber sido sembradas temprano, aunque escondidas bajo capas de dolor y lucha durante sus años formativos.

Lo que Will demuestra es que no es necesario que haya un comité, no es necesario que haya una organización, ni es necesario que haya una agencia gubernamental para impactar al mundo. Lo que he notado en mi amistad con Will es su firme convicción de tratar a los demás como le gustaría ser tratado si los roles se invirtieran. Si cada uno de nosotros viviera esa práctica simple pero profunda a diario, es inestimable el impacto y el efecto dominó que tendría en este mundo en el que vivimos.

"99 por 1" cumple la misión de encontrar a Ed, pero no termina el viaje. Dios no entra y sale de nuestras vidas al azar, y todavía queda mucha más vida para mí, Will y Ed que queda por descubrir. Incluso tú, querido lector, si nunca caminaste por una calle en San Diego o montaste una milla en Maui, eres una parte tan importante de esta saga como Will, Ed y yo. No se sorprenda si se encuentra haciendo algo amable por alguien después de completar este espectacular relato de la vida real de lo que significa amar a su prójimo, como se ve en la búsqueda de Will para encontrar a Ed Pelzner en "99 por 1".

Eric Locklear, (Participante en 2 viajes)

# Introducción de Will Cravens

Yo estaba sentado en un elegante restaurante en el centro de Quito, Ecuador, disfrutando de la conversación y esperando el primer plato, pero algo distraído.

Mientras trataba de concentrarme en mi amigo y en lo que estaba compartiendo, había dos agentes del servicio secreto zumbando alrededor del perímetro de nuestra mesa. Todd y su esposa se mudaron a Ecuador después de aceptar su nombramiento como Embajador de Estados Unidos en Ecuador. Ya me había impresionado cuando nos quedamos atrapados en el tráfico esa noche, lo que el equipo de seguridad vio como un riesgo potencial. Lo manejaron encendiendo las luces azules y eludiendo el tráfico manejando en la mediana. Evitamos el atasco y llegamos a la cena en poco tiempo. Si bien el embajador Chapman puede haberse acostumbrado a la presencia constante de agentes del Servicio Secreto, a mi me distraían un poco.

Estaba de visita en la primavera de 2017 y en medio de la planificación de un viaje de misión médica a Ecuador. Todd me había ayudado presentándome algunos contactos que acordaron coordinar nuestra excursión más tarde ese verano. Había pasado unos días en la capital y también en Cuenca donde teníamos previsto alojar a nuestro equipo médico. Nuestra cena era la comida final antes de que tuviera que volar de regreso a los Estados Unidos más tarde esa noche. Simplemente pensé que disfrutaríamos de una buena comida juntos antes de irme y no tenía idea de que la conversación afectaría mi futuro.

Todd me tomó por sorpresa cuando me hizo una pregunta: "Entonces, ¿cuándo vas a escribir el libro?" Estoy bastante seguro de que mis cejas se fruncieron cuando respondí: "¿De qué libro estás hablando?" Todd respondió: "El libro sobre tu amigo sin hogar Ed". Me senté allí por un minuto procesando su desafío indirecto. Le pregunté: "¿Por qué escribiría ese libro? Hice algunos viajes y no lo encontré, lo que hace que la búsqueda se sienta como una misión fallida. ¿Por qué la gente querría oír hablar de eso?". No se inmutó por mi respuesta y dijo: "Has vivido en las calles con personas sin hogar y eso es extraordinario. ABC News San Diego publicó una historia sobre ti y eso no ocurre todos los días. Por último, no te has rendido, e incluso ahora estás planeando más viajes. ¡Eso es inspirador!" Permitió que sus comentarios se asimilaran antes de agregar: "La historia debe ser contada".

Charlamos más sobre la idea y la importancia de capturar la historia y, a fines de septiembre, completé mi primer borrador de "99 por 1". El problema era que la historia aún no había terminado. Cada vez que hacíamos otro viaje, necesitaba actualizar el material. Cuando estás escribiendo un relato verdadero basado en eventos de la vida real, ¿cómo sabes si la historia está completa y cuándo? Jugué con escribir una secuela del primer borrador e incluso esbocé una trilogía antes de decidirme por lo que he compilado en este libro. Tuve la sensación de que era el momento.

Espero que esta historia sirva para inspirarte en el camino de tu vida. Aunque tomé notas al azar sobre las lecciones que aprendí a lo largo de este viaje, la idea de escribir un libro nunca pasó por mi mente hasta que Todd la mencionó. Ahora que me he tomado el tiempo para completarlo, me gustaría decir desde el principio que creo que las personas son la inversión número uno que podemos hacer en esta vida. Vale la pena correr riesgos e invertir nuestro tiempo. La busqueda de un ser humano que está en problemas, incluso si ellos mismos lo causaron, demuestra un valor que puede ser un catalizador para el cambio. Ofrecer gracia y compasion a aquellos a quienes se les ha dicho que están más allá de la reparación, es algo que se necesita en el mundo que vivimos.

Es mi esperanza y mi oración que este libro te haga cuestionar cómo es el verdadero amor. Este viaje comenzó para mí cuando me di cuenta de que mi amigo estaba en problemas y me atreví a hacerme una pregunta sencilla. "¿Cómo querría ser amado si los roles se invirtieran?" Esa sola pregunta y la respuesta que vino a mi mente me impulsaron en este viaje que cambió mi vida. Nunca me detuve a considerar cuántos viajes podría tomar, cuánto dinero podría costar o cómo mi propia vida podría verse afectada. Simplemente sabía que amar a otra persona de la forma en que me gustaría ser amado si estuviera en su lugar, era lo correcto.

Ruego que las historias reales que se encuentran en las páginas que está a punto de leer sirvan para alentarlo, inspirarlo y motivarlo a amar a los demás desde lo mas profundo de su ser. Si te atreves a amar a alguien que es un riesgo significativo sin importar el resultado, tu mismo cambiaras en ese proceso incluso si ellos no cambian. ¿En qué clase de mundo viviríamos si todos viviéramos de esa manera? No pretendo ser un experto, pero me siento bendecido por lo que he aprendido en el camino. No cambiaría esta experiencia por nada y oro para que sirva para impactar tu vida más allá de lo que puedas imaginar.

Will Cravens,
(autor y participante en 14 viajes para personas sin hogar)

# Capítulo 1
## *La Llamada Telefónica*

Una tarde, a principios de Octubre del 2014, sonó mi teléfono. No tenía idea de que la conversación cambiaría mi vida para siempre. La persona llamando era la mamá de mi mejor amigo y ella fue directo al grano. "¡Ed está en problemas!" Su voz sonaba temblorosa mientras continuaba, "Dejó su negocio y decidió vivir en la calle. ¡¡¡¿Puedes creer eso?!!!"

Me quedé sin palabras mientras intentaba procesar las alarmantes noticias. "¿Tal vez ella está equivocada?" Pensé. Al menos esperaba que lo estuviese.

La mamá de Ed, sabiendo que Ed y yo habíamos logrado mantener una amistad desde la adolescencia hasta el día de hoy (a pesar de vivir en costas opuestas durante la mayor parte de ese tiempo), sabía que yo tomaría sus preocupaciones en serio. Ella acababa de regresar de la costa oeste y yo fui una de las primeras personas que ella llamó.

Ed y yo crecimos en un pueblo llamado Reston, en Virginia. Hoy, Reston es un desbordante suburbio de la capital de la nación, pero en los años setenta (cuando estábamos creciendo), los vecindarios apenas estaban comenzando a surgir entre unas pocas granjas ganaderas.

Ed se mudó a la costa oeste a finales de los años ochenta, estableciéndose en la ciudad de San Diego, California. Él me dijo que le encantaba ahí y juró que nunca se iría. En la mayoría de mis viajes al oeste yo visitaba a Ed y él siempre aparentaba estar bastante feliz. No podía imaginarme qué pudo haber causado que renunciara a su negocio y se fuera a las calles.

La mamá de Ed especulaba que tal vez él estuviese luchando con algún tipo de enfermedad mental. Ella razonó, "Las personas normales no pierden la esperanza en la vida y se vuelven indigentes, ¿o sí?" Su intuición materna, sabiendo que algo no estaba bien cuando habló con Ed por teléfono la última vez, la motivó a reservar un vuelo a California inmediatamente.

La mamá de Ed no fue la única en sentir que algo estaba mal. Cuando ella llegó a San Diego, la recibieron dos de los mejores amigos de Ed (Mason y Brett), quienes lo conocían desde la Secundaria. Aunque todos estaban ahí para ayudar, lo que realmente la preocupaba era el hecho de que Ed había rechazado todas sus ofertas de ayuda. Cuando estaban empacando, Ed no se quedó para ofrecer su opinión sobre qué hacer con sus cosas. Les dijo a Mason y Brett que necesitaba cortarse el pelo y luego se fue.

Mason y Brett hicieron todo lo posible para ofrecerle ayuda a Ed y no podían entender por qué la rechazaba. Cuando se dieron cuenta de que lo estaban desalojando de su lugar de trabajo, rápidamente organizaron un contenedor de almacenamiento para rescatar sus pesadas herramientas de carpintería. Almacenaron sus posesiones más pequeñas de él con una amiga local llamada Stephanie. Las herramientas de Ed representaban su sustento y, junto con sus bicicletas de carretera, fácilmente valían más de $25,000. La mamá de Ed y sus amigos estaban tratando de darle sentido a todo.

La validez de sus preocupaciones se volvió aún más clara cuando declaró, "No siento que esto sea algo temporal. ¡Ed me dijo que de ese momento en adelante planeaba vivir en las calles!"

Ella no me estaba pidiendo que actuara, pero deseaba las oraciones de las iglesias locales por su bienestar. Antes de colgar, ella comentó que Ed, incluso, había abandonado su teléfono y Facebook, dejándonos sin ninguna manera de contactarlo.

Fue muy difícil para mí reconciliar sus palabras con el hecho de que yo acababa de ver a Ed, en mi último viaje a la costa oeste, sólo diez meses atrás.

Debido a la historia que compartíamos Ed y yo, siempre me aseguré de contactarlo cada vez que tenía un viaje planeado al sur de California. El mantener este hábito durante los últimos treinta años nos había permitido seguir siendo amigos cercanos.

En uno de mis viajes al oeste del país, con mi esposa Sandra, contacté a Ed para invitarlo a cenar juntos. El trajo a su novia, Lori, y pasamos la mayor parte de la noche poniéndonos al día y conociendo a la novia de Ed. Intercambiamos viejas historias, (su versión siempre lo hacía sonar mejor, y la mía probablemente era más parcial a mi favor), nos reímos, cenamos, nos pusimos al día en nuestras vidas, y disfrutamos un buen rato.

Al final de la noche, Lori, la novia de Ed comentó, "Ustedes han sido amigos desde que eran niños. No muchas personas tienen este tipo de vínculo o permanecen en contacto. Ustedes dos deberían valorar su amistad." El comentario de Lori tornó el ambiente más serio, pero bromeamos para aliviar la tensión. Pasamos otra hora recordando antes de terminar.

A la mañana siguiente, antes de irnos al aeropuerto, Ed nos acompañó a desayunar en nuestro hotel. Él dijo, "he estado pensando sobre lo que dijo Lori, y creo que tiene razón. Valoro nuestra amistad y quiero hacer un mejor trabajo manteniéndome en contacto."

Luego me agradeció por hacer el esfuerzo de contactarlo cada vez que viajaba a la costa oeste. Le agradecí la respuesta y me alegré por la sugerencia de Lori de nunca menospreciar nuestra amistad.

El año siguiente, mi esposa y yo volvimos al área de Anaheim por negocios. Le dije a Ed que, aunque no iba a estar en San Diego, lo quería invitar a ir a Anaheim y quedarse en nuestro hotel. Nuestra habitación en el hotel tenía un cuarto separado con un sofá cama. Honestamente no esperaba que Ed hiciera el viaje, pero me sorprendió y aceptó mi oferta.

Ed tomó un tren a Anaheim, acompañado de su bicicleta. Luego manejó su bicicleta desde la estación hasta nuestro hotel. Yo estaba emocionado de verlo. Sandra se acababa de ir a la cama, así que Ed y yo aprovechamos el tiempo para ponernos al día, mientras probábamos la cerveza local que nos recomendaron. Esa vez, Ed no trajo a su novia (no porque no cupo en la bicicleta, sino porque habían terminado recientemente). Ed no parecía querer hablar sobre eso, así que nos conformamos con hablar de otras cosas.

Como era nuestra costumbre cuando no nos habíamos visto por un buen tiempo, uno de los dos sacaría el tema de una aventura pasada compartida para recordar. No estoy seguro cuál de los dos sacó el tema, pero antes de darnos cuenta, estábamos reviviendo el recuerdo de un sábado cualquiera cuando decidimos pasar el tiempo en el Zoológico Nacional. De alguna manera, terminamos en la casa de los Primates y nos llevaron con un gran grupo de monos que estaban jugando en la parte de afuera de su jaula, al aire libre.

Esta raza en particular tenía pelo largo y negro, con un gran copete puntiagudo saliendo desde la corona de sus cabezas. En cierto modo se parecían a esos extraños monos voladores azules de *El Mago de Oz*. Aunque el letrero claramente decía, "No alimente a los monos," Ed no vio peligro alguno en ofrecerles palomitas de maíz. Un enorme mono negro con un copete de pelo grande en su cabeza, parecido al *"Grinch"*, se interesó extremadamente en las palomitas de maíz de Ed. Lo que comenzó con Ed lanzando las palomitas de maíz hacia el borde de la jaula desde lejos, se fue acercando con cada pedazo de maíz.

Sin embargo, a medida que el mono se volvió más audaz, también lo hizo Ed. En poco tiempo, teníamos una pequeña audiencia de personas interesadas, observando de cerca el vínculo de Ed con el gran primate. Cuando Ed se quedó sin palomitas de maíz, el mono estiró su brazo peludo a través de los barrotes y le tendió la mano abierta a Ed. A todos nos conmovió su conexión y observamos con interés cómo Ed ofrecía su dedo índice en dirección al mono. Justo cuando Ed apoyó su dedo en la palma de la mano del mono, algunas personas sacaron cámaras para capturar el conmovedor momento. Si tú y yo miramos una de las fotos, podríamos creer que están copiando el famoso fresco de Miguel Ángel que cuelga sobre la Capilla Sixtina. Sin embargo, ese intercambio pacífico pronto cambiaría. Sin previo aviso, el mono agarró el dedo de Ed con más fuerza mientras tiraba de él hacia su boca abierta, revelando grandes colmillos blancos. Las palomitas de maíz fueron el aperitivo para la bestia que claramente estaba lista para el plato principal, el "bocadillo" de Ed.

Yo no sabía que Ed tenía reflejos tan rápidos hasta que lo vi sacando su mano fuera de esa jaula. La audiencia que se había reunido rugió en risa, y yo también. En ese momento a Ed ya no le parecía gracioso. Ambos encontramos divertidísimo revivir ese recuerdo esa noche, en la recepción del hotel en Anaheim.

La conversación tomó un giro brusco cuando Ed se puso muy serio. Me dijo que había llegado hasta donde yo estaba, y tomado el tren para verme, porque quería compartir algo conmigo. Esto no era típico de Ed, así que escuché atentamente. Siguió diciendo, "He estado viendo tu Facebook últimamente, y he observado los viajes que diriges para servir a los pobres en distintos países. He querido hacer algo como eso e incluso contemplé unirme al Cuerpo de Paz."

El me confesó sentir que había vivido su vida de manera muy egoísta hasta ahora, y que estaba listo para cambiar. Me pidió un consejo mientras se terminaba de beber su cerveza rápidamente. Después de escuchar el remordimiento de mi amigo y su deseo de causar un impacto, me conmoví por su honestidad. Lo invité a acompañarme, al final de la primavera, a un viaje misionero médico que teníamos planeado a Ghana. Me dijo que no tenía suficiente dinero para cubrir el viaje.

Yo no quería que la falta de dinero fuese un obstáculo para el deseo de servir de mi amigo. La ventana de la oportunidad puede cerrarse sin previo aviso, y no hay garantía de que se vuelva a abrir. En mi opinión, el deseo de un humano de realmente hacer un cambio significativo en la vida no es común, así que no me tomé las palabras de Ed a la ligera. Era momento de actuar.

Sentí la necesidad de ofrecerle un viaje gratis, y lo hice. Le dije, "Encontraré el dinero para tu viaje para que nos puedas acompañar, pero tienes que asegurarte de tener un pasaporte vigente antes de que pueda comprar tu boleto. Ghana requiere una visa, así que tendré que llevar tu pasaporte con los de los demás participantes del grupo a la oficina del consulado en Washington, D.C." Me dijo que su pasaporte estaba vencido, pero agradeció la oferta y me aseguró que solicitaría un nuevo pasaporte lo antes posible.

Prometió mantenerme al tanto, por mensaje de texto, con respecto al proceso. Intercambiamos algunas historias más de los viejos tiempos y luego subimos a la habitación. Entramos al cuarto, y le mostré dónde estaba el sofá cama.

Lo que Ed hizo después fue una sorpresa total para mí. Él dijo, "Will, antes de que te vayas a la cama, ¿podrías orar por mí, por favor?" Ed nunca había pedido oraciones, así que me conmoví por su humildad y su deseo de pedirle ayuda a Dios. Dije, "Claro" y luego oramos y le pedimos a Dios que bendijera a Ed y su deseo de hacer un cambio.

Claramente, Dios estaba tocando el corazón de Ed. Sentí que él quería compartir más, pero eso era todo lo que estaba dispuesto a decirme en ese momento. Terminamos la noche, y luego me fui a mi cuarto, donde mi esposa Sandra estaba completamente dormida.

A la mañana siguiente, Ed nos acompañó, a Sandra y a mí, a desayunar. Nos expresó su gratitud y emoción por el próximo viaje a Ghana. Mi esposa Sandra estaba entusiasmada al escuchar que Ed estaría participando, mientras la poníamos al día con el plan que los dos habíamos elaborado la noche anterior. Ed dijo que debía comenzar su viaje de regreso a la estación de trenes y nosotros estábamos apurados para irnos al aeropuerto. Entonces él sacó algo de su mochila, y lo deslizó sobre la mesa.

"Hice esto para ti," dijo Ed, mientras sacaba una caja de madera de la bolsa de plástico en la que estaba envuelta. Era una caja de caoba hecha a mano, con un asa negra de hierro en la tapa. Le agradecí a mi amigo por su amable gesto, y Sandra sugirió tomarnos una foto de los dos antes de irse.

*(De izquierda a derecha: Will y Ed)*

Ella tomó la foto justo antes de despedirnos. Ed me agradeció una vez más por la generosa oferta y también por mi compromiso de mantenerme en contacto durante tantos años. Lo abracé y le agradecí por la caja de madera hecha a mano. Y así, se fue. Sandra y yo empacamos y nos fuimos al aeropuerto. Había sido una visita genial con mi viejo amigo, llena de detalles inesperados.

Me fui de nuestro encuentro emocionado de ayudar a Ed a renovar su pasaporte, para poder unirse a nuestro equipo médico en Ghana. Intercambiamos llamadas y mensajes de Facebook durante los siguientes meses, mientras me aseguraba que estaba trabajando en eso. Me percaté de que la fecha límite para enviar los pasaportes del grupo se estaba acercando, así que le pregunté sobre el proceso. Ed me respondió, aunque nunca mencionó su pasaporte. El último mensaje que recibí de Ed simplemente decía, "Te quiero, Will – Ed." Le respondí haciéndole saber que yo también lo quería. Ese mensaje me dejó intrigado.. Me pregunté en qué estaría pensando Ed para enviar tal mensaje. Me quedé con la duda, porque ya no respondió más.

¿Cuál fue el catalizador que lo llevó a viajar largas distancias para verme en Anaheim meses atrás? En ese momento él había expresado un sincero deseo de cambiar su vida. ¿Qué había pasado mientras tanto? Traté de llamar para ver si todavía estaba dispuesto a hacer el viaje a Ghana, pero nunca recibí respuesta.

Desde ese momento en adelante, la vida de Ed tuvo una caída seria; una que desconcertó a su familia, así como a sus amigos cercanos (yo incluido). Cuando recibí la llamada de su mamá, diciéndome que Ed estaba en las calles, simplemente no tuvo sentido.

En poco menos de un año, Ed había pasado de desear un cambio en su vida a desconectarse de sus amistades y su ocupación.

¿Por qué no simplemente obtuvo su pasaporte y vino conmigo como lo habíamos discutido? ¿Qué estaba pensando? Yo estaba tan confundido y tenía más preguntas que respuestas. ¿Qué podía hacer al respecto?

Comencé a orar y pedirle respuestas a Dios. Repetía nuestra última conversación en mi mente. ¿Qué estaba pasando dentro de Ed durante nuestra última visita? ¿Había pasado algo traumático que causara su repentino cambio de actitud? En tal caso, ¿qué? La curiosidad era tan grande que llamé a la mamá de Ed para obtener algunas respuestas.

Estaba claro por la segunda llamada, que los padres de Ed no estaban conformes con la noticia de que Ed había decidido vivir en las calles. Si tu hijo, repentinamente, se vuelve indigente y rechaza tu ayuda, no importa cuál sea su edad o las circunstancias que causaran esta desafortunada situación, tu estarías devastado.

Ellos me comentaron algunos otros hechos y me dijeron que habían hecho amistad con una amiga cercana a Ed, quien tiene un negocio de paseo de perros en San Diego. Su nombre es Stephanie y ella camina regularmente en el vecindario de Ocean Beach donde Ed frecuentaba. Stephanie aceptó mantenerlos informados de los últimos paraderos de Ed. Como amiga, ella también estaba confundida sobre su repentino abandono de su negocio y residencia. Ella aceptó vigilar sus pertenencias personales (lo que Ed dejó abandonado), en caso de que decidiera regresar para recuperarlas.

Después de hablar con los padres de Ed y con Stephanie, quien estaba vigilándolo, tuve una mejor idea de dónde Ed estaba pasando sus días. Sin embargo, todavía no entendía por qué razón hizo esto. Había demasiadas preguntas sin contestar para que todo tuviera sentido. ¿Cuál debería ser mi siguiente paso?

# Capítulo 2
## *El Loco Ted*

Empecé a orar por Ed y un día, en medio de mis oraciones, el segundo mandamiento vino a mi mente: *"Ama a tu prójimo como a ti mismo."* (Lucas 10:27). Pasé un tiempo contemplando este mandamiento, que a veces es referido como "la regla de oro", La pregunta que me vino a la mente como resultado fue: "¿Cómo querría ser amado si de repente me encontrara en la calle?" Sin pensarlo mucho, llegué a la conclusión de que si me quedaba sin hogar en una ciudad en algún lugar, esperaría que alguien viniera a buscarme. Ciertamente no quería ser descartado y olvidado.

Inmediatamente hice planes para viajar y encontrar a mi amigo. Le pregunté a un par de amigos cercanos si me acompañaban en la travesía. Un amigo llamado Dustin Holliday aceptó acompañarme. Él había sido policía en el pasado, así que pensé que sus habilidades y conocimiento de la calle serían útiles. Le pedí a otros amigos que oraran, reservé una habitación de hotel e hice los preparativos para el vuelo.

Una semana antes de mi viaje, Dustin me llamó para decirme que había surgido una emergencia familiar y no podría acompañarme en mi misión de encontrar a Ed. Pregunté a otras personas para que me acompañaran en su lugar, pero fue en vano. Al final, viajé solo. Me alojé en un Embassy Suites que está ubicado en el centro de la ciudad, no lejos de la isla Coronado. Sandra y yo nos habíamos alojado en el mismo hotel cuando salimos dos veces con Ed y Lori dos años antes.

No estoy seguro de lo que estaba pensando, pero no estaba preparado para lo que venía. Llegué al hotel justo antes de medianoche, y después de registrarme en la recepción, comencé a preguntarle a los locales dónde se congregaba la población indigente.

Tontamente pensé que llegaría a San Diego, encontraría el parque donde todos los indigentes se reunían, les preguntaría a algunas personas, ubicaría a Ed, intentaría hacerlo entrar en razón, y luego lo traería de regreso al Este. Si hubiera funcionado de esa manera, no estarías leyendo este libro. No podría haber estado más equivocado acerca de la complejidad del viaje que tenía por delante.

Temprano a la mañana siguiente, caminé las calles, buscando a Ed entre los indigentes. Con un mínimo esfuerzo, encontré a un hombre callejero al frente del mar y le mostré una foto de Ed para ver si lo reconocía. El hombre dijo que no lo había visto, así que busqué a otra persona para preguntarle. No fue difícil porque había personas callejeras a todo lo largo del paseo marítimo del centro de San Diego. Ellos eran tan comunes como las gaviotas, y probablemente vistos como una molestia similar. Muchos estaban durmiendo en aceras o sobre el césped. Entrevisté a cualquiera que estuviera despierto.

Me acerqué a un guarda de seguridad, cerca del enorme portaaviones retirado que atrae a un sinfín de turistas cada año. Era amigable y estaba dispuesto a ayudar. Me dijo que hay aproximadamente 12,000 indigentes en el área de San Diego. El número se quedó en mi mente, pero la cifra no se registró. "¿Hay algún parque cercano donde pasan el rato?" pregunté. "Muchos," respondió. "Están en todos lados."

¿Qué significa "en todos lados"? Luego procedió a darme una lista de lugares que pensaba que yo debería probar. Él mencionó: El parque Balboa, en el centro cerca del Estadio Padre; el parque Saint Vincent, Ocean Beach, el área del estadio cerca del "Arena Boulevard", el Riverbed. tantos lugares, que no pude seguir el ritmo. No estaba familiarizado con la ciudad, así que decidí que sería una mejor idea llamar a la amiga de Ed, Stephanie, que tenía el negocio de paseo de perros. Le pregunté dónde debería empezar a buscar. Ella me dirigió a Ocean Beach, sin dudarlo me subí al auto alquilado y seguí mi búsqueda ahí.

Dustin me llamó para ver cómo estaban progresando las cosas. Le di las novedades y le dije que estaba mostrando la foto de Ed por todos lados. Me preguntó si yo estaba en la foto con Ed. Cuando respondí que "no," Dustin sugirió que usara una foto de Ed y yo juntos. Esto demostraría el hecho de que yo realmente conocía a Ed y no era un policía encubierto o recolector de dinero. Ese fue un consejo genial, ya que muchos de los indigentes que había interrogado parecían desconfiados.

Me sentí agradecido con mi esposa Sandra por sugerir que Ed y yo posáramos para una foto cuando lo vimos en nuestra visita a Anaheim. Afortunadamente la encontré en mi teléfono en Facebook y empecé a usar esa foto en lugar de la otra.

Esa tarde, me cruce con varios indigentes a lo largo del paseo marítimo en Ocean Beach. Les mostré la foto. Después de pasarla de uno a otro, ellos comentaron, "Parece conocido. Lo que estás haciendo es muy bonito." Una muchacha joven cubierta con perforaciones y tatuajes exclamó, "¡Desearía que alguien me estuviera buscando!"

Su comentario me conmovió y me pregunté qué sería de su familia y sobre la travesía que la llevó a las calles. Luego, un hombre alto y delgado, con la piel quemada por el sol, me preguntó, "¿Dónde se está quedando?" La pregunta me tomó por sorpresa. Consideré decirle, "En el hotel *Embassy Suites* en el centro," pero me pareció algo insensible. Apuntando en la dirección del centro respondí vagamente, "Por ese lado, camino a la ciudad."

No hablamos más del tema. Por un momento sentí vergüenza de hospedarme en un buen hotel en el centro. Si les hubiera dicho donde me alojaba, ¿me hubieran pedido acompañarme? ¿Y yo, los hubiera rechazado? Todas las preguntas e ideas que no había considerado antes de ese intercambio.

Estuve en la ciudad por solo 3 días, así que cubrí la mayor cantidad de terreno que pude, lo más rápido posible. Entablé numerosas conversaciones con la esperanza de encontrar información útil o una pista que pudiera llevarme a Ed. Hablé con un hombre indigente cerca del parque de béisbol en Ocean Beach mientras él se sentaba en la caseta. Él no tenía idea de quién era Ed, ya que era nuevo en el área. Era un vagabundo sin hogar del noroeste, donde el mal clima le había dado una paliza.

Su nombre era Phil y había llegado a San Diego recientemente para absorber la luz del sol y empezar de cero. Él no estaba solo, ya que como el guarda de seguridad había mencionado, hay aproximadamente 12,000 personas que viven en las calles en San Diego, 50,000 en San Francisco y 90,000 en Los Ángeles. Revisé sus cifras cuando regresé a casa y descubrí que, según Google, las cifras no son tan altas como dijo. Google estima aproximadamente 5.000 en San Diego, 10.000 en San Francisco y 70.000 en Los Ángeles. Supongo que depende de quién esté haciendo el conteo. Independientemente del número exacto, me di cuenta de que el increíble clima de California parece servir como un imán para las personas sin hogar. Nunca había visto tanta gente viviendo en las calles en mi vida.

*(Phil)*

Hablamos cerca de la valla de seguridad del campo de béisbol, donde Phil me dijo, "La calle puede ser adictiva." "¿A qué se refiere con eso?" pregunté. "Bueno, cuando uno siente que ha decepcionado a las personas y sufrido fracasos en el trabajo, el hogar, el matrimonio o con sus hijos, el trauma es suficiente para romper su espíritu.

Afuera en la calle, no queda nadie a quien decepcionar."

"Aquí afuera, nunca llegaré tarde al trabajo, nunca me perderé una reunión importante, ni me estresaré si fallo al cumplir con las expectativas que alguien tiene en mí." Hizo una pausa por un buen rato, mirando fijamente el lecho del río que separaba Ocean Beach y Mission Bay. "La idea de regresar a la sociedad y buscar un trabajo normal es aterrador, porque es tan fácil fracasar."

Digerí sus palabras, preguntándome cuántos de los miles indigentes se sentían de la misma manera. ¿Era esto parte de lo que causó que Ed se fuera a las calles? Phil y yo hablamos un poco más, luego me preguntó si yo podía orar por él. Yo le había dicho que era un pastor cuando él me preguntó qué estaba haciendo ahí. Aparentemente él se sintió lo suficientemente cómodo para pedir la oración. Oramos juntos por unos momentos antes de regresar a Ocean Beach.

Mientras me marchaba, Phil me advirtió, "Tenga cuidado, las calles también pueden ser extremadamente peligrosas. Aunque me gusta el ritmo lento y la ausencia de expectativas, uno tiene que tener cuidado si quiere seguir vivo." Inmediatamente pensé en Ed, preguntándome sobre su seguridad después de vivir en las calles por más de un año.

¿Dónde estaba durmiendo cada noche? Pensé en los viajes a acampar que Ed y yo habíamos tomado y las discusiones que teníamos de adolescentes sobre vivir solo de los frutos de la tierra. Tal vez, de alguna manera, esas conversaciones lo habían preparado para las calles.

Yo estaba en la escuela secundaria cuando se estrenó la película *First Blood*, y recuerdo que la vi con Ed. La historia de un veterano de Boinas Verdes vagabundo y arruinado, quien había sido entrenado para "comer cosas que harían vomitar a cualquier macho cabrío," fue inspiradora para Ed y para mí. Si hubiera habido un reclutador del ejército afuera del cine esa tarde, hubiera reclutado dos nuevos soldados. Estábamos listos para firmar el contrato y ser juramentados, si hubiéramos podido ser entrenados como John Rambo. Compartíamos una cualidad similar de locura y deseo por lo extremo. Queríamos hacer cosas que retaban nuestras habilidades de supervivencia.

La película nos inspiró a planear un viaje de campamento en las montañas del suroeste de Virginia. Salimos un fin de semana con cañas de pescar, pistolas de aire comprimido y una trampa, pero no trajimos otra comida para comer. Razonamos: "Si vamos a aprender a vivir de la tierra como John Rambo, será mejor que adquiramos algo de experiencia". Fuimos a pescar y no pescamos nada. Cargamos nuestras pistolas de aire comprimido y buscamos ardillas, pero nos quedamos con las manos vacías. Tendimos una trampa que también encontramos vacía. Cuando el sol se puso en la distancia y el bosque se oscureció alrededor de nuestra tienda, nos dimos cuenta de que iba a ser una noche larga.

Encendimos un fuego y esperábamos que nuestra suerte pudiera cambiar. En un momento, una tortuga de caja del este deambuló hacia nuestro campamento y la notamos a la luz danzante del fuego. La llamamos Tommy y comentamos: "Espero por el bien de Tommy que encontremos algo más para comer". Para los amantes de los animales, debo disculparme por adelantado y desearía poder decirles que Tommy sobrevivió a la noche. No lo hizo. Terminamos asando un kabab de tortuga sobre el fuego, que no recomiendo. Carbonizamos la carne y olvidamos traer sal para sazonar. Además, como uno podría imaginar, no hay mucha carne en una pequeña tortuga de caja. Finalmente, es difícil llenar tu barriga con solo dos patas de tortuga cada uno. Recuerdo despertarme a la mañana siguiente con un horrible sabor a tortuga quemada en la boca, lo que me hizo arrepentirme aún más de haberme comido a nuestro pequeño amigo Tommy. Vive y aprende.

Pensé en ese período de nuestras vidas cuando Ed y yo acampamos, sintiéndome bastante seguro de que Ed no recurriría a comer tortugas. ¿Pero qué estaba comiendo? Seguramente nuestras experiencias al crecer habían preparado a Ed para su realidad actual, navegando por los peligros de la vida en la calle. Murmuré una oración por mi amigo de la infancia y por su protección. Estaba bastante seguro de que nuestras experiencias habían preparado a Ed, y solo podía esperar que también me hubieran preparado a mí. Si iba a pasar más tiempo entre las personas sin hogar buscando a Ed, necesitaba desarrollar algunas habilidades callejeras. El siguiente indigente al que me acerqué parecía estar a finales de sus 50 años de edad, tenía cabello largo y descuidado, y una barba rubia, gruesa y desaliñada. Estaba sentado en una mesa de picnic en el área verde de Ocean Beach. Se presentó como Ted. Todas sus posesiones estaban amarradas y amontonadas sobre una maleta mediana que él arrastraba en rueditas. Llevaba una chaqueta militar vieja y usaba pantalones de mezclilla desteñidos con un hueco en una rodilla. Le pregunté sobre Ed y le mostré la foto de los dos. Él respondió, "Sí, conozco a Ed, pero ¿cómo sé que usted no es un policía que lo quiere arrestar?" Mencioné el hecho de que estamos juntos en la foto, y él dijo, "Usted pudo haber manipulado esa foto."

Le dije que soy un pastor y esperé que eso le hiciera bajar la guardia. Él dijo, "¡Pruébelo!" Respondí, "¿Me creería si le enseño en la internet una de mis prédicas más recientes en la iglesia?" Él dijo, "Sí, supongo que eso serviría." En cuestión de minutos, le mostré un video mío predicando en Virginia. Ted dijo, "Está bien, le creo. Su amigo Ed frecuenta un café cerca del centro de San Diego." Con un poco de duda, ofrecí llevar a Ted al centro con esperanzas de ubicar a Ed.

Cargamos las pertenencias de Ted al carro y él se subió al auto. Se sentó en el asiento del copiloto, a mi lado y me sentía un poco nervioso. Ted era mi primer copiloto indigente, así que mantuve mi mano izquierda en el volante y mi mano derecha libre, en caso de que necesitara defenderme. Quizás he visto muchas películas, o, por otro lado, tal vez simplemente conducir con un extraño de la calle es razón suficiente para temer.

Mientras Ted hablaba, lo imaginé intentando robarme, así que mi mente se dejó llevar a un escenario de mí frenando repentinamente y golpeándolo con mi mano derecha. No me juzgue, esto es sólo lo que honestamente estaba pasando por mi mente durante mi primer paseo en auto con un indigente. Mi atención regresó a los comentarios de Ted, mientras me dirigía hacia un lugar de estacionamiento. Estábamos en el distrito histórico de Gas Lamp y ubicados calle arriba del café donde me dijo que Ed frecuentaba.

Mi nerviosismo pasó a emoción, preguntándome si Ted podría estar en lo correcto, y mi esperanza empezó a crecer. ¿Y si Ed estaba ahí realmente? Mientras nos acercábamos a la puerta principal, algunos indigentes estaban al frente en la acera, recostados al edificio. Mis ojos escanearon los alrededores, con la esperanza de ubicar a mi amigo.

Ted y yo llegamos al frente de la fila, y los empleados de la cafetería saludaron a Ted por su nombre. Ted le preguntó a la muchacha en el mostrador si había visto a Ed recientemente mientras procedía a pedir su orden de bebida y sándwich. La joven respondió y dijo, "No estoy segura a quién se refiere, ¿quién es Ed?"

Fue en ese momento que me di cuenta de que pude haber sido engañado. Ted me miró mientras nos alejábamos del mostrador para esperar por nuestras bebidas. Luego él comentó, "No creo que los empleados tengan permitido decir los nombres de los indigentes que atienden." Tal vez había cierta verdad en su comentario. Sin embargo, la empleada se veía verdaderamente confundida y no parecía estar mintiendo.

Regresamos al auto, y le dije a Ted que planeaba regresar a Ocean Beach a continuar mi búsqueda por Ed. El me agradeció el café y luego me preguntó si quería drogarme. Él dijo, "Sé que usted es un pastor, pero la planta es natural y la uso para propósitos medicinales." Lo rechacé, pero le agradecí la oferta, y le dije que él tendría que esperar a encenderlo hasta después que yo me fuera.

Cuando estábamos a una milla del estacionamiento, él me miró. "Sabe, pastor, si realmente quiere encontrar a su amigo, ¿por qué no vive en las calles como nosotros? Los indigentes confiarían más en usted, y usted experimentaría como es la vida de su amigo en las calles." Sus palabras quedaron flotando en el ambiente.

Reflexioné: "¿Cómo sería vivir en las calles? ¿Qué tan diferente sería mi búsqueda de Ed, si en realidad estuviera dispuesto a vivir en las mismas condiciones que él estaba enfrentando? Debo admitir que Ted me hizo pensar.

Había algo tan cierto en lo que Ted acababa de sugerir. Por supuesto, la probabilidad de encontrar a Ed sería mayor, y yo entendería mejor a los que hacen de ésta su manera de vivir.

Cuando dejé a Ted, me ofrecí a orar por él. Como había orado con Phil a principios de semana, muchas de las personas sin hogar que conocí agradecieron la invitación. Ted era diferente.

"No gracias, no puede orar por mí. ¿Quiere saber por qué?" "Seguro Ted, dígame por qué."

Luego proclamó, "Porque yo soy el Señor." Continuó, "Soy un descendiente de la línea de David del Viejo Testamento y yo soy el Señor." Permanecí en silencio por un momento. Estaba intentando pensar en la respuesta apropiada, pero Ted me había tomado desprevenido. Luego le dije, "Si usted es el Señor, entonces ¿por qué no pudo encontrar a Ed?" Se fue arrastrando los pies sin responder. Levanté mi mano para saludar y ofrecí una breve oración en su nombre. Cuando escuchó mi oración, comenzó a chillar y a correr tan rápido como sus piernas se lo permitían. Esa fue la última vez que vi a Ted.

Luego la idea me sacudió. Mientras que este hombre obviamente no era Jesús en persona, ¿estaba Dios intentando enviarme un mensaje? Sus palabras no revelaron la ubicación de Ed, pero el reto de Ted sí dio en el blanco. No pude evitar imaginar que Jesús se quedaría en las calles con las personas sin hogar si estuviera en mi lugar.

Ted estaba a punto de desaparecer en la esquina de la calle arrastrando las posesiones de toda su vida, pero yo no podía sacudir su reto de mi mente. Ed había estado viviendo en la calle por casi un año. Razoné que yo podría hacerlo si él pudo. ¿O podría? Supongo que estaba a punto de averiguarlo.

# Capítulo 3

## ¿Alguien tiene un destornillador?

En el vuelo a casa, tuve tiempo para pensar sobre mi amistad con Ed. Nos conocimos cuando yo estaba en el octavo grado, antes de entrar a la secundaria.

Yo estaba en un grado más alto que él en la escuela, y aunque lo había visto en el autobús, todavía no éramos amigos. De hecho, cuando comparto la historia sobre cómo se cruzaron nuestros caminos, usted se preguntará por qué somos tan amigos.

La pubertad no es la fase de la vida que la mayoría de los humanos quisiera repetir, y yo, con un cumpleaños a finales de agosto, era uno de los menores en mi grado. Recuerdo mi peso en el primer año de secundaria porque decidí probar por el equipo de lucha libre. Pesaba sólo noventaiocho libras, y mientras que sí tenía músculos, era delgado. Aunque trepaba árboles y me gustaba luchar, ser pequeño no me ayudó en la escuela media, ni durante mi primer año de secundaria.

Como era bastante inseguro en ese momento, me limité a mis amigos cercanos. Mis mejores amigos en ese tiempo vivían cerca de mi casa, y eran hermanos gemelos, llamados Ricky y Barry Rosenzwieg. A menudo iba a su casa después de clases mientras mis padres y sus padres estaban aún en el trabajo. Un día cualquiera de septiembre, estaba a punto de llegar a la casa de los Rosenzwieg, cuando vi a un grupo de muchachos de pie frente a la casa del lado. Cuando estaba a punto de pasar frente a ellos, el líder del grupo, uno de primero de secundaria, me dijo algo. Su nombre era Joel y era un gimnasta. Yo pensaba que Joel era un chico genial, lo admiraba como atleta y porque estaba un año más avanzado que yo.

Sin embargo, Joel se paró frente a mí y empezó a hacer unos comentarios ridículos sobre mí, en frente de su pequeña audiencia. Ellos, claro, siguieron su liderazgo y empezaron a reírse y a alentarlo. Luego me dio un pequeño empujón y dijo, "¿Por qué no te largas de aquí, Cravens?" Esto trajo más risas, y recuerdo haber tenido una opción. ¿Tolerar el desprecio y sólo seguir caminando, o escoger otro procedimiento? Mi mente estaba procesando opciones mientras mi corazón empezaba a acelerarse.

Déjeme añadir que soy el menor de cuatro hermanos. Mi padre murió antes de mi tercer cumpleaños y mi madre se volvió a casar en un año. Mi padrastro era un gran proveedor y muy amoroso con mi mamá. Sin embargo, tenía muy poca paciencia cuando se trataba de criar a cuatro hijastros. Él trabajaba para el IRS (Agencia de Impuestos) en Washington, DC y era un veterano condecorado del ejército de los Estados Unidos. Sirvió como médico en la Batalla de las Ardenas y había visto cosas que ningún humano debería tener que ver o experimentar. Como resultado, él no era del tipo suave y cariñoso, lo que provocó una tensión progresiva y una atmósfera de lucha en nuestro hogar. Al estar en el extremo inferior del tótem entre mis hermanos, todos me golpeaban. Aprendí a recibir una paliza y devolverla, sin miedo a un altercado.

Cuando Joel me empujó, yo no iba a irme caminando. En lugar de eso decidí agarrarlo desprevenido y lo empujé. Como yo estaba en un grado menor y era mucho más pequeño, él no lo anticipó. Joel perdió el equilibrio y se cayó de espaldas al suelo. Esto causó que su pequeña banda de seguidores se riera aún más fuerte mientras atestiguaban este altercado entre David y Goliat. Yo era lo suficientemente inteligente para saber que no podía esperar a que se levantara y hablar sobre el asunto. Un ego golpeado puede causar que una persona con una audiencia se pase del punto de represalia amistosa, si existe tal cosa.

A pesar de ser pequeño para mi edad, era muy rápido, especialmente si la adrenalina estaba corriendo por mis venas. Salí corriendo de la calle frente a la casa de Joel, directo a la casa de Ricky y Barry justo al lado. Como sabía que sus padres todavía estaban en el trabajo, abrí la puerta principal sin tocar y corrí subiendo las escaleras.

Los gritos de los muchachos me siguieron y me imaginé que Joel me estaba alcanzando. Sus gritos lo decían todo, "¡Pelea! ¡Pelea! ¡Pelea! ¡Pelea!" Esto sólo aceleró mi ritmo, mientras que todos me perseguían directo a la casa de mi amigo y por las escaleras.

Corrí dentro del baño y cerré la puerta con seguro detrás de mí. El tipo de cerraduras internas usadas en esos tiempos requerían un destornillador pequeño para abrir la puerta. Joel golpeó la puerta con fuerza y exigió, "¡Sal de ahí, Cravens!" Yo respondí, "No, estoy bien aquí."

"¿Alguien tiene un destornillador pequeño?" le preguntó a su séquito. Estaba recostado contra la puerta y sabía que estaba seguro. ¿Qué clase de niño de escuela media o secundaria va por ahí con un paquete de destornilladores en su bolsillo? Para mi sorpresa, escuché a alguien decir, "Yo tengo un paquete de destornilladores pequeños en mi bolsillo."

*¿Quién invitó a ese niño?* Me pregunté. Sin dudarlo, Joel estaba tratando de usar el destornillador con torpeza, intentando abrir la puerta. Mi corazón latía aceleradamente y me puse a pensar cual sería mi próximo paso. No había ventana por donde escapar, así que me quedé de pie, sosteniendo la puerta con la espalda.

Justo cuando la puerta se abrió de golpe, otra voz gritó, "¿Qué rayos están haciendo todos ustedes en mi casa?" Era Harris, el hermano mayor de Ricky y Barry, que estaba en el último grado de secundaria. Escuchó el altercado y exigió que los muchachos se fueran inmediatamente. Harris salvó el día mientras todos se iban en fila, y yo tome nota del niño del vecindario con el paquete de destornilladores.

Ese niño era Ed. Más tarde ese año, lo vi en el vecindario y le pregunté por qué rayos llevaba un paquete de herramientas en el bolsillo. Me dijo que estaba construyendo una jaula para una serpiente que había atrapado en el bosque. Por una rara coincidencia, los llevaba en el bolsillo el día que Joel los pidió. Escogí creerle a Ed y me daba curiosidad la jaula que mencionó.

Yo también estaba interesado en las serpientes. Mi afición por las serpientes se originó cuando era un niño plagado de alergias. Nuestro médico de familia le sugirió a mi mama que consideráramos una mascota sin pelo. En el momento no sabía que existía tal cosa como un perro mexicano sin pelo, así que en lugar de eso decidí atrapar serpientes.

Este fue el comienzo de nuestra intrépida amistad. Además de buscar serpientes, pescábamos, trepábamos árboles, y disfrutábamos bromas que requerían riesgo y algún tipo de desafío. Nunca estábamos aburridos.

Un día, nos paramos en la orilla del río Potomac con un día completo por delante. El papá de Ed nos había dejado en el lado de Virginia del río, en un área conocida como Parque Nacional Great Falls. No estábamos lo suficientemente locos como para entrar al río cerca de las cataratas, así que caminamos alrededor de una milla hacia el norte hasta que llegamos al Parque River Bend. El río Potomac separa los estados de Virginia y Maryland, y corre hacia el sur desde las cataratas, serpenteando justo pasando la capital de nuestra nación.

El sol calentaba y el agua parecía refrescante. A unos 20 pies en el enorme río había una isla. Nos preparábamos para ir en esa dirección cuando notamos un letrero que decía: "¡Precaución, no nadar!". Justo debajo de la advertencia en el mismo letrero estaba la declaración: "Un promedio de ocho personas se ahogan aquí cada año".

Este tipo de advertencia tiene la intención de prevenir que las personas se metan en el agua. Supongo que debería agregar, la mayoría de las personas *normales*. Sin embargo, si uno ama el riesgo y los desafíos que producen adrenalina, entonces ese letrero parece más una invitación. Leí las palabras en el letrero, y mi cerebro procesó la precaución en términos distintos.

Mirando a mi mejor amigo Ed dije, "Apuesto a que las personas que se ahogan aquí cada año son niños o tal vez no saben nadar. ¡Estoy seguro de que estaremos bien!" Con eso, Ed asintió en acuerdo, y nos zambullimos en el río.

Caminamos, fatigosamente, por el agua y rápidamente el agua nos llegó a la cintura. La corriente no fue una amenaza, y llegamos hasta una pequeña isla en cuestión de minutos. Sin embargo, cuando intentamos cruzar el siguiente tramo del río que separa los estados de Virginia y Maryland, rápidamente nos dimos cuenta de que el peligro era mayor de lo que imaginábamos.

Nadie se percataría de la velocidad de la corriente sólo con mirar la superficie del agua. Una vez que estuvimos cerca de diez pies dentro lo que parecía ser un tramo de agua del tamaño de un campo de fútbol, la engañosa corriente nos empezó a arrastrar río abajo.

Entramos en el Potomac por el Parque River Bend, sólo a una milla río arriba del Parque Great Falls, llamado así por las tremendamente poderosas cascadas que hay ahí. Miramos como nos alejábamos cada vez más del tramo de tierra al que estábamos nadando. Me dio pánico y empecé a nadar lo más fuerte que pude. Miré atrás a Ed quien estaba arriba de un tronco y aleteando sus brazos tan rápido como podía.

Al ver la tierra a cada lado, me empecé a preguntar si lo lograríamos. Luego se me ocurrió la idea, "¿Tal vez esos ocho ahogados cada año eran adolescentes ingenuos como Ed y yo?"

Empecé a gritar por ayuda, pero Ed serio y dijo, "¡Nadie nos puede escuchar, estamos separados por islas a ambos lados!" Tenía razón, y la adrenalina corrió por mi cuerpo mientras nos imaginaba a los dos dirigiéndonos directamente a las cascadas.

Mientras que gritar por ayuda era inútil, ambos gritamos para animarnos mutuamente a nadar más rápido, entendiendo que nos quedaba muy poco tiempo. No tenía idea de que me podía mover tan rápido en el agua, hasta que mi vida dependió de ello. Afortunadamente, ambos llegamos al lado de Maryland del río antes de que fuera demasiado tarde. Habíamos sobrevivido cruzando el Potomac y no seríamos mencionados en el letrero del río con las estadísticas de 1982.

Como referencia, cruzamos el río en el verano de 1982. Esto fue mucho antes de que alguien hubiera inventado dispositivos electrónicos como los teléfonos celulares. Los videojuegos de ese período de tiempo no tenían gráficos que hicieran que las personas se vieran como humanos reales. Jugamos un videojuego llamado Pong, que consistía en dos paletas y una pequeña pelota de ping-pong que rebotaba de un lado a otro. Lo que digo es que los niños que crecían en esos años tenían que ser creativos para encontrar algo divertido que hacer. Los padres echaban a sus hijos de la casa, diciéndoles que fueran a jugar y que no vieran mucha televisión.

Al no estar sujetos a los iPhones, Netflix, tabletas, el internet y computadoras, no había otra opción más que crear nuestras propias aventuras. Para Ed y yo, esto no era un problema. No éramos como muchos de nuestros amigos, lo cual probablemente era la razón por la que nos llevábamos tan bien. Días como el cruce del río Potomac eran comunes, aunque no siempre tan peligrosos para la vida como ese en particular.

Ya sea que estuviéramos acampando, cazando serpientes, cruzando ríos o trepando árboles y grullas, Ed y yo vivíamos para la emoción. Estábamos constantemente persiguiendo la próxima aventura y, por alguna extraña razón, teníamos poco o ningún miedo. Cuanto más pensaba en esos recuerdos, más me convencía de que a Ed le estaba yendo bien en las calles. Las experiencias cercanas a la muerte tienen una forma de prepararte para la supervivencia. Al menos esperaba que lo hicieran. Estaba comprometido con la misión de encontrar a mi amigo, lo que me motivó a aceptar el desafío de Ted. ¡Calles de San Diego, aquí vengo!

# Capítulo 4

## *Indigente en San Diego*

Hablar es fácil y estaba cansado de sólo hablar de regresar para buscar a Ed. Adicionalmente, el contexto lo es todo.

Sólo un poco tiempo después de mi viaje a San Diego en busca de Ed, mi amigo Mark me recomendó leer un libro llamado *Chasing Francis*, de Ian Morgan Cron. Mark me ha recomendado otros libros y nunca me ha guiado mal, así que lo leí. ¡No tenía ni idea del tipo de impacto que este libro tendría en mí y mi viaje para encontrar a Ed!

El libro está lleno de conocimiento, pero lo que realmente me captivó fue el pequeño hombre que Cron mágicamente trajo a la vida. El personaje principal de Cron fue inspirado por un hombre italiano nacido en 1182, con el nombre de Francisco de Asís. Él fue un individuo verdaderamente extraordinario. Él había sido tan impactado por Dios, que decidió sacrificar su herencia y posición familiar para servir a los pobres. ¿Quién hace eso?

Una Madre Teresa de aquellos días, Francisco descubrió un nuevo tipo de riqueza mientras decidió vivir en las calles como esos que estaba intentando impactar.

Yo estaba tan inspirado después de leer *Chasing Francis*, que en marzo de 2015 visité el pueblo Umbriano de Asís. Aparentemente yo no era el único, ya que miles de peregrinos hacen el viaje cada año. ¿Por qué tantos quieren aprender más sobre un hombre empobrecido que llevó una vida tan humilde de servidumbre? ¿Por qué hay tantas Iglesias, pueblos e incluso ciudades como San Francisco, llamadas así por este hombre?

Francisco amaba a los indigentes de su época y no tenía miedo de ser identificado con ellos. Su vida influenció mi viaje dramáticamente y razoné, "Si Francisco pudo hacerlo durante la mayor parte de su vida, ciertamente yo podía vivir en las calles por cinco días." El momento y el contexto juegan un papel importante en nuestra formación y sucedió que Ted me había desafiado en febrero de 2015, un mes antes de que hiciera el viaje a Asís. Mientras reflexionaba sobre la idea de vivir en las calles, Francis me ayudó a cerrar el trato.

Nuestro avión estaba a punto de aterrizar en el Campo Lindbergh, más comúnmente conocido como el Aeropuerto Internacional de San Diego. No estaba solo esta vez. La fecha fue el 14 de septiembre de 2015, siete meses después de mi viaje anterior.

Mientras que al menos doce personas habían expresado interés en esta aventura, sólo dos personas verdaderamente compraron boletos de avión e hicieron el viaje. Mi primer recluta fue Steve Bowman. Él es el copropietario de un negocio de plomería, y yo conocía a su familia de la iglesia para la que había trabajado durante años atrás.

Mi segundo recluta también era un dueño de negocio. Él me escuchó hablar del viaje y me contactó después para expresar su interés. Su nombre es Brian Carruthers y él simplemente se sintió obligado a acompañarme. Salimos en un vuelo un domingo en la tarde desde la costa este y nos dirigimos a un hotel en el distrito histórico de Gas Lamp del centro de San Diego. Todos nos dirigimos directamente a la cama después de llegar, con el plan de levantarnos temprano a la mañana siguiente para comenzar de nuevo. Dejamos nuestros objetos de valor, billeteras e identificación con el gerente del hotel durante nuestra semana en la calle, con la intención de reclamarlos el viernes siguiente.

A la mañana siguiente compartimos el desayuno complementario del hotel antes de salir.

Habíamos establecido algunas reglas para el camino y yo sugerí que cada uno leyera un libro, *Under the Overpass*, escrito por Mike Yankoski.

Mientras que *Chasing Francis* había impactado mi corazón, *Under the Overpass* tenía detalles específicos sobre cómo vivir en las calles.

Mi amiga Kathleen Rumford sugirió ese libro ya que se refiere a dos hombres que decidieron vivir en las calles, en ciudades distintas alrededor de los Estados Unidos, durante un año completo. Kathleen estaba en lo correcto, y este libro fue una ayuda tremenda cuando planeamos el viaje. Por cierto, nunca he visto un libro llamado, *"Cómo Vivir en las Calles: Una Guía de Viaje para Vivir Como Indigente,"* en la sección de viajes de cualquier librería. El libro tenía algunos consejos útiles e incluso un capítulo sobre los hombres indigentes en Ocean Beach, San Diego. ¡Un gran hallazgo!

Las reglas que acordamos para la semana fueron una compilación de ideas que obtuve al leer tres libros; Chasing Francis, Under the Overpass y los Evangelios que se encuentran en el Nuevo Testamento de la Biblia.

Nuestras reglas/lista de empaque eran algo como esto:

1. No llevar cosas de valor que nos pusieran en peligro.
2. Cada uno podía traer una mochila vieja, una bolsa de dormir, un impermeable, y una colcha para acampar.
3. No llevar comida; para poder entender a aquellos en la calle, sólo podíamos comer lo que estuviéramos dispuestos a mendigar.
4. Cada uno podía empacar un par de atuendos y un buen par de zapatos para

caminar, sin ninguna etiqueta o marca costosa.

5.   Cada uno podía llevar su celular y un cargador de batería prolongada.

6.   No empaque dinero ni tarjetas de crédito. Queríamos depender de Dios y de nuestro ingenio para sobrevivir.

Esto fue todo lo que acordamos llevar para la semana, y con eso salimos a la calle.

Steve, Brian y yo salimos del hotel el lunes en la mañana y así comenzó nuestra aventura en la calle, el 15 de septiembre del 2015. Cruzamos la calle caminando al muelle, al oeste del distrito de Gas Lamp.

*(De izquierda a derecha: Brian, Will y Steve)*

Además de proponer una lista para empacar, cada uno de nosotros llevaba copias de una fotografía de Ed y yo. Era la misma foto que había usado en mi viaje anterior, tomada la mañana en que Ed desayunó con Sandra y conmigo en noviembre de 2013.

No intentamos engañar a nadie en la calle diciendo que estábamos completamente sin hogar. Simplemente nos acercábamos a personas en la calle y les mostrábamos la fotografía de Ed y yo. Le preguntamos a cada individuo si lo reconocían. Ellos usualmente preguntaban quiénes éramos y por qué queríamos encontrarlo. Yo les decía que Ed y yo éramos amigos de toda la vida y luego les dejaba saber que habíamos decidido vivir en la calle por la semana con la esperanza de encontrar a Ed.

Mencionábamos que no teníamos dinero ni una tarjeta de crédito. Estábamos viviendo en la calle, y si no encontrábamos dinero o comida, no comeríamos. La mayoría de los indigentes eran muy favorables y usualmente nos ofrecían consejos e información sobre lugares clave para buscarlo.

Mientras que comenzábamos preguntando por Ed, luego les preguntábamos, "¿Cuál es su historia?" Nos detuvimos y escuchamos un sinfín de historias de aquellos dispuestos a compartir su trayectoria hacia la vida callejera. Algunos confesaron adicción. Otros culparon sus trabajos, relaciones, o al gobierno por su infortunio.

Algunos expresaban el deseo de dejar las calles, mientras que otros decían que era por propia decisión que escogieron esta manera de vida. Después de preguntar por sus historias y escuchar a aquellos que decidieron que éramos de confianza, les preguntábamos si podíamos orar por ellos. Alrededor de nueve de cada diez de aquellos a los que les preguntábamos, decían "Sí," sin dudarlo.

Orábamos con ellos y luego les preguntábamos en qué dirección podríamos dirigirnos. Una vez que señalaban el camino, caminábamos en esa dirección siguiendo sus consejos. También estábamos confiando en el Espíritu de Dios, usando a aquellos que Él colocaba en nuestro camino, para dirigirnos en nuestro viaje.

Conocimos a un vagabundo esa primera mañana inmediatamente después de cruzar la calle desde nuestro hotel. Tenía una tupida permanente negra y una espesa barba. Llevaba una camisa verde fluorescente de manga larga, que decía "Confía en Jesús" en letras negritas en el pecho y "Clama a Dios" en la manga izquierda. Nos dijo que su nombre era Brian y dijo: "Hola".

*(De izquierda a derecha: Will y Brian)*

Él nos saludó mientras caminábamos hacia él y su voz era lo que lo hacía único. Era tan increíblemente alta que me pregunté si tenía una adicción al helio. Nos acercamos a él y le preguntamos sobre Ed, mostrándole la fotografía.

Se presentó como Brian y era muy amigable. Dijo que no había visto a Ed, pero estaba emocionado de orar con nosotros. Expresó una gran paranoia sobre su creencia en un maremoto apocalíptico inminente que él creía que venía a arrastrarnos a todos. Justo antes de orar, Brian extendió sus brazos hacia nosotros, esperando que todos pudiéramos agarrarnos de las manos durante la oración. Un vistazo rápido a las manos de Brian demostró que estaban cubiertas en mugre y las uñas de sus dedos parecían como si las hubiera usado para raspar el fondo de una lata de aceite. De todas formas, Steve y yo tomamos sus manos para orar.

Miré sobre mi hombro izquierdo para ubicar a nuestro tercer miembro del equipo, Brian Carruthers. Él estaba a unos diez pies detrás de nosotros, orando desde una distancia prudente. Después de la oración, continuamos nuestra caminata hacia el norte de la costa. Brian confesó tener fobia a los gérmenes y ser un poco obsesivo con la limpieza. Le pregunté cómo planeaba lidiar con la fobia a los gérmenes mientras estaba en la calle con personas que casi no se bañan.

Él mencionó que traía un suministro abundante de gel desinfectante. Compartió esto mientras exprimía y frotaba el líquido transparente en sus manos. El olor de la botella permaneció en el aire mientras caminábamos algunos pasos detrás de Brian.

Fue en este punto que me di cuenta de que realmente no conocía a estos dos hombres, quienes habían aceptado amablemente acompañarme en esta travesía. Vivir en la calle por primera vez con dos personas que apenas conoces hace el viaje más interesante.

Decidimos no rentar un auto, ni pedir taxi para cubrir más terreno. Esta decisión parecía encajar con nuestro deseo de vivir como indigentes genuinos por toda la semana. Nos dirigimos a Ocean Beach, una caminata cerca de seis millas desde el centro de San Diego. Teníamos mucho tiempo en nuestras manos, y no había apuro, así que dije, "Compartamos las historias de nuestras vidas mientras caminamos." Brian empezó, y luego siguió Steve. Yo tenía curiosidad de conocer a estos hombres y entender lo que los había motivado a acompañarme en la travesía. Después de todo, ellos no conocían a Ed, y estaban dispuestos a pagar su propio viaje y vivir en las calles.

Brian mencionó su deseo de escribir un libro sobre ayudar a otros y dijo que este viaje podía servirle como buen material para su libro. Steve dijo que había visto a sus hijas servir en viajes de misiones, pero él nunca tuvo deseos de participar. Tanto él como Brian dijeron que el día en que me escucharon compartir en la iglesia sobre esta oportunidad, ambos sintieron fuertemente que éste era el viaje para ellos. Estaré eternamente agradecido con estos dos hombres, quienes se arriesgaron acompañándome en esta travesía potencialmente fatal.

*(De izquierda a derecha: Brian y Will caminando hacia Ocean Beach)*

Varios de los indigentes que conocimos en el camino habían perdido sus habilidades mentales, y tenían dificultad expresándose. Estábamos emocionados de llegar a Ocean Beach y estábamos asombrados por el volumen de la población indigente en el área de San Diego. Doce mil personas es mucha gente, aunque estén esparcidas alrededor de la ciudad.

Llegamos a Ocean Beach y fuimos a la orilla del mar. No perdimos tiempo, inmediatamente empezamos a preguntar a los indigentes sobre Ed, sobre sus vidas y cómo podíamos ayudarlos. Muchos mencionaron haberlo visto, pero no recientemente.

Nos empezó a dar hambre al final de la tarde, y Brian empezó a buscar monedas, en las máquinas dispensadoras y debajo de las bancas del parque. Encontró algunas monedas, pero nos dimos cuenta de que, si queríamos comer, deberíamos empezar a pedir dinero.

Fue en ese momento que me di cuenta de que yo era el único extrovertido, rodeado por dos introvertidos. Esto significaba que yo era el que iba a tener que pedir limosna. Me paré en la esquina de las calles Ocean Front y Cable y busqué prospectos probables que podrían parecer más dispuestos a darnos dinero.

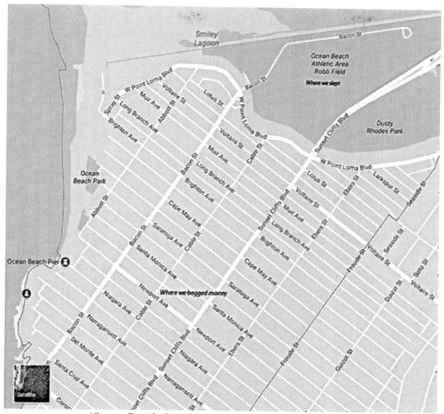

*(Ocean Beach, San Diego. Cortesía de Google Maps)*

Fue una lección de humildad, en caso de que se lo esté preguntando. No mencioné que todos nos habíamos dejado crecer la barba y estábamos usando ropa y mochilas viejas. Verse descuidado y desaliñado puede ser ventajoso o no cuando uno pide limosna. Mi estómago estaba más y más hambriento cada minuto, lo cual era un motivador tremendo. Me planté en la esquina y busqué mi primer inversionista potencial. Parte de mi renuencia a entablar una conversación con aquellos pasando era el hecho de que estaba procrastinando mi ejercicio de humildad.

Steve y Brian me alentaron, "¡Vamos, pregúntale a esas personas que vienen!" Algunos me ignoraron, otros dijeron, "No," pero algunos me preguntaron en qué planeaba gastar el dinero. Yo les dije la verdad. "Estoy buscando a mi amigo que se quedó sin hogar y he decidido vivir como indigente por una semana y pedir limosna como ellos." Una chica dijo, "Esto está muy mal si estás mintiendo." Le aseguré que no estaba mintiendo y ella nos dio un billete de diez dólares.

Después de pedirle dinero a varias personas que pasaban por ahí, me percaté de que existen personas muy generosas. La mayoría de los que habían sido lo suficientemente amables de darnos donaciones eran parejas mayores o mujeres jóvenes en sus 20 – 30 años.

Una mujer dijo, "Lo siento, no ando con dinero." ¿Cuántas veces les habré dicho eso a vagabundos? Justo cuando pensé que no nos ayudaría, ella siguió diciendo, "Así que déjeme ir al cajero automático y conseguirle algo." Con eso, cruzó la calle, sacó un billete de diez dólares y regresó a dárnoslo. Los tres nos conmovimos por su generosidad.

En cuestión de una hora, habíamos logrado pedir unos cuarenta dólares de limosna. Fuimos a buscar comida y a resolver dónde dormiríamos esa primera noche. Compramos tres burritos grandes y bebidas y nos sentamos a saborear nuestra primera comida desde el desayuno. Se sentía genial poder sentarse.

Devoramos nuestros burritos y luego caminamos hacia el sur en la Sunset Boulevard. El autor del libro *Under the Overpass* mencionó dormir en la Playa Sunset Beach, no muy lejos de donde estábamos. Él advirtió de las ratas de alcantarilla, lo que hacía esto menos atractivo. Los tres estábamos claramente nerviosos sobre dormir afuera en nuestra primera noche en las calles. Conversamos un rato, mientras mirábamos el sol perderse detrás del horizonte. Decidimos acampar justo ahí en la arena. Parecía lo suficientemente seguro, y todos estábamos cansados de caminar todo el día.

Estaba decepcionado de que nuestro día no había producido una sola pista sólida. Me quedé dormido, preguntándole a Dios por dirección en nuestra misión para encontrar a Ed.

*(De frente a atrás: Brian y Steve en Sunset Beach)*

Sentí como que apenas acababa de cerrar los ojos, cuando me despertaron abruptamente tres horas más tarde. Brian me dio un empujón para despertarme. Había un hombre de pie directamente sobre nosotros, alumbrando nuestros rostros con una luz brillante. Me di cuenta de que era un policía de San Diego, aunque no podía ver más que su silueta por la luz en mis ojos. Estaba intentando entender lo que pasaba, todavía desorientado, ya que tengo el sueño pesado.

Empezó preguntando, "¿Pueden leer?" Respondí, "Sí." Y luego preguntó cómo no vimos un letrero en la cima de la montaña que decía, "No dormir o acampar en la playa." Le dije que habíamos entrado a la playa por otra dirección y nunca vimos el letrero. Luego preguntó que estábamos haciendo ahí.

Le dije que estaba buscando a mi amigo indigente. Seguí explicándole que habíamos viajado desde el norte de Virginia para vivir en las calles y buscar a Ed. Él preguntó en qué ciudad vivíamos y yo respondí, "Ashburn." Luego dijo, "Si realmente viven ahí, díganme ¿en qué condado está Ashburn?"

Respondimos en unísono, "¡El Condado de Loudoun!" Se tranquilizó un poco y nos dijo que su hermano es un oficial de policía en nuestro condado. Siguió diciendo que nos permitiría dormir en la playa y luego nos aconsejó que nos fuéramos antes de las 5 am, cuando el siguiente grupo de policías "no tan amigables" harían sus rondas. Le agradecimos y nos acostamos a dormir otra vez.

Recuerdo haber escuchado en 1973 una vieja canción de Albert Hammond, "It

41

Never Rains in Southern California." ("Nunca Llueve en el Sur de California.") Me di cuenta de que eso simplemente no es verdad. La canción debió haber dicho, "Raramente Llueve en el Sur de California." Poco después que el oficial se fue, empezamos a sentir gotas de lluvia. Sin saber qué tanto tiempo o qué tan fuerte llovería, decidimos empacar y buscar un lugar para dormir con algún tipo de cobertura. Caminamos desde los acantilados hasta regresar a Ocean Beach. Era cerca de las 2a.m.cuando vimos una fogata en la playa.

Caminamos hacia la fogata y conocimos a un joven indigente de nombre Gino. Gino era un extrovertido emocionado que hablaba rápido, y nos dio la bienvenida con los brazos abiertos. Nos ofreció Doritos, pan, y otros artículos que nos dijo que había encontrado en un basurero. Él comentó, "¿Pueden creer que las personas botan estas cosas?"

Gino fue muy amable al ofrecernos lo que tenía, pero rechazamos su oferta. Mientras Gino nos estaba dando una descripción sobre cómo adquirió cada abrigo, camisa y artículo en su posesión, otro policía nos interrumpió. Su nombre era Sargento Lu, y conocía a Gino. Empezó preguntando, "Gino, ¿por qué tienes una fogata encendida a esta hora? Eso es ilegal después de la medianoche."

Gino intentó responder pero el oficial lo reprendió gritando: "¡No me des una actitud inapropiada o te encerraré!" Luego el Sargento Lu se volteó hacia nosotros y nos preguntó por qué estábamos ahí. Le expliqué nuestra razón para venir a San Diego, y él respondió, "Bueno, aunque eso sea verdad, no importa, porque todos tienen que irse." Obedecimos y caminamos al norte en la playa, mientras Gino guardaba sus posesiones en una sábana y se dirigía en la dirección opuesta.

Nuestra primera noche en la calle estuvo llena de este tipo de interacciones. Rápidamente estábamos recibiendo una educación sobre cómo arreglárnoslas con la vida nocturna. Pronto aprendimos que era perfectamente legal estar afuera durante la noche, pero era contra la ley dormir o tener una fogata en la playa. Si un indigente quiere sobrevivir, debe encontrar un lugar escondido para refugiarse o dormir durante el día y caminar durante la noche.

Y entonces, caminamos. Nos encontramos en un área llamada Robb Field, justo al pasar Dog Beach. La lluvia había vuelto y estaba agarrando fuerza y por fortuna encontramos un árbol de acebo grueso para acampar a la orilla de Robb Field. Las frondosas ramas nos protegían de la fuerte lluvia. No nos molestaron otros oficiales esa noche, pero intentamos dormir un poco entre las gotas de lluvia. Nos despertamos con el ruido de grupos deportistas que llegaban para usar los campos del parque. Mientras que la lluvia había cesado, unas nubes amenazadoras seguían asomándose. Empacamos rápidamente y nos empezamos a mover.

Un indigente muy amable, nos dijo que El Ejército de Salvación y los miembros de una iglesia local alimentaban a los vagabundos a las 11:30 am, de lunes a viernes.

Mencionó que la comida se repartía en Mission Bay (también conocido como Mariner's Point), al norte de nuestra ubicación. Entonces empezamos a caminar hacia el norte en esa dirección. Cruzamos un puente, y luego nos sentamos un rato, a escribir nuestra experiencia en un parque frente a un Hyatt. Oramos juntos y luego seguimos caminando a Mission Bay.

*(Steve)*

"¿Qué tal si Ed come en este lugar?" me pregunté. Al detenerme a procesar nuestras primeras veinticuatro horas en la calle, me puse a pensar en Ed y ¿cómo habrían sido sus primeras veinticuatro horas? ¿Cómo se habría adaptado y sobrevivido sin dinero? ¿Nos encontraríamos con él o conseguiríamos una pista sustancial pronto?

Cruzamos un puente más antes de descender una larga colina, llegando así al pabellón refugio en el Parque Mission Bay. Había muchos indigentes reunidos allí, todos listos para ser alimentados. Empezamos a preguntar sobre Ed a algunos de ellos. Algunos decían que les parecía conocido, pero no hubo pistas sólidas. Una persona preguntó si él estaría usando un nombre distinto. Aprendimos que muchos indigentes adoptan un apodo en la calle. Algunos usan el nombre como un tipo de identidad alterna, mientras que otros tal vez se esconden de algún abusador, recolectores de dinero o de la ley. Claramente, éramos nuevos en este territorio, así que nuestra presencia causó sospechas. Algunos de los regulares estaban renuentes a hablar con nosotros y podíamos sentir sus miradas.

Cerca de diez minutos antes de que llegaran los carros de comida, la lluvia volvió con una fuerza torrencial. Los indigentes que se habían congregado en las mesas de picnic cercanas corrieron hacia el refugio. En cuestión de minutos, el pequeño pabellón estaba abarrotado con indigentes intentando permanecer secos. Conocimos a un hombre que se refería a sí mismo como el Loco Billy. Usaba una camiseta de ciclista con la imagen de Bob Marley al frente. Tenía cabello rubio decolorado y un bronceado oscuro.

El Loco Billy tenía una sonrisa contagiosa y compartió con nosotros los detalles de su matrimonio dolorosamente fallido en la costa este, el cual nos dijo fue su razón para mudarse al oeste. Decidió vivir en las calles en San Diego, para nunca volver. Los carros de comida llegaron, pero la lluvia era muy fuerte para traer la comida al pabellón.

Como la tormenta no paraba, el hambre del Loco Billy lo derrotó, y entonces corrió a los carros de comida bajo el aguacero. Los voluntarios lo cargaron de comida y le dieron un paraguas para usar mientras llevaba los suministros. Sus acciones parecieron animar a otros y el pabellón, que servía como un paraguas enorme, se vació mientras los indigentes empezaron a trabajar junto con los voluntarios para organizar el almuerzo bajo el refugio.

*(Día lluvioso en Mariner's Point)*

Todos parecían conocer el oficio, así que imitamos a nuestros nuevos amigos de la calle, agarramos platos de polietileno, servilletas, un tenedor y nos pusimos en la fila. Uno de los voluntarios me dijo que la comida venía de una iglesia en La Jolla y el café, del Ejército de Salvación.

Era mi turno para que los voluntarios llenaran mi plato. Compartí con una de las mujeres que servía la comida que soy un pastor de la costa este. Ella me miró directamente desde el otro lado de la mesa, sosteniendo su gran cucharón lleno de frijoles. Me miró evaluando mis ojos hinchados, piel sucia, y barba descuidada y respondió, "Muy bien, cariño. ¿Más frijoles?" Me pareció que ella no me creyó. Para ella, yo sólo era otro indigente con una historia extravagante.

Me pregunté cuántas veces había sido voluntario para servir comida en el Parque Franklin en Washington D.C., cuando los papeles estaban invertidos. Muchos indigentes intentaron compartir sus historias conmigo. ¿Los había mirado con incredulidad como esta mujer había hecho conmigo? Ahora, estando del otro lado, no me gustó ser el sospechoso. No me gustó la sensación de que desconfiaran de mí, ni la mujer que servía los frijoles ni el Sargento Lu, la noche anterior.

Uno puede sentir la hipocresía, y una mirada condescendiente es difícil de ignorar. No estaba juzgando, simplemente me sentí humillado por el intercambio y considerando mis propias acciones cuando sirvo.

Estábamos agradecidos por el almuerzo caliente y pasamos más tiempo hablando con una chica que se llamaba Candace. Su nombre callejero era "Gypsy." ("Gitana.") Ella y su amigo Joaquin Tuttle, fueron de mucha ayuda ofreciendo sugerencias de otros sitios para buscar a Ed. No estábamos apresurados en continuar nuestra búsqueda en la fuerte lluvia, así que seguimos hablando con Gypsy y Joaquin mientras terminábamos nuestra comida.

Joaquin tenía interés en hacer bicicletas especiales para la playa y dijo que tenía la esperanza de empezar su propio negocio. Gypsy compartió con nosotros su travesía desde Gainesville, Virginia (no muy lejos de nuestro hogar). Ella había dejado la costa este para ser asistente doméstica en la costa oeste. El trabajo no salió bien, así que se vio forzada a encontrar otro camino o devolverse a su casa. Ella decidió quedarse y disfrutar del clima por un tiempo. Esa decisión la llevó a algunas fiestas en la playa, lo que ahora había evolucionado a un estilo de vida callejera.

Le contamos nuestra historia y la razón por la que estábamos viviendo en la calle esa semana, a lo que ella respondió, "Sabía que algo no encajaba cuando vi su gran mochila." Como yo la había conseguido en una tienda de ropa usada del Ejército de Salvación antes del viaje le dije, "Puedes quedarte con ella cuando me vaya el sábado, si quieres." Su respuesta fue rápida, "¡Claro que sí!" "Está bien, encontrémonos este viernes en la noche en Ocean Beach, y es tuya," Ella aceptó y parecía emocionada.

Ocean Beach servía como nuestra área base para buscar, ya que la amiga de Ed, Sandy, nos había dicho que ese era el último lugar donde lo habían visto. La multitud y subcultura de las distintas poblaciones indigentes varía de pueblo en pueblo. Ocean Beach era un lugar favorito de los indigentes de tipo Bohemio. La lluvia había cesado un poco, así que nos pusimos nuestros ponchos y nos dirigimos al sur de regreso a Ocean Beach para continuar nuestra búsqueda.

Cuando llegamos al frente del mar, terminó de llover, así que nos sentamos en la pared a platicar con vagabundos que pasaban por ahí. Conocimos a un indigente anciano y muy educado que se llamaba Clay, quien nos preguntó si Ed tenía un problema de drogas. Yo sabía que Ed bebía y tal vez se aventuraba con marihuana, pero le dije que no creía que fuese un adicto. Le dije, "Su familia piensa que tal vez su mente está fallando o ha escogido esta vida en respuesta a la pérdida de su negocio y su apartamento."

Mientras estábamos sentados en el mismo lugar a la orilla del mar, conocimos a una chica llamada Mo, quien vino a tocar su guitarra y cantar para los vagabundos. Ella no estaba mendigando, aunque con su habilidad musical, hubiera hecho dinero si hubiera querido. Ella simplemente quería bendecir a los vagabundos con música.

Parecía haber muchas personas dispuestas a ayudar a los indigentes, así como muchos de ellos dispuestos a ayudarse entre sí. Era motivador conocer a individuos regados por la comunidad quienes estaban ansiosos por ayudarnos en nuestra misión. Había otros que tropezaban con nosotros, ebrios o drogados. Algunos tenían problemas mentales que hacía difícil mantener una conversación.

*(De izquierda a derecha: Will y Mo en Ocean Beach)*

Un joven con el nombre de Tony, usando sólo bermudas y bebiendo un mejunje que él dijo haber mezclado él mismo para drogarse, nos sugirió que probáramos las cenas que ofrece la iglesia de Sunset Boulevard en Ocean Beach. Él nos dijo que la Iglesia Episcopal daba cena esa noche, así que debíamos intentar buscar ahí. Ofreció caminar con nosotros y mostrarnos dónde se llevaban a cabo las comidas de la iglesia. Aceptamos su oferta.

Mientras caminábamos, Tony nos ofreció un trago de su poderosa poción. Lo rechazamos y le agradecimos por sus direcciones y consejo antes de que se fuera.

*(De izquierda a derecha: Brian, Will y Tony)*

Nos estábamos familiarizando rápidamente con el área de Ocean Beach así que regresamos a la orilla del mar para estar atentos por si veíamos a Ed.

Había conmoción cerca de la calle principal, donde una camioneta de la agencia de noticias "ABC News" había levantado su antena satélite y la reportera y su camarógrafo estaban listos para cubrir una historia de último minuto. Nos enteramos de que unos conjuntos multimillonarios de apartamentos nuevos se habían inundado durante el aguacero torrencial y los dueños no estaban contentos.

Todos estábamos viendo el revuelo de la conmoción cuando el indigente que estaba a mi lado (Clay) se volteó y me dijo, "Vamos a decirle a la reportera sobre lo que estás haciendo. Si toman la historia, tal vez eso lleve a algunas pistas sobre dónde está Ed."

"No es una mala idea," respondí, y unos minutos más tarde nos dirigimos hacia allá. Era inspirador ver a indigentes conmovidos por nuestra búsqueda y dispuestos a ofrecer ideas útiles. Clay estaba justo ahí, a mi lado, cuando alcanzamos a la joven corresponsal de las noticias. Se estaba preparando para salir en cámara e informar sobre los apartamentos inundados.

Me acerqué a ella para preguntarle si podíamos hablar por un minuto y ver si podría estar interesada en una historia local. Su nombre es Bree Steffen y era la corresponsal responsable de recorrer la ciudad para informar sobre las últimas historias candentes de San Diego para ABC 10 News. En unos minutos le dijimos todo sobre Ed, y ella pareció estar más que intrigada.

Ella dijo, "Aunque a mi supervisor no le guste esta historia, cuenta conmigo." Me pidió mi número de teléfono y me preguntó dónde íbamos a estar en un par de horas. Le dije que no había manera de saberlo pero que podía llamarnos para ponernos de acuerdo. Brian y Steve también estaban emocionados de obtener algunas pistas ya que nuestra aventura como indigentes sin éxito nos estaba desanimando. Estábamos mojados y cansados sin ninguna pista prometedora.

Nuestra búsqueda de información por medio de los indigentes usualmente nos producía exactamente la misma respuesta. Veían la última fotografía de Ed y yo, y decían, "Me parece conocido." Lo que me hacía pensar "¿Eso es todo? "Alguien tiene que conocer a Ed o haberlo visto recientemente, ¿verdad?". O tal vez no estaban dispuestos a confiar en nosotros. Sin duda alguna, unos pocos habían ingerido tanta sustancia que no podían recordar haber visto a Ed, incluso si lo hubieran hecho.

Algunos pocos que ciertamente habían estado en la calle por demasiado tiempo decían, "Definitivamente he visto a ese hombre." Cada vez que esto pasaba, justo cuando pensábamos que teníamos una pista, la persona me señalaba a mí en la fotografía. Aparentemente, por alguna razón yo les resultaba conocido. Luego añadían, "No estoy seguro cuándo fue la última vez que lo vi, pero lo he visto." Yo quería preguntar, "¿Hace cuánto tiempo? ¿En los últimos cinco segundos?, porque está señalando mi fotografía." En lugar de ser sarcástico o insensible, les daba las gracias o les decía "Esa persona soy yo."

Un par de horas más tarde, recibí una llamada de Bree. Parecía emocionada y dijo que su supervisor le había dado permiso para seguir la historia. Le dijimos en qué calle estábamos y vimos un restaurante Denny's. Ella dijo, "¡Perfecto!" Y veinte minutos más tarde, estábamos en el estacionamiento dándole los detalles. Nos preguntó hacia dónde nos dirigíamos después y le dije que iba de regreso a la calle Hancock, donde solía estar el taller de madera de Ed.

Bree ofreció llevarnos hasta allá, pero primero, quería grabar un video pequeño y usarlo como un avance de las noticias de la tarde. Y entonces, lo hizo. Una vez que los cuatro nos acomodamos en su auto, ella uso su teléfono para grabar un video. Ella dijo "Aquí estoy en el auto con Will, Steve, y Brian, tres hombres buscando a un amigo perdido hace tiempo quien es un indigente en San Diego..." Luego, nos dejó y prometió vernos más tarde.

Mientras tanto, continuamos nuestra búsqueda en el antiguo territorio de Ed. ¿Cuántas veces había pasado por su taller para recogerlo e ir a cenar cuando estaba en la ciudad? Cruzamos la calle y nos encontramos con una chica de unos 20 años. La saludamos y se presentó como Russo. Estaba con un joven hispano, que parecía tener cerca de diecinueve años. Hicimos las preguntas usuales, y Russo parecía interesada. Su amigo no estaba interesado a juzgar por su lenguaje corporal. Él se mantuvo a un par de pies de distancia mientras hablábamos con Russo.

Cuando le expliqué la razón de nuestra misión, ella dijo, "Eso es genial, ¿tiene una fotografía?" Tan pronto se la mostré, ella exclamó, "Conozco a Eddy. ¡Mi novio y yo estuvimos en una fiesta con él la otra noche!" "¡¡¿Lo conocen?!!" Respondí. ¿Podría esta ser nuestra primera pista real? Le pedí que describiera qué tan alto es Eddy y cómo es su personalidad y ella acertó.

Fue lo que dijo después lo que me agarró desprevenido, entonces pregunté "¿Cuándo dice 'en una fiesta' se refiere a bebiendo o fumando marihuana?" Ella respondió, "No, nos estábamos drogando." Y luego enseñé mi ignorancia callejera al preguntarle si Ed se había convertido en un "Mether." Russo se carcajeó, con ese tipo de tos carrasposa de fumador en su risa.

"No se llaman 'Methers,' se llaman 'Tweekers' (adictos a la Metan-fetamina) y claro que sí, ¡Eddy es un tweeker!" Sentí como si alguien me hubiera golpeado en el estómago. La mamá de Ed me había dicho que la última vez que lo había visto, antes de irse a las calles, él actuó extremadamente paranoico, y ella sospechó de Esquizofrenia.

Más tarde ese día aprendí, que los "tweekers" tienen los mismos síntomas que aquellos que sufren de Esquizofrenia. Estaba empezando a creer que pudo no haber sido una condición mental la responsable de enviar a Ed a las calles, sino un hábito oculto. Sus palabras todavía bailaban en mi mente mientras estaba parado ahí sin palabras.

Russo me preguntó si podía usar mi teléfono celular. Se lo di ya que estaba congelado, tratando de procesar las inesperadas noticias. ¿Cómo podría esto impactar nuestro viaje? Ed todavía era mi amigo de toda la vida, y empecé a preguntarme si esto era lo que él quería decirme la noche que nos visitó en Anaheim.

*(De izquierda a derecha: Will y Russo)*

Russo terminó su llamada y nos ofreció algunos lugares que podríamos revisar. Nos alentó al decirnos que estábamos en el área correcta, aquí es donde Ed pasa la mayoría del tiempo.

Mientras caminábamos más lejos en la calle, Steve y Brian pudieron notar que las noticias de Ed me habían dejado desanimado. Hicieron lo mejor que pudieron para animarme. Las noticias de que Ed estaba cerca nos hicieron acelerar el paso. Exploramos el área, revisando en dos restaurantes Denny's en cada esquina de Hancock.

Uno de los trabajadores dijo que Ed a menudo frecuentaba el restaurante por las noches. El Denny's de la calle Rosecrans, también era prometedor, ya que el gerente dijo que había visto a Ed la noche anterior. ¡Estábamos cerca!

Mi teléfono sonó, y era Bree. Ella anunció, "Voy en camino hacia ustedes con un equipo de filmación para hacer una toma en vivo. ¿Dónde podemos encontrarnos?" Escogimos el estacionamiento del Denny's que estaba en la esquina de Camino Del

Rio Oeste y la calle Greenwood. Bree apareció con su camarógrafo y empezaron a montar todo al borde del estacionamiento.

*(De izquierda a derecha: Will, Bree y Brian)*

Bree nos advirtió que haríamos una toma en vivo. Ella quería que simplemente camináramos a su lado por el estacionamiento mientras ella comentaba sobre nuestra misión. Planeaba hacernos algunas preguntas sobre nuestra búsqueda y parecía emocionada cuando le contamos las últimas noticias. Bree dijo que haríamos una toma de práctica antes de grabar en vivo.

Empezamos a caminar por el estacionamiento con el camarógrafo cerca de diez pies más adelante de nosotros. Yo me quedé atrás, bromeando sobre lo que no se debía hacer en televisión en vivo, ya que esta era nuestra toma de práctica. Brian se volteó y dijo, "¡Will, estamos al aire!"

Yo no estaba seguro si Brian estaba bromeando o no, así que rápidamente me uní a los tres y empecé a responder las preguntas de Bree. Treinta segundos después ella dijo, "Bueno, eso es todo." Se volteó al camarógrafo para preguntarle si había capturado la toma. "¿Brian estaba bromeando conmigo?", le pregunté a Steve; y él respondió: "No, Bree dijo en el último segundo que necesitábamos hacerlo en vivo ya que estaban listos para nosotros." Debí verme un poco absurdo corriendo hacia el grupo mientras ellos caminaban. Ahora, sólo teníamos que esperar y ver si la historia traería cualquier pista prometedora después de salir al aire en las noticias de las 6 p.m.

Bree amablemente arregló una manera para que las personas enviaran pistas a la página web de ABC News. Ella me enviaría un mensaje o me llamaría con cada pista nueva y luego Brian, Steve y yo correríamos al lugar. Las pistas empezaron a llegar y corrimos por la ciudad para llegar a cada una. Hablamos con dueños de puestos de tacos baratos, gerentes en Denny's, así como dueños de licorerías, quienes mencionaron haber visto a Ed ese mes, esa semana o justo días atrás.

Las pistas ayudaban, pero estábamos cansados. Sin mencionar el hecho de que había más lluvia en el horizonte. No queríamos estar poco preparados para otro aguacero. Tomé mi lugar en la calle principal de regreso en Ocean Beach hasta que pedimos suficiente limosna para comprar tres lonas de plástico azul para la noche. Nos dirigimos de regreso a Robb Field, y luego empezamos a montar campamento bajo nuestro árbol de acebo grande. Con abono suave y húmedo debajo de nuestros colchones de acampar, este parecía el lugar perfecto para dormir esa noche.

Tanto Steve como Brian fueron más valientes que yo en acoplarse a esta travesía, ya que cada uno de ellos simplemente empacó una sábana y luego usaron un cartón como colchón para dormir. Yo parecía un tipo de diva callejera, sacando una bolsa para dormir y un colchón de acampar de mi mochila. Me sentí culpable por la mala comunicación, y cuando vi que era más difícil para ellos dormir bien, me alegré de haber adquirido las lonas.

*(Brian y su colchón de cartón improvisado)*

Nuestras lonas sirvieron como protección para la lluvia y aislamiento térmico para los tres, mientras que nos enrollamos como burritos azules durante nuestra segunda noche en la calle. La noche fue larga, con episodios de lluvia fuerte y ligera bajo la cubierta de nuestro árbol de acebo. Asumimos que la lluvia era una bendición ya que evitaba que los policías y vecinos indigentes llegaran a despertarnos.

Durante la tercera noche, nuestro trio decidió mantener bajo vigilancia el Denny's donde nos habían dicho que Ed frecuentaba a las 3 a.m. Brian sólo pudo comprometerse por tres días, debido a su trabajo. Le agradecimos mucho que estuviera con nosotros, pero él tenía que regresar al aeropuerto.

Nos despedimos la noche del miércoles, antes de que Brian se montara en un Uber afuera del Denny's. Él regresó al Aeropuerto Internacional de San Diego, mientras nosotros hicimos nuestro mejor esfuerzo, tomando turnos para descansar y vigilar a Ed.

Una amable empleada, de nombre Anna, quien trabajaba el turno de la noche, nos dijo que Ed visitaba frecuentemente este Denny's, alrededor de la medianoche. Ella reconoció su fotografía y nos dijo que nos alertaría si él entraba. Habíamos pedido suficiente limosna, temprano esa tarde, para comprar café, un sándwich y todavía dejarle una propina generosa. No queríamos ser malagradecidos con nuestra útil mesera.

*(Anna en Denny's)*

Cuando Brian se fue para el aeropuerto, Steve y yo nos acomodamos en unos asientos en una esquina desapercibida en la parte de atrás del restaurante, confiando que Anna nos despertaría si Ed aparecía. Ella fue muy amable permitiéndonos dormir en los asientos, lo que fue una bendición ya que ambos estábamos exhaustos.

Steve me despertó varias veces para decirme que yo estaba roncando muy fuerte y que los clientes podrían darse cuenta de nuestra presencia si yo continuaba. Me sentí mal, ya que no quería causar ningún problema para Anna quien había sido tan amable. Ella nunca nos despertó porque Ed no llegó esa noche. Otra pista que nos llevó directo a un callejón sin salida.

El día siguiente lo recordaré siempre como el día en que pasamos la tarde con Kyle.

# Capítulo 5
## *El Café de Kyle*

Los dos continuamos desde Denny's. Ya estaba amaneciendo y el aire estaba fresco mientras caminábamos cuesta oeste hacia Ocean Beach. Para cuando llego el jueves, Steve y yo estábamos exhaustos. Las noches de vagabundos, durmiendo incómodamente en los asientos de un restaurante, o siendo despertados por la lluvia, oficiales de policía, y ruidos extraños al aire libre nos dejaron sintiéndonos como zombis. Encontramos un área de pasto cerca de la playa arenosa y decidimos descansar debajo de la sombra de las palmeras.

Toda la semana habíamos sido cautelosos con lo que sacábamos de nuestras mochilas en público, no queríamos que los indigentes codiciaran los contenidos e intentaran robarnos. Sin embargo, la semana se estaba acabando y ya que era nuestra última tarde en las calles, no nos preocupamos más.

De hecho, ya no nos importó si alguien veía lo que estaba en nuestras mochilas. Sacamos las colchonetas, bolsas de dormir y otros contenidos, y nos acomodamos en la afelpada grama verde cerca de la playa. Asumimos que, con sólo cuarentiocho horas restantes en las calles, ¿qué podía ir mal?

Con todo nuestro equipo esparcido a nuestro alrededor, notamos a dos hombres sin hogar que comenzaron a interesarse. Uno se acercó a nosotros con una oferta. Él dijo: "¿Cómo están ustedes? ¿Has ido a nadar hoy? El agua del océano es tan refrescante". Respondí: "No, no lo hemos hecho". Procedió a decirnos lo maravilloso que era el oleaje antes de ofrecerse a cuidar nuestras maletas mientras nos bañábamos. Le dimos las gracias pero rechazamos su oferta.

Él fue persistente y nos preguntó dónde planeábamos dormir esa noche.

Durante mis viajes a San Diego, me di cuenta de que los hombres y mujeres indigentes que había conocido parecían mantener muy privado donde acampaban. Generalmente, éste no era un tema abierto a discusión entre los indigentes. Escuchamos muchas historias sobre indigentes que fueron robados por otros vagabundos, quienes habían considerado amigos anteriormente.

Steve y yo sabíamos mejor que compartir nuestra ubicación para acampar. En verdad, nunca decidimos dónde pernoctar hasta que oscurecía.

Respondí a la pregunta del hombre: "Es difícil decirlo, cada noche es diferente". Entonces le respondí: "¿Dónde vas a dormir esta noche?" Permaneció en guardia y respondió: "Sí, tampoco estoy seguro de dónde podría dormir". La mayoría de las personas sin hogar encuentran un lugar para acampar todas las noches y luego esconden sus pertenencias en un lugar oculto durante el día, con la esperanza de encontrarlas cuando regresen.

Nuestro intercambio concluyó la discusión y él se alejó. Si bien conocimos a muchas personas generosas y amables en la calle, nunca puedes relajarte por completo. La inteligencia callejera y la precaución te sirven bien cuando vives afuera. Escuché a un hombre decir: "Un adicto a la metanfetamina robará tus cosas y luego se ofrecerá a ayudarte a buscarlas". Estábamos haciendo todo lo posible para adaptarnos a nuestro nuevo entorno.

Arreglé mi colchón de acampar y mi bolsa de dormir en el césped cerca de la arena, mientras Steve hacía un nido en su sábana. Ya no estábamos preocupados por la apariencia personal. Estábamos empezando a identificarnos con los otros indigentes en términos de cansancio y apariencia.

Ambos estábamos intentando tomar una siesta y al borde de caer rendidos, cuando escuchamos a un grupo de jóvenes haciendo ruido en la arena. Todos parecían estar entre sus últimos años de adolescencia y los 20 años de edad. Vimos a Kyle, un joven apuesto que habíamos conocido al principio de la semana.

Al parecer, estaban pasando algún tipo de sustancia mientras se movían al ritmo de la música de una radio-casetera portátil, ya que podíamos escuchar el bajo sonando. Vimos como Kyle tropezaba para salir del grupo y dirigirse en nuestra dirección.

Se tambaleó hacia adelante y parecía estar en mal estado. Observamos en silencio mientras se encorvaba y comenzaba a vomitar y atragantarse ruidosamente. Lo que siguió a continuación fue grotesco, ya que vomitó varias veces sobre la hierba. Justo cuando parecía que había terminado, se congeló sobre su vómito, con las manos pegadas a los muslos. Kyle equilibró su cuerpo sobre el desorden de abajo mientras miraba directamente a su vómito.

Luego hizo lo inesperado. Nuestros ojos estaban conectados a cada movimiento de Kyle mientras él estiró su mano derecha y la metió en su vómito para agarrar algo. Lo que haya sido que encontró, lo levantó hacia su rostro y se lo metió en la boca. Habíamos estado callados hasta este punto, pero sus acciones me forzaron a romper mi silencio.

"¿Se está comiendo su vómito?" Le pregunté a Steve. "No, creo que vomitó una pastilla que había tomado antes para drogarse y luego después de vomitar, agarró la pastilla e intentó ingerirla de nuevo."

¡Steve estaba en lo correcto! Kyle se forzó a engullir la misma pastilla cubierta de vómito que había vomitado apenas momentos antes. Su cuerpo no estaba contento, ya que lo vimos vomitar la pastilla otra vez. Se tambaleó hacia adelante a su vómito, con sus pies descalzos.

Fue difícil verlo, una escena inolvidable que permanece en mi memoria.

Pensé, '*¿Qué tanto querría alguien escapar de la realidad si está dispuesto a* *tragarse pastillas de su propio vómito? ¿Qué tan difícil tiene que ser la vida para que una persona quiera seguir drogada?'*

Seguimos viendo a este joven tambalearse hacia adelante, y mi corazón estaba con él.

Grité su nombre, "Oye Kyle, ¿qué tal?" Ajeno a todos y todo lo que lo rodeaba, se levantó y miró en nuestra dirección. Sus pies siguieron su mente, y él empezó a caminar hacia nosotros. Cuando estaba frente a nosotros, le pregunté, "¿Cómo estás, Kyle?"

Su respuesta fue honesta, "No muy bien, acabo de vomitar." Repliqué, "Sí, vimos eso, fue bastante asqueroso." "¿Quieres sentarte?" Él respondió, "Gracias," mientras se tiró al suelo. Cruzó sus piernas y se sentó al estilo indio, se veía bastante cómodo.

Un hombre pasó cerca de nosotros tres llevando una bolsa grande con sándwiches de mortadela. Lanzó algunos a nuestros pies, diciendo, "Aquí tienen muchachos, pense que les gustaria cenar algo" luego siguió caminando. Yo no tenía hambre después de ver el incidente de vómito de Kyle, así que le di el mío igual que Steve, ambos nos dimos cuenta que el lo necesitaba mas que nosotros. Él nos agradeció y le dio un mordisco. "¡Este sándwich está asqueroso!" insistió, dejándolo en el suelo como si estuviera putrefacto.

Procesé sus observaciones, considerando que venían de un hombre que acababa de tomarse pastillas de su propio vómito. Decidí que, si este sándwich no era aceptable para las papilas gustativas "tipo cabra" de Kyle, entonces yo no tenía planes de probar uno más tarde.

Los tres nos sentamos en la grama, disfrutando la calma. El sol se pondría pronto, y la playa estaba llena de parejas paseando agarrados de la mano. Rompí la serenidad del momento al decirle a Kyle lo que estábamos haciendo ahí. Le dije que habíamos escogido dejar la costa Este y vivir en las calles de San Diego para buscar a mi amigo Ed, quien creíamos tiene una adicción.

Usando el término callejero para los adictos a la metanfetamina, le dije que Ed es un "Tweeker." Kyle dijo con emoción, "¡Yo soy un tweeker!" "¿Lo eres?" Le pregunté. "Si, lo soy," respondió como si fuese algo por lo cual estar orgulloso. Decidí ignorar su respuesta.

En lugar de eso, le pregunté, "¿Crees que alguien te está buscando, Kyle?" "¡Claro que no!" replicó, y no le tomó nada de tiempo considerar su respuesta. "¿De dónde vienes?" le pregunté. Mientras que la conversación continuaba, aprendimos que Kyle era de Irvine, California donde asistió a una escuela rica y jugó rugby. Intenté profundizar la conversación, "¿Piensas que tus padres podrían estar preocupados por ti?"

"No tuve padres, fui un niño adoptado," respondió. "¿Eran abusivos?" pregunté. Asintió la cabeza afirmativamente y me quedé callado. "Debió de ser duro" dije. Él volvió a asentir otro "sí." Otra vez, nos sentamos en silencio.

Miré fijamente a Kyle mientras él miraba a lo lejos. Estaba usando pantalones de mezclilla que se veían un par de pulgadas muy cortos. La falta de medias y zapatos sólo llamaban más la atención a sus "ponchos o manganos," como los solíamos llamar en la escuela media. La primera vez que caminó hacia nosotros, no tenía camisa, y sólo llevaba puesto un abrigo negro de invierno abierto.

Le ofrecimos una camiseta que aceptó rápidamente y se puso sobre su cabeza, antes de ponerse su abrigo de invierno otra vez. Compartio con nosotros algo de su vida. Nos dijo que tenía veintiún años de edad, pero parecía como que las calles habían añadido un par de años. Tenía una barba negra gruesa, y sus labios estaban semi-hinchados y curtidos por el clima. Me lo imaginé en una escuela adinerada de la costa Oeste, usando una de esas costosas camisetas de rayas para jugar rugby.

*¿Qué le había pasado a este apuesto muchacho para enviarlo a las calles tan joven? ¿Qué recuerdos y dolor tenía que lo llevaban a querer estar drogado a toda hora mientras estaba despierto?* Steve y yo simplemente nos sentamos con él y escuchamos los dolorosos detalles de su pasado que de alguna manera habían formado su camino a las calles de San Diego.

*(Kyle sentado en el cesped de Ocean Beach)*

Habíamos estado viviendo como indigentes toda la semana en las calles y no teníamos dinero o identificación con nosotros, pero se me ocurrió que sí tenía una aplicación de Starbucks con crédito en mi teléfono. Había un Starbucks justo en la esquina del paseo marítimo en Ocean Beach. "¿Te gustaría una bebida de Starbucks?" le pregunté a Kyle. "¡Eso sería fabuloso!" respondió.

Steve me miró, tal vez preguntándose cómo yo planeaba pagar por el excesivo precio de ese café. Metí mi bolsa de dormir y mi colcha para acampar en mi mochila, mientras que Steve hacía lo mismo. Nos habíamos vuelto habilidosos en empacar apurados. Una habilidad que todo indigente debe adquirir.

Nos colgamos las mochilas sobre los hombros, y caminamos con Kyle hacia Starbucks. Él caminaba lento debido a sus pies descalzos y su misión de encontrar un filtro de cigarrillo a medio fumar en el camino.

De hecho, se detuvo varias veces a levantarlos y examinar cada filtro para buscar cualquier residuo de tabaco para fumar. Finalmente dije, "Kyle, vamos a buscar un café, y puedes buscar cigarrillos más tarde." Él aceptó, aunque aún necesitó un poco de orientación para llevarlo desde la playa al café en la calle principal.

Steve y yo logramos la tarea de llevar a Kyle a la puerta y a la fila por una bebida.

Le pregunté qué quería ordenar, y dijo, "¡Quiero un Macchiato Acaramelado Grande con crema batida!" Él hizo la orden con una gran sonrisa radiante, y no pidió el típico café negro fuerte con mucha azúcar de los indigentes.

Esta fue claramente la orden de un niño que creció en la parte rica de Irvine, California. Cómo su camino lo llevó a Ocean Beach es un misterio para mí. Le pedí a Steve que se quedara con Kyle mientras yo usaba el baño. Había una cerradura con combinación en el Starbucks, y uno debía hacer primero su pedido para obtener la clave.

Yo estaba emocionado de usar un baño limpio y regresé a la fila después de lavarme las manos. Se nos había olvidado pedirle a Brian su gel desinfectante, así que necesitaba agua y jabón para limpiarme. Éramos los siguientes para ordenar cuando me reuní con Steve y Kyle, así que el tiempo fue perfecto.

Justo cuando me metí en la fila, el hombre detrás de nosotros abrió la boca, "¡Oiga amigo, no puede colarse!" Me giré para mirar a mi acusador. Parecía estar al final de sus 50 años y no estaba contento. Dije, "Lo siento, pero yo en realidad estaba en la fila antes de salirme un momento para usar el baño, y ahora estoy de regreso con mis amigos."

Él continuó, "Igual usted no puede irse y volver a meterse en la fila." Lo mire a la cara, meditando algunas respuestas distintas. Siempre tenemos una decisión en situaciones como esta, y yo me detuve para considerar la mía. Ofrecí una oración rápida pidiendo sabiduría y luego le dije al hombre, "Oiga, déjeme comprarle una bebida."

Su rostro mostró conmoción mientras que alzó las cejas. "Usted no tiene que hacer eso," respondió con una actitud completamente diferente. "Lo sé, pero quiero hacerlo, así que dele su orden al hombre detrás del mostrador."

Él replicó, "Pero mi bebida es costosa." "¡Hombre, vaya a pedir su bebida afeminada frufrú!" (No fueron mis palabras exactas, pero fue lo que pensé al decirle que hiciera su pedido). En efecto, ordenó una bebida grande de postre azucarado y fue una persona completamente distinta después de ese intercambio. El hombre me agradeció y se presentó como Chris. Luego comenzó a prestarle atención a nuestra interacción con Kyle.

Esperamos en el mostrador a que la barista terminara nuestras bebidas. Estaba claro que una vez que Kyle tuviera su bebida estaría listo para irse. Le pregunté, "¿Podemos ofrecerte alguna otra cosa?" Su respuesta me agarró completamente desprevenido, "¿Puedo recibir un abrazo?"

Miré a este joven, con algunos restos de su vómito todavía en su abrigo. *¿Le* *daría un abrazo a medias a un hombre como él?*

¡Claro que no! Me pregunté si algún padre alguna vez lo había abrazado o amado realmente de la manera que merecía ser amado. Abracé fuertemente a Kyle como si fuera mi hijo. De hecho, lo mantuve abrazado por un rato.

Considere que estábamos en medio de un Starbucks a reventar, donde un gran grupo de personas estaban esperando en la fila para pedir sus órdenes o esperando a tomar lo que ya habían pedido. Era un lugar incómodo para tener un fuerte abrazo de hombres con un amigo vagabundo, pero, aun así, era el lugar y el momento perfecto para un acto tangible de amor.

Me conmoví por su deseo por un abrazo y disfruté el momento mientras él abrazaba a Steve después de mí, antes de desaparecer en la calle. Lo extrañé tan pronto se fue.

*(De izquierda a derecha: Steve, Kyle y*
*Will en el Starbucks de Ocean Beach)*

Con las bebidas en la mano, Steve y yo nos dimos cuenta de que Chris, quien había estado impaciente sólo unos momentos atrás, estaba bebiendo su café y observándonos. "¿Quiénes son ustedes y qué están haciendo aquí?" preguntó, cuando su curiosidad lo derrotó.

Le dijimos de nuestra misión y sobre lo que estuvimos haciendo toda la semana. El lugar estaba abarrotado, así que movimos nuestra conversación afuera a la acera frente a Starbucks. Había mucha gente caminando, y muchos de ellos andaban de arriba hacia abajo, buscando un sitio donde comer, ya que la calle principal está llena de opciones.

Chris parecía emocionado de compartir su historia, a pesar de la multitud. Después de escuchar nuestra razón para viajar al otro lado del país, él se abrió con nosotros. "Mi hijo es indigente aquí en las calles," continuó, "Lo ayudé a obtener un título universitario e incluso su maestría, y ahora él y su novia han tomado la decisión de tirarlo todo por la borda y vivir en las calles." Claramente él estaba deshecho por la decisión de su hijo.

"Tal vez ustedes lo conocieron esta semana; su nombre callejero es 'fire walker.' ('caminante de fuego'.)" "No, no creo que lo hayamos visto. ¿Cómo obtuvo ese apodo?" le pregunté. "Él estaba en una fiesta en la playa, cuando una chica ebria se cayó en el fuego. Él caminó sobre el carbón en llamas para sacarla, y entonces lo han llamado así desde ese momento." No habíamos escuchado esa historia o conocido a su hijo, ya que hubiéramos recordado un nombre como "fire walker."

Chris compartió su dolor con nosotros y la dificultad asociada con tener a un hijo viviendo en las calles. Él estaba terminando sus comentarios y a punto de irse caminando, cuando me percaté que a mi derecha había dos mujeres besándose. Éste no era un simple besito, sino que estaban besuqueándose seriamente. Mis ojos ahora estaban fijos en su demostración de pasión, lo cual no es un incidente común en el norte de Virginia, de donde soy.

Uno de los ojos de la mujer se encontró con el mío, así que rápidamente desvié la mirada. No quería parecer grosero, sin embargo, debe haberme sorprendido mirando fijamente momentáneamente en función de su reacción. Justo cuando volví a mirar a Chris después de que se dio la vuelta para irse, escuché a la mujer gritar algo y esperé que no me estuviera hablando a mí.

Lo que es peor, en mi vista periférica me percaté de que ahora ella se estaba moviendo en nuestra dirección y dijo, "¡Oiga, usted!" haciendo una seña en mi dirección.

Mientras ella y su novia venían en nuestra dirección, el papá de "Fire Walker" nos agradeció por escucharlo y desapareció entre la multitud de la acera. No hice contacto visual con la mujer mientras se me acercaba y pretendí que no la había escuchado. Sin embargo, ella todavía estaba caminando hacia nosotros.

La mujer se detuvo directamente frente a mí y dijo, "¡Yo te vi!" "¿Me vio?" Pregunté, sin tener ni idea de hacia dónde iba esta conversación. Luego ella agregó, "Sí, te vi en las noticias del canal ABC, eres el hombre que está aquí viviendo en las calles en busca de su amigo de la infancia, ¿verdad?"

"Sí, yo soy ese hombre, y este es mi amigo Steve, quien me está ayudando a buscar." Estaba tan aliviado de que ella no se refería a verme mirándola cuando besaba a su amiga. Se presentó como Sharon, luego siguió diciendo, "¡Quiero que sepa que pienso que lo que está haciendo es asombroso!"

"No sólo eso, sino que mi hijo fue un indigente, y lo busqué por más de un año."

"¿Quiere un consejo?" Preguntó ella, intentando ayudar en nuestra búsqueda de Ed. Respondí, "Claro, ¿qué sugiere?" Ella dijo, "Cuando estaba al final y justo a punto de rendirme, fui a la playa, encendí una vela y le grité a Jesús pidiendo ayuda. ¿Sabes que fue al día siguiente que lo encontré? ¿Quizás deberías acudir a Jesús en busca de ayuda?".

Sin tener idea de que yo era un pastor, me empezó a decir que yo debería intentar orar. Con una sonrisa le pregunté, "¿Quiere orar con nosotros en este momento?" Ella respondió, "¡Por supuesto!"

Sin darnos cuenta, ahí estábamos, de pie frente a Starbucks, los cuatro agarrados de las manos. Oramos juntos, pidiéndole a Jesús otra oportunidad para encontrar a mi amigo Ed y restaurarlo por completo.

*(De izquierda a derecha: Sharon y Will en Newport Ave.)*

Le agradecimos a Sharon por su consejo, les dimos un abrazo, y luego caminamos de regreso a la playa, todavía procesando los eventos de la última hora. La vida es complicada. Muchos de los indigentes que conocimos tenían historias muy similares a la de Kyle. Algunos sólo buscaban un abrazo genuino y a alguien que creyera en ellos. Es comprensible, después de haber sido lastimados y heridos por los adultos que debían de haberlos tratado con amor y dignidad.

Muchos han sufrido abuso de un padre, un tío, un vecino, un profesor u otra persona con autoridad quien debió haberlos protegido y cuidado. Las cicatrices del pasado los llevaron a encontrar recursos de medicina en la calle, incluso si significaba tomarse una pastilla cubierta en vómito. Fuimos testigos de una desesperación pura, lo que hacía que nuestros corazones sufrieran por ellos.

La semana había seguido su curso y estábamos agotados. Dormimos detrás de un cajón de almacenamiento de una escuela primaria en Point Loma. Era un tipo de riesgo distinto dormir en los suburbios, pero no queríamos más drama en el medio de la noche.

Las millas de caminata no parecían tan laboriosas en nuestra última mañana. Teníamos una energía recién descubierta, sabiendo que habíamos completado nuestra última noche en la calle. Nuestro hogar no estaba lejos, pero aun así todavía no habíamos encontrado a Ed.

En nuestra última noche, llegamos al hotel donde habíamos comenzado la travesía y nos aseamos. Se sentía bastante bien tomar una ducha después de no bañarnos en toda la semana. La noche era joven y queríamos tomar una última caminata por Ocean Beach.

Después de un aventón en Uber desde el centro, estábamos de regreso en Ocean Beach. Se sentía raro no cargar la mochila y no tener 4 días de mugre en mi piel. Queríamos algún tipo de cierre con nuestros nuevos amigos indigentes y buscamos a Kyle y otros amigos con los que pudiéramos conectarnos antes de regresar al Este.

Nos encontramos con Joaquin. Candace no había podido llegar y envió a Joaquin a reclamar la mochila que yo le había prometido.

Le dijimos a Joaquin que queríamos comprar un montón de pizzas para bendecir a nuestros amigos indigentes en el paseo marítimo. Él nos guio al 7-11, aconsejándonos que esta era la mejor oferta en pizza en toda la ciudad. Compramos diez pizzas y esperamos mientras los calentaban en el horno. Dejamos a Joaquín con una pizza y mi mochila para Candace. Le deseamos lo mejor con su empresa de motocicletas personalizadas y le agradecimos su ayuda a principios de semana. Joaquín expresó su gratitud antes de alejarse pedaleando en su bicicleta mientras cargaba mi mochila y balanceaba precariamente la caja de pizza con su brazo derecho.

*(De izquierda a derecha: Joaquin y Will en el 7/11 de Ocean Beach)*

Fuimos a las calles cerca del paseo marítimo para despedirnos de los amigos que habíamos hecho ahí. Nos acercamos justo cuando estaban pasando un cigarrillo de marihuana. Anuncié, "Nadie se mueva, Agente Encubierto de Narcóticos de San Diego." Todo el mundo se congeló, hasta que dije, "Sólo bromeaba, ¡fiesta de pizza!" Ellos se voltearon y vieron que sólo éramos Steve y yo y parecían estar más tranquilos. Nos despedimos y le agradecimos a cada uno, por nombre, por su ayuda en buscar a Ed.

Conocimos a varios indigentes de buen corazón que no son adictos, ni tienen una historia de enfermedades mentales o abuso. Hay algunos que por alguna razón han decidido vivir en las calles.

Es difícil escuchar historias como la de Kyle. Hay tantos que parecen atrapados por la adicción y, sin embargo, es posible que simplemente estén buscando algo para medicar el dolor de su pasado.

Un hombre que se ofreció como voluntario en la Iglesia Episcopal en Ocean Beach nos dijo que había estado ayudando a las personas sin hogar durante poco más de veinticinco años. Comentó: "He visto un patrón repetido una y otra vez. Primero, pierden su trabajo, luego pierden su hogar, luego pierden su dignidad, luego pierden la cabeza".

Si bien obviamente hay variaciones en ese patrón, cada persona que conocemos en la calle tiene una historia de lo que los llevó allí. Personalmente, he escuchado cientos de historias durante nuestros viajes, lo que me ha dejado una cosa muy clara. Es decir, no existe una solución o una solución única para todas las personas sin hogar.

Con cada viaje, hemos intentado tener en cuenta que "Cada persona que conocemos es el 'Ed' de otra persona". de nuestro tiempo. Ciertamente obtuve más información y pistas sobre mi amigo de la infancia. Sin embargo, incluso si esa información no nos ayudó a encontrar a mi amigo en el futuro inmediato, vi un cambio en las personas sin hogar que intentamos amar en el camino. También comencé a presenciar un cambio en mi propio corazón. Con ese concepto en mente, me preguntaba cuándo podríamos regresar. Esperaba que fuera pronto.

# Capítulo 6
## *De Regreso por Otra Ronda*

Cinco meses más tarde, Steve y yo estábamos en el aire otra vez. Siguiendo el mismo patrón, salimos un domingo en la tarde, el 7 de febrero del 2016 en nuestro tercer intento de encontrar a mi amigo. Estábamos listos para continuar nuestra búsqueda temprano a la mañana siguiente.

En lugar de Brian, teníamos un recluta con el apodo de AG, quien había servido en la Infantería de Marina de los Estados Unidos. Después de escuchar las historias que Steve y yo compartimos desde la plataforma de la iglesia, AG estaba listo para unirse a nuestro equipo.

Tener a un Marino de los Estados Unidos en el equipo es una ventaja cuando se vive en calles potencialmente peligrosas. Continuamos nuestra búsqueda donde la dejamos, de regreso a Ocean Beach. Steve y yo planeamos encontrarnos con AG en el Starbucks donde habíamos compartido una bebida con nuestro amigo Kyle. Parecía un buen lugar para comenzar la travesía.

Mientras estábamos en la acera frente a Starbucks, no pudimos evitar notar un aumento en la población de personas sin hogar allí. ¡Además, nos llamó la atención el hecho de que no reconocíamos una sola cara!

No perdimos tiempo en buscar a nuestros amigos indigentes. Esperábamos reconectar con aquellos que habían sido de tanta ayuda en el viaje anterior. Nos sentamos en la curva de la acera frente a Starbucks y no pudimos evitar percatarnos de un aumento en el número de indigentes. ¡Estábamos asombrados por el hecho de que no reconocimos un solo rostro!

*(De izquierda a derecha: Steve, Will y AG)*

Una vez más, en preparación para nuestra semana en la calle, nos dejamos crecer la barba y empacamos ropa usada. Sin embargo, AG se llevó el premio cuando se quitó su sudadera y parecía estar usando una camisa vieja y rota. ¡Él fue tan convincente que uno de los indigentes locales le ofreció una camiseta a AG para que la usara! AG le agradeció al caballero y decidió quedarse con la camisa rota que había traído.

Nuestras mochilas estaban llenas con el equipo usual para nuestra travesía. Inmediatamente empezamos a caminar las calles esperando encontrar a Ed. Teníamos cientos de tarjetas impresas esta vez, con la foto de Ed y yo, junto con un número de teléfono Google local para que cualquiera me contactara con información.

Nos parecía un sueño caminar las calles una vez más. Empecé a preguntarme dónde podríamos dormir. Apenas el sol se pone, uno siente una sensación incómoda sobre dónde terminará durmiendo. Habíamos aprendido a estar atentos de ver un lugar potencial tranquilo y seguro para hacer nuestro nido. Claro que la mayoría de nuestros amigos indigentes estaban buscando lo mismo.

AG, Steve, y yo sondeamos los alrededores de Ocean Beach y luego fuimos hacia el este, a la Calle Hancock. Revisamos el restaurante Denny's donde habían visto a Ed en nuestro viaje anterior. La mesera dijo que no lo había visto recientemente. Nos abrimos paso en Hancock, pasando el antiguo taller de madera de Ed.

El taller lo había tomado un negocio de tablas de surf que parecía mantenerse ocupado haciendo tablas y elaborando fibra de vidrio. Podíamos oler la resina en el aire. Habíamos estado caminando por horas, lo cual no había generado pista alguna. Los tres estábamos cansados así que empezamos a buscar un lugar seguro para acampar.

A una distancia como la de un campo de fútbol cerca del taller de Ed, Steve notó un edificio abandonado que había sufrido un incendio serio. Frente al edificio había un estacionamiento pequeño donde alguien había decidido estacionar un camión de mudanza largo. El espacio entre el camión de mudanza y el edificio proveía el espacio perfecto para dormir sin ser notados en la calle.

Pensé trepar al techo para montar campamento y AG estaba de acuerdo con escalar el edificio, pero Steve no quería tener nada que ver con eso. Era importante que todos estuviésemos de acuerdo así que nos conformamos con el espacio entre el camión y el edificio abandonado. Empezamos a desempacar nuestras bolsas para dormir y colchones de acampar. Resultó ser el lugar perfecto, aunque hubo un frío atípico a la temporada para San Diego, bajando a los 40 grados.

No habíamos conseguido mucha comida en ese primer día. Creo que nuestros estómagos fueron los que nos despertaron la mañana siguiente. La comida de Mission Bay era un almuerzo garantizado así que nos dirigimos en esa dirección. Ansiábamos ver a la multitud de indigentes de Mission Bay que habíamos conocido sólo meses atrás.

Llegamos justo antes de que empezaran a servir y las personas estaban haciendo una fila para la comida. Sin embargo, parecía que nuestros amigos habían sido reemplazados por un grupo completamente distinto de hombres y mujeres. ¿Era esto normal en San Diego? ¿Era la comunidad de indigentes tan pasajera que no reconocimos a una sola persona en sólo cinco meses? ¿A dónde y por qué se mudaron las personas viviendo en las calles? ¿Era más seguro seguir moviéndose?

La apremiante pregunta en mi mente era, "¿Ed habría seguido adelante o seguía viviendo en las calles de San Diego?"

Un indigente de nombre de Ray nos dijo que el clima tenía un papel importante en la mudanza de muchos. Si sus cosas se mojan o se las roban, muchos buscan una nueva área esperando encontrar alrededores más seguros.

Logramos encontrarnos con nuestro amigo de cabello rubio decolorado quien se refería a sí mismo como "el Loco Billy." Cuando le preguntamos cómo estaba me dijo que le habían robado su bicicleta recientemente, así que se veía forzado a caminar a todos lados.

Mirando al lado del Loco Billy vi una bicicleta. Comenté, "Parece que encontró una," señalando hacia la que estaba a su lado. Él respondió, "Oh sí, Dios me bendijo con esta bicicleta." Cuando pregunté por la "bendición" a la que Billy se refería, él respondió, "Estaba caminando por una casa bonita la semana pasada y noté esta belleza en el patio trasero." Siguió diciéndonos que la ubicación de la bicicleta en ese momento debió haber sido una bendición de Dios, ya que necesitaba una bicicleta. El concepto de robar no fue mencionado. No estoy seguro de que el dueño anterior de la bicicleta considerara la situación como una bendición como lo hacía el Loco Billy.

Almorzamos en Mission Bay y empezamos a mostrar la foto de Ed. La iglesia de La Jolla había vuelto con todo con un equipo de voluntarios nuevos a servir el almuerzo. El Ejército de Salvación también estaba presente, sirviendo café negro y fuerte. Revisé la multitud mientras bebía mi café de mi vaso de polietileno. Me percaté de un hombre echándole nueve paquetes de azúcar a su café. Estaba tentado de preguntarle si quería algo de café con esa azúcar, pero me resistí. Hicimos nuestras rondas con la foto de Ed sin pistas prometedoras. Así que decidimos salir de ahí.

AG y Steve estaban emocionados de continuar la búsqueda, y yo estaba de acuerdo. Decidimos abrirnos camino de regreso al Denny's cerca de la calle Hancock pues queríamos buscar en un área no muy lejos de ahí, conocida como "Riverbed" (Rivera del Rio).

El Riverbed es conocido como un lugar frecuente para los "tweekers," (adictos a la Metanfetamina). Nos habían dicho que ese es el área que los adictos más avanzados buscan como refugio, cuando se vuelven muy paranoicos para reunirse en áreas más pobladas.

El Departamento de Policía de San Diego nos había dado este consejo, el cual había sido corroborado por varios amigos de la calle locales. Aunque todos nos advirtieron sobre lo peligroso que es el Riverbed. El Loco Billy mencionó que había escuchado de adictos serios que atacaban a cualquiera pasando por el área, ya que estaban desesperados por dinero para sus drogas.

Comprendiendo que este no era un lugar seguro para pasear con nuestras mochilas, Steve amablemente se ofreció como voluntario para quedarse en Denny's, mientras AG y yo explorábamos el lecho del río. Había explorado brevemente el lecho del río con Steve y Brian en el viaje anterior, pero nadie estaba entusiasmado con los riesgos potenciales asociados, así que lo acortamos. Pensé que, si existía la posibilidad de que Ed pudiera estar acampando en el lecho del río, entonces quería pasar un tiempo buscando. Razoné que viajar con un ex marine de los EE. UU. era una opción mucho más segura.

*(El Riverbed)*

El Riverbed está lleno de laberintos, lugares para buscar refugio debajo de puentes, mucho barro, maleza alta, mucha basura y por supuesto el río. Encontramos varios campamentos abandonados metidos entre maleza, muchas veces contaminado con artículos para la preparación y el manejo de drogas.

Cuanto más nos adentramos en la maleza, más rápido podía sentir que mi corazón se aceleraba. Decidí tomar una piedra de buen tamaño para llevar en caso de que me encontrara cara a cara con un adicto enojado. No estoy seguro de qué haría realmente si ocurriera tal altercado, pero me dio una ligera sensación de seguridad cuando AG y yo nos separamos para cubrir más terreno. Mi mente se desvió hacia películas de estilo thriller que siempre crean suspenso cuando los personajes principales se separan. Por lo general, es en ese punto de la película cuando uno de los personajes se encuentra con algo desafortunado o incluso mortal.

A pesar del riesgo potencial, AG y yo escapamos sin que sucediera nada desafortunado. Solo me encontré con un vagabundo mayor, que me vio y salió corriendo en la dirección opuesta. Al darme cuenta de que no era Ed, no me molesté en seguirlo.

AG y yo regresamos a Denny's y alcanzamos a Steve, que había estado cuidando fielmente nuestras mochilas. Tomamos un breve descanso y trazamos nuestro próximo movimiento.

*(De izquierda a derecha: AG, Will y Steve en Denny's)*

La tarde que pasamos caminando por las calles no arrojó más pistas, así que regresamos a Ocean Beach. Nos habían dicho que la Iglesia Católica del Sagrado Corazón en Sunset Boulevard iba a ofrecer una cena esa noche. La cena en la iglesia también fue otra oportunidad para buscar a Ed y recopilar pistas. Buscamos en los rostros, siempre con la esperanza de encontrarlo, pero no estaba a la vista. Hablé con uno de los voluntarios de la iglesia y le pregunté por Ed. No lo reconocieron por la foto, pero parecían dispuestos a ayudar.

También le hice saber que estábamos dispuestos a ayudar si necesitaban un par de manos extra. Él aceptó la oferta y nos permitió esquivar a la multitud, asignándonos todas las tareas.

Después de que se hicieron los preparativos finales para la cena, un hombre llamado Jack reunió a los voluntarios para agradecerles por su arduo trabajo. Dirigió al grupo en oración antes de abrir las puertas de la iglesia. Jack volvió su atención hacia Steve, AG y yo, diciendo: "Nos habían faltado algunos voluntarios esta noche y oramos, pidiéndole a Dios más ayuda. Dios contestó nuestras oraciones y proveyó a estos tres hombres de la Costa Este". Nos agradeció por ser una respuesta a sus oraciones.

Jack obviamente era un veterano de esa cocina y un maestro chef para las personas sin hogar. Se dirigió a sus tropas: "En solo unos minutos se abrirán las puertas y quiero que amen a estas personas como familia. Sirvámoslos con dignidad, ¿de acuerdo? Jack concluyó su charla de ánimo y quedó claro que era un líder talentoso y motivador. Poseía un corazón auténtico para aquellos que tenían hambre y necesitaban algo más que una comida.

Al igual que el personal profesional que atiende en un renombrado restaurante parisino, el equipo de Jack se enorgullecía de su servicio. Ofreció una oración final antes de dar la bienvenida a cenar a sus clientes hambrientos. Una vez que se abrieron las puertas, los trabajadores corrieron a sus puestos asignados y dieron la bienvenida a sus invitados.

La cena atrajo a una gran multitud. Sus rostros se veían cansados, y la clientela estaba encantada de llenar sus platos en la línea del buffet. A Steve, AG y a mí se nos asignó un juego de pinzas de metal y se nos dijo que diéramos un trozo de pollo a cada individuo hasta que todos hubieran sido servidos. Saludamos a nuestros amigos sin hogar con una sonrisa e hicimos todo lo posible para enorgullecer a Jack.

La línea fue eficiente y la iglesia llenó cerca de cien estómagos hambrientos esa noche. Una vez más, no había ni rastro de Ed.

Disfrutábamos servir, así como cenar, después de que todos hubieran sido alimentados. Muchos de los invitados engullen su comida lo más rápido posible y luego forman la fila de segunda vuelta. Cuando todos han hecho un primer paso por la fila, reabren el buffet por la segunda vuelta.

Un hombre sin hogar llamado Paul comentó: "Después de vivir en las calles por un tiempo, desarrollas una cierta forma de pensar. Uno nunca sabe cuándo puede obtener otra comida, por lo que tiende a comer todo lo que puede cuando se le ofrece, de manera similar a una ardilla que guarda comida para el invierno".

Después de que la segunda fila acumulara más comida, algunos rezagados regresaron esperando la tercera. Nuestro equipo recibió trapeadores y una escoba para que los pisos volvieran a brillar después de que las personas sin hogar regresaran a la calle. Steve y AG trabajaron con los trapeadores mientras yo empujaba la escoba.

Estaba balanceando mi escoba en el otro extremo de la habitación, junto con otro hombre que parecía familiarizado con la rutina. Le pregunté si había estado asistiendo a la iglesia por mucho tiempo. Él sonrió y respondió: "En realidad soy un sacerdote aquí".

Se presentó como el padre Joe Coffey y agregó que se desempeñaba como capellán militar. Comenté: "No habría sabido que eras un sacerdote ya que nunca hablaste durante los preparativos y no llevas un collar". Él respondió: "Me imagino que Jesús fue un siervo primero, así que trato de servir de manera similar. Quería apoyar el liderazgo de Jack y no llamar la atención sobre mí".

Me inspiró la actitud del Padre Joe. Intercambiamos información de contacto y se interesó sinceramente en nuestra misión. Nos fuimos esa noche, muy animados por sirvientes inspiradores como Jack, el padre Joe y los demás que tuvimos la suerte de conocer esa noche.

*(De izquierda a derecha: AG y Steve trapeando en El Sagrado Corazón)*

Cuando salimos de la iglesia esa noche, nos dirigimos hacia Hancock Street para acampar en el mismo lugar que la noche anterior. Inmediatamente nos llamó la atención la temperatura fría. Hacía 45 grados, que se siente mucho más frío cuando tu cuerpo se acostumbra a la mitad de los 70 durante el día. Es difícil aclimatarse a una variación de treinta grados. Caminábamos lo más rápido posible, tratando de que nuestra sangre fluyera.

Estaba desanimado de que nadie había visto a Ed. De repente estaba entreteniendo el miedo y la idea de que mi amigo podría haber muerto. Confesé mi miedo a Steve y AG, y nos detuvimos para ofrecer una oración por la guía y protección de Dios para mi amigo.

Una vez que reanudamos nuestra caminata, dije: "Me encantaría encontrar un oficial de policía que tenga la amabilidad de ayudar y tal vez pueda buscar en su base de datos para ver si Ed ha aparecido en su radar". Quería saber con certeza si Ed todavía estaba vivo. Ciertamente, la policía podría responder a esa pregunta y tendría acceso a ese tipo de información. Ofrecí otra oración pidiendo a Dios que nos proporcione un policía amable que esté dispuesto a ayudar.

AG dijo: "Una taza de chocolate caliente o café sería increíble en este momento". Una vez que alguien planta una idea como esa en tu mente, es difícil deshacerse de ella. En esa noche fría, fue aún más atractivo. Buscamos en nuestra aplicación de Starbucks para encontrar la ubicación más cercana. Steve se dio cuenta de que había uno cerca si acelerábamos el ritmo, ya que estaba programado para cerrar en 15 minutos.

A medida que nuestro ritmo se aceleró, motivados por la imagen mental de una taza *venti* de chocolate caliente, cubierta con crema batida. Casi podía saborearlo y no perdía de vista mi reloj, calculando nuestro ritmo. Estábamos seguros de llegar a tiempo, hasta que nos dimos cuenta de que teníamos que tomar una decisión.

Justo al otro lado de la calle, a nuestra derecha, notamos dos patrullas de policía estacionadas y en medio de una situación. Me acordé de mi oración para localizar a un amable oficial que pudiera estar dispuesto a ayudar o buscar. Me di cuenta de que la distracción para hablar con la policía al otro lado de la calle significaba que no había chocolate caliente. Obviamente, abandonamos las bebidas calientes por nuestra misión. Estábamos allí para encontrar a Ed y no estábamos dispuestos a perder esta oportunidad. Cruzamos West Point Loma Boulevard para hablar con los oficiales.

Llegamos justo para ver a dos patrullas de policía arrestando a un hombre quien estaba siendo esposado. Esto estaba pasando en el estacionamiento de una gasolinera. Uno de los policías se me acercó y preguntó, "¿Qué quieren ustedes tres?" Comencé a compartir nuestra situación cuando el oficial me interrumpió diciendo, "Estamos ocupados, tienen que hablar con los oficiales en el auto de atrás."

Caminamos hacia la parte de atrás del vehículo y nos saludó otro policía quien me preguntó qué necesitábamos. Lo puse al corriente y él interrumpió, "Espere un minuto, ¡yo los conozco!" Era el oficial de policía que nos había despertado a Steve, Brian y a mí en nuestro viaje anterior, cuando dormimos en la playa en el área de Sunset Cliffs.

"¿Han vuelto? ¿Alguna vez encontraste a tu amigo? Lo puse al día con lo que sabíamos sobre Ed, pero le dije que el rastro se había enfriado. Confesé mi temor de que Ed pudiera haber muerto y le pregunté si estaría dispuesto a ayudarnos. Aceptó acceder a su base de datos para averiguar lo que pudiera. Después de una búsqueda rápida del nombre y la fecha de nacimiento de Ed, no hubo noticias que informar. Él dijo: "Esta base de datos no nos dirá si Ed murió, pero la oficina del forense tendría esa información ya que Ed tiene un arresto anterior, por lo que sus huellas digitales están en nuestro sistema.

Resulta ser que no sólo nos habíamos encontrado con exactamente el mismo oficial de nuestro primer viaje, sino que su compañero era un capellán de la policía. Él salió del auto y se presentó. Tuvo la amabilidad de darme su número de teléfono celular personal y me animó a llamar a la oficina del forense del condado al día siguiente. Agregó: "Es posible que no estén dispuestos a compartir información, pero mencione que usted es un pastor visitante y amigo mío y que el capellán en el lugar hará lo que pueda para ayudar". ¡Que respuesta a la oración!, esto supera a cualquier bebida caliente en una noche fría. Ahora necesitaba concentrar mis oraciones en un informe positivo de la oficina del forense.

Los dos oficiales no podrían haber sido más serviciales. El capellán me dejó con una última palabra de aliento, diciendo: "Llamaré a mi amigo en la oficina del forense para decirle que espera su llamada. Además, estaré orando por ustedes y por su amigo Ed".

Abandonamos el lugar y dimos gracias a Dios por responder a nuestras oraciones de una manera tan inesperada. Cuando recordamos una vez más el frío, Steve anunció: "Me acabo de dar cuenta de que hay otro Starbucks que está abierto más tarde que el otro. Si aguantamos, podemos llegar a tiempo antes de que cierren. Así lo hicimos.

Usando nuestra aplicación Starbucks para hacer la compra, pedimos tres chocolates calientes para llevar y ¡vaya que dieron en el clavo! Sintiéndonos cálidos y animados, regresamos a nuestro lugar de campamento detrás del mismo camión.

Todos estábamos tan emocionados de encontrar nuestro sitio vacante una vez más. Desplegamos nuestras almohadillas y sacos de dormir, con la esperanza de que nos mantuvieran calientes en el frío de la noche. Me apresuré a cepillarme los dientes, tomar un descanso para ir al baño y meterme en mi saco de dormir con un juego completo de ropa para calentarme más. Saqué mi gorro de invierno sobre mi cabeza calva, ya que esa era la única parte de mi cuerpo que quedaba descubierta.

AG argumentó que tenía más frío que nosotros, ya que era originario de Nigeria y estaba acostumbrado al calor extremo. Argumenté que mi cabeza calva significaba que tenía una capa menos de aislamiento en mi corona que ellos. Steve no tenía nada que ver en la discusión y estaba roncando en cuestión de minutos. Es increíble lo bien que duermes después de caminar todo el día bajo el sol.

Yo tengo el sueño pesado. Steve, por el contrario, tiene un sueño ligero. En la calle, es muy útil tener a alguien con el sueño ligero en el grupo. Pueden hacer sonar la alarma si un problema aparece inesperadamente como sucedió esa noche.

Steve nos despertó a AG y a mí dos veces para decirnos que un indigente había pasado por ahí y nos había visto debajo del camión. Le pregunté si el hombre parecía una amenaza. Él dijo: "El tipo nos está mirando. Me pregunto si estamos en su espacio. Habíamos encontrado un carrito de compras detrás del camión, algunas prendas de vestir usadas, junto con un letrero de cartón que se usaba para mendigar dinero. Le pregunté si el hombre parecía ser una amenaza. Steve no lo creía, que era todo lo que necesitaba escuchar antes de volver a dormirme.

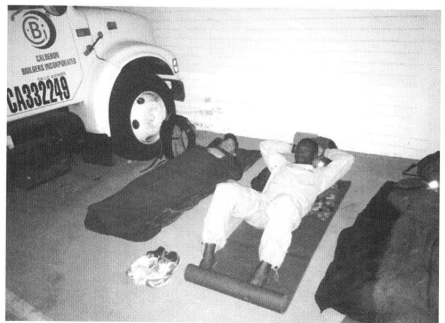

*(De izquierda a derecha: Steve y AG)*

La tercera vez que Steve nos despertó, era serio. Me desperté justo a tiempo para ver un carro girando en la esquina al lado del camión, estacionándose entre el camión y el edificio. Con sus luces girando y la luz de un foco en nuestros ojos, nos dimos cuenta inmediatamente de que era una patrulla de policía.

Mientras que el oficial se bajaba del auto preguntó, "¿Qué están haciendo todos ustedes aquí?" Yo dije, "Estamos durmiendo," intentando no sonar irrespetuoso. Le dije que estábamos buscando a un amigo que estaba perdido y sin hogar. Simplemente necesitábamos un lugar para pasar la noche y no estábamos buscando problemas.

Él fue amable pero severo. Nos informó de que había recibido una llamada de que estábamos durmiendo en ese espacio y nos pidió que nos moviéramos. "¿Dónde podemos dormir legalmente?" le pregunte. "El único sitio legal para dormir en las calles es en el centro, cerca de Saint Vincent." Respondió. "He estado en ese sitio y es peligroso durante las horas del día. ¡No me puedo imaginar durmiendo ahí en la noche!" Él estuvo de acuerdo. Luego agregó: "Miren amigos, no estoy seguro de dónde deben dormir, pero como recibimos una queja sobre ustedes aquí, necesito pedirles que se vayan".

No queríamos causar ningún problema. Empacamos nuestras mochilas y nos alejamos en cinco minutos. Steve estaba convencido de que el vagabundo que se asomó debajo del camión debió haber llamado a la policía. Muchas personas sin hogar son territoriales y debemos haber estado en su lugar. Si yo hubiera querido ser desagradable, habría llamado a la policía para que regresaran treinta minutos más tarde para despertar al nuevo ocupante. Elegí dejarlo ir.

¿A dónde va uno en medio de la noche, cuando está cansado, el clima está helado y necesita un lugar para descansar? Teníamos tanto frío ahora que nos habían forzado a dejar la comodidad de nuestras bolsas para dormir. Denny's estaba abierto y parecía tibio adentro. Encontramos una mesa vacía en la parte de atrás y ordenamos bebidas calientes con dinero que habíamos logrado mendigar más temprano. Yo no podía dormir así que me senté para ver si lograba visualizar a Ed. Steve hizo todo lo posible por dormir unas cuantas horas más en el reservado de la esquina, mientras AG seleccionaba un par de sillas para tumbarse.

*(Steve durmiendo en Denny's)*

Apoyé la cabeza en la mesa y perdí el conocimiento durante lo que quedaba de la noche. Seguía imaginando a Ed entrando al Denny's y comencé a preguntarme: "¿Cómo reaccionaría Ed si entrara por la puerta principal y me viera aquí?" Esperaba saberlo pronto.

Cada cierto tiempo Steve y AG comenzaban a roncar ruidosamente. Yo les daba un codazo como recordatorio para que se mantuvieran callados. Diferente tipo de clientela entraba y salía toda la noche y no quería que ninguno de ellos hiciera que nos corrieran. Había hecho tanto frío esa noche que yo ni me quería imaginar durmiendo afuera hasta que saliera el sol.

Miré a los dos hombres durmiendo y no podía imaginar que AG estuviera muy cómodo en las tres sillas que unió. Quizás su entrenamiento en la Marina de los EE. UU. lo preparó para dormir de esa manera. Cualquier cosa era una mejora ahora que estábamos fuera del frío.

*(AG durmiendo en Denny's)*

Cuando noté que la multitud del desayuno de la mañana llenaba las mesas a nuestro alrededor, supe que era hora de irnos. Desperté a mis amigos y pagamos rápidamente la cuenta, agarramos nuestras mochilas y nos dirigimos a la playa. Fue difícil mantener los ojos abiertos mientras nos dirigíamos a otro lugar para descansar más. La salida del sol era una vista agradable y pronto proporcionaría algo de calor.

¡Por la ausencia de humedad de la costa oeste, el sol hace una diferencia inmediata! Para el momento en que llegamos a Ocean Beach, el sol había salido y la temperatura iba subiendo cada minuto. Ya sabiendo que es completamente legal dormir afuera durante las horas del día, esparcimos nuestras colchonetas de acampar en las colinas de arena, no muy lejos de la costa.

Los tres habíamos organizado nuestras colchonetas de acampar paralelas a la playa con nuestras espaldas al sol. Vi a los surfistas de la mañana danzar en las olas mientras me quedaba dormido, arrullado por el sonido de las olas. Los escalofríos que agitaban mi cuerpo disminuyeron mientras que el sol saliente calentaba mi espalda. Con el amanecer, teníamos la libertad de descansar sin interrupción en un lugar público, así que ejercimos ese derecho.

Después de unas horas de descanso, nos dirigimos hacia Pacific Beach para almorzar gratis. No tenía muchas ganas de comer y quería llamar a la oficina del forense. Les dije a los muchachos que quería separarme por un corto tiempo, para poder hacer una llamada. En verdad, me preocupaba que las noticias que estaba a punto de escuchar no fueran positivas y no quería que nadie más estuviera cerca mientras hacía la llamada. Miré las olas después de marcar el número.

Estaba paseando lentamente por el paseo marítimo de Pacific Beach mientras esperaba que alguien respondiera. "¿Hola puedo ayudarte?" inquirió la voz. Pregunté si podía hablar con el capellán que trabaja en ese lugar y esperé mientras intentaban localizarlo. "Habla el capellán, ¿en qué puedo ayudarlo?" Le pregunté si podría consultar los registros de mi amigo Ed Pelzner para ver si había aparecido muerto. Hice referencia al capellán de la policía que me había dado su nombre la noche anterior. "Claro, mencionó que podrías llamar. Estoy feliz de ayudar. ¿Puede darme el nombre completo y la fecha de nacimiento de Ed? Proporcioné la información que solicitó y esperé con miedo, mientras me ponía en espera.

¿Era este el fin de nuestra travesía? ¿Se había convertido Ed en una víctima en las calles? Esperé pacientemente mientras que el capellán buscaba a Ed en la base de datos. ¿Por qué el proceso de espera se siente mucho más largo cuando las noticias son mucho más serias o de vida o muerte?

Su voz estaba de regreso, "Hola, ¿Will?" "¿Sí?" Le respondí en un tono callado. "Tengo buenas noticias. Su amigo no ha aparecido muerto." Estas eran unas noticias tremendas y mis ánimos se levantaron inmediatamente. Luego agregó: "Lo sabríamos, incluso si Ed muriera en un estado diferente, ya que cruzamos la referencia de nuestro sistema". ¡Qué noticia increíble! Le di las gracias efusivamente y luego fui a buscar a Steve y AG para contarles la noticia. Le agradecimos a Dios por la continua seguridad y protección de Ed. Pasamos el resto del día buscando en esa área, ahora que sabíamos que Ed estaba vivo.

En nuestro último día decidimos regresar al centro, ya que nuestro hotel estaba en esa dirección. Decidimos pasar el día buscando en el área del Padre Stadium.

*(De izquierda a derecha: Steve y AG)*

Nos detuvimos en un parque cerca de la orilla del agua y nos sentamos alrededor de una mesa de picnic. AG dijo que quería compartir una canción con nosotros, que tocó en su teléfono celular. La canción se tituló "No Longer Slaves" de la Música de Bethel (No Mas Esclavos). Su voz se suavizó cuando AG dijo: "He estado orando por Ed y rogándole a Dios que lo libere de su esclavitud a las drogas". Mientras compartía su oración con nosotros, comenzó a llorar por Ed. Steve y yo nos sentimos conmovidos por las sentidas palabras de AG pronunciadas entre lágrimas.

Cuando la semana llegó a su fin, me entristeció un viaje más sin ninguna señal de Ed. Teníamos pistas, pero quería una conversación cara a cara con mi viejo amigo. Agradecí haber recibido la confirmación de que aún vivía y me conmovió el apoyo y el compromiso de mis dos amigos, Steve y AG.

Steve y yo nos despedimos de AG, ya que no compartía el mismo itinerario de vuelo. Cuando los dos abordamos el avión de regreso al este, tomé mi asiento y ofrecí otra oración por mi amigo. A medida que la ciudad se perdía de vista, comencé a considerar el impacto único que los tres viajes tuvieron sobre mí. Sentí como si nunca volviera a sentir lo mismo.

Sin tener idea de cuándo podría regresar, decidí descansar un poco. El viaje claramente no había terminado, pero no estaba seguro de cuándo podríamos regresar.

# Capítulo 7
## *9 Millas y una Esposa Embarazada*

Después de regresar de mi tercer viaje a las calles de San Diego, mi esposa Sandra dijo: "Iré contigo la próxima vez que busques a Ed".

Eso puede sonar como un deseo lógico, pero no estaba seguro de qué tan seguras serían las calles para una mujer. A lo que me refiero es, para una mujer embarazada. Mi esposa tenía unos cinco meses de embarazo y me estaba pidiendo ir conmigo a San Diego.

Pude convencerla de que nos quedaríamos en un hotel en lugar de en la calle. Planeamos un viaje breve de tres días. Esto era lo suficientemente largo para recorrer algunos de los caminos, buscar a Ed en pareja. Además, Sandra quería conocer a algunos de nuestros amigos de la calle, de los que tanto habíamos hablado.

Solía ver San Diego como un lugar hermoso para visitar. Mis viajes de la calle han manchado para siempre la manera en que veo la ciudad. No me malinterprete, todavía es una ciudad hermosa. Mi problema es que me imagino a Ed en cada esquina de las calles, y estoy demasiado consciente de la población de indigentes regada en toda la ciudad.

Habiendo caminado desde el centro de San Diego hasta Pacific Beach y muchas millas hacia el este, escogí un hotel en Pacific Beach, no muy lejos de la ubicación de los almuerzos de Mission Bay. Antes de irnos al viaje, contacté a una mujer llamada Cathy de una iglesia en La Jolla. Ella era la responsable en hacer las comidas para los indigentes en Mission Bay y yo quería escuchar más de su historia. Ella aceptó, y acordamos una fecha para encontrarnos con ella y su esposo Bill.

Siendo una persona de acción, Sandra estaba lista para verlo todo por sí misma. No perdí el tiempo una vez que la escuché expresar el deseo de ir. Aterrizamos de regreso en San Diego exactamente 40 días después de haber partido el mes anterior con Steve y AG.

Poco después de llegar y registrarnos en nuestro hotel, caminamos por el área de Pacific Beach para conocer el terreno. El sol se estaba poniendo pronto y solo teníamos dos días completos para cubrir mucho terreno. Decidimos acostarnos temprano para ayudar a nuestros cuerpos a adaptarse al desfase horario de tres horas.

Al día siguiente empezamos temprano. Caminamos hacia el sur hasta Ocean Beach. Pasamos un tiempo charlando con la población sin hogar antes de dirigirnos al este hacia Hancock Street, donde había estado la tienda de Ed. Le hice un recorrido paso a paso, actuando como guía y mostrándole dónde nos había despertado la policía, dónde acampamos en Robb Field y dónde conocimos a Kyle. Incluso le mostré la cabina donde dormimos en Denny's. Mientras pasábamos por cada lugar memorable, continuamos buscando a Ed.

En el camino, llevábamos la misma información y tarjetas con fotos para distribuir, con la esperanza de obtener alguna información nueva o tal vez encontrar a Ed.

Habíamos estado caminando tanto que perdimos la noción del tiempo. Sandra me preguntó qué tan lejos habíamos llegado ya que se sentía cansada. Estaba asombrado cuando revisé la aplicación en mi teléfono, habíamos caminado nueve millas. Por supuesto, no llevábamos mochilas, aunque Sandra llevaba un pequeño bebé en su vientre.

Cuando ella dijo, "Suficiente... estoy cansada," llamamos un Uber y nos regresamos al hotel. La travesía la había dejado exhausta, pero estaba contenta de haber visto lugares significativos de nuestros viajes anteriores.

Concluimos el día yendo a la cena para indigentes en la Iglesia Metodista en Pacific Beach. Le presenté a Sandra a la mayor cantidad de amigos que pude. Tuvimos una visita increíble con ellos antes de terminar el día.

Lo más destacado del día siguiente fue reunirnos con Cathy y su esposo, Bill. No habíamos alquilado un automóvil, por lo que nos recogieron en el camino a la cena. Nos dirigimos a un restaurante de mariscos cerca del muelle en el centro de la ciudad. Cathy dijo que el restaurante era conocido por sus sabrosos mariscos.

Se sentía raro comer en un restaurante. Me percaté de los indigentes a lo largo del embarcadero mientras nos dirigíamos hacia la cena desde el estacionamiento. Qué extraño estar en un papel contrario. Al mismo tiempo, ansiaba encontrarme con Cathy y Bill desde hacía un tiempo.

Cathy fue la mujer responsable del lanzamiento de los almuerzos, que se llevaron a cabo en Mariner's Point cinco días a la semana. Nuestros equipos las habían estado aprovechando desde que descubrimos que eran una opción.

Durante más de diez años había sido responsable de coordinar fielmente las comidas que disfrutaban miles de personas sin hogar. Es difícil decir con precisión cuántos hombres y mujeres sin hogar se beneficiaron de ese servicio. Estaba ansioso por saber cómo empezó todo.

Cuando hice la pregunta, Cathy respondió: "Comenzó simplemente ofreciendo almuerzos como una oportunidad de servicio ocasional. Nunca imaginé que esto se

convertiría en un alimento permanente en Mariner's Point, alimentando a tanta gente".
Continuó compartiendo lo bendecida que se sentía al conocer a las innumerables almas
que prepararon sándwiches, donaron alimentos y, lo que es más importante, se
tomaron el tiempo para estar presentes con las personas sin hogar de lunes a viernes,
todas las semanas.

Cathy explicó su asociación con El Ejército de Salvación y cómo ellos coordinan
sus esfuerzos semanales. Fue una historia inspiradora que se había encontrado con su
cuota de adversidad.

*(De izquierda a derecha: Will, Sandra, Cathy y Bill)*

Una historia que fue extremadamente perturbadora pasó justo cuando el programa
de alimentación estaba comenzando. Beth dijo que algunos oficiales de policía se les
habían acercado un día durante el reparto de almuerzo y les dijeron que eso debía
terminarse. Además, les dijeron que la Ciudad de San Diego había decidido que los
almuerzos estaban atrayendo a demasiados indigentes. Por esa razón, los estaban
clausurando.

Cathy preguntó: "¿Sobre qué motivos o acusación formal somos culpables de
transgredir?" El oficial a cargo declaró que debido a la multitud innecesaria de
ocupantes sin hogar, la ciudad había tomado la decisión de cancelar todas las comidas

futuras del parque. Esto significaba que ya no sería posible realizar el almuerzo diario en Mariner's Point.

Cathy alentó a su equipo a cumplir con las instrucciones del oficial en ese momento. Sin embargo, Cathy sabía en su interior que este mandato parecía injusto. Obtuvo asesoría legal y presentó una demanda contra la Ciudad de San Diego por cerrar indebidamente un servicio de comidas, que había sido responsable de alimentar a innumerables personas hambrientas.

El gran corazón de Cathy para alimentar a las personas sin hogar es una inspiración. No solo se tomó el tiempo, la energía y los recursos para establecer el servicio, sino que tuvo la tenacidad para enfrentarse a la Ciudad de San Diego. ¡Y ella ganó!

Después de luchar contra la ciudad en un tribunal y obtener una vez más el derecho a alimentar a las personas sin hogar, coordinó las comidas a diario. De hecho, la publicidad adicional la ayudó a reclutar más grupos y voluntarios para ayudar con las comidas. Actualmente, Cathy permite que otros administren el increíble servicio que ella estableció hace tantos años.

Sandra y yo disfrutamos escuchando sobre las calles desde la perspectiva de aquellos que alimentan a los indigentes. Fue una noche reveladora y estábamos inspirados por la disposición de Cathy para servir, así como su resiliencia.

Vivir en las calles de San Diego me ha permitido conocer gente increíble, tanto los que viven en la calle como los que cuidan a las personas sin hogar allí. En el transcurso de mis tres viajes puedo pensar en Cathy, Jack, el cocinero de la Iglesia Católica en Ocean Beach, el padre Joe Coffey y muchos otros.

De manera similar a la resistencia de Cathy por parte de las autoridades de San Diego, Jack nos contó sobre el correo de odio que recibe regularmente, escrito por residentes locales. A pesar de la oposición, Jack ha perseverado durante años y hay cientos de voluntarios tan dedicados como Jack, Cathy y el padre Joe. Las personas que trabajan en las iglesias locales y otras organizaciones sin fines de lucro en toda la ciudad están marcando la diferencia, incluso si a algunos les resulta molesto.

Yo no aseguro tener la solución para resolver la epidemia de indigentes. Sé que no hay solución sencilla y aplaudo a hombres y mujeres como Cathy y Jack, quienes están haciendo algo sobre el problema.

En nuestro último día, llevé a Sandra al casco antiguo de San Diego para pasar más tiempo buscando a Ed. Con una sensación del Salvaje Oeste, caminamos por las calles sin pavimentar charlando con algunas personas sin hogar que se congregaban en el césped en el centro del parque. Siempre hay algunos esparcidos por el césped, ya sea durmiendo la siesta o sentados alrededor de los bancos de picnic. Cuando nos acercamos al final donde la mayoría de los turistas ingresan al área histórica, encontramos a uno de mis amigos sin hogar favoritos llamado Tom Williams. Tom estaba sentado en un banco cerca de la entrada de Old Town, haciendo todo lo posible para mendigar algo de dinero.

Nos acercamos a saludarlo por cortesía. Como Tom tiene 82 años y es ciego, no queríamos asustarlo. Conocí a Tom por primera vez en mi viaje anterior, con AG y Steve, cuando estábamos cenando en la Iglesia Episcopal en Sunset Cliffs Boulevard.

Al final de la noche cuando nos ofrecimos como voluntarios para ayudar, me pidieron que ayudara a un anciano ciego mientras recogía sus pertenencias. Él me dirigía, mientras yo me aseguraba de que sus posesiones estaban empacadas en un carrito vertical alto y delgado. Rodé el carrito con mi mano izquierda mientras lo guiaba a él con mi mano derecha. Nos dirigimos hacia el estacionamiento detrás de la iglesia para cargar sus cosas en una casa rodante que estaba parada en la puerta.

Mientras ayudaba a Tom, comencé a considerar su situación. Después de todo, él fue el primer vagabundo ciego que tuve la suerte de conocer. Aprender a confiar en la gente de la calle es de por si difícil. Sin embargo, agregue a esa complejidad: la edad de Tom como un anciano de 82 años, su falta de visión y su ritmo lento, y me quedé preguntándome cómo había sobrevivido. Tom fue extremadamente cortés y habló con el dulce acento de un anciano caballero sureño. Me dijo que era de Bluffton, Carolina del Sur, no lejos de Hilton Head Island. Conocía ese pueblo, ya que había pasado por ahí con la familia de Ed cuando estábamos en la escuela secundaria.

Le dije a Tom que había estado en su ciudad natal en más de una ocasión cuando viajaba a Hilton Head Island. Me dijo que conocía bien toda la zona, así como su rica historia.

Tom habló un poco sobre su travesía y lo que lo llevó de Carolina del Sur a la costa oeste. No tenía una historia de un matrimonio fracasado, y nunca había tenido hijos. Estaba solo y había escogido vivir en el oeste después de visitar, años atrás por trabajo. Él amaba el aire fresco y la ausencia de humedad. La única tragedia de la que habló fue la de perder su vista.

Mientras que compartía los detalles, me percaté rápidamente de que él nunca expresó sus problemas con una pizca de queja. En el medio de sus desafortunadas circunstancias, él estaba agradecido de estar vivo y quería terminar con su historia para enterarse más sobre la mía. Tom era abnegado por naturaleza y expresaba una sincera preocupación por mí y mi travesía para encontrar a Ed.

Con sus pertenencias guardadas abordo de manera segura, Tom se dirigió a mí y dijo "Por favor tome mi número de teléfono para que podamos seguir en contacto sobre su amigo Ed." Intercambiamos números y escribí el mío en su teléfono, preguntándome cómo podría marcarlo.

El amigo de Tom, dueño de la casa rodante, claramente estaba listo para partir. Había sido más que paciente mientras conversábamos.

Le dije a Tom que había sido un placer conocerlo. Tom simplemente respondió: "Quiero ayudarte a localizar a tu amigo Ed, así que pasaré la voz y veré qué descubrimos". No tenía idea de que lo volvería a ver un mes después.

Me emocionó presentarle a Tom a Sandra y tener la oportunidad de visitarlo antes de regresar a casa.

*(De izquierda a derecha: Tom y Will en Old Town San Diego)*

Mientras que Tom originalmente vivía en la casa rodante con Mike, me di cuenta de que Mike se había mudado de San Diego el mes anterior. Esto dejó a Tom sin un sitio donde dormir. Conocimos a un número de indigentes que viven en autos, camiones y casas rodantes, como Tom. Nos referimos a ellos como indigentes de "clase alta".

Tenía curiosidad por saber dónde acampaba Tom. Después de hacerle algunas preguntas, nos enteramos de que estaba durmiendo debajo de un puente muy cerca de Old Town. Me di cuenta de que Tom expresó algo de vergüenza con respecto a su nueva residencia, pero nunca se quejó de eso. Cuando descubrí su ubicación precisa para dormir, caminé allí más tarde en la noche y tomé una foto para ver por mí mismo. La curiosidad se apoderó de mí, y todavía estaba tratando de procesar cómo podía tener una actitud tan asombrosamente positiva mientras vivía en un lugar tan difícil.

*(Tom durmiendo bajo el puente cerca de Old Town)*

Sandra y yo nos relajamos en un banquito en la Ciudad Antigua, junto a Tom, disfrutando de la conversación con este dulce hombre. Sintiéndome inspirado por su actitud, le pedí permiso para hacer un video sobre su travesía. Yo no tenía idea de lo bendecido que iba a estar por sus respuestas a mis preguntas. La siguiente es una transcripción exacta de esa entrevista. Puede verla por sí mismo en la siguiente dirección de página web de Vimeo: **https://vimeo.com/188167852**

**Transcripción del Video:**
"Tom no tiene hogar. Él es de Carolina del Sur. Tom tiene 82 años y es legalmente ciego, viviendo actualmente en San Diego debajo de un puente."

**Le pregunté cómo se sentía sobre su situación actual...**

<u>**La Respuesta de Tom:**</u> "*¡Está bien, estar en San Diego es genial! Aquí es donde quiero estar. He disfrutado cada minuto que he estado en esta ciudad, y no estoy ansioso de irme a ningún lado. Tendré 83 el próximo mes. Hm, al vivir en la calle, bueno, se ahorra mucho en renta. Y donde sea que haya personas viviendo en la calle, hay personas para ayudar. Y hay personas que ayudarán. Ellos me han ayudado. Así*

que no es nada del otro mundo, es sólo que tu techo está cubierto de hermosas estrellas, entonces realmente puedes disfrutarlo."

**Le pregunté a Tom acerca de vivir debajo de un puente...**

**La Respuesta de Tom:** *"He estado antes debajo de ese puente, es muy agradable y conveniente cuando llueve. Está seco."*

**Comenté, "Usted le encuentra el lado positivo a todo, ¿verdad?"**

**La Respuesta de Tom:** *"Bueno, siempre está ahí. Ha sido mi experiencia en la vida que cualquier cosa que pase, sin importar qué tan horrendo pueda considerarlo, siempre hay algo bueno que sale de ello. Pero todo lo que uno tiene que hacer es esperar, y buscarlo. Aparecerá."*

**Pregunté, "¿Siempre ha sido así de positivo?"**

**La Respuesta de Tom:** *"No, no lo he sido, ciertamente no. ¿Pero sabe qué? Recordando, no era para nada divertido. No hay nada hecho por Dios más disponible para todos nosotros que una actitud. Podemos escoger la nuestra, y es gratis, ¿así que por qué no escoger una buena?"*

**Le pregunté a Tom, "¿Cómo está?"**

**La Respuesta de Tom:** *"Hoy es el mejor día de mi vida. Y espero que también sea el de todos ustedes. Ayer ya se fue para siempre; nunca volverá. Y nadie nos ha prometido mañana. Puede no llegar. Pero tengo hoy. En el juego de la sobrevivencia, todos somos ganadores. Esta mañana, todos nos despertamos del lado correcto de la tierra y todavía estamos respirando."*

**(Fin de la entrevista)**

Sandra y yo nos sentimos increíblemente bendecidos de tener algo de tiempo con Tom antes de irnos. Al concluir mi cuarto viaje, me di cuenta de cuántos tesoros hay en la calle. Al escuchar historias y actitudes como las de Tom, conocer a otros como Cathy y Bill, me fui sintiéndome inspirado.

Imagínese cuántas personas sin hogar pasamos o pasamos por encima en nuestra vida. Cada individuo tiene sus propias esperanzas y sueños y, en la mayoría de los casos, seres queridos en algún lugar que oran por ellos.

Si bien el viaje con mi esposa fue más corto que el resto, sirvió para profundizar mi aprecio por quienes sirven a las personas sin hogar. Además, aunque aún no me había topado con mi viejo amigo Ed, le agradecí por abrirme los ojos a las calles. Si no hubiera desaparecido, me habría perdido una oportunidad tan increíble. Esperaba que cuando finalmente lo encontrara, pudiéramos sentarnos y hablar de eso. Imagina qué historias tiene para compartir. Espero con ansias ese día y oro para que Dios lo traiga más temprano que tarde.

# Capítulo 8

## *Una Fiesta de Pizza para los Traficantes de Drogas*

En agosto de 2016, cinco meses después de que Sandra y yo viajáramos a San Diego, la mamá y el papá de Ed viajaron allí para un evento conmemorativo de la Segunda Guerra Mundial. El padre de Ed es un veterano de la Segunda Guerra Mundial que luchó en la arena del Pacífico. Junto a la mamá y el papá de Ed estaba su hija Diane, junto con su esposo Doug.

Mientras los padres de Ed estaban ocupados con la celebración, su hermana y su cuñado pasaron algún tiempo buscándolo. La madre de Ed se puso en contacto conmigo después de que ella regresó a casa para pasarme algunos datos de información sobre el paradero de Ed.

Mencionó una conversación que tuvieron con un hombre sin hogar que los dirigió a una página de Facebook para personas sin hogar de San Diego, que solo está disponible a través de una invitación. El hombre publicó una foto de Ed en su nombre y le preguntó a la comunidad de personas sin hogar si alguien lo había visto.

La información que recibieron los condujo a un área conocida como Mission Gorge, al este de la costa y más arriba en el lecho del río. Los padres de Ed caminaron tanto como podía hacerlo una pareja de entre 80 y 90 años. Junto con la hermana de Ed, recorrieron el área a pie. ¿Qué familia no haría el viaje por su hijo/hermano? El Sr. y la Sra. Pelzner aman mucho a su hijo Ed y le hicieron preguntas a varias personas sin hogar sobre su paradero.

Sus conversaciones los llevaron a un hombre, llamado Israel, que vivía en el área de drenaje, detrás de un motel en Mission Gorge. Les dijo que conocía a Ed e incluso lo había visto recientemente.

No pudieron localizar a Ed a pesar de sus esfuerzos. Sin embargo, su información me inspiró con respecto a dónde concentrar mi búsqueda en mi próximo viaje.

El 9 de octubre de 2016, dos meses después de que la familia de Ed lo buscara, aterricé en San Diego. Este fue mi quinto viaje en busca de Ed, y habíamos aumentado nuestro equipo a un grupo de búsqueda de ocho personas. Por supuesto, mi fiel amigo Steve regresó para su tercera ronda. ¡Qué hombre tan increíble es Steve, que dedica más tiempo alejado de su exitoso negocio de HVAC! No solo estaba dispuesto a regresar y buscar a mi amigo, sino que incluso accedió a liderar un equipo de dos hombres para que pudiéramos redoblar nuestros esfuerzos.

Los dos hombres que asigné al equipo de Steve fueron Trevin Frame y John Costello. Trevin era un oficial de policía del condado de Prince William, Virginia, y John era un profesor de gimnasia y entrenador de baloncesto de 60 años de una escuela secundaria en el condado de Loudoun, Virginia.

John compartió con nosotros que se tomó la semana libre de la escuela, para demostrar a sus alumnos el valor que debemos darle a aquellos que están en problemas. Trevin confesó que deseaba comprender la mentalidad de las personas sin hogar, caminando una milla en sus zapatos. Él creía que la experiencia lo ayudaría a ser más solidario cuando se encontrara con personas sin hogar en su jurisdicción. ¡Tanto Trevin como John fueron de tremendo apoyo para nuestro equipo!!

Mi equipo en este viaje consistía en dos amigos que habían escuchado suficientes historias y querían verlo por sí mismos. Tom Pounder sirve en una iglesia en Virginia y Dave (también conocido como "Gumby"), es dueño de algunas estaciones de radio locales. Conozco a Dave desde 1987 a Tom desde 1990, asique somos amigos desde hace 26 a 29 años.

Por último, tuvimos dos reclutas femeninas. Mi esposa Sandra demostró que una mujer embarazada podía soportar el viaje y su valentía, así como la participación reciente de los padres de Ed, inspiró a mi madre (Audie Hall), a unirse al equipo a la edad de 79 años.

*(De izquierda a derecha al frente: Georgia, Audie, Gumby y Will.*
*De izquierda a derecha atrás: Steve, Trevin y Tom)*

Sirviendo junto a mi madre, había una nativa de San Diego, que conocí en la iglesia. Su nombre es Georgia McGowan y ella fue lo suficientemente amable de estar pendiente de mi mamá mientras eran parte del equipo.

Una mujer de una iglesia en La Jolla amablemente ofreció hospedar a las mujeres en su casa. No estábamos listos para tener mujeres viviendo en la calle con nosotros, especialmente teniendo a mi mamá tan cerca de los 80 años.

Nuestro equipo llegó tarde un domingo por la noche y se dirigió directamente a un hotel del centro para descansar un poco. A la mañana siguiente, nos volvimos a reunir antes de dividirnos en nuestros tres grupos respectivos. Como de costumbre, hicimos que todos dejaran sus objetos de valor, dinero y una muda de ropa fresca en el hotel antes de salir de excursión durante la semana. Mi mamá y Georgia fueron la excepción, ya que les alquilamos un vehículo para moverse y se estaban quedando en La Jolla con Beth.

Mientras que mi equipo y el equipo de Steve se lanzaron a la búsqueda temprano el lunes por la mañana, Georgia y Audie tenían un plan diferente. Llevaron su auto alquilado a cada comida a la que planeábamos ir y se ofrecieron como voluntarios en las iglesias nocturnas y en la comida diaria del almuerzo en Mariner's Point.

Steve y yo nos estábamos aclimatando a tener que entrenar a nuestros grupos. Mostrarles la población sin hogar más aglomerada cerca de la Iglesia de San Vicente y el Estadio del Padre siempre fue un buen lugar para comenzar.

Empleé un enfoque de "tíralos al ruedo" al llevar a mi equipo al área más peligrosa al principio. Quería alentar una actitud cautelosa en cada nuevo recluta antes de separarnos más adelante en la semana.

Pasear por la zona centro cerca de la estación de tren temprano esa mañana, fue todo lo que se necesitó para abrir los ojos de todos a la vida en la calle. Vimos personas consumiendo drogas, otras vendiéndolas y algunas personas que parecían no pensarlo dos veces antes de lastimarte.

Después de nuestra caminata introductoria, me separé de mi equipo. Acordamos reunirnos a la hora de la cena todos juntos. Descubrimos que una organización local sin fines de lucro ofrecía una comida más tarde esa noche en el estacionamiento de una farmacia.

Mi equipo empezó a caminar hacia el Parque Balboa, ya que algunos indigentes habían mencionado la idea de que debíamos buscar a Ed ahí. Conocimos a un par de personajes en el camino y oramos con un joven llamado Terrance. Él tenía un brazo lastimado y expresó interés en salir de las calles.

*(De izquierda a derecha: Terrance, Will, Tom y Gumby)*

Oramos con Terrance frente a una estación de policía, antes de continuar nuestra travesía al Parque Balboa.

No pasamos mucho tiempo en Balboa Park ya que todo lo que quería hacer era seguir adelante hacia Mission Gorge, donde los padres de Ed se enteraron de que lo habían visto dos meses antes. Después de todo, esa fue la mejor pista que había recibido en tres viajes.

Georgia y Audie localizaron a los voluntarios que servían la cena en la ciudad y se unieron a sus filas. La mayoría de los días no teníamos ni idea de dónde podíamos cenar hasta que preguntábamos a amigos en la calle quién estaba ofreciendo la cena. En esa semana en particular, Georgia y Audie hicieron la investigación para saber dónde podrían ser voluntarias. A su vez, les hicieron saber a los otros dos equipos dónde reunirse a última hora de la tarde.

Todas las iglesias y organizaciones sin fines de lucro que contactaron recibieron su ayuda con los brazos abiertos. Nadie rechazó dos juegos de manos adicionales para servir. Apreciamos a Georgia y a mi madre Audie por su parte en el viaje. Además de servir las comidas, las dos damas cargaban nuestras pesadas mochilas en el vehículo alquilado durante el día.

*(De izquierda a derecha: Georgia y Audie)*

Eso puede parecer una cosa pequeña: sin embargo, hizo una gran diferencia caminar millas sin tanto peso

De camino a Mission Gorge, paramos en un Denny's, ya que me habían dicho que Ed visitaba con frecuencia el de West Point Loma Boulevard.

El gerente fue de gran ayuda y dijo que había visto a Ed antes en su restaurante. Su nombre era Roberto y preguntó por la situación de Ed.

Después de escuchar los detalles básicos de la historia de Ed, preguntó: "¿Qué planeas hacer si lo encuentras?" Sinceramente, no tenía un plan mayor, aparte de hacerle saber a Ed que lo amaba y ofrecerle ayuda.

Roberto insistió aún más: "Pero ¿cuál es tu plan para ayudarlo a estar limpio?". Roberto parecía tener algo de experiencia en el trato con adictos, así que le pregunté: "¿Qué sugieres?" Continuó diciéndonos que su hermano había sido un tweaker. Compartió que luego de que su familia lo ubicara, lo invitó a celebrar en Tecate,

México. Generosamente le compró a su hermano tanto alcohol como quería beber. Una vez que su hermano estuvo bastante ebrio, la familia contrató a un par de hombres para que lo recogieran y lo llevaran a un centro de tratamiento.

Roberto explicó que, en México, un familiar podía llamar a una instalación de rehabilitación y pedirles que recojan a un amigo o familiar que tenga una adicción seria. Si la familia o amigos pagan por el servicio, ellos mantienen a la persona en tratamiento hasta que esté completamente rehabilitada.

Esto puede sonar duro para algunos, pero para aquellos con miembros de su familia que han perdido la capacidad de tomar decisiones sanas es una realidad. Amigos y familiares a menudo intentan actuar a nombre de la otra persona, pero el cumplimiento de las restricciones legales del HIPPA (Ley de Responsabilidad y Transferibilidad de Seguros Médicos) no permitiría este tipo de intervención en los Estados Unidos.

Roberto dijo que la institución no permite que los familiares hagan visitas durante los primeros tres meses, pero lo incentivan luego del periodo inicial de desintoxicación. Él concluyó, "Ahora mi hermano está completamente limpio después de pasar un año en rehabilitación. Aprecié la disposición de Roberto de tomarse el tiempo para compartir con nosotros, lo cual había sido revelador.

Roberto me dio su número de teléfono en caso de que ubicáramos a Ed. ¡Salimos de Denny's con más que una Gran Victoria! No estaba tan seguro de que Ed estuviera dispuesto a ir de fiesta a Tecate, México, pero Roberto ciertamente me hizo pensar en mis opciones más allá de simplemente localizar a Ed.

Seguí adelante con mi equipo hacia Mission Gorge y llamé a Steve para ver cómo estaba su equipo. Dijo que él, Trevin y John estaban en Ocean Beach reuniéndose con personas sin hogar y buscando pistas. No tenían avistamientos de Ed para informar. Aunque mencionó algunas conversaciones significativas con nuevos amigos que habían conocido.

Steve, Trevin y John deambularon entre las áreas de Ocean Beach y Mission Bay, charlando con aquellos que querían hablar y orar. Trevin conoció a un hombre que dijo: "Perdí mi camisa anoche y no tengo nada que ponerme". Sin dudarlo, Trevin se quitó la camisa y se la entregó. El hombre se conmovió hasta las lágrimas y agradeció a Trevin por su generosidad. Pasaron unos minutos orando con él.

*(De izquierda a derecha: Trevin, Ron y Steve)*

También se tomaron un tiempo para orar con un hombre que se hacía llamar "Oso". Oso confesó que se ganaba la vida como contratista general hasta que su alcoholismo lo superó. Había estado viviendo en las calles de San Diego desde entonces.

*(De izquierda a derecha: Trevin, Jake y Ned)*

Por la tarde, el compañero de equipo de Steve, el entrenador John Costello, necesitaba un descanso. Le dolía el tobillo, así que decidió sentarse frente a la biblioteca de Pacific Beach y hablar con los hombres y mujeres sin hogar que se congregaban allí. Mientras tanto, Trevin y Steve conocieron a Jake. Jake había estado luchando contra una desagradable adicción a la metanfetamina y recientemente había elegido estar limpio. Había estado sobrio por poco más de un mes y estaba tratando de ser aceptado en un programa Teen Challenge para ayudarlo a estar limpio para siempre. Estaba agradecido por el tiempo que el equipo de Steve invirtió en él.

Llegué a Mission Gorge a primera hora de la tarde. Tom y Gumby me ayudaron a ubicar el motel donde los padres y la hermana de Ed conocieron a un hombre llamado Israel. Él fue quien mencionó conocer a Ed. Comenzamos a inspeccionar el área e inmediatamente encontramos evidencia de campamentos para personas sin hogar en el área de desagüe detrás del motel.

*(De izquierda a derecha: Gumby, Tom y Will en Mission Gorge)*

Mientras que no había personas presentes, el área de drenaje de lluvia estaba llena de cosas de indigentes; sábanas y ropa usada. Sentimos que estábamos cerca, así que buscamos indigentes que nos dieran más pistas.

De regreso en la calle conocimos a una pareja de indigentes jóvenes llamados Bill y Marla. Ellos admitieron estar luchando con una adicción. Les mostramos la foto de Ed, y nos dijeron que no lo habían visto. "Sin embargo," comentaron, "podrían buscar en el Home Depot que está cuesta arriba en esta calle. Muchos indigentes pasan el rato en el Riverbed detrás de esa tienda." Les agradecimos su consejo y oramos con ellos antes de dirigirnos en esa dirección.

*(De izquierda a derecha: Gumby, Will, Bill, Marla y Tom)*

Mientras nos íbamos caminando, nos advirtieron que el Riverbed era peligroso. Esta era una sección distinta del Riverbed que habíamos visitado en viajes pasados, aunque recibimos la misma advertencia. No perdimos tiempo. Home Depot estaba a sólo tres minutos caminando desde el área del drenaje.

Cuando llegamos al estacionamiento, vimos a un hombre mayor haciendo guardia. Me le acerqué, y me dijo que su trabajo era evitar que los indigentes y los obreros molestaran a los compradores. Su nombre era Jeff y había estado haciendo vigilancia en esa ubicación durante años.

Cuando le mostré la foto de Ed, me respondió sin dudarlo, "Oh sí, lo veo cada par de días." Añadió, "Su amigo camina derecho por el estacionamiento, luego se dirige por la verja (cerca de nuestro centro de jardín), y baja al lecho del río." Ofreció sus propias palabras de precaución si estábamos planeando revisar esa área. Le agradecimos y esta nueva información nos animó.

Nos dirigimos hacia el final del estacionamiento para revisar la verja y la entrada del Riverbed. Había un hueco en la verja, y vimos cómo algunos indigentes sospechosos desaparecían en esa dirección.

No olvide, mientras que éste era mi quinto viaje, era el primer día para Tom y Gumby en su primer viaje. Tratar de motivarlos a acompañarme al Riverbed no fue trabajo fácil. Ellos expresaron una cautela saludable, pero después de un poco de persuasión, aceptaron que esta pista era muy importante para no seguirla. Estaban dudosos, pero lo suficientemente preocupados para no dejarme ir solo.

Nos deslizamos por la abertura en la verja. Había un laberinto de caminos y una carpa montada a la derecha. Examinamos la carpa, pero no había nadie. Podía notar que mis amigos estaban nerviosos, pero mi adrenalina alimentaba la idea de que nos estábamos acercando. Nos abrimos paso más adentro en una dirección distinta en el camino y vimos una verja metálica alta. La cerca era como una barrera para mantener alejados a los extraños, con un enorme campamento para personas sin hogar en el lado opuesto.

Tan pronto alcancé la puerta, me asustó un hombre Latino bajito con un machete al costado. Me interpeló estando de pie al otro lado de la puerta y preguntó, "¿Quiénes son ustedes y qué quieren?" me moví más cerca para hablar con él. "Señor, dame sabiduría," oré internamente, sabiendo que ésta podía ser una conversación crucial.

Le dije, "Soy un pastor del Este y estoy buscando a mi amigo." Lo vi nervioso cuando metí la mano en mi bolsillo, pero se calmó cuando saqué una foto. Le mostré la foto de Ed.

Los ojos se le pusieron como platos cuando vio a Ed, y respondió, "Sí, lo conozco, ¿qué quieren con él?"

Dije, "Quiero que sepa que lo quiero y que si quiere cualquier cosa estaré aquí toda la semana." Señalé mi número de teléfono en la tarjeta y le pedí que le dijera a Ed que llamara.

*(De izquierda a derecha: Gumby, Juan y Will en la ribera del rio)*

Le pregunté su nombre al hombre que mantenía guardia, y respondió, "No es importante." Sin embargo, supimos al día siguiente que su nombre era Juan. Simplemente no estaba listo para confiar en nosotros después de que acabábamos de conocernos. Le pregunté si podía orar por él y respondió abruptamente, "¡No!"

Le pedí sabiduría a Dios e inmediatamente me llegó una idea a la mente, "Pregúntale sobre su hija." No perdí tiempo y pregunté, "¿Usted tiene una hija?" "Sí, la tengo," exclamó. "¿Puedo orar por ella?" "Sí por favor," respondió. "Se llama Gabriela y tiene seis años."

Oramos por Gabriela, por que estuviese segura y supiera que su papá la ama. Le pedimos al Señor por Su protección y provisión para la familia completa. Justo cuando dije "Amén," él añadió, "También tengo un hijo."

Era claro que él quería oraciones para su hijo también, así que lo hicimos. Le agradecimos por su tiempo y le dijimos que esperábamos escuchar de él o Ed más tarde esa semana.

Mientras nos alejábamos, cada uno de nosotros expresó su entusiasmo por el encuentro positivo con Juan. Después de caminar unos veinte metros, noté una abertura en la línea de la cerca.

Todavía estábamos navegando por el área del lecho del río cuando vi el agujero. No pude resistirme, así que sin consultar a mi equipo, atravesé la abertura y comencé a explorar el otro lado.

Había un sendero que se adentraba más en el campamento de personas sin hogar. Tom y Gumby siguieron mi ejemplo, aunque ninguno de nosotros dijo una palabra. A medida que avanzábamos por el sendero, notamos a un tipo rubio con aspecto de tablista que estaba profundamente dormido en un catre, cerca de sus pertenencias.

Se despertó con el sonido de nuestros pasos, así que dije: "Hola". Parecía estar asustado al ver a tres completos extraños. Si su trabajo era proteger el agujero abierto, entonces debería haber sido despedido.

Le mostré la foto de Ed y le pregunté si lo había visto. Echó un vistazo al rostro de Ed y exclamó, "¡Fast Eddie!" ("¡Rápido Eddie!") Le pregunté si ese era el nombre callejero de Ed y Gumby empezó a hacer preguntas también. La entrevista debió de haber agobiado a nuestro amigo tablista porque de pronto cambió su tono.

Miró al suelo y dijo, "Nunca he visto a ese hombre en mi vida." "Qué interesante," Pensé, "hace un momento exclamó el apodo de Ed, pero después que hicimos muchas preguntas, se cerró completamente."

En mi frustración, dije: "Gracias de todos modos", y me alejé. Decidí seguir adelante por el sendero. Le hice señas a Tom y Gumby para que me siguieran, y lo hicieron.

Seguimos el camino más profundo, cuando repentinamente el hombre bajito con el que habíamos orado vino corriendo hacia nosotros en medio de la maleza.

"¿Qué están haciendo todos ustedes?" Preguntó. Le recordé que estábamos buscando a Ed. Él dijo, "¡Este es nuestro campamento! No pueden simplemente pasar caminando por aquí." De manera no amenazante, añadió, "Van a hacer que los maten si siguen caminando." A pesar del tono gentil, las palabras fueron suficientes para que nuestro equipo dijera, "Entendemos, gracias por la advertencia." Nos volteamos y regresamos por donde vinimos.

De regreso al borde del estacionamiento de Home Depot, recordamos todo lo que había ocurrido. Gumby y Tom estaban felices, debido a las nuevas pistas, mientras que yo sentía una sensación de preocupación.

Tom y Gumby me preguntaron qué pasaba. Dije, "Siento que nuestra interacción inicial fue buena, pero después de continuar y pasar al tablista, ya no éramos confiables."

Estaba convencido de que Juan le iba a decir a Ed que lo estábamos buscando y eso sólo serviría para poner a Ed más paranoico y esconderse aún más. Oramos juntos y luego decidimos vagar por las calles de Mission Gorge, con la esperanza de ver a mi amigo.

Estuvimos atentos por Ed, entrando en algunas tiendas locales y tiendas de tacos sin éxito. Debimos haber encontrado al menos tres empleados más de tiendas locales que reconocieron a Ed. Le seguíamos el rastro, pero el sol se estaba poniendo y necesitábamos tomar un Uber para reunirnos con el resto del grupo en el centro.

No tomamos en cuenta el tiempo adicional necesario para navegar el tráfico de la hora pico y llegamos 45 minutos tarde. Todos en nuestro equipo se comprometieron a ayudar a los voluntarios que se encargaron de suministrar la comida. Afortunadamente, llegamos a tiempo para conseguir un plato de comida.

Fue refrescante ver a todos trabajando juntos. Estaba orgulloso de ser parte de un grupo tan increíble de personas. Esperaba intercambiar historias más tarde esa noche cuando terminara la comida.

*(De izquierda a derecha: Georgia, Gina y Trevin)*

Después de ayudar a limpiar las mesas y el estacionamiento, decidimos llamar a algunos autos Uber para llevar al grupo en taxi hasta Robb Field. Las mujeres continuaron hacia la casa de Beth en La Jolla. Acampar con nuestro grupo más grande requirió un poco de creatividad para no llamar la atención. Decidimos extendernos a lo largo de la cerca de uno de los campos de béisbol y escondernos en las sombras.

Cuatro de los hombres parecían un poco asustados por nuestra primera noche durmiendo en un parque público, mientras que Steve y yo no tuvimos problemas para conciliar el sueño en cuestión de minutos.

En un momento, alrededor de las tres de la mañana, Steve me despertó. Hablaba en un susurro y dijo: "Oye Will, hay un patrullero en el estacionamiento que está iluminando el parque. ¿Qué es lo que quieres hacer?"

Todavía estaba tratando de despertar lo suficiente para pensar con claridad. "Los policías no parecen estar molestándonos, así que mantengámonos todos agachados y no llamemos la atención". Con eso, volví a acostar mi cabeza y me quedé profundamente dormido.

Nos despertamos temprano a la mañana siguiente para empacar antes de que alguien se diera cuenta de nosotros. Caminamos a un ritmo pausado hacia Mission Bay, sabiendo que habría almuerzo y café a las 11:30 am. También habíamos designado esa hora y lugar cada día para reunirnos con Georgia y Audie. Sirvieron junto con los trabajadores de la Iglesia Comunitaria de La Jolla y el Ejército de Salvación durante toda la semana. También sabíamos que podíamos descargar nuestros paquetes pesados en su coche de alquiler en ese momento.

Pasamos un tiempo leyendo nuestras Biblias y escribiendo en las mesas de ahí. Después de un tiempo de soledad, nos sentamos juntos y permitimos que nuestros nuevos reclutas procesaran sus primeras 24 horas viviendo en la calle. Era agradable escuchar sus observaciones y darnos cuenta de lo mucho que Steve y yo nos habíamos adaptado desde nuestro primer viaje. Las conversaciones continuaron para ayudar a todos a procesar, mientras caminábamos hacia el noreste. Planeábamos caminar cuatro millas a Mission Bay para la comida de las 11:30 a.m.

Disfrutamos la lenta caminata. Era refrescante escuchar las perspectivas variadas, de un policía joven, un profesor mayor de gimnasia, un dueño de estación de radio de mediana edad y un pastor de jóvenes. Ojos frescos nos daban una apreciación más profunda por la misión.

Pasamos un tiempo orando juntos antes del almuerzo. Todavía me sentía preocupado sobre qué hacer ahora con nuestros amigos detrás del Home Depot. Seguí orando mientras esperábamos a que el equipo del almuerzo armara todo.

Cuando apareció el resto del grupo saludé a mi mamá y a Georgia. Quería escuchar cómo les iba en el hogar donde se estaban quedando. No habían conocido antes a la amable mujer que estaba dispuesta a hospedarlas, y quería escuchar cómo había funcionado todo. Dijeron que fue asombroso y que su anfitriona había sido increíblemente hospitalaria.

*(Audie con anteojos y Georgia sosteniendo una caja)*

Mientras nuestras damas ayudaban a servir, nuestros hombres se dispersaron entre

105

la plétora de personas sin hogar que se apiñaban alrededor del parque. Steve y yo animamos al equipo a disolverse en un esfuerzo por atender a más personas sin hogar. Me animó mirar alrededor del área del parque para presenciar una serie de conversaciones entre las personas sin hogar y los nuevos miembros del equipo de las calles. ¡Qué tremendo ejemplo de cuidar a los demás en su territorio!

Mientras estaba inspirado por nuestro equipo, mi mente divagaba para considerar el siguiente paso con los hombres que habíamos conocido en el lecho del río detrás de Home Depot.

Después del almuerzo, coordinamos nuestros esfuerzos y acordamos encontrarnos a tiempo para cenar en la Iglesia Episcopal en Pacific Beach. Una vez que todos supieron la hora y el lugar para reunirse, oramos juntos y rompimos la reunión.

Cuando comenzamos a caminar de regreso hacia el puente sobre Mission Bay, Tom y Gumby me preguntaron sobre nuestro plan para el día. Todavía no tenía claro el plan exacto, pero sabía que teníamos que volver a Mission Gorge. Dije: "Te avisaré cuando lleguemos allí", y luego pedí un viaje en Uber.

Mientras esperábamos nuestro viaje, le hice una pregunta a Dios: "¿Cómo sería amar a un montón de hombres intimidantes en el área del lecho del río?" Inmediatamente después de pronunciar mi oración silenciosa, me vino a la mente una idea: "¡Hazles una fiesta con pizza!".

Que gran idea, pensé. ¡Era única e inesperada, y parecía el paso siguiente perfecto! El miedo empezó a entrar en mis pensamientos, y todavía no les había revelado la idea a Tom y Gumby. Tenía miedo de que ellos intentaran disuadirme, ya que uno de ellos ya había comentado "No nos vas a hacer volver al lecho del rio, verdad?", así que escogí mantenerme callado.

Sabía que éste no era un lugar seguro para ir, así que me tomé un tiempo para orar silenciosamente mientras caminábamos hacia Mission Gorge. Durante mi oración, me vino a la mente un pasaje de la Biblia que creí inspirado por el Espíritu Santo de Dios. Las palabras reales fueron, "No tengas miedo; no pueden dañar un cabello de tu cabeza si yo no lo permito" (una referencia a Lucas 21:18).

Este pensamiento era alentador, pero siendo un hombre calvo, no estaba seguro de lo que significaba lastimar cabellos en mi cabeza. Al mismo tiempo, mi temor interno había sido reemplazado con paz. El viaje de Mission Bay a Mission Gorge casi había terminado, así que le pedí al conductor que nos dejara en el 7-Eleven justo al otro lado de la calle de Home Depot.

Una vez que desembarcamos de nuestro viaje, compartí el plan con Gumby y Tom allí mismo, en el estacionamiento. Les di unos minutos para que asimilaran el plan y responderles cualquier pregunta. Ciertamente estaban sorprendidos pero dispuestos a confiar en mí y darle una oportunidad.

Tenía sospechas de que Gumby no había obedecido nuestra "política de no llevar dinero a la calle." Le pregunté si por casualidad tendría un poco de cambio, y de ser así, si sería suficiente para comprar cinco pizzas y bebidas. Tal como lo sospechaba, lo tenia. Luego le pregunté si estaría dispuesto a comprar cinco pizzas y algunas bebidas para nuestros amigos en el lecho del río. Gumby respondió: "¡Por supuesto, hagámoslo!". Con eso, nos dirigimos a la tienda de conveniencia para comprar lo que vinimos a buscar.

Mientras que esperábamos a que el hombre trabajando detrás del mostrador calentara cinco pizzas, revisamos el plan. Pronto nuestras pizzas estuvieron calientes, empacadas y listas para entregar. ¡Agarramos la bolsa de bebidas frías y las pizzas calientes y estuvimos en camino!

Cruzamos la calle y nos dirigimos al estacionamiento del Home Depot. Vimos a nuestro amigo el guarda de seguridad y lo saludamos con la mano mientras nos dirigíamos a la parte de atrás del estacionamiento al borde de la verja.

Para este entonces, todos nos sentíamos un poco inquietos. Creo que Gumby sugirió la importancia de cubrirnos con oraciones. Estuvimos de acuerdo y trazamos un plan. Cada uno de nosotros le escribió a entre cinco y diez personas preguntándoles si estarían dispuestas a orar por nosotros en ese momento. Decidimos no pedir oraciones específicas, simplemente les pedimos que oraran. Una vez que cada uno de nosotros recibió al menos cinco mensajes de respuesta, confirmando que las personas estaban orando por nosotros, acordamos que era el momento de proceder.

Con eso, nos abrimos paso a través de la cerca. En poco tiempo, estábamos de vuelta en la puerta principal, que había sido custodiada por Juan el día anterior. No había nadie a la vista, así que grité: "¿Hola?" En lugar de Juan, otro hombre se acercó a recibirnos en la puerta. Parecía que era del Medio Oriente y no lo habíamos visto antes.

Se presentó a sí mismo: "Mi nombre es Israel". Estábamos cara a cara con el hombre que los padres y la hermana de Ed habían conocido dos meses antes. ¡Este era el hombre que conocía a Ed!

Le pregunté a Israel sobre el hombre latino más bajo que habíamos conocido el día anterior. Él respondió: "Oh, te refieres a Juan, está por aquí en alguna parte". Mientras Israel miraba a su alrededor para buscar a Juan, nosotros también. No pude evitar notar tiendas de campaña improvisadas, un montón de piezas de bicicletas, lonas y un camino que se curvaba hasta perderse de vista. Las piezas de la bicicleta parecían ser inventario de una especie de taller de repuestos. Además, las personas sin hogar locales nos habían dicho que esta también era la sede de un negocio de drogas en auge. Por esa razón, se nos había advertido que extremáramos las precauciones. Una fiesta de pizza era cautelosa, ¿verdad?

En ese momento Juan apareció caminando hacia la verja. Nos preguntó por qué habíamos vuelto. Yo hablé por el grupo, "Bueno, estuvimos orando por ustedes después de nuestro encuentro de ayer, y sentimos que el Señor quiere que todos sepan lo mucho que Él los ama, ¡así que decidimos traerles pizza y bebidas!"

Juan se detuvo ahí estupefacto mientras que Israel abrió la puerta y salió para saludarnos. "¡Esto es asombroso!" dijo, sentándose en el suelo. Estaba listo para comer, aunque Juan se veía un poco menos convencido. Siguió a Israel, aunque claramente no muy persuadido a comer. Cuando abrimos las servilletas y los platos de papel, Juan decidió que él también tenía hambre. Sin embargo, justo antes de que pudiera servirle un trozo, toda la atmósfera de nuestro picnic dio un giro brusco e inesperado.

Un nuevo personaje, desconocido para nosotros, emergió del campamento detrás de la puerta. Lo escuchamos venir, momento en el que la cabeza de todos se volvió en esa dirección.

Desde el corazón de esa pequeña metrópolis de tiendas de campaña, el obvio líder alfa se dirigió directamente hacia nosotros. No llevaba camisa, lo que revelaba su cuerpo delgado, musculoso y cubierto de tatuajes. Era calvo como yo, pero sin sonrisa alguna. No perdió el tiempo en decir lo que pensaba: "¿Qué diablos... está pasando aquí?"

Israel se apresuró a responder en nuestra defensa: "Estos muchachos son geniales y se presentaron con almuerzo gratis". Su líder claramente no estaba impresionado, ni pidió un pedazo de pizza.

Israel continuó: "¿Puedes creerlo, hombre? ¡Almuerzo gratis! ¡Y uno de estos tipos es pastor!". Eso fue suficiente; su líder gritó en respuesta: "¡No me importa si él es el Mal...! Papa! ¡Será mejor que se larguen ahora, o terminarán muertos!

Israel todavía tuvo el coraje de defendernos, aunque pude entender el mensaje y todos sabíamos que nos habíamos quedado más tiempo del esperado. Cuando nos pusimos de pie para irnos, Israel continuó: "Oye, esto no está bien, los que están con nosotros no pueden estar en nuestra contra". No estoy tan seguro de que Israel supiera que había citado una referencia de la Biblia, pero era obvio que a su furioso líder no le importaba. Mientras nos alejábamos, Israel recogió las cajas de pizza y las bebidas y nos siguió.

El macho alfa calvo desapareció de la vista, cuando vio que nos íbamos. Seguía de cerca a Tom y Gumby mientras todos nos dirigíamos al estacionamiento de Home Depot. Israel estaba justo detrás de mí y todavía tuvo las agallas de gritar: "¡Esto está jodido, hombre! Voy a comer pizza con mis nuevos amigos".

Cuando llegamos al borde del estacionamiento, todos nos sentamos justo dentro de la línea de la cerca. Israel se unió a nosotros y dijo: "Lamento que mis amigos los traten así. ¡No está bien!" Se sentó en el suelo y dijo: "¡Vamos a comer!".

Justo cuando comenzamos a comer, Juan reapareció, pero no se sentó. Parecía menos interesado en un trozo de pizza y se paseaba nerviosamente de un lado a otro. Él dijo: "Ustedes deberían separarse, hombre. Nuestro jefe está realmente enojado".

Juan le dijo a Israel que no estaba bien que comiera con nosotros. En ese punto Israel le respondió, "Mira, ya no me importa este lugar si esta es la manera en que vamos a tratar a las personas que son buenas con nosotros." Siguió diciendo, "He estado aquí más tiempo que tú, y puedes tomar mi puesto si me voy, así que relájate."

Estaba claro que habíamos creado una seria tensión con esta fiesta de pizza inesperada entregada en su "puerta", especialmente por un pastor. No estaban de acuerdo sobre cómo responder, así que miramos como espectadores de un argumento familiar. Juan se regresó a la puerta, probablemente para chequear cómo estaba el jefe tatuado.

Israel se disculpó una vez más, mientras continuábamos comiendo nuestro almuerzo. Empecé a preguntar por Ed cuando Juan volvió de nuevo. Interrumpió nuestras bromas a la hora del almuerzo, dirigiéndose a mí esta vez. Él dijo: "Miren, voy a tener que pedirles que se vayan. Les agradezco que hayan venido y traído el almuerzo, pero deben entender que esto no es normal. Quiero decir, cosas como esta nunca pasan. La gente amable no nos trae el almuerzo.

Respondí, "Bueno, ¡tal vez deberían! ¿De qué otras maneras se darán cuenta de lo mucho que Dios los ama?" Él respondió, "Van a salir lastimados si se quedan." Con eso, recordé lo que había escuchado antes durante mi tiempo de devoción, y me sentí inclinado a levantarme y decir esas palabras muy claramente, así que lo hice. "Juan, ustedes no pueden lastimar ni un sólo cabello de nuestras cabezas a menos que Dios les dé permiso de hacerlo, y no les tenemos miedo."

Le dije que nos iríamos por respeto, pero al mismo tiempo, quería que este hombre, quien probablemente había sentido miedo durante toda su vida, entendiera que es posible no tenerle miedo al hombre, cuando se camina con Dios. "No temer" no garantiza que no salgamos lastimados. Sin embargo, viene de la seguridad de que sabemos que estamos haciendo lo que Dios quiere que hagamos. Con eso, nos agradeció y oramos por él antes de irnos.

Israel preguntó si podíamos orar con él antes de irnos. Por supuesto que lo hicimos. Después de lo cual nos despedimos y regresamos al estacionamiento.

Nos fuimos con una sensación de paz y les escribimos a todos los que estaban orando en casa, para agradecerles por cubrirnos con oraciones. Envié un mensaje grupal y pregunté, "¿Alguno de ustedes recibió palabra del Señor o tiene alguna idea que le llegara a la mente mientras oraban?" Una amiga llamada Linda Davis respondió, "Todo lo que escuché fue esto, 'No debes temer, ya que ellos no pueden lastimar un cabello en tu cabeza sin el permiso de Dios.'" Le enseñé mi teléfono a

Tom y Gumby mientras que yo tenía la piel de gallina.

Hay momentos en los que me pregunto si realmente estoy escuchando a Dios cuando le hago una pregunta y me viene a la mente un pensamiento inmediato. Soy consciente de que a veces me equivoco. A pesar de la posibilidad de error por mi cuenta, me encanta cuando Dios confirma una respuesta a la oración. No creo ni por un segundo que el hecho de que Linda y yo escuchemos exactamente la misma palabra de Dios en oración fue una coincidencia. Sin embargo, ella respondió exactamente con la misma palabra que yo había escuchado, sin saber nada de nuestra situación. ¿Qué tan asombroso es eso, cuando dos personas orando en extremos opuestos del país escuchan exactamente la misma respuesta de Dios? Fue un momento poderoso cuando los tres nos paramos en el estacionamiento de Home Depot, mirando el mensaje de texto de Linda.

Steve sacó una imagen satelital de Google del área detrás de Home Depot. Pudimos ver parte del enorme campamento de personas sin hogar desde una vista aérea.

Nos preguntamos cuántas personas realmente estaban viviendo en esa área. ¿Estaría Ed escondido en una carpa improvisada, en algún lugar profundo del campamento? Mi mente estaba llena de preguntas y no pude evitar creer que estábamos cerca.

Estaba meditando nuestro siguiente movimiento, ya que Israel había sido tan receptivo. Aunque su jefe nos había amenazado, pude notar que tanto Israel como Juan se estaban mostrando más amigables. El día estaba llegando a su fin, pero parecía que cada encuentro nos llevaba más cerca de Ed. ¿Qué traería mañana?

*(Foto del campamento, cortesía de Google maps)*

# Capítulo 9
## *La perspectiva importa*

Las cenas organizadas por organizaciones sin fines de lucro e iglesias son siempre bienvenidas. Los voluntarios que sirven realmente nos inspiran. Disfrutamos sentarnos a la mesa con amigos sin hogar y escuchar sus historias mientras compartimos una comida, y apreciamos el descanso al final de cada día agotador. También es un regalo ahora que ya no necesitamos mendigar la comida en sí. Estamos agradecidos en todos y cada uno de los aspectos.

Mientras llevaba mi plato de comida a la mesa esa noche, noté una cara familiar. Tom Williams, mi amigo ciego de Bluffton, Carolina del Sur. Había visto a Tom por última vez en mi viaje anterior seis meses antes con Sandra. Hice que Tom se diera cuenta de mi presencia y lo saludé.

Tom preguntó cómo estaba progresando nuestra búsqueda de Ed. Le di una actualización y sugirió que le preguntara al pastor principal de esa iglesia si estaría dispuesto a hacer un anuncio y averiguar si alguien allí conocía a Ed. "Gran idea", pensé y fui a seguirla. El pastor estuvo de acuerdo y me invitó a hacer el anuncio yo mismo y distribuir tarjetas fotográficas a cualquier persona interesada en ayudar

Después de hacer una petición pública, regresé a mi asiento con la esperanza de que alguien se presentara con nueva información, pero nadie lo hizo. Después de uno o dos minutos, Tom sugirió que hablara con su amigo Paul, quien podría ayudarme. Mencionó que Paul parecía conocer a casi todos en la comunidad local de personas sin hogar y es de gran apoyo.

Con eso, Tom me entregó su teléfono celular y me pidió que abriera sus contactos y buscara a Paul Arnold. Localicé su nombre y número y pulsé el botón de llamada antes de devolverle el teléfono a Tom.

Un momento después, escuchamos un teléfono sonar a unos pocos asientos de distancia. Paul miró la llamada entrante y luego gritó en nuestra dirección: "Oye, Tom, ¿por qué me llamas cuando estoy a solo unos asientos de distancia?". Fue divertido y un buen recordatorio de la incapacidad de Tom para ver a quienes lo rodeaban.

Tom invitó a Paul a unirse a nosotros antes de solicitar su ayuda. Paul tenía 60 años y un espíritu afable. Nos saludó antes de pedirnos echar un vistazo a la foto de Ed. Después de estudiar la imagen, comentó: "Ed me parece conocido, pero no lo he visto en bastante tiempo". Paul accedió a estar pendiente de él, así que intercambiamos información de contacto. Estuvo de acuerdo en mantenernos informados si escuchaba o veía algo.

*(De izquierda a derecha: Georgia, Gumby,*
*Paul, Steve, Trevin, Audie, Will, Tom y John)*

Paul vivía en una camioneta Ford, equipada con un techo sobre la cama, que también era su hogar. Para las personas sin hogar que vivían en sus vehículos, a las que nos referimos como personas sin hogar de clase alta, sus desafíos eran dónde estacionar. Nos dijeron que las tiendas Walmart permitían que los autos con ocupantes sin hogar durmieran en sus estacionamientos sin acoso, pero no estaba seguro de si eso era cierto. La mayoría de los vehículos con ocupantes tenían todas las ventanas cubiertas con papel para que nadie pudiera ver el interior.

Si un oficial de policía sospechaba que alguien estaba durmiendo en un vehículo en una calle lateral, podía despertarlo y pedirle que se fuera de ahí. Aparentemente, era un arte permanecer escondido en el vehículo y no moverse ni hacer ruido cuando escuchaban un golpe. En el caso de Paul, había colgado una mezcla de tela y papel para bloquear las ventanas de su camioneta. Si un oficial de policía no puede verlo, entonces no puede pedirle que se vaya.

Tom y Paul tenían una relación especial y observé cómo Paul ayudaba a su amigo ciego a recoger sus pertenencias después de la comida. Paul era un veterano de la Marina de los Estados Unidos. Además, se había desempeñado como salvavidas en la playa de San Diego durante muchos años. Si bien Paul tuvo una parte significativa de los rescates en la playa, luchó con períodos de ahogo en su propia vida.

En 1991, Paul recordó un momento en que estaba sentado en una silla con una botella de whisky en una mano y un revólver cargado en la otra. Aunque estuvo horriblemente cerca de quitarse la vida, nunca apretó el gatillo.

Cuando conocí a Paul en febrero de 2016, estaba sirviendo a otros en las calles de San Diego. Aunque no tenía un título formal en teología, muchas de las personas sin hogar que lo conocían se referían a él como "Pastor Paul". Me conmovió la forma en que cuidó de Tom y supe que Tom no era el único en recibir la ayuda de Paul. Aprecié su oferta de comenzar a ayudarnos a buscar a Ed.

Me despedí de Tom y Paul y me uní a los miembros de mi equipo que estaban ocupados ayudando al personal de la iglesia a arreglar el salón. Cuando finalmente salimos del edificio, todos comenzaron a preguntar dónde planeábamos pasar la noche. Tenía buenas noticias para compartir.

Más temprano ese día, un viejo amigo mío me envió un mensaje de texto cuando notó a través de Facebook que estaba de vuelta en San Diego. Ella estaba familiarizada con nuestra misión y dijo: "Mi sobrino vive en Pacific Beach y cuando le dije lo que están haciendo, dijo que su equipo puede dormir en el patio de su casa". Cuando les informé a los otros cinco muchachos sobre la invitación a dormir en un patio local rodeado por una cerca, se emocionaron. De hecho, nuestra cena de esa noche había sido organizada por una iglesia de Pacific Beach, ubicada a solo media milla de la casa del caballero.

Nuestro grupo de cuerpos cansados se dirigió en dirección al patio vacío, esperando una noche de sueño ininterrumpido. Paseando, imaginé una exuberante hierba verde y una cerca alta y segura para mantener alejados a los intrusos. Tenía razón en parte, ya que estaba rodeada por una cerca de madera alta. Sin embargo, en lugar de un suave lecho de hierba verde, el "patio" era en realidad una gran losa rectangular de hormigón. Si bien podríamos dormir sin distracciones, la idea de la comodidad no estaba incluida. Steve y yo todavía estábamos agradecidos por un lugar para dormir sin amenazas de peligro.

Después de que todos desplegaron sus sacos de dormir, comenté: "¿No es increíble?" No estaba siendo sarcástico. John, nuestro profesor de educación física de 60 años, respondió: "¿Estás bromeando? Mi espalda me está matando en este pavimento. ¡Esto es horrible!" El estaba hablando medio en broma y medio en serio. Todos nos reímos y charlamos bajo las estrellas antes de quedarnos dormidos.

A la mañana siguiente, John comentó: "Tenemos que encontrar otro lugar para dormir o regresar a Robb Field, ya que mi espalda está en mal estado después de dormir aquí". Algunos de los otros se unieron a John en su sentimiento. Intentando mantener las cosas positivas, acepté y empacamos para desocupar el "patio".

En nuestro camino para encontrar un poco de café, nos dimos cuenta de que una pareja dormía en un estacionamiento detrás de un edificio. Fue oportuno pasar a esas dos personas durmiendo en el pavimento duro, justo cuando algunos miembros de nuestro equipo se quejaban de nuestra noche en el patio de concreto. Saludé a la pareja y nos detuvimos para presentarnos.

La diferencia entre nuestro grupo y esta pareja fue la realidad de que duermen allí todas las noches. Sus nombres eran Eric y Michelle, y Eric estaba acostado sobre una colchoneta al lado de su silla de ruedas. Cuando nos detuvimos para escuchar su historia, Eric compartió sobre su dolor de espalda crónico y la dificultad de vivir en las calles en una silla de ruedas. La relación de Michelle y Eric era estrictamente platónica. Ella disfrutaba ayudándolo y él claramente agradecía la ayuda.

Nos ofrecimos a orar por ellos y estaban muy agradecidos. Michelle se conmovió hasta las lágrimas al igual que Eric. Después de la oración, Eric nos habló de un hombre llamado Robert Laffoon, que ofrece burritos para el desayuno todos los miércoles por la mañana en la casa del salvavidas en Pacific Beach. Le dimos las gracias por el consejo y esperábamos verlos allí.

*(De frente hacia atrás: Michelle, Will, Gumby,*
*Eric, Steve, Trevin & John)*

Gumby estaba tan conmovido por el dolor y la situación de Eric que le dio su plataforma inflable para acampar allí mismo. Otro miembro del equipo sacrificó su colchoneta por Michelle. La pareja nos agradeció por las almohadillas y las oraciones

115

cuando nos despedimos.

Nuestro equipo caminó en silencio, claramente procesando el inesperado intercambio con Eric y Michelle. Finalmente, John intervino e hizo una confesión. "¡Me siento como un idiota egoísta! He pasado la mayor parte de la mañana quejándome de una noche en la acera, cuando estos dos individuos tienen que vivir de esta manera". Otros dos miembros del equipo admitieron sentirse de la misma manera.

Vale la pena considerar cuán importante es nuestra perspectiva. Justo cuando empiezas a sentir que la vida te ha dado un trato injusto, te encuentras con alguien que lo pasa peor que tú. Esos momentos sirven como recordatorios significativos del principio de que "nuestra circunstancia siempre podría ser peor". Dar gracias por lo que tenemos, en lugar de centrarnos en lo que nos falta, es una mentalidad importante para cultivar en la vida. Personalmente, vivir sin hogar dos semanas al año ha hecho maravillas cuando se trata de fomentar un sentido más profundo de aprecio.

Se nos recordó a los seis que contáramos nuestras muchas bendiciones mientras nos dirigíamos al paseo marítimo de Pacific Beach. Eric y Michelle nos habían dicho que estuviéramos en el puesto de salvavidas antes de las 8 am, así que seguimos su consejo.

Mientras caminábamos por el lugar de reunión, nos dimos cuenta de que 12 personas sin hogar se nos habían adelantado. Nos quedamos esperando con el resto de ellos y vimos a Eric acercarse unos cinco minutos después de que llegáramos.

Me estaba entrando hambre escuchando a la gente a mi alrededor hablar sobre los codiciados burritos de desayuno. Mientras esperábamos con gran anticipación, Eric estacionó su silla de ruedas cerca de nuestro grupo y comenzó a contarnos sobre su vida como marinero. Habló de su gran amor por el mar y de sus ganas de vivir en un velero. Los cuentos de Eric fueron fáciles de escuchar con el sonido sereno de las gaviotas y las olas rompiendo para crear atmósfera.

Un hambriento grupo de personas sin hogar continuó reuniéndose y comencé a preguntarme si el Sr. Laffoon traería suficientes burritos tibios para todos. Cuando la tripulación regular lo vio pedaleando en nuestra dirección, la línea desorganizada tomó forma rápidamente para establecer el orden. Los que habían estado esperando más tiempo estaban salivando al frente de la fila. Esperamos nuestro turno. Cuando finalmente estuve cara a cara con Robert, me presenté y le agradecí el desayuno. Él respondió: "Es genial conocerte también, quédate para que pueda escuchar tu historia". Me entregó un burrito de desayuno envuelto en papel de aluminio tibio y fui y me senté cerca de un vagabundo con el que quería hablar. Después de visitarlo, volví a hablar con Robert Laffoon.

Intercambiamos historias y mencionó haber luchado contra la adicción en su pasado. Robert dijo que su fe en Dios y algunas personas llenas de gracia en una iglesia local fueron el catalizador que necesitaba para cambiar su vida. Le pregunté sobre los burritos de desayuno que entregó de una canasta grande montada en su bicicleta. Él respondió: "La iglesia local a la que asisto paga los ingredientes. Soy responsable de la cocina y la entrega. Me gusta porque me permite servir a los demás y estar en contacto con personas que luchan contra los mismos demonios que casi destruyeron mi vida". Después de conocer a Robert, siempre nos propusimos estar en el puesto de salvavidas en Pacific Beach los miércoles por la mañana. Después de todo, ¿quién querría perderse esos sabrosos burritos calientes para el desayuno?

*(Steve y Robert Laffoon con sus burritos de desayuno)*

Después del desayuno, el equipo se reunió para discutir cómo les iba a todos. El tobillo de John le estaba causando más dolor y necesitaba descansar. Todos los demás parecían sentirse física y emocionalmente agotados, pero dispuestos a seguir adelante. Gumby y Tom querían un descanso del área del lecho del río, así que invité a Trevin a unirse a mí mientras reanudaba mi búsqueda allí. Como oficial de policía del condado de Prince William, Trevin estaba emocionado de explorar el área sobre la que nos había escuchado compartir.

Hicimos una estrategia y nos dividimos en equipos para el día. Luego les dimos a todos un tiempo a solas para leer, orar, escribir en sus diarios y relajarse. Si eres introvertido, los viajes pueden resultar agotadores ya que estamos constantemente rodeados de gente. Después de unos 90 minutos, nos reunimos y luego caminamos hacia Mariner's Point para la comida del mediodía. Nuestro plan era dividirnos en los equipos designados después del almuerzo, después de dejar nuestras mochilas en el auto alquilado.

Cuando llegamos, Steve y yo estábamos encantados de encontrarnos con Candace. Conocimos a Candace en nuestro segundo viaje cuando estábamos atrapados bajo la misma glorieta del parque bajo el aguacero torrencial. No la habíamos visto desde entonces, así que fue bueno ponernos al día. Se conoce con el nombre de calle de Gypsy, pero prefiere que sus amigos la llamen Candace.

Le preguntamos por Joaquín y ella respondió: "Está bien y ha estado trabajando duro en su sueño de construir bicicletas personalizadas". Nos animó escuchar eso y luego dirigimos nuestra atención a Candace. Le pregunté: "¿Cómo has estado?" En el momento en que hice la pregunta, sus ojos se llenaron de lágrimas y susurró: "Nada bien". La invité a que nos lo contara y lo hizo.

La mayor parte del equipo se acercó para saludar a Candace, pero cuando notaron que compartía, escucharon en silencio. Confesó muchas dificultades relacionadas con la vida que había elegido en la calle y deseaba desesperadamente la ayuda de Dios. Se mostró vulnerable sobre algunos relatos específicos y luego preguntó si el equipo estaría dispuesto a orar por ella. Mi mamá tomó la iniciativa y colocó su mano en la espalda de Candace mientras oraba. Candace dijo más tarde cuánto apreciaba una figura materna que le demostraba ese tipo de amor.

Nuestro equipo se reunió y formó un círculo, y todos se dieron la mano. Comenzamos a elevar sus preocupaciones a Dios y pedirle que traiga sanidad y restauración a su vida. Algunos oraron por su provisión y otros por su protección. Fue una experiencia conmovedora.

Cuando dijimos "amén", Candace estaba llorando de nuevo y se volvió para abrazar a mi mamá. Se tomó un momento para recuperarse y luego nos agradeció efusivamente por el tiempo que nos habíamos tomado para estar presentes.

Después de orar, Candace preguntó si podía compartir un poema con nosotros. Respondimos: "Por supuesto", así lo hizo. Era un poema poderoso que ella había escrito, memorizado y pronunciado como un rap. Me llamó la atención su disposición a compartir tan abiertamente con nuestro grupo. Ella comentó: "Nunca estoy segura de en quién puedo confiar en las calles. Recientemente oré y le pedí a Dios que enviara a alguien que pudiera ayudar. Todos ustedes son una respuesta a mi oración, ¡así que gracias!"

*(De izquierda a derecha: Gumby, Georgia, Candace, Audie, Will, Steve y Trevin)*

Le aseguramos que estábamos igualmente bendecidos y agradecidos de haber podido encontrarla otra vez. Tenía que ponerse en marcha y nos dio abrazos a todos antes de partir.

Después de almorzar y orar con Candace, nuestro equipo estaba listo para dividirse y reanudar la búsqueda. Steve tenía algo de dolor en la rodilla, así que decidió quedarse en el área de Pacific Beach, mientras Trevin se unía a mi equipo. Si bien Gumby y Tom no querían regresar al lecho del río, sí querían continuar buscando en el área de Mission Gorge. Los cuatro abordamos un Uber y nos dirigimos directamente al estacionamiento de Home Depot. No estaba seguro de cuál debería ser nuestro próximo movimiento, pero estaba convencido de que necesitábamos regresar a esa área.

Tom y Gumby decidieron buscar a Ed cerca del restaurante Denny's en Mission Gorge, después de que una camarera nos dijera que lo había visto recientemente. Pasé un poco de tiempo considerando en oración mi siguiente paso y decidí escribirle una carta a Ed. Pensé que, si Ed estaba escondido, yo podría buscar a Israel y pedirle que se la entregara.

En ese momento, el gerente apareció en nuestra mesa. Era una mujer corpulenta que supuse que rondaría los 40 años. A juzgar por su comportamiento y el ceño fruncido en su rostro, no estaba contenta con tres hombres holgazaneando en una mesa y solo pidiendo café. Ella preguntó: "¿Hay algo más que necesiten ustedes, muchachos?" Su lenguaje corporal con una mano en la cadera parecía ser un código para "¡Vamos, afuera!" Me preguntaba cómo podríamos animarla.

La miré y le pregunté: "¿Sería posible conseguir una hoja de papel y un bolígrafo?" Su respuesta facial pareció reflejar un nuevo nivel de molestia con mi pregunta. Continué: "Verás, mi mejor amigo no tiene hogar y hemos estado viviendo en las calles esta semana con la esperanza de encontrarlo. Quiero escribirle una carta y hacerle saber que lo queremos". En algún momento, mientras escuchaba mi razón para necesitar un lápiz y papel, su expresión endurecida se desvaneció. Todo su amaneramiento cambió cuando entendió la razón de que estuviéramos allí. Una vez más, nuestra perspectiva importa. Hacer suposiciones sobre personas que no conocemos (e incluso sobre las que conocemos) a menudo conduce a graves errores de juicio. Mientras estaba de pie junto a nuestra mesa, se emocionó y lloró. Con un repentino sentido de urgencia, dijo: "¡Ya vuelvo!".

Regresó en un santiamén con papel, bolígrafos y hasta me había traído un sobre. Luego agregó: "Por favor, háganme saber lo que necesiten, caballeros. Haré lo que pueda para ayudar. "¡Guau! ¿Que acaba de suceder?" Pensé dentro de mí. Nos transformamos de niños a caballeros en cuestión de minutos una vez que cambió su perspectiva sobre nosotros. Me inspiró su apoyo y disposición para ayudar.

Tomé un sorbo de mi café semi-frío e intenté mirar a Dios en busca de inspiración sobre qué escribir. Cuando puse la pluma sobre el papel, las palabras parecían fluir y terminé de escribir en cuestión de minutos. Sellé la carta en el sobre que me proporcionó y salí por la puerta. Trevin y yo tomamos la carta para buscar a Israel en el lecho del río, mientras Gumby y Tom caminaban por las calles de Mission Gorge.

Justo cuando Trevin y yo nos preparábamos para sumergirnos en el lecho del río, Tom y Gumby corrieron hacia el estacionamiento de Home Depot y gritaron: "¡Espera un minuto!" Esperamos a que los dos nos alcanzaron. Supuse que habían cambiado de opinión y decidieron unirse a nosotros. Me equivoqué.

Cuando llegaron, Gumby dijo: "Me inquieta que ustedes dos vayan allí hoy y creo que debemos orar primero y pedirle dirección a Dios". Esa no fue una mala idea, así que nos unimos y oramos en ese mismo momento. "Señor, si no es seguro para nosotros regresar al lecho del río hoy, por favor tráenos a Israel, para que podamos entregarle estas cartas directamente sin ponernos en peligro".

No exagero cuando les digo que inmediatamente después de concluir nuestra oración, miramos hacia arriba y vimos a alguien en una bicicleta que se dirigía hacia nosotros. ¡Lo adivinaste! Era Israel y pedaleo su bicicleta hasta llegar justo en frente de nosotros. Debimos haber dicho "amén", justo antes de que pisara el freno. Me animó la respuesta instantánea a la oración y decidí contárselo.

"Israel, estábamos en medio de la oración y le pedimos a Dios que nos ayudara a encontrarte. Literalmente, solo murmuramos un "amén" a la oración mientras vendías. Entonces, aquí estás, mi amigo". Le entregué el sobre y le conté sobre la carta que había escrito para Ed.

Israel respondió: "Hombre increíble, dejaré la carta de Ed con sus cosas". Se quedó y conversó con nosotros un poco más sobre su vida y nos agradeció nuevamente por el almuerzo que le habíamos entregado. Después de unos minutos más de bromas, tomó la carta y se alejó. Los cuatro nos quedamos asombrados por lo que acababa de ocurrir. Trevin me preguntó si aún podía darle un breve recorrido en una sección diferente del lecho del río. Como policía, quería al menos ver el lecho del río del que habíamos hablado y no quería sentir que había recorrido todo ese camino por nada. Lo llevé por un camino en el extremo opuesto del estacionamiento para que pudiera tener una idea del lugar. Nos reunimos con Tom y Gumby más tarde esa tarde para que todos pudiéramos tomar un Uber para reunirnos con los otros equipos.

*(De izquierda a derecha: Gumby, Will e Israel en Home Depot)*

Nos reunimos con Steve, John y las damas en una comida en Ocean Beach. Fue agradable sentarse y compartir una comida con amigos. Todos estaban bastante agotados ya que habíamos estado cubriendo mucho terreno y yendo duro todo el día. Cuando terminó la comida, quedó la cuestión de dónde instalar el campamento. Decidimos pasar la noche en Robb Field, ya que estaba situado a pocas cuadras de la iglesia. Si bien acordamos el lugar como grupo, no pudimos ponernos de acuerdo sobre dónde dormir. La cerca había funcionado bien para nosotros la primera noche, pero la gente quería dispersarse por el campo. No tenía ganas de discutir sobre dónde dejar mi bolsa, así que escogí un lugar en medio del campo de béisbol y arreglé mi bolsa de dormir para pasar la noche. No estoy seguro sobre el resto del grupo, pero salí en cuestión de minutos.

Cualquier cosa puede pasar cuando vives en las calles y duermes bajo las estrellas. Justo antes de las 3 a. m. de esa noche, un hombre sin hogar llegó caminando a zancadas por el centro del campo, donde estábamos durmiendo. Estaba callado, pero hizo tanto ruido que me desperté cuando lo escuché acercarse. Se volvió en nuestra dirección y simplemente anunció: "El sistema de riego empieza en diez minutos". Yo estaba aturdido, pero escuché lo que dijo. Me volví hacia Steve y le dije: "¿Crees que ese tipo sabe de lo que está hablando?" Steve respondió: "No lo sé". Con eso, ambos nos volvimos a dormir.

Como un reloj, aproximadamente diez minutos después todos escuchamos el inconfundible ruido. Varios tubos de riego de grado comercial brotaron del suelo como marmotas enojadas. Inmediatamente comenzaron a rociar una gran parte del campo. Trevin fue la primera víctima. Con reflejos de policía, salió disparado de su saco de dormir y se reubicó, escapando con solo un rocío parcial. El resto de nosotros nos quedamos tranquilos al ver que solo hubo una víctima.

Cuando pasó la conmoción, todos intentamos volver a dormir. Lo que no consideramos es el hecho de que la mayoría de los sistemas de rociadores están instalados en zonas separadas. Tan pronto como el primer par de tubos desapareció en el suelo, otro grupo surgió para saturar un área diferente.

La segunda ronda tomó al entrenador John por sorpresa. A diferencia de Trevin, no se movía tan rápido. En desafío, John gritó con su marcado acento de Long Island: "¡No me muevo!" Su resistencia duró poco una vez que su saco de dormir se empapó por completo. Estaba claro que nadie estaba a salvo y que cada zona eventualmente se empaparía. Todos empacamos a toda prisa, sabiendo que no teníamos mucho tiempo. Tampoco teníamos idea de qué zona sería la siguiente.

¡Si tan solo hubiéramos hecho caso a la advertencia del vagabundo! La retrospectiva y el arrepentimiento no hicieron ninguna diferencia, ya que todos nos mudamos al area seca y comenzamos a reírnos de lo que había sucedido.

Pasamos nuestros últimos días haciendo nuevos amigos sin hogar y poniéndonos al día con los viejos. Dejé un número de teléfono de contacto en mi carta a Ed y decidí dejar la situación en manos de Dios por el resto del viaje.

Como se había convertido en una tradición, solíamos invitar a una o dos personas sin hogar a cenar en nuestra última noche. Esa semana en particular, llamé al celular de Tom e invité a cenar a mi amigo ciego. Hicimos reservas ese viernes por la noche, en el antiguo restaurante histórico del hotel en la plaza del pueblo de Old Town, San Diego. Tom parecía encantado de ser nuestro invitado de honor. Aceptó sin dudarlo. Lo encontramos en la plaza, cerca del banco donde Sandra y yo lo encontramos mendigando en el viaje anterior.

Lo guiamos hasta el restaurante y le asignamos el asiento en la cabecera de la mesa. Le leímos el menú e hicimos su pedido. Seleccionó un filete de costilla jugoso con algunas sabrosas guarniciones. Para acompañar su cena, pidió un gran vaso de leche. Si la leche hubiera sido cerveza esa noche, Tom habría estado demasiado ebrio para caminar. Cada vez que vaciaba su vaso de leche (lo que parecía ser en cuestión de segundos), le pedía al camarero que le trajera otro. Nunca había visto a un hombre beber tanta leche.

Tom compartió con nosotros un poco de su historia y periódicamente hizo más preguntas sobre nuestro grupo y sobre Ed. Fue una bendición estar con él, y fue una manera maravillosa de concluir nuestra semana en las calles. Paul tuvo la amabilidad de reunirse con Tom después de la cena para asegurarse de que regresara a su sitio debajo del puente. Nos despedimos y ofrecimos una oración por él antes de partir.

*(De izquierda a derecha: John, Georgia, Audie,*
*Will, Tom, Gumby, Tom y Steve)*

123

Concluimos el viaje sintiéndonos animados. Si bien no habíamos visto a Ed, ciertamente habíamos progresado. Tenía la esperanza de que mi nota escrita a mano le fuera entregada. Era hora de esperar pacientemente su respuesta. ¿Estaría Ed dispuesto a responder o a llamar? El tiempo lo diría.

# Capítulo 10
## *Whitey y Desayuno de Burritos*

Si bien compartí muchos de los detalles de nuestro quinto viaje, me olvidé de compartir una interacción memorable. Ocurrió el mismo miércoles por la mañana que nos sentamos en la casa del salvavidas esperando los burritos del desayuno. Está previsto que Robert llegue a las 8:30 a. m. cada semana y nuestro equipo llegó casi 30 minutos antes. Esperamos pacientemente con el resto de la multitud y entablamos conversaciones con Eric, Michelle y otros.

La llegada de un hombre cambió todo el ambiente, aunque no me refiero a Robert Laffoon, el de los burritos. El que llegó probablemente tenía mi edad, aunque sus años en la calle lo hacían parecer mayor. Su nombre de la calle era "Whitey" y llegó montado en una patineta.

Whitey hizo estallar la parte posterior de su tabla con el pie derecho y atrapó la parte delantera con la mano. Claramente no era un novato en el patinaje, ni era un extraño en las calles.

Whitey imponía una fuerte presencia y parecía conocer a todos. Eric saludó a Whitey desde su silla de ruedas y Whitey respondió regañándolo, utilizando una serie de términos despectivos.

Whitey no era un personaje amigable, aunque era un líder obvio. Me recordó a un matón de la escuela secundaria que tomaba todas las decisiones en el patio de recreo y gobernaba con intimidación. Los otros vagabundos que estaban presentes reconocieron su autoridad como alfa, y nadie se atrevió a desafiarlo. Ladró algunas órdenes antes de tomar su lugar cerca del frente de la fila.

Whitey usaba su gorra de béisbol a un lado, tenía pantalones cortos extralargos y parecía que nunca había perdido su sentido de la moda de la escuela secundaria. Ladró algunos comentarios sarcásticos más, cada uno dirigido a diferentes personas sin hogar que estaban presentes. Estaba claramente dejando que todos supieran quién era el jefe.

Me sentí como si estuviera viendo un especial de National Geographic sobre lobos. El perro alfa entró en la manada y su presencia hizo que los otros lobos se acobardaran y le dieran todo lo que pedía.

Whitey no nos conocía a los seis, aunque supongo que éramos las únicas personas que él no conocía. Nuestro grupo estaba repartido entre las otras personas sin hogar, por lo que habría sido difícil saber que estábamos todos juntos. Me di cuenta de que estaba al tanto de nuestra tripulación y nos vigilaba. Sin embargo, se mostró reacio a comentar o reconocer a alguien de nuestro equipo. Whitey era un lobo sabio que observaba a los nuevos miembros de la manada y esperaba el momento adecuado para hacerse valer.

Fue en ese momento, cuando Robert llegó en su bicicleta, con una canasta llena de burritos. Trevin me entregó un torpedo de desayuno envuelto en papel de aluminio tibio, y decidí que era hora de tomar acción.

Buscando un lugar estratégico para sentarme, noté una abertura entre Whitey y un hombre más joven a su izquierda. Rápidamente me moví en esa dirección. Me volví en dirección al joven que no amenazaba y le pregunté: "¿Está bien si me siento aquí?" Me di cuenta de que Whitey podía objetar, pero antes de que pudiera responder, el otro tipo dijo: "Claro, hombre".

Dejé caer mi mochila y me senté directamente sobre ella. Es más cómodo que el pavimento. Noté que Whitey prestaba toda su atención a cada uno de mis movimientos mientras desenvolvía su burrito. No estaba tratando de faltarle el respeto o molestarlo, simplemente quería encontrarme con el alfa entre la multitud.

Decidí enfrentarme al chico más joven a mi izquierda. Recostada a su lado había una guitarra acústica que claramente le pertenecía y tenía una buena cantidad de uso. A su derecha, estaba sentado un chihuahua diminuto al que llamó Ace. Me presenté y descubrí que su nombre era Chris. Chris sacó una lata de Pringles de su paquete y estaba disfrutando de la combinación de papas fritas y burrito, que compartió con el perro. Le pregunté un poco sobre su vida y cuánto tiempo había estado viviendo en San Diego.

Era obvio que Whitey estaba escuchando a escondidas y tratando de reunir información sobre mí. Le pregunté a Chris: "¿Has estado jugando por mucho tiempo?" señalando hacia su guitarra. "Desde la secundaria", respondió. Chris solo tenía 20 años, así que supuse que había estado tocando la guitarra durante unos ocho años. Él preguntó: "¿Tu tocas?" Le respondí: "No como tú, solo sé algunos acordes y lo hago cuando estoy aburrido". Con eso, me entregó su guitarra y toqué un poco de la única canción que recordaba cómo tocar, "Free Falling" de Tom Petty.

Después de un minuto o dos, cuando llegué al máximo de mis conocimientos de guitarra, le agradecí a Chris y se la devolví. No quería avergonzarme. En ese momento, miré en dirección a Whitey y él estaba completamente concentrado en nuestro intercambio.

La mayor parte de su piel estaba cubierta de tinta de tatuaje que contaba una historia. Su rostro estaba correoso y tostado para revelar incontables horas bajo el sol. La piel desgastada y arrugada es común entre las personas sin hogar de California. El protector solar no está al tope de su lista de compras, por lo que el cáncer de piel es un problema común y, a menudo, no se trata.

Mientras contemplaba qué decir, mi mente volvió a mi formación cuando servía en el personal de una organización conocida como Young Life. Como ministerio que se enfoca en los adolescentes, se esperaba que visitara las escuelas secundarias de mi área y conociera a los adolescentes en su territorio. Esta era una parte intimidante del trabajo.

Recuerdo a un líder de personal que me capacitó cuando era nuevo en Young Life. Su nombre era Jerry Kasberg. Jerry era de Ohio y era obvio por su enorme tamaño que había sido una fuerza imparable en sus días de fútbol americano universitario. Me entrenó sobre ciertas habilidades que son necesarias cuando se encuentra con niños intimidantes. Lo recuerdo enfatizando la importancia de recordar que casi todos los adolescentes luchan con algún nivel de inseguridad. Dijo: "Los adolescentes suelen pensar en sí mismos, no en ti, así que no te preocupes por lo que piensen los demás cuando se les acerquen".

Jerry me enseñó a observar la forma en que los niños interactúan socialmente. Una noche, mientras estábamos parados en el piso de un partido de baloncesto en la escuela secundaria Carlyle en Pensilvania, Jerry me dio una tarea. Me hizo mirar hacia las gradas y tratar de elegir al líder "alfa" en cada grupo de estudiantes. Luego me dijo: "Toma nota de qué niños demuestran liderazgo. Esos son "niños clave". Si puedes llegar a los niños clave, puedes llegar al grupo.

Miré a Whitey y pensé: "Él es el niño clave en este territorio y estoy seguro de que lucha contra cierto nivel de inseguridad". Le pedí a Dios sabiduría y luego me volví para enfrentarlo. Me giré en su dirección y le pregunté: "¿Cómo te va, hombre?" Whitey respondió: "Todo está bien". Presioné más profundamente, "¿Eres de esta área?" Él dijo: "No, pero he estado aquí durante años, así que este es mi hogar". Mencionó haber crecido en la costa este. Le dije que yo era del área de Washington, DC, tratando de establecer un terreno común.

Whitey continuó: "Sí, la mayoría de las personas sin hogar se desplazan hacia aquí por el clima, si son inteligentes". De acuerdo con los números absolutos, tenía razón. La población sin hogar que vivía en la costa oeste los convirtió en líderes en los Estados Unidos. Los números parecen ser aún mayores en los pueblos costeros.

Refiriéndose a su comentario, le pregunté: "Entonces, ¿es eso lo que te trajo aquí, el clima?" "No, me fui después de que mi matrimonio explotó". Quizás yendo demasiado lejos, le pregunté: "¿Qué rompió su matrimonio?" Para no parecer superior agregué: "Yo también tengo un matrimonio fallido". "¿Eres policía?" preguntó Whitey, ignorando mi pregunta. "No, soy un pastor que busca a mi mejor amigo que no tiene hogar en esta área. Solo estoy aquí por una semana y elegí vivir en las calles para aumentar mis posibilidades de encontrarlo". Miró en mi dirección y dijo: "Eso es genial, ¿cómo se llama?" Le entregué una de las tarjetas con la foto de Ed y mi información de contacto. Estudió la imagen antes de responder.

*(De izquierda a derecha: Chris, Will y Whitey)*

Después de un momento mirando la tarjeta, compartió con un poco más de franqueza. "Era un borrachín enojado, eso es lo que rompió mi matrimonio. Me di cuenta de que era un padre horrible para mis hijos, así que me quité del camino por un hombre mejor". Le pregunté si amaba a sus hijos y, como casi todos los padres responderían, dijo: "¡Por supuesto que sí! Demonios, ¿quién no ama a sus hijos?

Decidí seguir adelante. "¿Cuándo fue la última vez que hablaste con ellos?"

"Han pasado años", respondió Whitey. "No creo que mi hijo quiera saber de mí", agregó. Su tono se volvió algo emocional.

Decidí que también podría ayudar compartir de manera vulnerable. Dije: "Mi papá era alcohólico y tuvo una sobredosis antes de mi tercer cumpleaños. Ojalá hubiera podido conocerlo, aunque me han dicho que estaba lejos de ser un padre modelo. De hecho, creo que la mayoría de los hijos e hijas desean saber de su padre, especialmente uno que está dispuesto a admitir sus errores". Whitey le dio otro mordisco a su burrito y nos sentamos en silencio, ambos reflexionando sobre las complejidades de la paternidad.

Me preguntaba sobre la historia de vida de Whitey, con respecto a sus propios padres. Sus engranajes estaban girando claramente, pero no tenía ni idea de lo que estaba pensando.

Rompió el silencio con una pregunta: "¿Quieres saber qué nunca me ha fallado y siempre me ha sido fiel en mi vida?". "Claro, dímelo", le respondí. No estaba seguro de qué esperar exactamente, pero pensé que lo más probable es que él dijera: "Dios", después de escuchar que yo era pastor. Me equivoqué.

Whitey hizo una pausa antes de responder a su propia pregunta, permitiendo que creciera el suspenso. Luego prosiguió: "¡Lo único que nunca me ha defraudado en mi vida es la metanfetamina!". Continuó compartiendo como si estuviera tratando de hacer una venta a un cliente potencial. "Cuando me estoy inyectando, puedo quedarme despierto toda la semana, no necesito comer, me siento increíble y no hago cosas estúpidas como solía hacer cuando estaba borracho".

En medio de su discurso sobre los beneficios de usar Crystal Metanphetamine, agregó: "De hecho, no puedo pensar en un solo efecto secundario negativo". En ese momento, su compañero Chris interrumpió: "Eso no es cierto, Whitey. Vaya, la semana pasada te desmayaste drogado con metanfetamina en los arbustos frente a la biblioteca. Perdiste tu billetera y te despertaste sin nada". Whitey negó con la cabeza en desacuerdo y terminó su presentación: "La metanfetamina es lo único en lo que realmente puedo depender en esta vida".

Me senté entre estos dos hombres, procesando la declaración de Whitey. Según su declaración, Meth era verdaderamente confiable y su principal impulso en la vida. Me pregunté si Ed diría exactamente lo mismo. ¿Quizás Ed estaba sentado en Mission Gorge dando el mismo discurso a Israel y Juan? No tenía ni idea, pero sus comentarios me hicieron dudar.

Todavía me llamó la atención la razón declarada por Whitey para abandonar a su hijo, "para dar paso a un hombre mejor". También me senté a considerar el poder de la droga que parecía estar influyendo en la vida de Whitey, así como en la de Ed. Escuché de el mismo el costo que tuvo en las relaciones de Whitey y especulé que fue el catalizador para que Ed abandonara la suya. ¿Cómo ayudas a un adicto a liberarse de una sustancia tan poderosa y reconsiderar sus decisiones? Me senté procesando nuestra interacción, mientras arrugaba el aluminio de mi burrito vacío.

En varias ocasiones a lo largo de este viaje sin hogar, me he encontrado con situaciones en las que no estoy seguro de qué hacer o decir. Este fue uno de esos momentos en los que me quedé sin palabras. Ofrecí una breve pero sincera oración a Dios. Silenciosamente en mi mente oré: "Dios, ¿hay algo que pueda decir o hacer para transmitirle a Whitey que es amado?"

En realidad nunca he escuchado la voz audible de Dios. Sin embargo, cuando oro así, por lo general me vienen a la mente uno o dos pensamientos que creo que están inspirados por Él. El pensamiento que me vino a la mente en ese momento fue: "Ofrécete para orar por su hijo". Seguí adelante y le pregunté: "Whitey, ¿te gustaría orar por tu hijo?". Inmediatamente respondió afirmativamente, "¡Sí!" Le pregunté: "¿Cómo se llama?" —James —respondió él.

Todo su comportamiento cambió cuando se quitó la gorra de béisbol que había colocado de lado en su cabeza. Me aclaré la garganta y comencé a orar por James.

Derramé mi corazón en oración por Whitey y su hijo. Le pedí a Dios si podía concederles un nuevo comienzo y reconciliar su relación rota. Le rogué a Dios que le diera a Whitey la confianza que necesitaba para ser el padre que quería ser, antes de que el alcohol lo dejara derrotado. Cuando concluí la oración por mi nuevo amigo, miré en su dirección. Estaba claro que Dios había estado obrando en el corazón de ese líder callejero endurecido. Whitey se estaba limpiando las lágrimas de los ojos. Me agradeció por orar y se suavizó durante el resto de nuestra conversación.

Unos momentos después, saltó, dejó caer su patineta al suelo y se preparó para volar. Antes de rodar, se volvió hacia mí y me dijo: "Buena suerte en la búsqueda de tu amigo". Le respondí: "Gracias Whitey. Espero que puedas reconectarte con tu hijo". Dicho esto, montó en su tabla y se alejó rodando.

Mi conversación con Whitey me impresionó. Cuando lo vi por primera vez y vi cómo trataba a otros como Eric, no me gustaba mucho el tipo. Se mostró cruel e intimidante. Cubierto de tinta y ladrando órdenes a quienes lo rodeaban, me recordó el tipo de personaje que podrías ver interpretando a un matón callejero en una película. Supongo que se veían así porque los actores estaban tratando de interpretar a alguien como Whitey. Sin embargo, ninguna de las películas que había visto parecía revelar el lado suave que era evidente cuando Whitey se atrevía a mostrarlo. Todos tienen uno, algunos simplemente hacen un mejor trabajo al mantenerlos enterrados bajo capas de cicatrices y dolores.

Solo había tenido acceso a un vistazo parcial de la historia de Whitey, y me fui sintiéndome apenado por él. Me sorprendió lo rápido que se transformó de un adicto brusco y enojado a un amigo suave y vulnerable. Todo lo que hice fue interesarme genuinamente en su vida. No fue ciencia espacial, pero me obligó a salir de mi zona de confort. Hubiera sido mucho más fácil haberme sentado a un lado, quedarme fuera de su camino, disfrutar mi burrito y salir a la carretera. Pero entonces me habría perdido la bendición de conocer a Whitey.

No estaba completamente seguro del motivo de su abrupta partida después de nuestra oración. Sospecho que mostrar emociones y llorar no es parte de su rutina diaria. Oré para que tal vez partiera a toda prisa para encontrar un lugar tranquilo, donde pudiera llamar a su hijo. Me preguntaba si Dios había enviado a alguna persona en el camino de Ed para preguntarle sobre su vida. En ambos aspectos, con Ed y Whitey, decidí aferrarme a la esperanza y seguir pidiéndole a Dios un milagro.

# Capítulo 11
## *Fiebre en el Camino*

Georgia estaba extasiada! Habló conmigo varias veces después de nuestro quinto viaje y expresó su deseo de regresar a San Diego. Sin embargo, esta vez no tenía intención de volver a dormir en La Jolla. A pesar de lo amable que había sido Beth al abrir su hogar a mi madre y a Georgia, quería tener la experiencia completa. Le hice saber que si estaba dispuesta y lista, comprendiendo los riesgos asociados con vivir en la calle, entonces sería bienvenida. Me dio las gracias y empezó a hacer planes.

Poco después de mi conversación con Georgia, mi hija Courtney, de 26 años, me llamó por teléfono. "Papá, quiero acompañarte en el viaje a San Diego". No podía decir: "No permitimos mujeres en el viaje por razones de seguridad", porque acababa de decir "Sí" a Georgia. "¡Está bien, pero tendrás que estar en mi equipo!" Yo respondí. Como padre protector, pensé que podría cuidarla si estaba cerca de mí.

Varias personas interesadas me llamaron para preguntarme sobre como unirse a nosotros en una excursión para personas sin hogar. Por lo general, preguntan algo como: "¿Me puede asegurar que vivir en las calles de San Diego será completamente seguro?" ¿Cómo responderías a esa pregunta? El hecho de que nunca hayamos sido lastimados en las calles no es una garantía de que nunca lo seremos. Intento transmitir ese hecho respondiendo: "Vivimos en las calles entre otros 13.000 hombres y mujeres sin hogar. No podemos estar seguros de que no nos ocurrirá ningún daño. Es un riesgo que debes estar dispuesto a correr si quieres unirte al equipo". En la mayoría de los casos, esa respuesta es todo lo que necesitaban escuchar para decidir en contra del viaje. Mi intención no es rechazar a la gente, sino ser honesto y abierto sobre el peligro potencial de vivir en las calles de cualquier ciudad.

Cuando terminamos de armar nuestro sexto equipo, tomamos el grupo más grande hasta la fecha. Además de las dos damas, tuvimos cuatro nuevos reclutas masculinos: Ben Atkinson, Jason Bruce, Connor Sarant y Evan Reyle. También estaba encantado de tener dos veteranos que regresaban: Steve Bowman y Dave (Gumby) Houston, de regreso para otra ronda. Si bien estaba encantado de tener nueve personas a bordo, me preguntaba dónde dormiría una tripulación tan grande.

Llegamos el domingo 12 de febrero de 2017 por la noche. Ocho de nosotros nos reunimos en el aeropuerto para tomarnos una foto grupal antes de dirigirnos a nuestro hotel. Como Georgia era originaria de San Diego, había volado temprano para ponerse al día con algunos viejos amigos.

Con un grupo de búsqueda de nueve voluntarios, nos dividimos en tres equipos. Dado que tres de nosotros teníamos de uno a cinco viajes en nuestro haber, me resultó fácil designar líderes de equipo. Steve lideró a nuestros dos millennials: Connor y

Evan. El equipo de Gumby incluía a Ben y Georgia, mientras que yo llevé a mi hija Courtney y Jason. Todos parecían ansiosos y listos para andar. El ambiente era positivo y carente de miedo. Me animó y pensé: "Tal vez este sea realmente el viaje cuando nos encontremos cara a cara con mi viejo amigo Ed".

*(De izquierda a derecha, primera fila: Courtney, Evan, Connor y Will. Segunda fila, de izquierda a derecha: Steve, Gumby, Jason y Ben)*

Nos separamos temprano el lunes por la mañana y los tres grupos nos dirigimos hacia el centro de la ciudad cerca del Padre Stadium. Sin querer, desarrollamos ciertos rituales de viaje a los que nos habíamos acostumbrado. Al igual que concluir cada semana invitando a cenar a una o dos personas sin hogar, nos gustaba llevar a los novatos a una de las áreas más intimidantes la primera mañana de la semana. Esto sirvió como una especie de orientación, lo que permitió a todos vislumbrar cuán grande y diversa es realmente la población sin hogar. Se quedaron con los ojos muy abiertos, y tal vez un poco asustados.

He tenido participantes del viaje que compartieron conmigo después de esa visita, sus pensamientos al caminar por esa parte de la ciudad el primer día. A mitad de semana, Connor confesó: "Cuando vi a todas esas personas intimidatorias de pie alrededor de la parada del tren y esparcidas por la Aldea del Padre Joe, pensé: '¡Quiero irme a casa!'. No estaba tan seguro de poder seguir toda la semana." Mi creencia era que si exponía al equipo a una de las áreas más aterradoras de San Diego el primer día, solo mejoraría a partir de ahí.

Los equipos tomaron caminos separados a partir de ese momento. Me reuní con Steve y Gumby antes del viaje para intercambiar ideas sobre estrategias y asegurarme de que nosotros, como líderes, estuviéramos en sintonía. Cada uno sabía dónde quería buscar y dónde reunirse cada noche para cenar. Hicimos nuestra tarea y descubrimos qué iglesias organizaban comidas cada noche de la semana.

Dirigí a mi equipo calle arriba desde St. Vinney's. Quería explorar las instalaciones del condado allí, conocidas como Neil Good Day Center. Descubrí el centro en mi primer viaje y alguien mencionó haber visto a Ed en el centro.

Entramos por la entrada principal de la calle 17 y la avenida Imperial. El centro brinda un maravilloso servicio a quienes viven en la calle. Una persona sin hogar puede recibir su correo, lavar la ropa, ducharse, descansar e incluso mirar televisión mientras está allí. Justo cuando entré en la parte interior de las instalaciones con Jason y Courtney, un gran hombre latino desnudo asomó la cara por la esquina del baño. Midió el tiempo de su exhibición justo cuando pasábamos frente a la puerta abierta del baño. Parecía una buena idea seguir adelante.

Sabiendo que nadie me daría información sobre Ed debido a las leyes HIPPA, me acerqué al mostrador de correo y dije: "Estoy aquí para revisar el correo". La mujer detrás del mostrador dijo: "¿Nombre, por favor?" Respondí: "Ed Pelzner". Sin pedir identificación, dijo: "Solo un minuto", y se volvió para revisar los contenedores de correo. Me emocioné, preguntándome qué clientes potenciales podría recibir. Regresó al mostrador y dijo: "Lo siento cariño, nada hoy". No estaba seguro de si eso significaba que Ed ya lo había revisado o si nunca recibe correo. "Oh, bueno, valió la pena preguntar", pensé.

Decidimos salir del centro de la ciudad y dirigirnos en dirección al Parque Balboa. Una gran cantidad de personas sin hogar se congregan en los parques, por lo que parecía un buen lugar para obtener algunas pistas potenciales y, en el proceso, hacer nuevos amigos sin hogar.

Mientras caminábamos por la concurrida acera, poblada por al menos 50 personas sin hogar, noté una patrulla de policía estacionada al costado de la carretera. Decidí que valía la pena mostrarles la foto de Ed y preguntarles si estarían dispuestos a pasar su nombre por su sistema. Después de todo, los policías nos ayudaron antes, ¿por qué no preguntarles a estos dos oficiales? Sorprendentemente, uno de los policías dijo: "Sí, vi a Ed y hablé con sus padres cuando estuvieron aquí hace unos seis meses". Imagínese, ¿cuáles son las probabilidades de que me encuentre con el mismo policía que habló con el Sr. y la Sra. Pelzner medio año antes? Me emocionó la conexión y le pregunté si estaría dispuesto a consultar su base de datos para conocer las noticias actuales sobre el paradero de Ed.

El oficial dijo: "Claro, dame su nombre y fecha de nacimiento", y lo hice. Tuvo la amabilidad de revisar la pantalla de su computadora y marcó los detalles de Ed. Me miró y me preguntó: "¿Puedes llamar a los padres de Ed?" Me puse nervioso y pregunté: "¿Por qué?". Me aconsejó: "Llámalos y pídeles que presenten un informe de persona desaparecida sobre Ed en el Departamento de Policía de San Diego. Es posible que puedan darles a sus padres información útil". Con eso, me dio el número de teléfono que necesitaban para presentar un informe.

*(Policías de San Diego que nos ayudaron en nuestra búsqueda)*

No perdí el tiempo y me comunique con la mamá de Ed al teléfono minutos después. Le expliqué exactamente lo que me dijo el oficial y la mamá de Ed anotó el número. Ella accedió a hacer un seguimiento y procedió a preguntarme qué sabían. Respondí: "No me han dicho nada específico, pero aparentemente si llamas, puedes descubrir algo". Con eso, me dio las gracias y colgó para trabajar en la nueva pista.

Nuestro equipo continuó hacia Balboa Park. Courtney y Jason tenían muchas preguntas sobre viajes anteriores. Conocimos a algunas personas sin hogar a lo largo de la caminata y recorrimos Balboa Park en busca de posibles pistas. Después de buscar en el parque y hablar con cualquiera que quisiera hablar con nosotros, decidimos viajar en Uber a Mission Gorge. Me habían escuchado compartir historias de nuestro viaje anterior y la fiesta de pizza con traficantes de drogas, pero querían verlo por sí mismos. También tenían curiosidad sobre lo que los policías habían visto en la pantalla de su computadora y a quién podríamos encontrar en el lecho del río de Mission Gorge.

*(De izquierda a derecha: Courtney, Jason y Will)*

Tomamos un Uber hasta Mission Gorge para reanudar la búsqueda donde había concluido cuatro meses antes. Le mostré a Courtney y Jason los desagües donde la hermana de Ed había conocido a Israel por primera vez, antes de que nos dirigiéramos al estacionamiento de Home Depot. Hicimos una oración pidiendo protección antes de sumergirnos a través de la cerca de regreso al área del lecho del río. Mi corazón estaba acelerado, pensando en las amenazas que había recibido en el viaje anterior. Llegamos hasta la puerta, pero no había ni rastro de Juan ni de Israel. Grité, "Hola" antes de avanzar a través de la puerta.

Un joven vagabundo que nunca había visto antes salió y preguntó: "¿Puedo ayudarlo?" Le pregunté si estaban Israel o Juan. Él respondió: "¿Quiénes son?" Aclaré: "Los muchachos que vivían aquí cuando estuve aquí en octubre". Se rió: "Amigo, muchas cosas pueden cambiar en la calle en solo un mes, y mucho mas en cuatro meses". Me quedé allí, digiriendo lo que nos acababan de decir.

"¿Que hacemos ahora?" Me preguntaba. Le pregunté si había oído hablar de Ed o de "Fast Eddie". Él respondió: "Oh, sí, conozco a Fast Eddie". Con eso, nos dio la bienvenida de regreso a su casa improvisada. No estaba viviendo solo. Una mujer joven estaba sentada en el suelo del refugio cuando llegamos. El lugar consistía en unas cajas de cartón, una lona y unas tablas sujetas con dos ramas grandes. El suelo estaba cubierto de viejos fragmentos de alfombras manchados de moho, que proporcionaban un amortiguador de la suciedad. Nos invitaron a sentarnos, y así lo hicimos. Estábamos ansiosos por saber más sobre "Fast Eddie". Cuando me senté en la alfombra, noté un hedor en el aire y moscas de la fruta que se elevaban del piso en el momento en que nos sentamos.

Tomé la iniciativa en la conversación y comencé a preguntar sobre Fast Eddie. La mujer, que se hacía llamar Mariposa, respondió a mi consulta. "¡Él estará tan contento de saber que estás aquí! Ha estado pasando por un momento tan difícil". Me pregunté a qué situación difícil se había enfrentado y me emocioné cuando Butterfly nos dijo que estaría feliz de vernos. Luego agregó: "Él ha estado peleando con sus padres últimamente y se niegan a hablar con él. Mi opinión es que está luchando contra la depresión". En ese momento se me ocurrió que estábamos hablando de dos "Fast Eddies" diferentes, a menos, que les hubiera mentido sobre sus padres. Decidí preguntarle sobre su edad y altura aproximadas. Butterfly respondió: "Mide unos cinco pies, siete pulgadas, tiene veintitantos años". Aparentemente, el apodo de 'Fast Eddie' pertenecía a Paul Newman en la película The Hustler, así como a mi amigo Ed Pelzner y a un completo extraño de unos veinte años.

Les agradecí su disposición a tratar de ayudar. Mi hija Courtney sugirió que oráramos por su amigo Eddie antes de partir, y así lo hicimos. Mientras salíamos de esa parte del lecho del río, estaba tratando de entender el hecho de que todo el grupo que ocupaba ese espacio solo unos meses antes había cambiado de manos. ¿Dónde se habían mudado Juan e Israel y cuáles fueron las circunstancias de su desalojo? Tenía muchas ganas de preguntarle a Israel cómo respondió Ed cuando le entregó mi carta. Asumí que la búsqueda se reanudaría donde terminó. En cambio, parecía que el rastro se había enfriado.

Deambulamos por la zona, con la esperanza de encontrar una pista. Fue entonces cuando nos encontramos con José. José es un caballero latino mayor de México. Ha trabajado en la construcción toda su vida. Por lo general, puede encontrar a José parado frente al estacionamiento de Home Depot, solicitando trabajo. Gumby, Tom y yo lo conocimos en nuestro viaje anterior. Fue refrescante ver una cara familiar. Le pregunté qué había pasado con las personas que habían estado viviendo en el lecho del río en mi viaje anterior. Él respondió: "La policía apareció a fines de diciembre y allanó esa área. ¡Había habido demasiadas quejas de que se estaba volviendo peligroso, por lo que limpiaron todo el lugar y arrestaron a todos los que no fueron lo suficientemente rápidos para escapar! Agregó: "Lo hacen de vez en cuando". Me pregunté dónde había estado Ed durante la redada. ¿Se enterarían sus padres después de llamar al número que les di? Esperaba tener noticias de ellos pronto.

Le pregunté a José cómo le había ido y decidí centrarme en él. Pareció apreciar la pregunta y no tenía prisa a la hora de responder. Una de las cosas que me encantan de los viajes a San Diego es no sentirme apurado. No tengo reuniones a las que asistir ni plazos que cumplir. Sabemos cuándo se sirve el almuerzo y la cena, pero aparte de eso, somos libres de concentrarnos en las personas sin apresurarnos a ir a todas partes.

José nos contó sobre su vida y me agradeció por orar con él en mi viaje anterior. Después de compartir en detalle sobre su vida y su familia, José preguntó: "¿Cómo les gustaría a ustedes tres ver mi casa?" Nunca había visto su casa, pero sabía que cuando un amigo sin hogar se ofrece a mostrarte dónde acampan, es una gran cosa. La invitación es una señal de que confían en ti. Respondí en nombre de nuestro equipo: "Sería un honor ver tu casa, José".

Él respondió: "Genial, ¡vamos!". Inmediatamente se dio la vuelta y comenzó a caminar por un sendero que nos llevó de regreso a un área diferente del lecho del río. Bajamos a un territorio desconocido y José comentó: "No está lejos de aquí".

Cuando nos acercábamos a la casa de José, él se inclinó hacia mí y me susurró: "Quiero jugarle una broma a tu hija, así que sígueme la corriente. La voy a asustar con el 'oso' allá en mi tienda". Seguí el juego mientras José se detenía y se ponía muy serio y animado. Miró directamente a Jason y Courtney y advirtió: "Tengo un oso como mascota que vive en mi tienda y es muy, muy peligroso". Continuó sobre cómo había domesticado al oso, pero advirtió que aún podría intentar morder. Me pregunté si se refería a un perro que parecía un oso, curioso por ver qué estaba preparando José para sacar de su tienda. Terminó su intento de crear suspenso hasta que llegamos al borde de su pequeña tienda roja. José vivía a unas veinte yardas por un sendero que salía de San Diego Mission Road. Su tienda estaba situada detrás de un grupo de altos árboles de bambú, con un riachuelo tranquilo en el lado opuesto. Parecía orgulloso de mostrarnos su casa.

José dijo: "Espera aquí mismo y quédate muy quieto. Cualquier movimiento repentino puede hacer que mi oso ataque. Metió la mano en su tienda para extraer el "oso". Y allí estaba… un gigantesco oso de peluche blanco del tamaño de un parque de diversiones. Comenzó a reír y quería que Courtney le diera un abrazo a su oso, lo cual ella estaba feliz de hacer. Todos nos reímos y agradecimos a José por compartir su casa y su oso mascota con nosotros.

*(De izquierda a derecha: Courtney, Oso y José)*

Nos entretuvo su cálido espíritu acogedor. José nos ofreció unos caramelos duros de su tienda. Fue un verdadero anfitrión. Le dimos las gracias nuevamente y nos tomamos unos minutos para orar con él antes de reanudar nuestra búsqueda. Decidimos seguir el sendero desconocido más atrás en el lecho del río para explorar nuevos territorios.

Nos topamos con un arbusto alto que servía de camuflaje para otro campamento para personas sin hogar. Aunque no pudimos ver dentro de la carpa improvisada, construida con lonas, cartón y palos, los ocupantes debieron habernos escuchado afuera de su vivienda, porque uno de ellos gritó: "¿Estás aquí para comprar productos?". "No, estoy buscando a un amigo mío sin hogar llamado Ed". La respuesta rápida fue: "Si no está aquí para hacer una compra, ¡entonces lárguese!" Supongo que era su forma de decir: "No holgazanear".

Las palabras no fueron dichas directamente a nosotros; más bien, fueron gritadas desde lo más profundo de un campamento, ocultos por una maleza o arbusto extremadamente espeso. Hicimos caso de su consejo y dimos la vuelta a nuestro grupo de búsqueda. Mientras retrocedíamos, volvimos a pasar por la tienda de José y dijimos un "adiós" más. Cada uno de nosotros se detuvo para darle un 'abrazo' antes de salir del área del lecho del río.

Cuando todas nuestras pistas se agotaron, decidimos dirigirnos hacia Old Town. Tomamos un Uber en esa dirección y decidimos buscar en el área histórica del casco antiguo para obtener información fresca. Al llegar a la plaza del pueblo, tomé un breve descanso para ir al baño. Cuando salí, no vi a Jason. Le pregunté a Courtney: "¿Adónde fue Jason?". Ella respondió: "Él está ayudando a Tom". "¿Tom, mi amigo ciego?" Yo consulté. "Sí, papá", respondió ella, "ambos lo habíamos visto en el video que hiciste en YouTube, con Tom. Sin mencionar que tiene más de 80 años y es ciego, lo que lo hizo fácil de detectar". Efectivamente, Tom y Jason estaban dando la vuelta al edificio al final del patio. Nos acercamos a saludarlos.

Tom compartió con nosotros que acababa de ser dado de alta de un hospital en el centro, donde lo operaron del dedo del pie. Se había pagado un taxi para que lo dejara en Old Town, y estaba tratando de encontrar el camino con un pie herido. Fue entonces cuando Jason y Courtney lo vieron. Aparentemente, el momento de nuestra llegada había sido perfecto, ya que Tom agregó: "Estoy muy agradecido de que hayan aparecido cuando lo hicieron. No estaba exactamente seguro de dónde me había dejado ese taxista, tenía tanta prisa por irse". Jason notó a un hombre ciego luchando al costado del camino, luego él y Courtney rápidamente se dieron cuenta de que era Tom. Lo ayudamos a cruzar la calle hacia la estación del tren, una vez que nos dijo que necesitaba tomar el autobús a Pacific Beach. Lo ubicamos en el autobús correcto y le informamos que estaríamos en la cena de Pacific Beach más tarde esa noche. Nos agradeció y dijo: "Espero verlos allí"

*(De izquierda a derecha: Courtney, Tom, Jason y Will)*

Más tarde esa noche en la comida, vimos a Tom y Paul. Pasé la comida poniéndome al día con Paul, mientras Courtney estaba encantada con Tom y se quedaba a su lado. Ella lo ayudó con su comida y aprendió más sobre su vida.

Mi conversación con Paul fue esclarecedora. Compartió la historia de fondo de cómo Tom terminó en el hospital. Aparentemente, una semana antes, Tom había perdido sensibilidad en su pie derecho. Durante ese tiempo, accidentalmente dejó caer un objeto pesado sobre su pie, que aplastó su dedo gordo. Incapaz de sentir el dolor, siguió caminando sobre él hasta que se infectó gravemente. Paul se dio cuenta de la gravedad de la situación de Tom cuando estaba ayudando a Tom a cambiarse los calcetines. Paul comentó: "A Tom no le gustan los médicos, aunque pude convencerlo de que viera uno".

Paul le dijo a Tom que se dirigían a la biblioteca, luego lo engañó y se desvió al hospital antes de que Tom se diera cuenta de lo que estaba sucediendo. Efectivamente, los médicos admitieron a Tom y tuvieron que operar su pie infectado para salvar el apéndice gravemente dañado. Después de pasar cinco días en el hospital para recuperarse de la operación, el personal médico determinó que Tom estaba listo para recibir el alta. El hospital le dio a Tom la medicina y las instrucciones para cuidar el dedo del pie que estaba mejorando, luego le llamaron un taxi y lo enviaron por su camino. Lo localizamos justo después de que lo dejaron en la esquina de la calle en Old Town.

*(De izquierda a derecha atrás: Connor, Paul, Gumby, Will y Steve
De izquierda a derecha al frente: Courtney & Tom)*

Incluso con la ceguera, la cirugía del pie y la condición de vagabundo de Tom, el se mantuvo positivo y despreocupado por si mismo, pidiéndome una actualización sobre Ed. Me siento bendecido de conocer a Tom y Paul. Paul expresó su agradecimiento por estar allí para ayudar a Tom a llegar al tren. Creo que fue obra de Dios, ya que oramos antes de subirnos al Uber y sentimos que debíamos dirigirnos a Old Town. Imagínate.

Después de la cena, nuestro equipo se ofreció como voluntario para ayudar a limpiar la iglesia. Un hombre amable llamado John Jay Owens se me presentó y me dijo que es el trabajador de limpieza de dos iglesias separadas en la misma calle. Alguien de nuestro equipo le dijo lo que estábamos haciendo y se sintió obligado a hacer una oferta. "Si a su grupo le gustaría tomarse un descanso de las calles por la noche, pueden quedarse en el piso del gimnasio de la iglesia una vez que cierre. Además, hay pronóstico de lluvia para esta noche. Estábamos agradecidos por un lugar seco y seguro para dormir, y aceptamos su atenta oferta. Me había estado preguntando dónde estacionar nueve cuerpos que necesitaban descansar con urgencia, y esto fue una respuesta a mi oración.

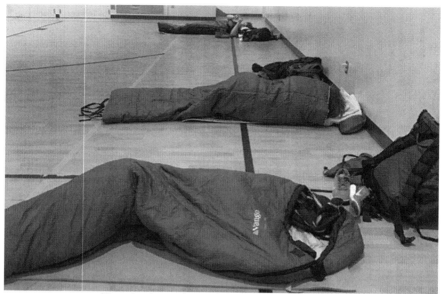

*(Durmiendo en el piso del gimnasio de la iglesia)*

La noche se hizo larga y el suelo duro, pero nadie se quejó. Sentí que me iba a dar un resfriado y no estaba entusiasmado con otra caminata de doce millas al día siguiente. Pasar de Pacific Beach a Ocean Beach y luego hacia Mission Gorge no fue un paseo pequeño. Nuestros grupos avanzaron y acumularon entre diez y quince millas por día. Sin embargo, cuando necesitábamos llegar a algún lugar rápido o lejos, utilizábamos Uber.

Cuando llegó la mañana, nos dirigimos a una cafetería local en Pacific Beach en busca de una taza de café. Usamos las primeras horas para escribir en nuestros diarios, leer y relajarnos antes de salir a la caminata. Cuando conoces a innumerables personas, que cuentan sus historias de vida y piden oración y ayuda, comienza a pesar en tu espíritu. Es natural sentirse agotado al final de cada día. Para combatir eso, comenzamos intencionalmente cada día buscando inspiración en Dios. Aunque nunca tenemos idea de lo que puede deparar cada día, confío en que Dios sí, así que intento alentar al equipo a que se concentre en Él y no en mí.

*(De izquierda a derecha: Courtney, Georgia,*
*Jason, Gumby, Connor, Evan, Ben y Steve)*

Nuestro grupo estaba cada vez más hambriento. Dimos vueltas, oramos y luego caminamos cerca de cuatro millas al sur hacia la comida de las 11:30 a. m. en Mariner's Point. Todos conversaban mientras caminábamos y los ánimos estaban altos.

*(Ruta desde Pacific Beach a Mariner's Point,*
*Cortesia de Google Maps)*

Había montones de amigos sin hogar alineados y listos para comer. Nuestro equipo se unió a la multitud. Sin embargo, perdí el apetito y aproveché la hora de la comida para descansar. Me acosté en la hierba verde, con la esperanza de que el descanso me diera fuerzas. Nunca había estado enfermo en las calles, pero me sentía peor por momentos. ¿A dónde van las personas sin hogar cuando tienen un fuerte resfriado o fiebre? Me pregunté cuántas veces Ed había estado enfermo desde que comenzó su viaje por las calles. Había estado sin hogar durante dos años y medio en ese momento, y tenía curiosidad por saber cómo manejaba situaciones como esa.

Cuando todos terminaron de comer, Courtney me despertó de la siesta. Mi hija sabía que no era propio de mí dormir al mediodía, especialmente mientras dirigía un viaje. Me preguntó si estaba bien y le dije que estaba bien. Me puse de pie y me encogí de hombros, orando para que Dios me diera la energía que necesitaba para pasar el

144

segundo día. Tuve una reunión rápida con el líder del equipo antes de que todos nos separáramos, para averiguar a dónde Steve y Gumby planeaban llevar a sus equipos.

Mi equipo se instaló en Hancock Street, donde Ed solía administrar su negocio. La tarde fue un poco borrosa para mí. Permití que Courtney y Jason hicieran la mayor parte de las conversaciones y oraciones con las personas que conocimos. Estaba agotado y solo traté de llegar a la cena sin tener que descansar. Estaba emocionado cuando finalmente llegaron las 5:30 p.m. Nos reunimos en la Iglesia Metodista en Pacific Beach, donde se congregaba una multitud de hambrientos sin hogar.

Vi una cara familiar mientras esperaba en el césped frente a la iglesia. Era nuestro amigo Whitey y aparentemente había cambiado su patineta por un crucero de playa. Gumby se acercó a saludarlo mientras yo esperaba que los dos terminaran de charlar. No quería que se sintiera superado en número, ya que recordé nuestra conversación de la mañana cuando desayunamos burritos. Whitey permaneció encaramado en su bicicleta frente a la iglesia, sin pasar nunca por la línea del buffet. Me di cuenta de que uno de sus subordinados le trajo un plato lleno de comida. Me acerqué a él cuando comenzó a consumir su comida, allí mismo en su bicicleta.

"¿Cómo has estado Whitey?" Su mirada se lanzó en mi dirección. Me di cuenta por la mirada confundida en sus ojos, estaba tratando de averiguar cómo me conocía. Le recordé: "Nos conocimos hace cuatro meses en el malecón en el desayuno de burritos. Hablamos de tu hijo y oramos por él". "Oh, sí, ahora lo recuerdo", respondió mientras asentía.

*(De izquierda a derecha: Gumby y Whitey)*

Continué: "Fui a casa y le pedí a toda mi iglesia que comenzara a orar por ti". "¿Lo hiciste?" preguntó en estado de shock. "Sí, y esperaba encontrarme contigo esta semana. ¿Cómo te han tratado esos burritos? Pregunté, tratando de hacer una pequeña charla y aligerar el ambiente. Me dijo que la policía le había prohibido la entrada al paseo marítimo y que ya no podía mostrar su rostro allí. Le hice saber que seguiría orando por él, así como por su hijo James. Me dio las gracias, claramente no acostumbrado a ese tipo de interacción. Charlamos un poco más antes de irme para conectarme con el resto de nuestro equipo.

Después de la comida, nos dirigimos al norte hacia La Jolla. Georgia había hablado con Beth, la amable mujer que les había permitido a mi madre y a ella dormir en su casa en el viaje anterior. Ella invitó a Georgia a traer a todo nuestro equipo de nueve personas a dormir en su patio. Por supuesto, pregunté si el jardín de Beth era en realidad pasto u otra losa de concreto. Georgia me aseguró que no me decepcionaría. No me quejaba, simplemente quería saber qué esperar. Las expectativas realistas tienen mucho que ver con la decepción. Steve y yo nunca habíamos ido tan al norte como La Jolla. Esperaba que pudiéramos descubrir algo nuevo. No nos dimos cuenta hasta que el Uber nos dejó, que La Jolla no tenía una gran comunidad de personas sin hogar. De hecho, ni siquiera vimos uno. Cada casa que pasamos mientras caminábamos por la ciudad era hermosa y cada una estaba rodeada por su propio césped bien cuidado. El patio en el que nos invitaron a dormir no fue una excepción. Utilizamos mapas de Google para navegar nuestro camino. Si bien Google nos mostró la distancia que tuvimos que caminar para llegar a la casa de Beth, no reveló el hecho de que estaba situada en la cima de una colina muy empinada, a tres millas del centro de la ciudad.

Aparentemente, su vecindario no estaba acostumbrado a ver a los caminantes marchando por las calles. Supongo que la vista de nueve personas vestidas con atuendos estilo vagabundo caminando en grupo y riéndose fue suficiente para crear un gran revuelo. Uno, si no más vecinos llamaron a la policía. Cuando finalmente llegamos a la cima de la colina fuera de la casa de Beth, teníamos un helicóptero de la policía dando vueltas por encima con un foco que nos iluminaba directamente.

Georgia llamó a Beth para avisarle que habíamos llegado y para que se diera cuenta del helicóptero que volaba en círculos. Ella dijo: "Lo siento, llamaré a la policía ahora para informarles que todos ustedes están aquí por invitación". Fue amable de su parte permitirnos a los nueve dormir en su patio. Todos se dispersaron alrededor de su piscina, acampando alrededor del césped artificial. Junto a la piscina había una cabaña grande, equipada con su propio baño, que Beth dijo que nuestro equipo podía compartir. Un baño cerca puede marcar una diferencia significativa cuando acampas en la calle.

*(El grupo durmiendo en el patio, Courtney en la veranda de la piscina)*

Nunca habíamos acampado en una zona elevada, situada a tanta altura sobre el nivel del mar. La diferencia notable no se produjo hasta que nos despertamos a la mañana siguiente. Estábamos rodeados por una espesa nube parecida a la niebla, que empapaba nuestros sacos de dormir con rocío. No era la forma en que te gustaría despertar si ya te sientes enfermo. Me desperté con dolor de garganta y dolor de cabeza palpitante. Traté de encogerme de hombros. Metimos nuestros sacos de dormir mojados en sus sacos y nos apresuramos a pedir un par de autos Uber para regresar a Pacific Beach.

Nos reunimos frente a una cafetería con mesas de picnic, haciendo uso de su baño. Charlamos con algunos amigos sin hogar, que tenían la misma idea. Nos encontramos con nuestro amigo en silla de ruedas Eric, del viaje anterior. Se volvió hacia Gumby y le dijo: "Oye, todavía uso la almohadilla para acampar que me diste todas las noches, y desde que oraron por mí, mi espalda ha mejorado". Estaba agradecido y nos puso al tanto de los detalles de su vida. Michelle ya no viajaba con él, pero dijo que estaba bien. Eric estaba emocionado de conocer a los nuevos miembros de nuestro equipo y compartir su sueño de vivir en el mar.

*(De izquierda a erecha: Connor, Evan y Cheryl)*

Connor y Evan invitaron a una amable mujer llamada Cheryl a sentarse con ellos. Además de compartir los detalles de su vida, intentó enseñarles un juego de aplausos. Nunca lo captaron, pero fue divertido de ver.

Aprecié el alivio que el té caliente me proporcionó en la garganta, aunque no me quitó el dolor por mucho tiempo. Me sentía peor a medida que avanzaba el día, pero no quería defraudar a mi equipo. Todos se dividieron en sus equipos y se dispersaron como de costumbre, y en una hora, Gumby me llamó para compartir un consejo.

Su equipo habló con un oficial de policía, quien mencionó que encontró a Ed en la calle una noche y lo llevó a un centro de salud mental. Agregó: "No estoy tan seguro de cuándo fue eso exactamente, pero recuerdo que Ed estaba claramente desorientado". Mencionó que hacía frío afuera y que Ed andaba descalzo, vistiendo nada más que un par de pantalones cortos. El oficial estaba preocupado por él y logró que lo registraran en una instalación cálida.

Llamé a los padres de Ed para averiguar si habían recibido noticias del Departamento de Policía de San Diego. La Sra. Pelzner dijo que había recibido una llamada de un oficial de policía amable que dijo: "Sabemos dónde está Ed, pero todo lo que podemos decir es que está en un buen lugar". Teniendo en cuenta lo que el otro oficial compartió con Gumby, asumimos que Ed todavía estaba en tratamiento. Debido a las leyes de privacidad HIPPA, la policía no pudo divulgar su paradero, pero al menos pudieron confirmar que estaba en un "buen lugar". También agregaron que Ed no estaba en prisión, ya que los registros penitenciarios son públicos.

Agradecí recibir la actualización sobre Ed de una fuente confiable, lo que también significó que el resto de nuestra semana ya no tuvo que ser una búsqueda frenética.

Decidimos centrarnos el resto de la semana en amar a los amigos sin hogar y confiar en la dirección de Dios.

Después de la cena del miércoles por la noche en Pacific Beach, nuestro amigo custodio John Jay Owens nos invitó a quedarnos en su iglesia. Me alegré de haber aceptado su oferta, debido a mi condición física. John Jay le pidió a nuestro grupo que se mudara del gimnasio a un salón de clases en el sótano. Esto nos impidió ser visibles para cualquier visitante de la iglesia que no haya sido tan acogedor como John Jay.

*(John Jay Owens leyéndonos una poesía que el escribió)*

El jueves por la mañana me desperté con escalofríos y fiebre de 103 grados. Tan pronto como me senté, volví a bajar la cabeza y reconocí que los equipos tendrían que seguir adelante sin mí. Por mucho que odiara admitirlo, no tenía la energía para unirme a ellos.

Envié a Courtney con el equipo de Steve y a Jason con Gumby. Mientras no estaban, pasé el día descansando, acurrucado en mi saco de dormir en el piso del sótano. La habitación tenía una superficie fría de baldosas de cemento sobre la que me acosté. Si bien el azulejo puede haber sido menos que cómodo, la temperatura fresca del sótano proporcionó algo de alivio. Steve se aseguró de que John Jay estuviera al tanto de mi presencia. Le estaba agradecido por hacer que el piso de la iglesia fuera una opción. No puedo imaginar cómo habría sido mi día si me hubiera visto obligado a pasarlo recuperándome en el suelo en un parque en algún otro lugar.

Mi mente volvió a pensar en lo que deben sufrir las personas sin hogar cuando se enferman. Volví a preguntarme cuántas veces Ed se había enfermado en los últimos dos años y medio. ¿Quién estaba allí para él? Sin una cama caliente ni nadie que te cuide, sería exponencialmente peor.

Mientras yacía en el suelo con la esperanza de una recuperación rápida, comencé a sentirme frustrado por la realidad de que no podía unirme a nuestro equipo. Le pregunté a Dios: "¿Por qué me has permitido estar enfermo, cuando nuestro equipo me necesita?" Me las arreglé para volver a dormirme y dormí hasta que el grupo regresó, más tarde esa noche. Todos regresaron muy animados y comenzaron a contar las experiencias de su día. Escuché las conversaciones a escondidas mientras permanecía escondido en mi bolso. Me volví a dormir, pero me desperté intermitentemente durante toda la noche. Mi cuerpo alternaba entre temblar con escalofríos y sentir como si mi piel se estuviera quemando. Gumby me escuchó hacer ruido y me tocó la frente. "¡Amigo, estás ardiendo y cubierto de sudor!" Se fue desinteresadamente a buscar una farmacia abierta toda la noche para comprar un poco de Nyquil. Courtney también fue un consuelo, vigilándome durante toda la noche.

Cuando me desperté a la mañana siguiente, no estaba al 100%, pero me estaba recuperando. Estaba claro que mi fiebre había bajado y estaba listo para salir finalmente del sótano de la iglesia. Me reuní con mi equipo y me di cuenta de que mi ausencia por un día había sido para mejor. No solo pude obtener el descanso que tanto necesitaba, sino que mi ausencia permitió que otros se hicieran cargo y realmente lideraran en mi lugar. Todos en el viaje eran más que capaces y las historias del día anterior fueron la confirmación de ese hecho. Tuve una respuesta a mi oración del día anterior. Dios sabía lo que estaba haciendo. Sucede que tiene una habilidad especial para tomar algo que vemos como negativo y usarlo para el bien. Nada tiene que desperdiciarse si permanecemos dispuestos a aprender.

Mientras los dos equipos habían estado cuidando a las personas sin hogar el día anterior, se enteraron de una comida en Presidio Park. Decidimos hacer de ese nuestro lugar final para cenar en las calles. Llegamos al parque, justo cuando el sol se estaba poniendo. Nos enteramos de que la cena del jueves estaba organizada por la Iglesia Hope Christian Fellowship, ubicada en Ramona, California, a 34 millas de distancia. Habían estado sirviendo fielmente a las personas sin hogar en Presidio Park todos los jueves por la noche durante 21 años.

*(De izquierda a derecha: Victor & Evan)*

Los voluntarios de la iglesia colgaron unas luces navideñas y dos de los suyos empezaron a tocar la guitarra y cantar. Las canciones eran de un género de adoración de estilo antiguo, y no estoy tan seguro de que las personas sin hogar las conocían. La música en vivo fue seguida por un pastor que predicaba a la multitud acerca de la salvación. Los desafió a considerar lo que tendrían que hacer para salir de las calles. Tenía curiosidad por lo que algunos de mis amigos endurecidos de la calle pensaban mientras escuchaban. No parecía importar lo que pensaran los demás, ya que era una audiencia cautiva. Ya sea que alguien se conmoviera o no con la presentación, tenías que sentarte si querías conseguir un plato de comida. Me preguntaba cuántos se quedarían si el servicio se realizara voluntariamente al final de la comida.

Hicimos nuestras rondas esa noche, visitando a amigos como Tom y otros que habíamos conocido durante la semana y en viajes anteriores. Una vez que el sol se puso, la temperatura bajó significativamente. A pesar del frío, nuestro grupo claramente se había unido entre sí y con amigos de San Diego. Fue una noche memorable juntos para nuestra última noche viviendo en la calle.

*(De izquierda a derecha: Steve, Connor, Ben, Barb y Georgia)*

Nuestro viaje terminó abruptamente ese viernes, sin el placer de invitar a cenar a algunos de nuestros amigos de la calle. Hubo un aviso de tormenta severa que amenazó los planes de viaje de todos. Según las aerolíneas, tenías que reservar un vuelo para ese día o quedarte atrapado en San Diego hasta el domingo o el lunes.

Después de recibir la noticia, todos tomaron sus mochilas y se dirigieron directamente al Aeropuerto Internacional de San Diego. Todos hicieron todo lo posible para volver a reservar vuelos mas temprano a toda prisa para evitar quedarse varados. El lugar estaba repleto de gente que intentaba desesperadamente salir de la ciudad antes de que llegara la tormenta.

*(De izquierda a derecha: Steve, Will, Connor, Courtney,
Ben, Evan, Jason, Georgia y Gumby)*

¡Fue un privilegio buscar a mi amigo Ed con este increíble grupo de personas! Steve y yo comenzamos a reconocer el impacto que los viajes tenían en nuestros corazones y vidas, incluidos los lazos que se formaban entre los miembros del equipo. Ser parte de una experiencia tan única y enfrentar la adversidad juntos se convirtió en una aventura que cambió nuestra vida. Sin mencionar el humor y las lágrimas compartidas a lo largo del viaje.

A pesar de recibir la noticia de que Ed estaba en un "buen lugar", no creía que fuera el momento de dejarlo. Debo confesar que al final del sexto viaje, no estaba seguro de cómo llevar a cabo la búsqueda sin más información. Lo que no sabía era que estaba a punto de recibir una llamada telefónica que cambiaría todo. Una mujer llamada Ruth pronto me proporcionaría la información que había estado esperando.

# Capítulo 12

## *Aloha Ed*

Mi teléfono sonó una noche a fines de junio, justo cuando nuestra familia se sentaba a cenar. Ignoré la llamada hasta que la misma persona llamó por segunda vez, inmediatamente después de su primer intento. Cogí mi teléfono para ver si reconocía el número. Me di cuenta de que la llamada estaba dirigida a mi número de teléfono de Google en San Diego. Configuré ese número específicamente para recibir información sobre el paradero de Ed y lo imprimí en las tarjetas que distribuimos durante cada viaje. Esto parecía una buena idea, como alternativa a darle a cada persona sin hogar que conocimos en San Diego mi número de teléfono personal.

Inmediatamente tomé la llamada y me encontré hablando con un extraño. Era la voz de una mujer y empezó haciéndome una pregunta. "¿Es este el Will Cravens que ha estado buscando a Ed Pelzner sin hogar?" Le respondí: "Sí, lo es. ¿Cómo puedo ayudarle?" Luego anunció: "Encontré a su amigo Ed". Me tomó un minuto registrar sus palabras. Entendiendo lo que dijo, esperaba que no fuera una mala broma u otra identidad equivocada como la que experimentamos con Fast Eddie, el de 20 años.

Ella continuó: "En realidad soy una trabajadora social y mi nombre es Ruth. Tuve un encuentro con su amigo Ed que no fue positivo. Mientras escuchaba, estaba tratando de entender cómo ocurrió el encuentro de Ruth con Ed si él estaba en un "buen lugar". Supuse que tal vez Ruth trabajaba en un centro de tratamiento donde residía Ed. Dejé de intentar adivinar y me concentré en lo que ella me estaba diciendo.

Ruth continuó contándome que tuvo un intercambio con Ed en medio de la carretera en la que él se paró directamente frente a su automóvil en movimiento. Cuando se detuvo para preguntarle cuál era el problema, el temperamento de Ed se apoderó de él y se convirtió en un altercado acalorado. Ruth regresó a su vehículo y se alejó. Ella notó en su espejo retrovisor que él hizo exactamente lo mismo con el auto detrás de ella, por lo que Ruth decidió actuar. Detuvo su auto y llamó a la policía.

Cuando llegaron los oficiales para ocuparse de la situación, Ruth los puso al tanto de lo que había presenciado. Los policías confrontaron a Ed y rápidamente se dieron cuenta de que estaba teniendo un colapso mental. Después de hablar con algunos testigos más y escuchar sobre su comportamiento suicida, saltando frente a vehículos en movimiento, decidieron llevarlo a un hospital local.

Como trabajadora social solidaria, Ruth quería ayudar a Ed. Preguntándose si tenía familiares o amigos en el área, investigó un poco. Ruth buscó en Google "Buscando a Ed Pelzner" y encontró la historia de ABC News de San Diego, grabada en septiembre de 2015. Leyó la noticia de Bree Steffen y con un poco más de investigación, localizó mi número de teléfono de San Diego en Google.

Cuando terminó de explicar su interacción con Ed y el trabajo de detective que la llevó a mí, mi mente estaba llena de preguntas. Lo primero es lo primero, quería comprobar que estábamos hablando del mismo Ed. Cuando le pedí que identificara a Ed, no solo me dio su altura y peso, sino que incluso me dijo su fecha de nacimiento. Como testigo del incidente, Ruth estaba al tanto de la información completa de Ed, en caso de que quisiera presentar cargos. La información que compartió conmigo fue una prueba positiva de que efectivamente había visto a mi amigo Ed.

Sandra se preguntaba por qué atendí una llamada justo cuando nos sentábamos a cenar. A juzgar por la mirada de sorpresa en mi rostro, sabía que estaba en una llamada inesperada. Ella susurró: "¿Quién es? ¿Qué ocurre?" La miré y le susurré: "¡Alguien encontró a Ed!". Parecía tan sorprendida como yo, mientras se quedaba boquiabierta. Salí de la habitación para concentrarme en la llamada.

"¿En qué parte de San Diego ocurrió el incidente del auto?" Pregunté, queriendo saber dónde se había estado escondiendo Ed. ¿Cómo había podido evitarnos durante seis viajes? Estaba muy familiarizado con el diseño de la ciudad y, a menudo, especulaba sobre su paradero. Estaba a punto de escuchar la respuesta.

Ruth me sorprendió cuando respondió: "No estoy en San Diego, ni siquiera en California". "¿Eh? ¿Dónde está?" Pregunté, totalmente confundido. Continuó diciendo: "Llamo desde la isla de Maui en Hawái. Ed vive aquí sin hogar". Miré por la ventana mientras digería el sorprendente giro de los acontecimientos. Me preguntaba cuándo Ed salió realmente de San Diego y cómo había viajado a Maui. Ruth continuó diciendo que después de investigar la situación de Ed, descubrió que tenía un asistente social que lo ayudaba en la isla. Me dio el nombre de la mujer y el nombre de la clínica de salud mental local a donde lo habían llevado.

¡Con toda esta nueva información, mi mente estaba abrumada con preguntas sin respuesta! Especulé que este era el "buen lugar" al que se habían referido los policías cuatro meses antes. Ciertamente yo describiría Hawái como un buen lugar.

Ruth concluyó diciendo: "Y eso es todo lo que sé sobre su amigo". Wow, eso fue más de lo que podría haber pedido. Le agradecí a Ruth por tomarse el tiempo de buscarme y pasarme la valiosa información. Le pregunté: "Si mi esposa y yo volamos a Maui, ¿puede mostrarnos dónde está Ed?". Ella respondió: "Lo siento, no, no puedo. Para ser honesta, el comportamiento de su amigo me asustó, así que simplemente le estoy dando esta información para que pueda tomar una decisión." Hice una última pregunta: "¿Hay alguna otra pista que pueda ofrecer para ayudarnos a localizar a Ed en Maui?" Ella dijo: "Lo he visto trabajando en una tienda de bicicletas". Pregunté: "¿Cuál?" Ella dijo: "Lo siento, eso es todo lo que puedo decir. Tendrá que hacerse cargo usted a partir de ahora. Al igual que un testigo de un crimen que tiene miedo de compartir demasiado, Ruth dijo: "¡Buena suerte, tengo que irme!" Y con eso, terminó la llamada.

Sandra esperaba pacientemente en la cocina, para enterarse de la llamada. La puse al día y me acerqué al calendario que cuelga en la pared de nuestra cocina. Empecé a buscar la primera oportunidad abierta para viajar a Maui.

Todo en mí quería comprar un boleto, hacer las maletas y dirigirme directamente al aeropuerto. Eso simplemente no era práctico. De hecho, al día siguiente estaba programado para dirigir una de nuestras excursiones grupales a Limatambo, Perú. Allí trabajamos con un orfanato conocido como Casa del Águila. No mucho después del viaje a Perú, dirigía una expedición de senderismo con un grupo en la Columbia Británica. Lo crea o no, estaba programado para coordinar un viaje médico en Cuenca, Ecuador, una semana después de regresar de Canadá. Nuestro calendario de verano estaba repleto.

Un viaje a Maui no seria ni remotamente posible hasta mediados de agosto. ¡La idea de tener que esperar dos meses para seguir esta increíble pista me volvió loco! Tenía miedo de que Ed ya no estuviera allí si esperábamos demasiado. Me preguntaba si esto se convertiría en una cacería humana de varios viajes para localizar a mi amigo en las islas de Hawái. Si bien ciertamente había aprendido a navegar por las calles de San Diego, no estaba nada familiarizado con Hawái.

En ese momento me puse a pensar: "Estoy muy contento de que mi amigo Ed haya elegido lugares tan hermosos para quedarse sin hogar. No puedo imaginar cómo podríamos haber logrado un viaje similar si Ed se hubiera perdido en una ciudad del norte, como Chicago o Mineápolis". Buscar en Maui no sería del todo malo.

Al día siguiente, me senté a esperar en el Aeropuerto Internacional de Dulles nuestro vuelo de salida a Perú. No podía dejar de pensar en Ed en Hawái. Parecía una broma cruel: "Finalmente sabemos dónde está tu amigo Ed, pero tendrás que esperar más de dos meses para buscarlo". Quería enviar al equipo de Perú con alguien más que pudiera servir como líder improvisado. Si pudiera encontrar a esa persona, podría comprar un boleto a Hawái e irme ahora mismo. Después de todo, ya estaba empacado y sentado en el aeropuerto.

Cuando la distracción perjudicó mi capacidad de estar presente con el equipo, me alejé de nuestra puerta de embarque. Llamé a un buen amigo llamado Todd y le pedí que me diera un consejo. Una vez que lo puse al tanto de los hechos, hizo todo lo posible por calmarme. "¿Sería incorrecto enviar a este grupo sin mí?" Pregunté, ya consciente de la respuesta. Todd comenzó recordándome que Dios tiene el control. Agregó: "Dios estaba al tanto de tu calendario, mucho antes de que el trabajador social hawaiano te hablara de Ed". Especuló: "¿Quizás Ed necesita más tiempo antes de que esté listo para ser encontrado?"

Las palabras de Todd estaban ayudando. Continuó: "¿Cómo sería para ti confiar en Dios con el hecho de que Su tiempo es perfecto?" Expresé mi frustración: "Sí, ¡pero no es solo el viaje a Perú! Cuando regrese, solo estaré aquí por un breve tiempo antes de dirigir un viaje a Canadá". Todd respondió: "Lo sé, me inscribí para ese viaje con mi hija, ¿recuerdas?" "Por supuesto que sí, pero luego tengo que liderar el viaje médico en Ecuador. ¿Por qué recibí esta información durante nuestra temporada más ocupada?" Todd escuchó pacientemente mientras yo expresaba mis frustraciones como un niño inmaduro de secundaria.

Cuando terminé mi diatriba, Todd hizo una pausa, permitiendo que mis palabras se asentaran antes de preguntar: "¿Cuándo puedes ir a Maui sin ningún conflicto de horario?" Poniéndolo de esa manera, miré el calendario en mi teléfono mientras esperaba. "La primera fecha posible en la que podría viajar al oeste, dada la diferencia de zona horaria de seis horas, es el 14 de agosto". Respondió con calma: "Bueno, entonces, convérsalo con Sandra y reserva tus boletos. Creo que estarás más en paz cuando tengas un plan". Todd no me estaba diciendo nada que yo no supiera. Sin embargo, hay momentos en que tener un amigo que nos ayude a procesar decisiones cargadas de emociones es una buena idea.

Antes de colgar el teléfono, Todd se ofreció a orar por mí. Le pidió a Dios que reemplazara mi frustración con entusiasmo por llevar al equipo a Perú. Oró por mí y mi familia, así como por Ed. Todd concluyó su oración y dijo: "Will, Dios quiere que le confíes a Ed. No pierdas el tiempo preocupándote, porque no te servirá de nada. Vayan a disfrutar Perú y confíen en el tiempo de Dios, porque Su tiempo siempre es perfecto". Le agradecí a Todd por tomarse el tiempo para escuchar y orar, antes de regresar a la sala de espera.

Sandra se había quedado con nuestro grupo, así que la puse al tanto de las sugerencias de Todd. Ella sentía una tensión similar, comprendiendo que yo deseaba desesperadamente estar en Hawái buscando a Ed. Ambos acordamos un viaje a mediados de agosto. Impulsivamente reservé dos boletos para Sandra y para mí a Maui en mi teléfono, antes de abordar nuestro vuelo a Perú. Tenía la tranquilidad de tener al menos el viaje reservado y programado para partir el 14 de agosto de 2017.

Decidimos mantener este viaje fuera de la red y no sentimos que reclutar participantes sería una buena idea. No pusimos información en las redes sociales sobre el viaje, en caso de que Ed estuviera monitoreando Facebook. Además, solo le contamos a una pequeña lista de amigos sobre nuestros planes y los invitamos a orar por una misión exitosa. Aquellos a quienes les dijimos fueron extremadamente comprensivos. Una pareja de nuestra iglesia incluso nos ofreció un tiempo compartido gratis en la isla, para que pudiéramos ahorrar algo de dinero. Otra pareja nos dio $300 para nuestros vuelos. El resto se comprometió a orar por nosotros todos los días durante esa semana. Enviamos un correo electrónico privado para mantener informada y de rodillas a nuestra breve lista de seguidores.

Esos dos meses me parecieron una eternidad. No tengo idea de por qué se siente como si el tiempo se moviera a un ritmo más lento cuando estás realmente emocionado por algo en tu futuro.

Cuando finalmente llegó el lunes 14 de agosto, partimos según lo programado. Tenía miedo de hacerme ilusiones con el vuelo, así que traje algo de trabajo para mantenerme ocupado. La mañana de nuestra partida recibimos un mensaje de United Airlines. El correo electrónico decía que nuestro vuelo de salida se había retrasado casi dos horas. Esto creó un problema, ya que nuestro vuelo de conexión original en San Francisco solo nos permitía sesenta minutos para cambiar de avión. En otras palabras, ¡no tomaríamos el vuelo a Hawái!

En mi frustración, llamé inmediatamente a United Airlines para encontrar una solución. El agente de reservas fue comprensivo y comenzó a buscar otras opciones posibles. Estaba trabajando lo más rápido que podía, ya que el tiempo era limitado. Ella preguntó: "¿Pueden ustedes dos llegar al aeropuerto en los próximos veinte minutos?" Le respondí: "No, señora, eso no es posible, ya que solo el viaje dura unos 20 minutos". Luego nos ofreció dos alternativas, las cuales nos hicieron llegar un día tarde. Estaba cada vez más frustrado y ofrecí una oración a Dios, pidiéndole que encontrara una manera.

No estaba dispuesto a renunciar a un día de búsqueda porque sabía que necesitábamos el mayor tiempo posible. Después de esperar unos minutos más, el especialista en reservas de United propuso otra opción. "Puedo hacer una reserva para ustedes dos en un vuelo que sale en dos horas hacia Hawái, con una escala de una hora en Los Ángeles. Esa opción te tendría en Maui a última hora de la tarde. Ese fue claramente el mejor itinerario posible, así que dije: "¡Genial, por favor resérvelo!" Antes de asegurar nuestros boletos, agregó: "Necesito informarle que al vuelo de Washington Dulles a Los Ángeles solo le quedan dos asientos intermedios separados en clase económica, por lo que puedo hacer la reserva, pero quería informarle que estarán sentados a diez filas de distancia. Si mide más de seis pies, como yo, los asientos intermedios en clase económica nunca son una opción cómoda. Sin embargo, estábamos desesperados y queríamos llegar a Maui lo más rápido posible, incluso si eso significaba sentarnos diez filas de distancia en los asientos del medio.

*(Mis rodillas en el asiento del medio en el viaje cruzando todo el país)*

Viajamos en ese vuelo durante cerca de seis horas, desde el Aeropuerto Internacional Washington Dulles hasta Los Ángeles. Después de una breve escala, abordamos otro avión de tamaño similar y viajamos durante aproximadamente la misma cantidad de tiempo antes de llegar a nuestro destino. ¡Finalmente lo logramos! Nuestros cuerpos eran muy conscientes de la diferencia de tiempo de seis horas. A pesar de que el reloj detrás del mostrador de alquiler de autos marcaba las 9:00 p. m., nuestros cuerpos no se dejaron engañar (en realidad eran las 3:00 a. m. para nosotros).

Según lo que mencionó Ruth, habían visto a Ed trabajando en una tienda de bicicletas en algún lugar de la isla. Investigué antes del viaje y compilé una lista de todas las tiendas de bicicletas que figuran en la isla. A menudo me preguntaba si Ed alguna vez había ganado dinero utilizando sus habilidades para trabajar la madera, aunque nunca se me pasó por la cabeza que podría estar trabajando en bicicletas.

Llegamos a nuestro tiempo compartido, recogimos las llaves de la habitación y nos dirigimos directamente a la cama. Queríamos descansar un poco para poder comenzar nuestra búsqueda temprano a la mañana siguiente. Me desperté con el sol brillando en mis ojos y traté de orientarme. Cuando estás corriendo con horas limitadas de sueño y te despiertas en una habitación desconocida, es desorientador. Me dirigí a la cocina para preparar un café fuerte. Sandra me siguió hasta la mesa de la cocina y empezamos a hacer planes para el día. Teníamos varias tiendas de bicicletas para visitar, aunque ninguna parecía estar abierta hasta las 10 am. Como solo eran las 8 a.m., decidimos desayunar y trazar un orden lógico para visitar cada tienda de bicicletas.

Encontramos un desayuno bien calificado en la calle principal de Kihei, situado justo enfrente del parque Kalama. Hicimos nuestros pedidos y encontramos un par de asientos que daban a la calle, para poder vigilar a la gente que pasaba.

*(Hombre sin hogar en Kihei, cerca del Parque Kalama)*

No nos llevó mucho tiempo detectar a algunas de las personas sin hogar de Maui. Esta vez habíamos decidido no quedarnos en la calle, a pesar de que Sandra ya no estaba embarazada. Estaba mirando ansiosamente a los hombres sin hogar que pasaban y esperaba ver a mi amigo Ed. También me preguntaba en qué se diferenciaban los vagabundos hawaianos del equipo de California con el que me había familiarizado tanto.

Después de terminar una tortilla y tomar dos tazas más de café, estaba listo para rodar. Cruzamos la calle y nos contactamos con algunas personas sin hogar. Tuvimos una maravillosa conversación con un caballero mayor, elocuente que se presentó por su nombre de calle, 'Stoybs'.

*(De izquierda a derecha: Will, Sandra y Stoybs)*

Stoybs se sentó con nosotros en un banco del parque, con una silla de ruedas a su lado. Nos compartió un poco de su historia. Había sido paisajista durante la mayor parte de su vida, pero ya no podía hacerlo mientras estaba confinado a una silla de ruedas. Nos habló de un matrimonio fallido y de sus hijos y nietos, a quienes rara vez podía ver.

Stoybs admitió tener un problema con el alcohol mientras bebía una lata alta de Miller Lite justo antes de las 9 a.m. Parecía apreciar tener gente con quien charlar, que estuviera dispuesta a interesarse por lo que tenía que decir. Le contamos a Stoybs sobre nuestra misión, luego oramos con él antes de reanudar nuestra búsqueda. Caminamos por un sendero que serpenteaba a través del parque entre la carretera principal y la costa. Inspeccionamos la ciudad durante aproximadamente una hora con la esperanza de encontrar a Ed.

Una vez que dieron las 10 a.m., ingresamos a la primera tienda de bicicletas en nuestra lista. Estaba situada al otro lado de la calle donde habíamos disfrutado de nuestro desayuno. Entramos en la tienda, saludé a un joven al otro lado del mostrador y le pregunté: "¿Quiénes son los mecánicos que usa para reparar bicicletas en su tienda?" Hice esa pregunta porque Ruth nos dijo que creía que Ed estaba ganando dinero como mecánico de bicicletas a tiempo parcial. El hombre detrás del mostrador preguntó: "¿Por qué, ¿qué le pasa a tu bicicleta?" Le mostré una foto de Ed y le dije:

"En realidad, no tengo un problema con la bicicleta, pero estoy buscando a mi amigo que repara bicicletas en Maui y no estoy seguro de en qué taller trabaja". Echó un vistazo a la imagen y respondió: "No parece familiar, pero hay muchas otras tiendas de bicicletas en la isla". Saqué nuestra lista y la puse sobre el mostrador. Le pregunté: "Hicimos una lista de las tiendas que encontramos en línea. ¿Hay algo más que conozcas que no hayamos incluido en la lista? Tuvo la amabilidad de inspeccionar los nombres y direcciones que habíamos anotado y dijo: "En realidad, te faltan algunos. Sé de al menos uno en Lahaina que no tienes en la lista". Nos proporcionó algunos nombres más de tiendas para agregar a la lista. Mientras salíamos por la puerta, gritó: "¡Buena suerte!" Le dimos las gracias y nos dirigimos a nuestro coche de alquiler (un Nissan Juke). Estábamos listos para explorar la tienda número dos.

Cuando crucé el estacionamiento hacia nuestro automóvil, noté una patrulla de policía estacionada afuera. Busqué al conductor y vi a dos oficiales desayunando en un pequeño restaurante al lado de la tienda de bicicletas. Con eso, entré y les pregunté si tenían un minuto para hablar. Me indicaron que tomara asiento y así lo hice. Les mostré la foto de Ed y les di una versión breve de la historia. El mayor de los dos oficiales dijo: "Me encantaría revisar nuestra base de datos y puedo llamar si surge algo". Le di una de las tarjetas con la foto y con mi número de Google de San Diego. También pregunté dónde tienden a congregarse las personas sin hogar en la isla, solicitando su consejo. El oficial me dijo acerca de tres lugares que deberíamos revisar y me advirtió que tuviera cuidado. Le di las gracias antes de volver al coche. Pensamos que si no teníamos éxito con las tiendas de bicicletas, podríamos probar las otras tres ubicaciones que nos dieron.

Nos dirigimos a la siguiente tienda de bicicletas en nuestra lista. Empecé a preguntarme si esto iba a ser una cacería de hombres más sin señales de Ed. Me imaginé una pequeña isla con muy pocos lugares para revisar antes de llegar a Maui. El tamaño real de la isla me abrumó. Pensé: "¡Podría estar en cualquier parte!". Decidí dejar de preocuparme y, en cambio, ofrecí una oración a Dios, solicitando su guía y ayuda. Podía sentir el desánimo acercándose cada vez que íbamos a otra tienda de bicicletas.

Llegamos a la próxima tienda de bicicletas y luego a otra, sin señales de Ed. Pasamos por un refugio para personas sin hogar para echar un vistazo y también dimos un paseo por su biblioteca local. Aprendí que muchas personas sin hogar usan las computadoras en las bibliotecas para consultar el correo electrónico y las cuentas de Facebook. Ed no estaba por ningún lado. ¿Cuántas tiendas de bicicletas podría haber en realidad? Seguro que alguien sabe algo, ¿no? Decidimos tomar un descanso para almorzar y comer unos tacos de pescado fresco. Usamos el descanso para ordenar nuestros pensamientos y tachar las pistas que resultaron ser callejones sin salida. Con cada intento fallido, mi corazón se hundió un poco más. Estaba tratando de mantener una actitud positiva, pero podía sentir que la esperanza se me escapaba.

Fuimos a una tienda de bicicletas más después del almuerzo. Mientras hablaba con otro mecánico que nunca había visto a Ed, él tenía una pista. Él dijo: "He oído hablar de un tipo llamado Ed que trabaja en una tienda de bicicletas en la ciudad de al lado. Se llama Paia. No quería hacerme ilusiones solo para terminar decepcionado. Dijo que la tienda en Paia se llama 'Maui Cyclery'. ¡Y nos fuimos! ¿Podría ser este el lugar? En quince minutos, estacionamos nuestro auto en Paia, para ubicar Maui Cyclery a pie.

La tienda no fue difícil de encontrar. Notamos el letrero de alquiler de bicicletas y vimos una variedad de bicicletas estacionadas en el frente. Dos hombres estaban trabajando en el mostrador cuando entramos en la tienda. Hank y Will eran sus nombres, y traté de evaluarlos rápidamente. Les preguntamos si tenían un empleado de nombre Ed. Hank respondió: "Sí, lo tenemos. Ed dirige nuestros recorridos en bicicleta por la isla. ¿Están ustedes dos interesados en una gira? "¿Podría ser este realmente nuestro Ed?" Me preguntaba.

Hice algunas preguntas más sobre la edad y la altura de Ed, para aclarar si realmente se trataba de Ed Pelzner, y les hice saber que Ed era un amigo mío con el que quería volver a conectarme. Respondieron: "Ed es bajo y fornido, un ex militar de unos 50 años". Una vez más, otro callejón sin salida. Nadie describe a un hombre que mide seis pies y tres pulgadas como "bajo". Estaba desanimado. Dije: "No, no es él. El Ed que conozco es muy alto y tenía el deseo de unirse al servicio, pero nunca lo cumplió. Gracias por su tiempo." No estaba seguro de adónde ir desde allí, ya que nos estábamos quedando sin tiendas de bicicletas.

*(De izquierda a derecha: Will y Hank en el Maui Cyclery en Paia)*

En un último esfuerzo antes de salir por la puerta, busqué en mi bolsillo la tarjeta de información con la foto de Ed. Deslicé la tarjeta por el mostrador y pregunté: "¿Alguna vez has visto a este tipo? Su nombre es Ed Pelzner.

Sus ojos se agrandaron cuando vieron la foto de Ed. "Oh, sí, conocemos a este Ed, pero él no es un empleado aquí. Donnie le paga por lavar bicicletas cuando los arrendatarios las devuelven". Hank continuó diciendo: "Ed gana cinco dólares por bicicleta, lo que le da algo de dinero para gastar". Me quedé allí en completo shock. ¡Finalmente localizamos a Ed! ¿Cuál debe ser nuestro próximo paso?

Necesitaba más información, así que presioné: "¿Cuál es su rutina semanal o diaria? ¿Con qué frecuencia lo ven? Respondieron: "Vemos a Ed casi todos los días. A veces por la mañana, pero casi siempre por la tarde". Miré mi reloj y eran las 2:30 p. m. Teníamos un par de horas libres antes de que finalmente pudiéramos ver a Ed cara a cara. ¿Estaba pasando esto realmente? Era surrealista considerar que después de siete viajes finalmente habíamos localizado el lugar donde vivía mi amigo Ed.

Charlamos un poco más con Hank y Will, y les pregunté sobre el estado de ánimo de Ed. Will compartió su experiencia de vivir con un compañero de cuarto que había luchado contra la adicción a las drogas. Confirmaron que Ed tenía algunas de las mismas peculiaridades de comportamiento. Will dijo: "Ed es amigable la mayoría de los días, aunque hay momentos en los que tiene cambios de humor severos y puede volverse hostil". El comportamiento irracional y errático es típico de alguien que usa metanfetamina, al igual que lo es para alguien que lucha contra una enfermedad mental. Les di mi número a los dos y les supliqué: "Por favor, llámenme si lo ven hoy o esta semana. Volamos hasta aquí desde la costa este, con la esperanza de verlo". Acordaron enviarme un mensaje de texto o llamarme a la primera señal de Ed.

Les dimos las gracias antes de salir a la calle principal, conocida como Hana Highway. Sandra y yo pensamos que también podríamos familiarizarnos con el pequeño pueblo, si este era el hogar de Ed. Aunque todavía no lo habíamos visto, estábamos extasiados. Poder localizar el pueblo donde vivía y las personas que conocía dentro de las primeras veinticuatro horas de nuestra búsqueda fue una verdadera respuesta a las oraciones. Caminamos por las calles, asomamos la cabeza en las tiendas y luego entramos en un salón de tatuajes. Básicamente estábamos haciendo tiempo y esperando ver a Ed o recibir una llamada de la tienda. Una vez más, de la misma manera que el tiempo parecía moverse a un ritmo más lento cuando esperábamos para volar a Maui, sentíamos como que andaba a paso de tortuga. Ambos estábamos anticipando algo grande, pero ¿cuándo?

Mientras hablábamos con un tatuador local llamado 'Jimbo', sonó mi teléfono. No reconocí el número, pero lo tomé con la esperanza de que fuera Hank o Will y no una llamada de ventas. "¿Hola?" Era Hank de la tienda de bicicletas, como esperaba.

Precisamente a las 4:15 p. m. del 15 de agosto, Hank me llamó para decirme: "¡Acabo de ver a Ed en su bicicleta frente a la tienda! No entró en la tienda, pero ahora mismo está paseando por la ciudad". Le agradecí la llamada y le dije al tatuador en el mostrador: "¡Lo siento, tenemos que irnos!". Cuando me volví hacia la puerta, Jimbo preguntó: "¿Quieres tu billetera?" Con la prisa, la había dejado en el mostrador después de comprar una calcomanía de Paia. Sandra, al darse cuenta de la importancia del momento, dijo: "Yo la busco, tu solo ve y te alcanzaré".

Salí corriendo de la tienda y comencé a peinar la calle en busca de un hombre alto, rubio y bronceado, que andaba en bicicleta. No había ni rastro de él. Sandra rápidamente se unió a mí mientras buscábamos frenéticamente. Nos separamos para cubrir más terreno. Regresé a la tienda de bicicletas. "¿Por dónde se fue?" Le pregunté a Hank. Él respondió: "Lo vi yendo hacia la derecha, en dirección a la playa". ¡Señaló en dirección a la playa y nos fuimos!

Los dos caminamos por la acera a lo largo de Hana Highway hasta Baldwin Beach Park. Inmediatamente nos separamos para cubrir más terreno. Recorrimos el área de la playa y los baños públicos. También hay una casa club y un parque de patinaje, así que corrí buscando a Ed. No estaba seguro de dónde estaba Sandra, pero seguí escaneando las caras y orando para que no se hubiera ido.

"¿Ya se había ido?" Me preguntaba. Mi corazón comenzó a hundirse ante la idea de estar tan cerca y, sin embargo, perderlo una vez más.

Mientras daba vueltas alrededor de un pequeño edificio, asomé la cabeza en el baño público para ver si Ed estaba presente. No parecía probable, sin señales de una bicicleta en el frente. Decidí regresar a las canchas de baloncesto donde Sandra y yo habíamos dividido originalmente nuestros esfuerzos de búsqueda.

Vi a Sandra al otro lado de un campo entre la playa y la carretera principal. Estaba caminando por las canchas de baloncesto cuando me di cuenta de que me estaba mirando. Tenía una expresión facial intensa y comenzó a señalar hacia la playa. Miré a la izquierda en la dirección que ella señalaba y lo vi.

Definitivamente, su figura era lo suficientemente alta como para ser mi viejo amigo, pero no podía ver su rostro con claridad. A medida que me acercaba, su rostro se enfocó. Estaba caminando desde el océano sobre las dunas de arena hacia una bicicleta estacionada en la hierba. Llevaba pantalones cortos de ciclista negros y no llevaba camiseta. Se acababa de dar un chapuzón, supongo, para refrescarse antes de volver a su bicicleta.

En ese momento, supe sin lugar a duda… ¡Ese era mi amigo Ed!

# Capítulo 13

## *Tacos de Pescado y Tatuajes*

Hice un doble giro cuando me di cuenta de que Ed estaba caminando en mi dirección! Mi corazón comenzó a acelerarse. ¿Qué debería decir? ¿Y si corre?

Aceleré mi paso, dándome cuenta de que él no me había visto todavía. Toqué el botón de grabación en mi teléfono, aunque lo sostuve a mi lado. Pensé que si se escapaba, al menos debería capturar un video para que lo viera su familia, ya que no lo habían visto en tres años. Me imaginé diciéndoles a sus padres que finalmente vi a su hijo, sabiendo que me preguntarían si le había tomado una foto. No podía atreverme a regresar con las manos vacías después de mi séptimo viaje.

Cuando llegué a quince pies, hablé con Ed. "¡No puede ser...., no puedo creer que en realidad seas tú!" Ed parecía como si estuviera en estado de shock. Claramente estaba tratando de procesar el encuentro, al igual que yo. Sus ojos se dirigieron hacia mi teléfono, así que de inmediato detuve la grabación y deslicé el teléfono en mi bolsillo.

Luego sus ojos se dirigieron hacia Sandra. Parecía frenético, como si lo estuviéramos encerrando. Podías sentir que estaba nervioso y no quería asustarlo. "Recuerdas a mi esposa, Sandra, ¿verdad?" Dije, señalando en su dirección. Ed respondió: "Por supuesto que sí".

Luego comenté: "¿Cuáles son las probabilidades de que nos encontremos aquí?" Él respondió con ingenio rápido: "No es probable. De hecho, ¡diría que es casi sospechoso!" Traté de no reírme de su comentario, aunque una sonrisa se deslizó por mi rostro. Ese era el divertido Ed que recordaba.

Intentando cambiar la dirección de nuestra conversación y aligerarla, dije: "¿Cómo estás? Te ves bien." Ed me agradeció el comentario y me devolvió el cumplido. Entonces le pregunté: "Entonces, ¿qué te trajo a Hawái? ¿Has estado aquí por mucho tiempo? Había tantas preguntas que quería hacerle y, sin embargo, no quería asustarlo con una conversación que sutilmente se convirtió en un interrogatorio.

Pareció relajarse un poco y comenzó a charlar. Compartió con nosotros que llegó a la decisión de que había terminado con San Diego y compró un boleto de ida a Hawái. Luego agregó: "Sabes, debería haber prestado más atención en la clase de geografía, porque cuando compré mi boleto, pensé que Hawái era una isla grande. Pensé que Maui era solo una ciudad en una gran isla llamada Hawái, así que compré la tarifa más barata con esa suposición falsa". Los tres nos reímos.

Si bien Ed estaba abierto y dispuesto a responder mi pregunta sobre mudarse a Maui, fue vago con respecto a cuándo se llevó a cabo el viaje real. Simplemente dijo:

"Oh, he estado aquí por un tiempo". Eso me hizo sentir más curioso, pero me mordí la lengua.

Sandra le preguntó cómo estaba disfrutando de la isla en comparación con San Diego. Ed dijo: "No me importa mucho la isla, pero le gana a San Diego, así que está bien por ahora". Sus ojos miraban constantemente aquí y allá. Era obvio que estaba claramente nervioso por nuestro inesperado encuentro.

Le hice saber dónde nos alojábamos en Kihei y mencioné el hecho de que los amigos de la iglesia nos habían dado generosamente su tiempo compartido para la semana. "Hay dos dormitorios grandes si quieres usar uno mientras estamos aquí". Él declinó cortésmente, diciendo que no sería necesario. Luego le preguntamos si le gustaría ser nuestro invitado en la cena. Él rechazó esa oferta también. No era como el viejo Ed que conocí de rechazar una cena gratis. Estaba claro que sospechaba de nuestra presencia.

Estuvimos juntos unos quince minutos antes de que nos dijera que tenía que irse. Le ofrecí darle mi número de teléfono en caso de que cambiara de opinión. Nos dijo que no le importaban las redes sociales y que ya no tenía teléfono. Repetimos nuestra dirección y le hicimos saber que la invitación permanecería abierta hasta que nos fuéramos el sábado.

Le dijimos que lo amábamos y él respondió: "Yo también te amo". Sandra se ofreció a tomarnos una foto a los dos, por los viejos tiempos. Me alegré de que me lo pidiera, porque temía que se negara si se lo sugería yo. Estuvo de acuerdo, así que le entregué mi teléfono a Sandra y posamos para la foto.

Justo antes de que tomara la foto, le pregunté: "¿Recuerdas cuando nos tomamos la última foto juntos en el hotel de Anaheim?". Ed respondió: "Por supuesto que sí. Recuerdo que me señalaste justo antes de que Sandra tomara la foto. Entonces, esta vez te señalaré". Y él lo hizo. (La foto a la que me refiero está en el capítulo uno). Aunque habían pasado casi cuatro años desde entonces, la mente de Ed era lo suficientemente aguda como para recordar los detalles específicos.

*(De izquierda a derecha: Will y Ed en el Parque Baldwin Beach))*

Sandra tomó la foto, intercambiamos abrazos y nuevamente le dije que lo amaba. Sin dudarlo, Ed respondió: "Yo también te amo. Ustedes dos son buenas personas." Con eso, se montó en su bicicleta y se alejó.

¡Fue un momento increíble! Sucedió tan rápido. Siete viajes en busca de Ed, y allí estaba, viviendo en un pequeño pueblo costero en la costa norte de Maui. Estábamos muy agradecidos por la oportunidad de finalmente verlo y tener la oportunidad de hablar con él. Tres años y nueve meses después de nuestro encuentro anterior con Ed en noviembre de 2013, pudimos volver a verlo.

Poco después de la rápida partida de Ed, comencé a pensar en todas las cosas que desearía haber dicho. La retrospectiva es una cosa divertida. De repente, una oleada de claridad te golpea y te preguntas por qué no la tuviste antes, cuando más la necesitabas.

Sandra y yo volvimos caminando al auto, muy agradecidos por ese encuentro inolvidable. Estábamos reproduciendo la conversación para saborear el momento. Comenzamos a analizar cada comentario, tratando de entender el estado de ánimo de Ed.

Aunque estaba agradecido con Dios por concedernos un encuentro, también me preguntaba: "¿Eso fue todo?" No me quejaba, pero todavía tenía muchas preguntas sin respuesta dando vueltas en mi mente. ¿Cuánto tiempo había estado Ed en Hawái?

¿Cómo consiguió el dinero para un billete de avión? ¿Qué tipo de identificación usó para viajar? ¿Dónde estaba acampando? ¿Cómo come? ¿Hay iglesias locales que organizan cenas todas las noches, como experimentamos en San Diego? Con suerte, tendría la oportunidad de verlo nuevamente y descubrir cómo podríamos ayudarlo.

Regresamos a nuestro pequeño auto alquilado y comenzamos a conducir hacia Kihei en el lado sur de la isla. En ese momento, Ed pasó zumbando junto a nosotros en su bicicleta. Sus brazos estaban extendidos, libres como un pájaro. Le pedí a Sandra que lo filmara mientras yo conducía más rápido, tratando de alcanzarlo. Se las arregló para capturar alrededor de 12 segundos de metraje y luego decidimos volver a estacionar el automóvil. Tal vez se daría la vuelta y pasaría junto a nosotros, ya que esperábamos un segundo intento de conectarnos con él.

*(Ed en bicicleta en la intersección de Baldwin Ave. y Hana Hwy.)*

Después de estacionar el auto, nos mantuvimos atentos, con la esperanza de que Ed pudiera dar la vuelta en nuestra dirección. Nos dimos cuenta de que estacionó su bicicleta frente a una tienda de conveniencia y estaba mirando por la ventana. Parecía como si estuviera contemplando si entrar o no en la tienda. Decidió no hacerlo y volvió a montar su bicicleta. Cuando Sandra vio que se dirigía en nuestra dirección, anunció: "Will, está regresando a nuestro lado de la carretera". Quería estar segura de que yo estaba mirando en la misma dirección, para no perderlo.

Hicimos todo lo posible para actuar con naturalidad, para no despertar ninguna paranoia y parecer un par de acosadores (que éramos en ese momento). Intenté un poco de psicología inversa cuando se acercó a nosotros, "¿Nos estás siguiendo, Ed?" Él sonrió y luego extendió su mano derecha mientras me pasaba, para chocar los cinco. Grité: "¡Ven a tomar una copa con nosotros!" Se dio la vuelta, sonrió y dijo: "Hoy no", mientras seguía pedaleando.

Observar a Ed vagando al azar por la ciudad nos hizo pensar. Decidimos instalarnos en uno de los muchos restaurantes de pueblo pequeño al final de Baldwin Avenue. Razonamos: "Si solicitamos asientos al aire libre, tal vez Ed nos ubique con una mesa de comida y bebidas, y tenga un cambio de corazón hambriento". Esperábamos que la vista de una mesa llena fuera demasiado irresistible para que él la rechazara. Pedimos nuestra comida y comimos despacio, mirando constantemente a uno y otro lado de la calle. Sin embargo, después de una hora sin avistamientos de Ed, decidimos dar por terminado el día. Después de todo, este era el primer día de nuestra búsqueda y ya lo habíamos visto dos veces. ¿Por qué no seguir nuestro propio ritmo? Además, en Maui eran las 6 p. m., pero nuestro reloj biológico sabía que era medianoche. Pagamos nuestra factura, regresamos al auto alquilado y regresamos al tiempo compartido.

Sandra y yo hablamos largo y tendido sobre la interacción que tuvimos con Ed en la playa. Todavía era tan surrealista. A pesar de la gran diferencia horaria, llamé a los padres de Ed para contarles la noticia. La Sra. Pelzner confesó que le costaba dormir, sabiendo que estábamos siguiendo nuestra pista más fuerte hasta la fecha. Estaba encantada de escuchar la noticia. Al igual que yo, ella también tenía una gran cantidad de preguntas, pero tuve que confesar que simplemente no teníamos respuestas. Mi segunda llamada fue a Steve Bowman, mi amigo que me había acompañado en las cuatro excursiones para personas sin hogar. También me había dado permiso para llamar en cualquier momento, si teníamos noticias positivas para compartir. Steve estaba completamente involucrado en el viaje y merecía escuchar el emocionante avance.

Estábamos exhaustos, pero con la adrenalina de nuestra interacción con Ed. Si los hombres de la tienda de bicicletas estaban en lo correcto, entonces este era solo el primer día, y teníamos tres días más con la esperanza de verlo antes de tener que regresar al este. Estaba decidido a estar mejor preparado la próxima vez y pensé más en lo que planeaba decir y en las preguntas que quería hacer.

Estábamos agotados y cuando la adrenalina finalmente se disipó, nos desvanecimos en un sueño profundo. Aunque no sentimos la presión de comenzar temprano como lo hicimos el primer día, nos despertamos temprano porque estábamos en el horario de la costa este. Probamos un lugar de desayuno diferente que tenía críticas muy favorables. Nos dimos cuenta a través de las redes sociales que una pareja que conocíamos estaba de vacaciones a pocos kilómetros de distancia, por lo que decidimos invitarlos a desayunar. La pareja administra una organización sin fines de lucro similar a la nuestra, por lo que pensamos que sería bueno conectarnos. Sus nombres son Eric y Barbara Johnson.

Dirigen una empresa exitosa conocida como The Radford Coffee Company y utilizan las ganancias de ese negocio para impulsar su organización sin fines de lucro para cuidar a los huérfanos. Habíamos hablado varias veces sobre reunirnos en el este, pero nunca pudimos lograrlo, ya que vivíamos con cuatro horas de diferencia. ¿Por qué no aprovechar la 'coincidencia'?

Disfrutamos nuestro tiempo escuchando un poco de su historia y les contamos sobre nuestra misión en Maui con Ed. Fue un placer conocer a otros en la misma línea de trabajo e intercambiar ideas. Nos alentaron en nuestra búsqueda de mi amigo y oraron con nosotros antes de partir.

*(De izquierda a derecha: Will, Sandra, Bárbara y Eric en Kihei)*

Salimos del desayuno sintiéndonos animados, bien alimentados y listos para reanudar nuestra búsqueda. Mientras conducíamos de regreso hacia el lado norte de la isla, conversamos sobre nuestra interacción con los Johnson. Creo que Dios es consciente cuando necesitamos personas que nos animen. En medio de nuestra búsqueda, lo que pudo haber parecido un encuentro casual al azar, resultó ser una bendición muy necesaria. En el momento preciso necesitábamos que alguien dijera: "¡Sigue adelante!" Dios nos trajo a los Johnsons.

En nuestro camino a través de la isla empezamos a pensar que tal vez deberíamos darle a Ed un poco de espacio. Después de todo, el personal de Maui Cyclery dijo que suelen ver a Ed todas las tardes. Decidimos explorar diferentes zonas de la isla y regresar a Paia por la tarde.

Cuando llegó el momento, regresamos al pequeño pueblo bohemio con la esperanza de tener otro encuentro. Rápidamente encontramos un lugar para estacionar y comenzamos a caminar por las aceras. Jugamos a los turistas que éramos, explorando tiendas, bebiendo café y dando un paseo de regreso a Baldwin Beach. Pasamos por el lugar donde habíamos hablado con Ed el día anterior, pero no había señales de él. Llegamos temprano y, sin embargo, esperanzados.

A medida que avanzaba la tarde, decidimos seleccionar otro restaurante al borde de la carretera con mesas al aire libre. Nuestra mesa nos brindó un punto de vista bueno para vigilar la intersección principal. Esperamos, observamos y probamos algunos aperitivos para pasar el tiempo.

Alrededor de las 4:30 p. m., comenzó a llover. Teníamos un dosel sobre nuestras cabezas que nos servía de cobertura adecuada. Aunque vimos a los menos afortunados de estar caminando por las calles, tomados por sorpresa por la tormenta. Todos los que no pudieron encontrar refugio o meterse en una tienda o restaurante estaban completamente empapados. Habiendo vivido sin hogar en las calles de San Diego bajo un aguacero, le dije a Sandra: "Ed no va a aparecer si la lluvia continúa". Verificamos el pronóstico y nos dimos cuenta de que la lluvia iba a continuar durante la noche. Al darnos cuenta de la pequeña posibilidad de encontrarnos con Ed en el segundo día, pagamos la cuenta y nos apresuramos a buscar el auto.

Tal vez el jueves o el viernes nos daría un día más soleado y sacaría a mi amigo de su escondite. La aplicación meteorológica nos daba un pronóstico prometedor. Estábamos programados para partir el sábado, así que comencé a preocuparme. Me pregunté: "¿Qué pasa si no volvemos a ver a Ed antes de que sea hora de volar a casa?" Nuevamente, agradecí la oportunidad de finalmente verlo, pero quería hablar con él. La realidad de esa posibilidad me obligó a considerar exactamente lo que quería decirle a mi amigo si tuviera otra oportunidad.

El jueves, ampliamos nuestra búsqueda hacia arriba y hacia abajo y alrededor de Paia, caminando más lejos que antes. Estaba tratando de adivinar dónde podría pasar Ed su tiempo durante las horas del día.

Regresamos a Maui Cyclery y pude conocer al propietario. Su nombre es Donnie Arnoult y pudo ofrecer un poco más de información sobre la historia de Ed en la isla. Nos dijo que Ed había estado allí durante casi un año. Mencionó que Ed no era muy sociable con la multitud local de personas sin hogar. Siempre me pregunté con quién se hizo amigo Ed mientras vivía en las calles. Israel afirmó ser amigo de Ed, aunque Ed había roto todas sus relaciones anteriores a su vida en las calles. Había tantos misterios en torno al cambio de opinión de Ed y el nuevo estilo de vida elegido. Esperaba volver a verlo y tener la oportunidad de preguntarle en persona.

Descubrir por el dueño de la tienda que Ed se había convertido en un solitario fue triste de escuchar. Un adicto en San Diego me dijo que la sospecha constante y la paranoia asociadas con el uso de metanfetamina reducen su círculo de amigos de confianza hasta que la única persona en la que confía es su traficante. Aunque también tienes dificultades para confiar en él, por lo que terminas sintiéndote aislado y solo. Según los empleados de la tienda de bicicletas y algunos otros que conocimos que conocían a Ed, parecía que el patrón de Ed era de soledad. Sin embargo, la única excepción fueron sus relajadas relaciones con quienes trabajaban en las tiendas, como Donnie.

Donnie también mencionó que había oído que Ed había conseguido recientemente un trabajo de golpear un martillo en un proyecto de construcción a corto plazo más arriba en Baldwin Avenue. Como habíamos escuchado en nuestro primer día, Ed ganaba cinco dólares por bicicleta limpiando las devoluciones de alquiler. No tenía idea de que Ed todavía estaba encontrando trabajo y realizando trabajos de medio tiempo. Me hizo preguntarme dónde trabajaba cuando vivía en San Diego.

Le pregunté a Donnie si Ed había tenido otros trabajos mientras vivía en Paia. Él respondió: "Oh, sí, Ed trabajó durante un tiempo limpiando platos en Flatbreads, la pizzería local de al lado". Les hicimos una visita para averiguar qué podía decirnos el gerente sobre Ed. Fue amable y dispuesto a cooperar. El gerente dijo: "Ed siempre fue puntual y trabajador. Luchó de vez en cuando, diciendo que estaba escuchando voces en su cabeza. No pudo mantener la compostura, así que dejó de trabajar". También estuvo de acuerdo con el hecho de que Ed había estado residiendo en Paia durante un año en ese momento.

Me acordé una vez más de los oficiales de policía que le dijeron a la Sra. Pelzner que su hijo estaba en un "buen lugar". Después de conversar con el gerente de Flatbreads y con Donnie en Maui Cyclery, decidimos recorrer las calles nuevamente, con la esperanza de encontrar a Ed. No tuvimos suerte y cuando el sol finalmente comenzó a ponerse, nos dimos cuenta de que solo teníamos un día más para buscar. Mientras conducíamos de regreso a nuestro tiempo compartido, ambos acordamos que pasaríamos todo el último día vigilando Paia. Después de todo, Ed era la razón por la que estábamos allí.

Me acosté en la cama esa noche, sintiendo las emociones agridulces relacionadas con encontrar a mi amigo, pero sin poder realmente conectarme con él. Después de encontrarlo el primer día, asumimos erróneamente que lo veríamos en Paia todos los días. Especulamos que tal vez Ed se estaba escondiendo hasta el domingo, ya que le dijimos que estaríamos en la ciudad hasta el sábado.

Estábamos orando por una interacción más. Invitamos a nuestros amigos en casa a orar fervientemente con ese fin. Estábamos pidiendo a Dios una conversación significativa y solo quedaba un día para que Dios contestara nuestras oraciones. Mientras me estaba quedando dormido, le supliqué a Dios: "Por favor, suaviza el corazón de Ed y permíteme tener la oportunidad de hablar con mi amigo".

El viernes, nuestro último día de búsqueda había llegado y estábamos listos para hacer que valiera la pena. Fue un esfuerzo de equipo. Reclutamos a mucha gente para que permaneciera de rodillas orando durante todo el día, mientras recorríamos ese pequeño pueblo con la esperanza de tener un intercambio significativo con Ed. Al darnos cuenta de que el tiempo era esencial, comenzamos nuestra búsqueda desde el automóvil e intentamos conducir por todas las calles del pueblo de Paia y sus alrededores. Cuando eso no arrojó ninguna señal de Ed, continuamos la búsqueda recorriendo todos los caminos que eran inaccesibles en automóvil. Alrededor de las 2:00 p. m., habíamos hecho un camino por la ciudad en automóvil y a pie y necesitábamos un descanso. Nos detuvimos para comer unos tacos de pescado Mahi-Mahi en uno de los restaurantes al borde de la carretera que habíamos visitado a principios de semana mientras manteníamos la vista en la carretera frente a nosotros.

Después de comer, caminamos por Baldwin Avenue y regresamos a la ciudad. Nos quedamos para continuar recorriendo el pueblo y confiando en que Dios nos concedería una última oportunidad de ver a Ed.

Mi esposa es muy singular, en el sentido de que muchas mujeres advertirían a sus maridos que nunca se hicieran un tatuaje. Sandra, en cambio, me había hecho una pregunta en varias ocasiones que me pareció rara: "¿Cuándo te vas a tatuar?". Mi respuesta habitual era: "Cuando pueda pensar en algo que quiero tener en mi piel por el resto de mi vida". Había visto a demasiados amigos y conocidos hacerse tatuajes durante un período de la vida, solo para arrepentirse más tarde. Sin embargo, durante esa semana en particular, me vino a la mente la respuesta. ¿Quizás fue el hecho de que había pasado tanto tiempo en un pueblo pequeño que tenía una tienda de tatuajes en cada esquina?

La inspiración para mi tatuaje estuvo relacionada a todo mi viaje sin hogar. Mi mente volvió al primer viaje que hice a San Diego para buscar a Ed. Recordé mi viaje memorable con el loco Ted como mi copiloto y pasajero. Si bien su información prometiendo que Ed estaba pasando el rato en un Starbucks del centro había fracasado, su desafío me había impactado profundamente. Mi comprensión de esta misión cambió significativamente después de que Ted preguntó: "¿Por qué no vienes y vives en las calles entre las personas sin hogar para buscar a Ed y descubres por ti mismo cómo es realmente estar sin hogar?" Comprender el mundo de Ed requería mi voluntad de caminar unas pocas millas (o más) en sus zapatos.

El desafío de Ted parecía resonar con la regla de oro, amar a los demás de la forma en que quieres ser amado. Sabía que querría que alguien me buscara si los papeles se invirtieran. Lo que parecía seguir la misma línea de pensamiento fue algo que dijo Jesús, después de que un grupo de religiosos lo juzgara por asociarse con los marginados de su época. Quizás las personas religiosas se preguntaban: "¿Por qué diablos comería Jesús con la inmundicia de la humanidad?" Jesús tenía una respuesta.

En el capítulo 15 de Lucas, Jesús contó tres historias para demostrar su punto: la historia de una oveja perdida, una moneda y un hijo perdidos. Si bien las tres historias tenían la intención de comunicar el mismo punto con respecto a la importancia de la gracia, una parecía sobresalir en mi mente.

Cuando Jesús dijo que un buen pastor siempre está dispuesto a dejar a las noventa y nueve ovejas seguras y cómodas, con la esperanza de encontrar a la que se perdió, imaginé a Ed como la oveja perdida en sentido figurado. Razoné que, si Dios estaba dispuesto a dejar la comodidad del Cielo para amar a la humanidad, entonces ciertamente podría dejar la comodidad de mi hogar en la Costa Este para vivir sin hogar y buscar a mi amigo. Parecía un ejemplo saludable de amor, que querría si estuviera sin hogar como Ed.

El concepto de dejar los 99 por 1 sirvió como un recordatorio de que siempre debo estar dispuesto a dejar la comodidad, cuando hay alguien que está en problemas. Incluso si el individuo es considerado un marginado por todos, y yo podría ser juzgado como lo fue Jesús, es un precio que vale la pena pagar. Además, me sirvió para recordar que cuando un pastor dejaba su rebaño para buscar más allá de la comodidad de su propio pasto, se estaba poniendo en peligro. Amar y buscar a alguien que ha perdido el rumbo puede ponerme en peligro, pero cada ser humano tiene valor, independientemente de las malas decisiones y un pasado accidentado. Incluso aquellos a quienes otros devalúan o deshumanizan valen la pena perseguirlos. Aprendí esa lección en las calles cuando me quedé sin hogar y experimenté el mundo desde su perspectiva.

Decidí que quería hacerme un tatuaje que sirviera como recordatorio de esos valiosos principios de vida. Consideré simplemente tener la frase "99 por 1" tatuada en mi brazo, pero quería ser un poco más creativo que eso. Con un poco de investigación, descubrí que había una 'Ruta Interestatal 99' en el estado de California, así como una 'Ruta 1'. Usé las imágenes de cada letrero de calle para representar los números del ejemplo de Jesús de un pastor amoroso. Los letreros de las calles de California también son un recordatorio diario de las semanas que he vivido en las calles de California.

*(El tatuaje de Will: "99 por 1," por el artista de Tatuajes Jimbo en Paia)*

Localicé a un artista muy conocido en Paia con el nombre de Jimbo. En realidad, era el hombre que conocimos a principios de semana, cuando la tienda de bicicletas llamó para informarnos que Ed estaba afuera de su tienda. Estaba satisfecho con la obra de arte de Jimbo y el diseño que se nos ocurrió. Mi cita tuvo lugar alrededor de las 3:30 p. m., mientras Sandra vigilaba a Ed en la ciudad. Tan pronto como Jimbo me dio mis instrucciones para el cuidado posterior, reanudé la búsqueda con mi esposa.

Donnie y los muchachos que trabajaban en su tienda sabían que este era nuestro último día, por lo que también estaban atentos. Tal como me habían llamado el primer día cuando vieron a Ed, me llamaron inmediatamente después de que salí de la tienda de tatuajes. Donnie anunció: "Acabo de ver a Ed caminando por la ciudad con una cámara de bicicleta". Sandra y yo comenzamos a movernos rápidamente en dirección a Maui Cyclery. Pregunté: "¿Qué vestía Ed?" Donnie dijo: "Lleva una gorra de béisbol, pantalones cortos y una camisa de manga larga". Le di las gracias y luego corrimos calle abajo mientras nuestros ojos escaneaban los rostros que poblaban las aceras.

Sandra y yo estábamos emocionados de escuchar sobre el primer avistamiento de Ed desde nuestra llegada, pero nos preocupaba que pudiéramos perderlo. Todos estábamos presentes en el pequeño pueblo de Paia, pero de alguna manera logramos perderlo. "¿Por qué me hice un tatuaje hoy de todos los días?" pensé vergonzosamente.

Nos sentamos frente a la pizzería Flatbread, donde Ed había trabajado como lavaplatos. No llevábamos dos minutos sentados allí cuando Sandra me dio un codazo en el costado. Miré en su dirección y vi lo que ella vio. Ahí estaba Ed, paseando en nuestra dirección usando el atuendo exacto que Donnie me había descrito. Llevaba una bonita camiseta amarilla de surf de manga larga, pantalones cortos de marca, chancletas y una gorra de béisbol vuelta hacia atrás para pulir su estilo. Estaba bien afeitado esta vez y parecía que estaba listo para una noche en la ciudad.

Ed todavía llevaba lo que parecía una llanta de repuesto para su bicicleta mientras caminaba a centímetros de nosotros. Justo cuando estaba de pie sobre nosotros en la estrecha acera frente a Flatbreads, miró en nuestra dirección. Tan pronto como nos vio a Sandra y a mí sentados a su derecha, se cubrió un lado de la cara con la mano, como para pasar desapercibido.

Sandra habló primero: "No vas a pasar sin decir 'hola', ¿verdad?" "Por supuesto que no", replicó Ed, mientras extendía su mano para estrechar la de ella. "¿Cómo están ustedes dos?" preguntó cortésmente. A pesar de sus palabras, continuó alejándose lentamente de nosotros en la misma dirección en la que había estado viajando antes de darse cuenta de nuestra presencia.

Mientras habíamos estado buscando frenéticamente a Ed durante la última semana, su repentina aparición todavía me tomó con la guardia baja. Aquí estaba él y luciendo honestamente como era antes. Hablé, "Hola Ed, ¿quieres unirte a nosotros para cenar o tomar una copa?"

Por un momento, notamos que dudaba como si estuviera contemplando la idea. Fue tan lejos como para comenzar a bajar el neumático de la bicicleta. Y luego, tan abruptamente como había hecho una pausa, agarró la cámara de aire y respondió: "No, no puedo, pero gracias. ¡Realmente tengo que cambiar este neumático!" Con eso, se dio la vuelta y comenzó a alejarse sin despedirse.

Me puse de pie y dije en voz alta: "Ed, nos vamos mañana por la mañana y no nos hemos visto en casi cuatro años. ¡Al menos quédate y toma una copa con nosotros! Él dijo: "Lo siento, tengo que reparar mi llanta, pero gracias", mientras continuaba caminando. Estaba a punto de escabullirse, y habíamos viajado tan lejos para verlo.

Di unos pasos en su dirección y supliqué: "¿Me darías al menos cinco minutos de tu tiempo?" Se volvió en nuestra dirección, pero siguió caminando y gritó: "Simplemente no puedo hacerlo. Lo siento, no eres tú, soy yo". Pensé: "En serio, ¿vas a usar una línea poco convincente de ruptura entre hombre y mujer con nosotros?".

Tomé la decisión en ese mismo momento de perseguirlo. Al darme cuenta de que esta podría ser mi última oportunidad de conectarme con Ed, fui tras él. Es un esfuerzo interesante perseguir físicamente a un adicto que lucha contra la paranoia. Cuando Ed se dio la vuelta y me vio dirigiéndome en su dirección, decidió cruzar la bulliciosa autopista Hana. Tenga en cuenta que todavía llevaba el neumático de la bicicleta, así como la llanta. Corrí detrás de él a través de la concurrida calle y grité: "¿Es esto como los juegos de guerra que solíamos jugar, donde te escondes y yo te persigo?"

Estaba tratando de decir algo que podría refrescar su memoria con respecto a nuestra amistad desde la escuela secundaria, y tal vez aligerar la atmósfera que se estaba volviendo más intensa por momentos. No funcionó porque Ed no hizo ningún intento por reducir la velocidad. De hecho, aceleró el paso y gritó: "¡Dejen de seguirme!" Allí estábamos, dos hombres adultos jugando a la persecución, en medio de un estacionamiento lleno de gente. Casi me atropella un coche que no me vio venir.

Ed se dio la vuelta cuando llegó al final del estacionamiento para ver si todavía venía. Traté de esconderme detrás de un auto estacionado. Me vio y luego desapareció detrás de un gran anuncio en el césped. Lo vi doblar a la izquierda detrás del letrero y aceleré.

Durante los últimos cuatro días, Sandra y yo pasamos horas explorando ese pequeño pueblo. Parecía haber valido la pena, ya que me había familiarizado tanto con el diseño geográfico. Sabía que había un carril pavimentado que era un atajo entre Hana Highway y Baldwin Avenue. Cuando tomé ese camino y miré a la izquierda, efectivamente, Ed estaba trotando a paso ligero por el camino.

Ed ya estaba a medio camino de Baldwin Avenue, así que comencé a correr y grité: "¡Espera, solo dame un minuto para hablar!". Él gritó: "¡No puedo!" mientras continuaba moviéndose. Estaba algo perturbado por el hecho de que Ed me estaba dejando atrás. Hago todo lo posible para mantenerme en forma y hacer ejercicio regularmente. "¿Cómo es posible que un tweaker me supere?" Me preguntaba.

Me quedó claro que sus días en la bicicleta habían valido la pena. Uno de los muchachos de Maui Cyclery había mencionado que no hay un día en que Ed deje de andar en bicicleta. Teniendo en cuenta su rutina diaria de ciclismo, subiendo y bajando el terreno montañoso de Maui, me hizo sentir un poco mejor. Sin embargo, no pude atraparlo. Noté que miró por encima de su hombro izquierdo una última vez antes de desaparecer, para ver si todavía lo seguía. Mientras trataba de mover mis piernas a mayor velocidad, la persecución parecía inútil. En mi frustración, clamé a Dios.

Solo en el camino, oré en voz alta. "Dios, esto es ridículo, ¿debería dejar de perseguirlo?" El pensamiento inmediato que me vino a la mente fue: "No, te persigo porque te amo, así que deberías perseguir a Ed". Entonces, lo hice, y supliqué: "¡Entonces hazme más rápido, Dios!"

En un momento de reflexión, mientras corría cuesta arriba, recordé los numerosos vuelos que había tomado para buscar a Ed. Consideré todas las millas que caminé, junto con otros durante siete semanas separadas. Pensé en cuántas noches habíamos dormido bajo las estrellas, así como en las noches en las que dormimos muy poco. Empecé a pensar en todos los hombres y mujeres que se habían unido a mí en la búsqueda. ¿Cuántas millas habíamos recorrido y cuánto dinero se había gastado para hacerle saber a Ed que lo amábamos? Ed era el "único" que valía la pena buscar, y habíamos dejado un montón de "99" para perseguirlo. ¡Rendirse no era una opción!

Justo cuando comencé a aceptar la idea de que atrapar a Ed a pie no era posible, me vino a la mente un pensamiento. "¡Nuestro auto de alquiler está estacionado cerca de aquí!" Al darme cuenta de que las llaves del auto estaban en mi bolsillo, vi nuestro auto justo cuando llegaba a Baldwin Avenue. Rápidamente, abrí la puerta, me subí al asiento del conductor y di un giro veloz en U para conducir hasta Baldwin. El pensamiento se me ocurrió mientras subía la colina en mi Nissan alquilado: "¡El Señor había respondido mi oración y me hizo veloz!"

No había visto a Ed desde que dobló a la derecha en la esquina, probablemente cuatro minutos antes que yo. Solo esperaba que se mantuviera en la carretera principal sin desviarse por una calle lateral o, peor aún, hacia el bosque.

Cuando doblé la siguiente esquina, ¡allí estaba! Cuando vi a Ed, caminaba hacia atrás por mi lado de la carretera con la mano izquierda agarrando la rueda de la bicicleta y el brazo derecho extendido con el pulgar apuntando al cielo. Ed estaba tratando de hacer autostop para alejarse de mí. Nunca hubiera imaginado que tenía un auto estacionado en medio de la carretera.

Reduje la velocidad del auto y bajé la ventana eléctrica del lado del pasajero, "¿Necesitas que te lleve?" Grité mientras se acercaba a la puerta del pasajero, a punto de abrirla.

En el momento en que se asomó por la ventana y se dio cuenta de que era yo, dijo: "¡Deja de jugar conmigo, Will!" Había ira en su voz ahora, generada por el miedo, sin duda.

"Señor, dame las palabras, por favor", ofrecí una oración breve y luego, con la ventana baja, comencé a compartir lo que estaba en mi corazón mientras Ed caminaba al lado de mi auto.

"Ed, he viajado a San Diego seis veces para buscarte. Me preocupaba que vivieras en las calles.

"¡No me importa!" gritó de vuelta. "Te amo Ed y quiero ayudarte", exclamé. "No quiero la ayuda de nadie", respondió.

"¿No puedes darme la cortesía de cinco minutos para charlar contigo?", supliqué. "¡No, no puedo!" gritó mientras pisoteaba furiosamente colina arriba, todavía con la rueda de la bicicleta en la mano.

Ed continuó poniendo excusas mientras subía por Baldwin Avenue. Me preguntaba cómo los años de metanfetamina habían afectado su mente. ¿Qué ideas equivocadas o mentiras había comenzado a creer que le daban tanto miedo a la gente de su pasado? ¿Qué miedo, vergüenza o dolor sufrió que contribuyó a su pensamiento delirante? ¿Por qué no quería conectarse con ninguno de sus familiares o amigos? Su comportamiento parecía errático y su ira fuera de lugar.

Cuando fue completamente evidente que Ed había terminado con nuestro intercambio, cruzó al otro lado de la carretera y comenzó a caminar cuesta abajo. Hice un cambio de sentido y grité por la ventana: "Te dejaré en paz, pero quiero que sepas que te amo y que seguiré orando por ti".

Luego agregué: "Si alguna vez quieres hacer un viaje conmigo, tengo tu pasaporte. ¿Por qué nunca me dijiste que en realidad lo renovaron después de conocernos? Tu amiga Stephanie en San Diego me lo dio, así que si alguna vez quieres hacer ese viaje sobre el que me preguntaste en 2013, ¡todavía estoy dispuesto! Él respondió: "Eso es genial", en un tono sarcástico. Me dio un pulgar hacia arriba, pero el espíritu detrás de ese gesto pareció como si hubiera elegido el dedo equivocado. Me senté en mi auto estacionado y lo vi desaparecer. Con eso, bajé la colina hacia la ciudad.

Había dejado a Sandra en el banco frente a Flatbreads, donde comencé la persecución. Mi corazón estaba acelerado. Sabía que era por mis esfuerzos frustrados por conectarme con Ed en el viaje número siete. Ed había hecho todo lo posible para mantener una barrera y comunicar que deseaba poco o ningún contacto con personas de su pasado. Estaba procesando el dolor emocional persistente de nuestro intercambio y el sentimiento de ser rechazado por un amigo al que amaba.

Tomé mi celular y llamé a Sandra. Estaba tratando de contener mis lágrimas, ya que inundaron mis ojos, y me dificultaba manejar. Había tanta emoción rebosante, como lava en la cima de uno de los volcanes hawaianos, que tuve dificultad para contenerla.

Sandra contestó su teléfono, "¿Dónde estás? ¿Estás bien?" Preguntó con voz temblorosa. Había un elemento obvio de miedo en su voz que reflejaba su preocupación. Cuando miré mi teléfono mientras estaba sentado en un semáforo en rojo, me di cuenta de que ella había enviado un mensaje de texto grupal en el que me habían copiado. Decía: "¡Por favor, oren ahora mismo! Will salió corriendo, persiguiendo a Ed y no sé dónde está". La mente de Sandra recordó la advertencia que habíamos recibido de Ruth, la trabajadora social. Ella fue quien me avisó sobre el paradero de Ed en Hawái y sobre su temperamento. Le tenía miedo a Ed después de verlo saltar frente a su auto en movimiento. De hecho, me advirtió que tuviera cuidado y dijo: "Puede que no sea el Ed que recuerdas".

Si bien era cierto que había cambiado, estaba convencido de que el verdadero Ed todavía estaba bajo la superficie en algún lugar. Tal vez fue enterrado por años de cicatrices emocionales y vergüenza. Estaba claro en sus ojos que había una lucha interna, incluso en el momento en que contemplaba tener una comida con nosotros. A pesar de sus acciones iniciales y el distanciamiento verbal, creo que simplemente no estaba seguro en quién podía confiar y quién estaba tratando de atraparlo.

Recogí a Sandra y acordamos que esta excursión había concluido. Hicimos una última llamada a la familia de Ed para ponerlos al día. Después de eso, recibimos una llamada alentadora de Gumby y su esposa Becky, quienes habían estado orando por nosotros todo el día. Los pusimos en el altavoz y procesamos nuestros pensamientos y emociones con ellos mientras nos dirigíamos de regreso a nuestro hotel. Hice una llamada telefónica más a Steve Bowman, ya que él también estaba ansioso por saber acerca de Ed.

Colgamos y condujimos en silencio. Las emociones estaban a flor de piel, la adrenalina estaba en un punto de inflexión y los engranajes en mi cabeza seguían girando. Reflexioné: "¿Qué haces cuando el amigo que has buscado durante años se encuentra cara a cara contigo y rechaza tu ayuda? ¿Qué hace un pastor cuando la oveja perdida evita volver a casa?" La respuesta lógica es quizás dar la vuelta y marcharse. ¿Desde cuándo Dios toma decisiones basadas en la lógica? No tenía idea de cuál sería el camino por seguir, pero sabía que nuestro viaje para localizar a Ed había concluido. Nuestro primer milagro fue encontrar a Ed. El segundo milagro sería llevarlo a casa y simplemente él no estaba listo.

Sandra y yo decidimos vestirnos y disfrutar de una última cena para celebrar el hallazgo de Ed. No solo eso, también queríamos celebrar el hecho de que Dios había respondido nuestras dos oraciones. Primero, que lo volveríamos a ver, y segundo, que podría compartir con él el hecho de que es amado y que la ayuda está disponible si alguna vez la quiere.

Si bien Ed no expresó un deseo de ayuda o de volver a conectarse, esa decisión no era nuestra. Depende de cada uno de nosotros elegir si amar o no amar. Sin embargo, el destinatario también tiene la opción de querer o no recibir ese amor. La elección de Ed estaba fuera de mi control, pero no dictó mi decisión de seguir amándolo frente al rechazo. En realidad, así es como Dios nos ama. Nuestra parte siempre se basa en nuestra elección de recibir o rechazar Su amor.

Durante nuestro vuelo a casa, tuve algo de tiempo para reflexionar sobre mi intercambio final con Ed. Me acordé de la frecuencia con la que me parezco mucho a Ed cuando se trata de mi relación con Dios. Dios persigue una relación diaria conmigo que muchas veces rechazo. Parece una locura cuando pienso en Ed rechazando a la familia y los amigos que realmente lo aman y, sin embargo, ¿con qué frecuencia soy culpable de hacer exactamente lo mismo con Dios? ¿Por qué alguien huiría del amor sincero o de una oferta de ayuda? Si bien el uso de drogas puede ser la excusa de Ed, me pregunto cuál es la mía. ¿Tal vez usted puede entenderme?

Me preguntaba si en la situación de Ed, tal vez él creyó una mentira que sirvió como catalizador para mantener a los demás a distancia. Me han dicho que la metanfetamina y sustancias similares pueden causar daños graves cuando se trata de alterar la forma de pensar de los humanos.

Muchos de mis amigos sin hogar en San Diego han hablado con los miembros de nuestro equipo sobre la vergüenza que sienten por las horribles elecciones de vida que tomaron en el pasado. Si un individuo permite que su vergüenza fomente la falsa creencia de que no es digno de amor, es posible que nunca permita que alguien lo suficientemente cercano lo ame de verdad. Su falsa creencia se convierte en una profecía auto cumplida.

El modelo de Jesús de un buen pastor dedicado a perseguir una oveja perdida me inspira. Muchas veces es más fácil para mí ofrecer gracia a otra persona que ha naufragado en su vida, que recibir el amor de Dios por mí mismo en mi propio quebrantamiento. Además del modelo que me inspira a amar a otros que están perdidos, sirve como un recordatorio de que, como oveja que también es propensa a perderse, también debo estar dispuesto a recibir el amor y la gracia de Dios para mí, incluso cuando no siento que me lo merezco.

Me senté en el vuelo considerando lo que un pastor podría hacer en mi situación. ¿Qué sucede si localiza al único cordero perdido, que a su vez no quiere ser encontrado? Supongo que un buen pastor nunca se da por vencido, porque ve valor en cada oveja. Me quedé pensando en cómo sería la persistencia frente a la adversidad.

Nuestro viaje a Hawái fue un éxito para localizar a Ed, pero lo sentí como un fracaso con respecto al restablecimiento de la profunda amistad que Ed y yo compartimos una vez. Me senté en ese avión afligido por la pérdida de un amigo cercano y busqué a Dios para que me diera una idea sobre posibles viajes futuros. ¿Deberíamos regresar a Hawái o a San Diego o esta aventura ya termino? Yo estaba a punto de descubrir la respuesta.

# Capítulo 14
## *Esto es más grande que Ed*

Una semana después de regresar a casa, recibí una llamada de John Costello, el maestro de educación física y entrenador de baloncesto de 60 años de nuestro quinto viaje. En ese momento, la noticia había llegado a todos los participantes del viaje anterior y quería felicitarme por haber encontrado a Ed.

John hizo algunas preguntas sobre el estado de ánimo de Ed y quería saber sobre mis planes futuros. Le hice saber que, aunque habíamos localizado a Ed y habíamos podido hablar con él, me dejó con un sentimiento agridulce. Claro, me emocionó haberlo encontrado, pero la historia del hijo pródigo concluye con el regreso del hijo perdido a casa, seguido de una gran celebración. Volar de regreso al este sin un banquete en Maui o Virginia me dejó afligido y sintiéndome lejos de la victoria.

John escuchó pacientemente y luego comentó: "Creo que la historia es más grande que Ed". "¿Qué quieres decir?" Pregunté, sin seguir su línea de pensamiento.

El explicó: "He compartido la historia con estudiantes de secundaria donde enseño desde que regresé a casa. Los niños que conozco se conmueven con la historia y muchos de ellos tienen vidas difíciles". Continuó diciendo: "Ofrecí una asamblea escolar voluntaria para los estudiantes que querían saber más sobre mi semana viviendo sin hogar, y más de 250 niños se presentaron para participar. Se están tocando vidas, y ahora esto es mucho más grande que Ed".

John me hizo una pregunta para aclarar su punto de vista. "Has dicho que cada persona que encontramos en las calles es el Ed de otra persona, ¿verdad?" "Eso es correcto", respondí. Continuó: "¿Crees que tuvimos un impacto positivo en las personas sin hogar que conocimos cuando estábamos en San Diego?" "Sí", respondí. John resumió lo que estaba tratando de transmitir con un desafío final en forma de pregunta: "Entonces, ¿por qué te detendrías?" Me quedé con el teléfono pegado a la oreja mientras procesaba sus palabras.

Bien podría haber estado sentado en un banco en el vestuario de la escuela secundaria del entrenador Costello. Sus palabras se sintieron como una charla de ánimo de medio tiempo, entregada a un equipo que se había quedado atrás. John estaba diciendo que, si quería ganar, sería mejor que cambiara de mentalidad y considerara algunas de las grandes jugadas que habían tenido lugar en la primera mitad del juego. Me empapé de la verdad en sus palabras alentadoras y me motivó a volver a la cancha para la segunda mitad del juego.

El entrenador Costello tenía toda la razón. Los múltiples viajes a San Diego no solo tuvieron un impacto en las vidas de las personas sin hogar allí, sino que los círculos concéntricos de nuestros esfuerzos continuaron ampliándose aún más. Mencionó a los adolescentes de la escuela secundaria Broad Run que se habían sentido inspirados, mientras recordaba a muchos de los participantes del viaje que dijeron: "¡Vivir en las calles durante una semana fue una experiencia que me cambió la vida!". En una nota personal, John compartió lo que ese viaje había significado para él y confesó que había perdido a un amigo cercano a causa de la adicción a las drogas. Agregó: "Tomé vacaciones durante nuestra semana en San Diego para demostrarles a mis alumnos que ayudar a las personas es una de las cosas más importantes que podemos hacer en esta vida". Por esa razón, más de 250 estudiantes y maestros que conocen y respetan al entrenador John Costello, estuvieron dispuestos a quedarse después de clases y escuchar su presentación.

Discutimos los próximos pasos posibles en Maui, ahora que sabíamos dónde vivía Ed. Sobre la base del concepto de que la misión ahora era "más grande que Ed", John preguntó: "¿Qué vas a hacer con todos los amigos que hemos hecho en San Diego?" Era una pregunta que necesitaba ser respondida. En el transcurso de seis viajes a California, llegamos a conocer y preocuparnos por los amigos en las calles, así como por los voluntarios en las iglesias. Era cierto que la misión había comenzado con mi búsqueda para encontrar el 'uno', pero el 'uno' se había expandido a muchos más. John dio en el clavo cuando dijo: "¡Esto es más grande que Ed!"

Hasta ese momento, viajábamos a San Diego entre dos y tres veces al año. Simplemente no me sentía bien no volver nunca más. La elección a la que me enfrenté fue si hacer un último viaje por el bien del cierre, o continuar con la misión, enfocándome en los otros 'unos' que todavía estaban perdidos en las calles de San Diego. Después de todo, ciertamente había gran parte de personas sin hogar que a menudo comentaban: "Ojalá yo fuera Ed y que alguien me estuviera buscando". Tal vez era hora de que alguien lo hiciera.

Después de colgar el teléfono, las palabras de John hicieron magia. Mientras contemplaba toda la discusión tipo charla de ánimo en el vestuario, mis sentimientos de derrota fueron reemplazados por esperanza. Incluso consideré el impacto que los siete viajes tuvieron en mi propia vida. Como resultado del viaje, hice nuevas amistades increíbles. Me sentí privilegiado de compartir la aventura con personas desinteresadas como Steve Bowman. Mi semana viviendo en las calles con mi hija mayor, Courtney, también había sido un punto culminante. Ella creció escuchándome compartir sobre mi amistad con Ed y nuestras locas historias.

John tenía razón en el hecho de que hubo bendiciones multifacéticas relacionadas con estos viajes, y que Dios ciertamente había usado el viaje para tocar a personas más allá de Ed. La gran misión ya no se limitaba a Ed, ni se trataba de mí.

Había un grupo completamente diferente de personas que sin darse cuenta habían sido impactadas. Me refiero a los espectadores que siguieron el recorrido en las redes sociales. Un hombre llamado John me envió un mensaje para decirme: "Me había dado por vencido con mi hermano sin hogar en Nashville. Sin embargo, me inspiró lo que están haciendo por su amigo, así que planeo conducir hasta Tennessee y pasar mis vacaciones de primavera buscándolo. ¡Gracias por predicar con el ejemplo!" No tenía idea de quién era ese hombre, ni se me ocurrió que otros se inspiraron en nuestras publicaciones. Apuesto a que su hermano se sintió amado cuando se dio cuenta de que no lo habían olvidado en las calles de Tennessee.

Estaba convencido de que era necesario al menos un viaje más a San Diego. Pensé que podríamos decidir si el viaje ocho era un viaje de cierre o si deberíamos continuar regresando. No perdí tiempo y llamé a Steve para ver cómo se sentía con la idea. Tuvimos una larga conversación sobre el asunto. En conclusión, dijo: "Estoy dispuesto a ir si tú lo estás". ¡Qué tipo tan increíble es Steve Bowman! En repetidas ocasiones se tomó tiempo libre del trabajo, tiempo lejos de su familia y gastó su propio dinero para viajar y vivir entre las personas sin hogar. Hizo todo eso a pesar de que ni siquiera había conocido a Ed Pelzner. No podía imaginar un viaje sin él.

Tomé el teléfono para llamar a otras personas que habían expresado interés en un viaje para personas sin hogar a San Diego. No estaba tan seguro de que a la gente le interesara, ya que ya no buscábamos a Ed allí. Para mi asombro, todas las personas con las que hablé dijeron: "¡Cuenta conmigo!". En poco tiempo, teníamos otro viaje programado para el 17 de septiembre de 2017, solo un mes después de regresar de Maui.

Llegamos a San Diego con un equipo de seis. Por alguna extraña razón, siempre parecíamos terminar con grupos divisibles por tres. Hacía que fuera más fácil dividirse en equipos. Steve y yo viajamos juntos y fuimos a almorzar al Gas Lamp District antes de reunirnos con el resto del equipo. Pasamos tiempo recordando equipos anteriores y recuerdos inolvidables. Incluso revisamos las fotos en nuestros teléfonos celulares, recordando algo del drama que rodeaba cada imagen.

A la mañana siguiente era hora de 'ir'. Nos reunimos como equipo en el vestíbulo con las mochilas puestas, listos para andar. Nuestro grupo estaba equilibrado en partes iguales con tres jóvenes de la generación del milenio de entre 20 y 25 años (Connor Sarant, Ben Skriloff y Laki Atanasov) y tres hombres mayores, cada uno de los cuales tenía 51 años (yo, Steve y Eric Locklear). Por alguna razón, ninguna mujer se inscribió en el viaje ocho.

Esa semana en particular contenía un grado adicional de riesgo, ya que San Diego había sido declarado un peligro grave para la salud debido a un brote de hepatitis. Un artículo de noticias de San Diego estimó que más de 400 personas sin hogar en San Diego habían sido diagnosticadas con la infección, con quince víctimas. Como medida de seguridad, los funcionarios de la ciudad autorizaron fondos para lavar con lejía las calles del centro de la ciudad, en un intento por detener la propagación.

Para minimizar nuestro riesgo, pedí a cada participante que se vacunara contra la hepatitis A antes del viaje. El equipo cumplió y estaba ansioso por cuidar a las personas sin hogar.

*(De izquierda a derecha: Ben, Laki, Connor, Steve, Eric y Will)*

Steve tomó a Connor y Ben para formar el equipo uno, mientras que yo comencé con Laki y Eric, en el equipo dos. Eric Locklear y yo teníamos una historia compartida, ya que asistimos a las mismas escuelas primaria, secundaria y preparatoria. Aunque habíamos perdido el contacto desde mediados de la década de 1980, solo recientemente nos habíamos vuelto a conectar. Eric también tenía una historia con Ed, ya que todos crecimos en Reston, Virginia, y los dos estaban juntos en el equipo de lucha libre de South Lakes High School. Si bien Eric sabía que el viaje a San Diego ya no era una misión para encontrar a Ed, se había registrado en julio antes de que encontráramos a Ed en Maui.

Steve llevó a su equipo en una dirección y yo llevé a Laki y Eric en otra. Como comenzamos nuestra caminata en el centro de la ciudad, decidí llevar a mi equipo al Neil Good Day Center. Pasamos por Father Joe's Village (también conocido como Saint Vinney's) y nos dirigimos directamente hacia el edificio del condado. Sin la búsqueda de Ed, éramos libres de caminar donde sintiéramos que el Espíritu de Dios nos guiaba. Ya no sentíamos la contracción del tiempo asociada con los días limitados para encontrar a Ed, y podíamos relajar nuestro ritmo.

Aproximadamente 50 yardas antes de llegar a las instalaciones del condado, nos detuvo un hombre negro mayor llamado Robert Ivy, Jr. Me preguntó qué estábamos haciendo los tres en esa parte de la ciudad, así que se lo dije.

Cuando le pregunté sobre su historia, compartió abiertamente. Dijo que había estado sobrio y libre de drogas desde noviembre de 1992. Luego, Robert preguntó: "¿Quieres que te diga cómo lo hice?" Respondimos: "Claro, ¡adelante!". Continuó diciendo que había entregado su vida a Jesús y le pidió ayuda. "Te digo que fue un milagro", exclamó. "¡Porque nunca he tenido el deseo de volver a esa porquería otra vez!"

Luego preguntó: "¿Quieres saber por qué las otras personas en las calles no se liberan?" Asentimos afirmativamente, "Ellos no quieren. Recibirían ayuda si quisieran, pero no están listos para renunciar. ¡Tienes que estar listo! Su opinión no solicitada fue alentadora. Concluyó: "¡No puedes ayudar a las personas que no quieren ayuda!"

Permití que sus palabras se asentaran mientras procesaba su sabiduría. Después de un momento, nos ofrecimos a orar con Robert. Sin dudarlo, nos tendió las manos. Los cuatro formamos un círculo mientras nos tomábamos de las manos y le pedíamos a Dios que nos escuchara. Oré por mi nuevo amigo Robert, y rápidamente intervino: "¡Sí, Señor, ¡escucha la oración de mi hermano!". Su entusiasmo creció cuando le pedimos a Dios que lo bendijera. Cuando terminamos la oración, Robert tenía lágrimas en las mejillas y nos abrazó a cada uno de nosotros antes de dejarnos ir. Estaba increíblemente agradecido de que hubiéramos estado dispuestos a tomarnos el tiempo para escuchar lo que tenía que decir, y también a tomarnos el tiempo para interceder en su nombre ante Dios.

Mientras consideraba la comprensión de Robert sobre los adictos locales, me preguntaba qué le costaría a Ed tomar la misma decisión. ¿Qué tipo de situación debe encontrar alguien como catalizador para que el adicto anhele la libertad, como había hecho el Sr. Ivy? Eric y Laki estaban claramente conmovidos por el encuentro. Seguimos adelante desde el centro de San Diego y nos dirigimos directamente al norte hacia Ocean Beach. Nos tomamos el tiempo mientras caminábamos para compartir nuestras propias historias de vida y conocernos mejor.

Como mencioné, Eric y yo compartimos la historia en nuestros años de formación. Incluso habíamos estado juntos en la misma clase de primer grado. Aunque asistíamos a las mismas escuelas, en realidad no habíamos sido amigos cercanos, ni nos habíamos mantenido en contacto desde entonces. Escucharlo compartir los detalles del viaje de su vida ayudó a llenar los vacíos desde la infancia hasta el presente.

Además de la conexión de Eric con Ed en el equipo de lucha de la escuela secundaria, Ed también desempeñó un papel único en el viaje de fe de Eric. Aproximadamente un año antes, Eric se presentó en la iglesia donde sirvo a tiempo parcial. Lo reconocí en el momento en que entró por la puerta e inmediatamente lo saludé. No lo había visto en años y dije: "Eric Locklear, ¿cómo estás, hombre?

¿Cuántos años han pasado? Él respondió: "No tengo idea, no pensé que me reconocerías". "Por supuesto, ¿cómo podría olvidarte?" Respondí.

Entonces le pregunté: "Entonces, ¿qué te trae por aquí?" ¿Dónde sueles ir a la iglesia?". Hice una suposición al hacer esa pregunta, a lo que respondió: "¡Yo no voy a la iglesia!". Su respuesta me desconcertó, así que le pregunté: "En serio, ¿por qué es eso?" Habló con franqueza y respondió: "Realmente nunca he sido el tipo de persona que asiste a la iglesia. Creo que la mayoría de las personas de la iglesia son hipócritas, y los líderes son del tipo de tele evangelistas que quieren tu dinero". Mientras hablaba, su semblante era serio y calculado, sin siquiera una sonrisa parcial.

Hizo una pausa para ordenar sus pensamientos y luego dijo: "Mi esposa Carolee estaba en las redes sociales un día y descubrió que su amigo Eddy Pelzner de la escuela secundaria se había quedado sin hogar". La esposa de Eric, Carolee, también fue alumna de la escuela secundaria South Lakes en Reston, Virginia. Cuando Carolee le contó a Eric sobre el estado de Ed, le recordó que ambos habían estado juntos en el equipo de lucha libre. Eric continuó: "Carolee también me informó que habías viajado a San Diego en busca de Ed y que habías estado dispuesto a vivir sin hogar para encontrarlo". Él razonó: "Conozco a Will y recuerdo a Ed, así que sé que esta no es una noticia falsa inventada por Facebook. Debo ser honesto, me conmovió tu voluntad de ir a buscar a Ed en las calles". Fue directo al grano y concluyó: "Pensé que tal vez me había equivocado. Cualquiera que esté dispuesto a vivir en las calles y buscar un amigo no está jugando. Quiero saber más sobre la iglesia, más sobre Jesús y por eso estoy aquí".

¡Vaya, nunca me habían recibido en la puerta principal de una iglesia con tanta vulnerabilidad en toda mi vida! Aprecié mucho su honestidad y disposición para venir a ver por sí mismo.

Un año más tarde, me encontré caminando por las calles secundarias de San Diego con el mismo escéptico. Aunque en ese momento, Eric había decidido buscar la fe en Jesús, también había elegido tomarse una semana libre del trabajo para amar a las personas sin hogar en San Diego. Fue otro recordatorio de la epifanía de John Costello: "¡Este viaje ha crecido más que Ed!" Tenía toda la razón, el impacto de dejar el "99 por 1" tuvo efectos de gran alcance, incluso con Eric, que había presenciado el viaje a través de las redes sociales.

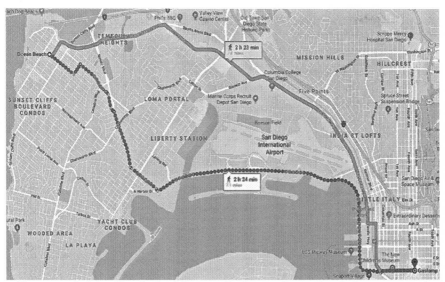

*(Caminata de 7.1 millas desde el Distrito Gaslamp a Ocean Beach, Imagen cortesía de Mapas Google)*

Nuestro equipo se reunió con el equipo de Steve en Ocean Beach cerca de la hora de la cena. Todos estaban hambrientos, así que llamé a mi amigo Paul Arnold y le pregunté si sabía de una comida en la iglesia esa noche. Él respondió: "No conozco ningún lugar que ofrezca cena esta noche". No podía recordar un viaje en el que no pudiéramos encontrar comida desde la primera vez que vivimos en las calles. Le agradecí a Paul y prometí encontrarnos más tarde en la semana.

Después de la llamada, reuní a los muchachos para hacerles saber que teníamos que tomar una decisión… "Tenemos un dilema. No hay iglesias locales que ofrezcan una comida gratis esta noche. Podemos pedir dinero para comprar comida o podemos pasar sin comer. Estoy abierto a otras sugerencias si alguien tiene una. ¿Qué creen que deberíamos hacer?

El grupo no parecía ni remotamente entusiasmado con la idea de mendigar. Ben intervino: "Prefiero ayunar que mendigar". Mientras los muchachos discutían las posibles opciones, ofrecí una última sugerencia: "Conozco a dos personas que viven en la zona. Puedo enviarles un mensaje de texto sobre nuestra situación y ver si ofrecen algo, sin rogar, por supuesto. Si ninguna de las personas nos ofrece comida, entonces podemos pasar sin ella".

El grupo estuvo de acuerdo con el plan, así que envié un mensaje de texto idéntico a dos mujeres diferentes, ambas en el área de Ocean Beach. Mi texto decía: "Buenas noches, soy Will Cravens y estoy de vuelta en las calles esta semana con un equipo de seis hombres. Estamos buscando una comida para personas sin hogar esta noche y hasta ahora no hemos encontrado. ¿Conoce alguna despensa de alimentos de la iglesia o cualquier otra opción potencial que podamos considerar para la cena de esta noche?

¿Cómo responderías a un mensaje de texto como ese de alguien que conoces, pero que no es tan cercano? Una de las mujeres respondió diciendo: "No estoy familiarizada con ningún lugar que ofrezca comida, pero si pienso en uno, me aseguraré de hacértelo saber". Le di las gracias y no volví a saber nada de ella.

La segunda mujer respondió: "¿Cómo puedo ayudar?". ¡Qué increíble respuesta! Le pregunté: "¿Tienes sobras o productos enlatados de los que quieras deshacerte?" Luego me envió un mensaje de texto: "¿Por qué no me dices dónde estás y vengo y les doy algo de dinero?". Le dije: "Gracias por la oferta, pero no me siento bien tomando su dinero". Ella respondió: "¿Puedo traerles pizza?" Eso sonó genial, así que le agradecí y le envié un mensaje de texto con nuestra ubicación. ¡Cuarenta minutos más tarde, llegó al estacionamiento de una de las iglesias en Sunset Boulevard con una pizza caliente extragrande y un paquete de 6 botellas de agua fría! ¡Estábamos tan agradecidos! Aunque la invitamos a quedarse, tenía que ponerse en marcha. Le dimos las gracias y se fue.

Mientras nos sentábamos en el estacionamiento saboreando cada rebanada de pizza, conversamos sobre la disposición de la mujer para servirnos sin dudarlo. A pesar de que el equipo había estado dispuesto a prescindir, estaban extremadamente agradecidos por lo que se les había proporcionado.

Luego discutimos las dos respuestas. Habiendo enviado el mismo mensaje de texto a dos personas diferentes, con dos respuestas completamente diferentes, hablamos sobre cómo podríamos haber respondido si los roles se hubieran invertido. Un detalle que no mencioné es que una de las mujeres comparte la misma fe que yo y la otra no. ¿Cuál crees que se ofreció a ayudar?

La mujer que respondió de la misma manera y preguntó: "¿Cómo puedo ayudar?" que yo sepa, no comparte la misma fe. Por otro lado, la mujer que profesa públicamente la misma creencia e incluso ha servido en el ministerio a tiempo completo no ofreció ningún tipo de ayuda o comida. No estoy señalando esto como una forma de juicio, y no sé si tal vez hubo algunas circunstancias atenuantes. Sin embargo, creo que la forma en que respondemos a otros que están en necesidad es un punto sobre el que vale la pena reflexionar.

Me desafiaron personalmente las acciones de la mujer que preguntó: "¿Cómo puedo ayudar?" Honestamente, no puedo decir que ofrezco ayuda rápidamente cuando estoy sentado en casa, relajándome con mi familia. Es mucho más fácil simplemente delegar la responsabilidad a una iglesia, el gobierno u otra organización caritativa. Cuando los roles se invierten y yo soy el necesitado, proporciona una perspectiva muy diferente que vale la pena recordar cuando esté de vuelta en casa.

Mientras estábamos terminando nuestra comida, una patrulla de policía se detuvo abruptamente en el estacionamiento. Un oficial saltó y se paró frente a nosotros. Se hizo evidente que un vecino local había informado que seis hombres sin hogar se congregaban en el estacionamiento de una iglesia. Cuando el oficial nos confrontó, nos preguntó si estábamos montando un campamento para pasar la noche. Respondí: "No, señor, solo estábamos comiendo pizza que un amable amigo nos proporcionó antes de continuar".

Steve preguntó: "¿La persona que te llamó era el hombre que vive en esa casa y odia a las personas sin hogar?" Steve señaló una casa en particular detrás de la iglesia donde previamente habíamos visto a un hombre mayor salir para gritarle a cualquier persona sin hogar que se acercara a pulgadas de su propiedad. El oficial principal respondió: "¿Sabes de él?" "Sí, lo conocemos", respondí. Le hice saber lo que estábamos haciendo allí y le conté un poco de nuestra historia. En ese momento, ambos oficiales se relajaron. Se dieron cuenta de que las acusaciones de un gran grupo de vagabundos acampando en el estacionamiento de la iglesia eran falsas.

Le pregunté: "¿Cómo les va a ustedes dos? No puedo imaginar cómo debe ser vigilar a una población tan grande de personas sin hogar en Ocean Beach". El más alto de los dos oficiales compartió con franqueza: "Una de nuestras mayores luchas en esta ciudad está relacionada con el hecho de que tenemos cerca de 300 delincuentes sexuales registrados que viven como residentes en Ocean Beach. No creerías el caos con el que nos enfrentamos como resultado. Ese drama se suma a los miles de personas sin hogar transitorias que recorren la ciudad, con su propio conjunto de problemas". Charlamos un rato, les agradecimos por su servicio y luego seguimos buscando un lugar para dormir.

Justo cuando estaban a punto de irse, el más bajo de los dos oficiales dijo: "Yo no dormiría en Robb Field Park si fuera usted. Recientemente hemos experimentado un aumento en la población de personas sin hogar allí y hemos respondido a las llamadas relacionadas con la violencia allí casi todas las noches". Les agradecimos por la pista, ya que era precisamente donde habíamos planeado acampar. Caminamos alrededor de una milla pasando Robb Field y localizamos un lugar para dormir. Había un pequeño parche de pinos cerca de una rampa de salida al otro lado de la calle de Sea World. ¡Fue perfecto!

Nos despertamos temprano a la mañana siguiente y empacamos justo después de las 6:00 a. m. Mientras metíamos nuestras pertenencias en nuestras bolsas, noté que un hombre paseaba a su perro por el camino. Estaba mirando a nuestro grupo, muy probablemente curioso por el gran grupo de campistas sin hogar. Tomé nota de la hora y dije: "Este fue un excelente lugar para acampar. Regresemos aquí esta noche, pero asegúrense de poner una alarma para las 5:30 a. m. de mañana y salir antes de que el paseador de perros haga su ronda. Todos estuvieron de acuerdo mientras empacamos.

*(De izquierda a derecha: Eric, Will,*
*Laki y Ben alejándose del campamento)*

Decidimos mezclar los equipos, así que cambiamos a Laki por Ben, como una forma de conocer a diferentes personas en el grupo. Nos dirigimos al sureste hacia Old Town y conocimos a un hombre amable que viajaba con su guitarra. Se presentó como Phil Harrison y dijo que se dirigía a un concierto en El Cajón. Nos dijo que él es el hermano de George Harrison de los Beatles. Era bastante convincente y se parecía a la figura icónica. Sin embargo, cuando buscamos en Google el árbol genealógico de Harrison después de conocer a Phil, nos enteramos de que George no tenía un hermano con ese nombre, ni la edad del hombre coincidía con su historia.

Me encontré queriendo creer su historia, así como muchas de las otras historias que contarían nuestros amigos sin hogar. Algunos resultarían ser ciertas, mientras que otras, no tanto. Quiero darle a la gente el beneficio de la duda, a menos que haya una razón para pensar lo contrario. Después de todo, sabía lo que se sentía cuando desconfiaban de mí desde la primera vez que viví sin hogar. Recordé a la mujer que me sirvió frijoles en una línea de buffet que me pidió que siguiera adelante después de que le dije que era un pastor de la Costa Este. A nadie le gusta ser tratado como un mentiroso.

Más tarde ese día, Eric, Ben y yo nos encontramos con un gran vagabundo al costado de Arena Boulevard. Parecía tener más de 50 años y estaba tratando de ponerse de pie. Ben se detuvo para preguntar si necesitaba ayuda. El hombre se llamaba Ward y olía a destilería. Claramente había estado bebiendo mucho y cuando se puso de pie, notamos una herida abierta en su brazo. Además, Ward tenía un ojo morado, una mano hinchada y un brazo ensangrentado. Parecía que todavía tenía sangre fresca en la mano cuando lo ayudamos a ponerse de pie.

Nos dijo que recientemente había sido dado de alta del hospital, como lo demuestra el brazalete del hospital que todavía tenía en la mano. Cuando te parabas cerca de Ward, había un olor acre a alcohol y orina. Nos ofrecimos a orar con él y sin dudarlo, tomó nuestras manos y dijo: "¡Sí, por favor!". Ben tomó la iniciativa y Ward estaba muy emocionado de recibir este tipo de cuidado y atención.

Después de la oración, Ward se echó a llorar y trató de explicar qué había detrás de su demostración de emoción. "Acababa de salir del hospital donde me atendieron por las heridas que me hizo un grupo de hombres que me golpearon. Cuando los vi a los tres acercándose, pensé: 'Oh no, aquí vienen más matones para maltratarme otra vez'. En lugar de golpearme, todos oraron conmigo. ¡Estoy agradecido más allá de las palabras!" Le conmovió nuestra preocupación por su bienestar y sus lágrimas continuaron fluyendo mientras nos agradecía y murmuraba: "¡Este es uno de los mejores días de mi vida!".

*(Ward)*

Después de expresar su gratitud, Ward confesó: "Ojalá hubiera un lugar al que pudiera ir que tuviera una cama caliente, algo de comida y nadie que me hiciera daño". En respuesta, le dije: "Ward, acabamos de pasar por un centro de rehabilitación a unas cuadras de distancia. Podemos llevarte allí ahora, y tienen todo lo que pediste. Sin embargo, tendrías que dejar tu botella de vodka aquí, ya que el refugio está libre de alcohol y drogas".

Él respondió: "No, no podría hacer eso, pero tengo mucha hambre". Le respondí: "Bueno, ¡estás de suerte! Los tres nos dirigimos a una cena gratis en la Iglesia Católica del Sagrado Corazón en Ocean Beach". Él respondió: "¡Ocean Beach está demasiado lejos para caminar en mi condición!". Dijo esto mientras se apoyaba en sus muletas de aluminio. Ofrecí una solución: "Puedo llamar a un conductor de Uber para que nos lleve a todos allí para que no tengas que caminar". Él respondió: "No puedo ir allí. Solo quiero descansar en mi pared". Señaló una pared de bloques de hormigón ubicada al otro lado de la calle desde donde estábamos parados.

Le ofrecimos ayudarlo a cruzar la calle, pero una vez más, rechazó nuestra ayuda. Mientras recogía sus pertenencias para moverse en dirección a la pared, me pregunté cómo diablos se las arreglaría. Tenía dos muletas, una botella de vodka de un litro, algo de ropa y estaba gravemente herido. Vimos como calzaba dos muletas bajo su brazo derecho, mientras que en la mano izquierda llevaba la botella de vodka y ropa de recambio.

Me volví hacia Eric y le comenté: "Esa es la imagen". Me miró confundido en cuanto a lo que quería decir con mi comentario. Agregué: "Como nos dijo Robert Ivy, Jr. el día anterior, 'No puedes ayudar a alguien que no está listo para cambiar'". Si bien Ward expresó su deseo de una cama caliente, comida y un entorno más seguro, no estaba dispuesto a dejar el alcohol que lo paralizaba.

Mientras observábamos a Ward cruzar la calle cojeando, Eric comentó: "Ward en realidad tiene tres muletas". Bajo el brazo se veían dos muletas de aluminio, aunque Eric se refería a la tercera muleta de su mano izquierda, que era el litro de vodka. La vida en la calle ofrece una plétora de muletas. Se puede consumir metanfetamina, crac, heroína o cualquier otra sustancia que mitiga temporalmente el dolor. Si bien todos ofrecen alivio a corto plazo, tienen un efecto paralizante a largo plazo.

Pensé en mi conversación final con Ed en Maui. Gritó: "¡Simplemente no puedo hacerlo!" Especulé que tal vez se refería a su falta de voluntad para desprenderse de su propia muleta de metanfetamina. Solo Dios lo sabe, pero es desgarrador ver a hombres y mujeres como Ward mientras eligen quedarse solos con su muleta. Hasta que estén listos para limpiarse, nadie puede tomar esa decisión por ellos.

Caminamos desde ese encuentro hacia la cena de la iglesia, procesando la interacción emocional. Ward había llorado con nosotros y nos agradeció con sinceridad. Nos pidió ayuda y le ofrecimos algunas opciones tangibles, todas las cuales rechazó sistemáticamente. Al final, lo vimos alejarse cojeando solo y regresar a lo que él llamó "el muro". En dos ocasiones distintas esa semana, volvimos a la pared de Ward, con la esperanza de encontrarlo, pero nunca lo volvimos a ver.

Esa noche nos reunimos con Steve, Connor y Laki en el Sagrado Corazón.

Teníamos hambre después de un largo día y nos alegramos de tener un descanso. Entramos por un costado del edificio para informar a su equipo de voluntarios que teníamos un equipo de seis hombres que estaban listos y dispuestos a servir. Dije, "Hola" a Jack y le agradecí por su servicio. Jack es un verdadero líder-servidor en la forma en que se preocupa por los voluntarios y cocina para las personas sin hogar. Nos agradeció por ofrecernos a ayudar y preguntó si nuestro equipo podría quedarse después de la comida para ayudar con la limpieza. Acordamos y volvimos al frente de la iglesia para esperar en fila con el resto de nuestros amigos.

*(Jack – Chef líder de la Iglesia Católica Sacred Heart*
*en Ocean Beach, San Diego)*

Nos encontramos con un amigo llamado Clay, a quien Steve y yo no habíamos visto desde nuestro primer viaje viviendo en las calles. Clay fue el hombre que conocimos en la playa que nos animó a hablar con el equipo de filmación de ABC News. Grité su nombre y lo invité a cenar con nosotros. Quería ponerme al día, ya que había pasado tanto tiempo. Llenó su plato con comida y tomó el lugar a mi lado en nuestra mesa. Parecía tosco, con una infección en el ojo y aspecto desaliñado. Le pregunté "¿Cómo has estado? ¿Qué hay de nuevo desde la última vez que te vi? Comenzó a ponernos al día con los detalles de su vida, luego cambió de tema para preguntar sobre Ed. Le conté que había encontrado a Ed en Maui, aunque parecía distraído.

Noté que la mano derecha de Clay estaba temblando. Le pregunté: "¿Qué pasa, puedo traerte algo?" Respondió con intensidad: "No a menos que tengas una quinta parte de vodka. Estoy teniendo DT". "DT" se refiere a "Delirium Tremens", una forma grave de abstinencia de alcohol. La condición es común entre las personas que intentan desintoxicar su cuerpo del alcohol. El cuerpo de la persona tiembla como reacción a haber estado dependiente de la sustancia durante un tiempo prolongado. Clay estaba tratando desesperadamente de mantener la compostura y llevarse una taza de agua a la boca, ya que su mano derecha apenas podía sostenerla sin derramarla.

*(De izquierda a derecha: Clay y Will en la cena en Sacred Heart)*

En su frustración, Clay se volvió hacia mí y me preguntó: "No puedo con estos temblores, ¿puedes vigilar mi comida? Vuelvo enseguida. Estuve de acuerdo y él salió precipitadamente por la puerta trasera. Le pedí al personal de la cocina un poco de papel de aluminio para cubrir su plato. Lo pusieron en la nevera con su nombre, pero nunca regresó. Estaba claro que Clay se fue a buscar lo único que podría evitar que sus manos temblaran, cediendo a lo que su cuerpo ansiaba. Clay es un gran tipo. Sin embargo, al igual que Ward pegado a su pared, Clay salió corriendo a buscar su muleta. Mi corazón sufre por los hombres y mujeres que hemos conocido que desean liberarse, pero aún no han descubierto lo que Robert Ivy, Jr. se había dado cuenta. Oré para que mi amigo Ed algún día volviera en sí, como lo había hecho Robert, y fuera libre.

A la mañana siguiente, nuestro equipo regresó a Ocean Beach para tomar un café. Mientras estábamos sentados en Starbucks tomando unos minutos para cargar nuestros teléfonos, vimos a un vendedor mayor entregar grandes cantidades de bolsitas a tres personas más jóvenes. Les dio instrucciones sobre la venta y les advirtió que mejor no se atrevieran a intentar engañarlo. Me sorprendió la absoluta falta de preocupación por los clientes de los alrededores. Su contenedor grande con los paquetes de drogas estaba marcado, "Solo para uso de la oficina". El jefe mayor vestía un mono caqui y vestía como un contratista general.

Tal vez era un contratista general y el tráfico de drogas era un negocio secundario. Era difícil de decir, pero me frustraba ver a los tres jóvenes dejarse mandar por un hombre que parecía ser su padre. ¿Por qué no estaban en la universidad o trabajando en un trabajo del que pudieran estar orgullosos? Me pregunté cuáles serían sus historias y cómo fueron reclutados por el hombre mayor.

De los tres jóvenes, había dos hombres y una mujer. Uno de los hombres estaba vestido como un prostituto, y la chica que lo acompañaba se comportaba como un animal maltratado por su dueño. Sus ojos se movían aquí y allá, y parecía sospechar de todos los que se acercaban. Entablé una conversación con el otro joven, "¿Cómo estás?" Fue bastante amable en su respuesta y me preguntó de dónde era.

La chica rubia al otro lado de la mesa estaba escuchando a escondidas e intervino cuando me escuchó mencionar a Virginia. Ella se ofreció como voluntaria: "Soy de Nueva Jersey, no muy lejos de Virginia". Me preguntaba de qué tipo de familia provenía y si sus padres estaban en casa emocionalmente destrozados, orando por su regreso. ¿De quién era este Ed? Ciertamente, alguien estaba afligido por su pérdida, especulé.

Cuando comenzamos a conversar, el traficante mayor y el joven vestido de prostituto salieron. El joven que estaba sentado en una mesa a mi derecha de repente confesó: "Mi nombre es Ray y en realidad no me va nada bien. He estado luchando contra la depresión". Respondí: "Lamento escuchar eso, ¿podemos orar contigo?" Tomó mi mano y agradeció el gesto, sin preocuparse en absoluto por lo que pudieran pensar sus amigos. Terminamos de orar y Ray volvió a unirse a su pandilla en afuera.

Cuando salimos de Starbucks, Connor escuchó al hombre mayor reprender a Ray por hablar con nosotros. Regresamos a la playa y encontramos una vereda para sentarnos. Todos en nuestro equipo habían sido testigos de que el hombre mayor trataba a los tres jóvenes como esclavos y querían discutirlo. Mientras estábamos en medio de una discusión profunda, un joven afroamericano se acercó a nosotros. Estaba envuelto en una gran manta de embalaje azul. Sus cabellos brotaban de la parte superior de su abrigo, y lo invitamos a tomar asiento. Se dejó caer a mi izquierda y se presentó por el nombre de su calle, "Chocolita".

Compartió: "Soy de Zimbabue y me mudé a los EE. UU. con mi hermano pequeño hace dos años. He estado viviendo sin hogar en San Diego durante ocho meses desde que mi hermano y yo nos separamos". Le dijimos nuestro propósito en las calles. Él dijo: "Estaba escuchando lo que todos ustedes decían mientras me acercaba, por favor continúen con su discusión", así que lo hicimos. En un momento, intervino y dijo: "El traficante de drogas también necesita escuchar sobre el amor de Dios". Una verdad que necesitábamos que nos recordaran, que pareció impactarnos con más fuerza cuando lo dijo Chocolita. Se levantó para irse después de haber estado con nosotros durante unos diez minutos y nos dijo que era mejor irse. Me ofrecí a orar por él. Con eso, rápidamente se volvió a sentar a mi lado y respondió: "¡Sí, por favor!".

Puse mi brazo alrededor de este joven y comencé a orar por su familia, por su pasado, por su futuro y por su hermano a quien había mencionado anteriormente en la conversación. Cuando oré por su hermano, comenzó a llorar. No fue un llanto suave, sino con sollozos y lágrimas profusas, enterró su cabeza en mi pecho y me apretó con fuerza. Le devolví el apretón, como un padre abrazaría a su hijo traumatizado. Fue un momento poderoso y profundo.

No estaba seguro de lo que Dios estaba haciendo en su corazón, pero cuando terminó la oración, continuó aferrándose a mí por unos minutos más. Una vez que nos pusimos de pie para irnos, me agradeció efusivamente por tomarme el tiempo para orar. Mi camisa estaba empapada con sus lágrimas, que habían penetrado mi suéter y la camisa que tenía debajo. Luego me tomó por sorpresa con una inesperada expresión de gratitud. Cayó de rodillas, tomó mi mano y la besó. Su gesto me humilló. No soy el Papa, ni me siento cómodo con esta forma de cariño, pero lo recibí porque era lo que él quería dar. Se alejó en esa mañana nublada mientras todos permanecíamos en silencio, aún procesando los eventos de esa mañana.

*(De izquierda a derecha: Will y Chocolita en Ocean Beach)*

Estábamos considerando el día que teníamos por delante y cómo dividir los equipos, cuando tuve una idea. Pensé que era hora de darle a Connor la oportunidad de liderar. Después de todo, este era su segundo viaje, y solo nos quedaban un par de días en el oeste. Lo nombré líder del día y lo encargué del equipo milenio.

Fue genial estar en el equipo de Steve una vez más. Los dos habíamos estado ocupados liderando otros equipos en varios viajes, por lo que fue refrescante caminar por las calles una vez más con mi amigo. Éramos el equipo 51, que era nuestra edad, y decidimos disfrutar de un ritmo más relajado.

Steve giró en mi dirección y preguntó: "¿A dónde vamos?" Respondí: "No hemos regresado a Mission Gorge en este viaje, digo que traigamos a Eric allí". Ambos hombres estuvieron de acuerdo y nos pusimos en marcha.

Llegamos al Home Depot en Mission Gorge temprano en la tarde. Este fue el lugar donde nos encontramos con Israel y Juan y organizamos una fiesta de pizza para los hombres escondidos en el lecho del río. En nuestro viaje anterior, nos encontramos con un grupo completamente diferente de ocupantes en el lecho del río y experimentamos un caso de identidad equivocada con "Fast Eddy". Era hora de volver.

Nos sumergimos en el área del lecho del río detrás de Home Depot y rápidamente nos dimos cuenta de que estaba completamente vacío. Nos encontramos con un vagabundo y le preguntamos a dónde se habían ido todos. Él respondió: "La policía lo limpió, hombre. ¡Ha estado vacío durante más de un mes! Lo que alguna vez fue una ciudad de tiendas de campaña en expansión, estaba completamente despejada. Le explicamos a Eric cómo se veía antes del desalojo y decidimos caminar más por el sendero para ver cómo estaba mi pequeño amigo José. Su tienda de campaña no estaba muy lejos y estaba convencido de que querría que Eric conociera a su temible oso mascota.

Seguimos el sendero hasta San Diego Mission Road y cruzamos la concurrida calle para tomar el sendero en el lado opuesto. Estábamos a punto de rodear la zona de árboles y tallos de bambú para echar un vistazo a la casa de José, cuando me di cuenta de que había sucedido algo terrible.

En lugar de la vieja carpa y el gran oso de peluche, encontramos un monumento creado en honor a José. Me quedé en silencio leyendo el cartel conmemorativo que estaba colocado junto a un árbol en la orilla del agua. El letrero decía que José Hernández había fallecido el 19 de agosto de 2017, solo un mes antes. Si bien no mencionaba la causa de la muerte, lo describía como un padre, tío, hermano y abuelo amoroso para muchos que lo extrañarían mucho.

*(Monumento a José en el área del lecho del rio en Mission Gorge)*

Estaba congelado en estado de shock, recordando nuestro tiempo con él solo siete meses antes. Mi hija Courtney incluso me había pedido que saludara a José, ya que él le había causado una gran impresión. Recordé su espíritu gentil y su humor tonto, evidente cuando les presentó a Jason y Courtney a su oso.

*(De izquierda a derecha: Jason, Courtney, Will y José)*

En duelo por esta pérdida inesperada, me llenó de curiosidad saber cómo falleció. Por lo general, no nos aventurábamos más allá de esa área en el sendero, que conducía más profundamente a otro segmento peligroso del lecho del río. Lleno de tristeza, no me preocupaba el riesgo, solo quería saber qué le pasó a mi amigo José. Conduje a Eric y Steve por el sendero.

Nos abrimos paso por el sendero tranquilo y mantuvimos los ojos abiertos para cualquier persona desprevenida. Vimos una tienda de campaña detrás de una barrera improvisada. La barrera estaba construida con una cuerda atada entre árboles con una gran manta sobre la cuerda. La barrera servia como límite que comunicaba claramente que los visitantes no eran bienvenidos.

*(De izquierda a derecha: Will y Miles)*

Me detuve cuando llegué a la barrera y grité: "Hola". Una voz gritó: "¿Quién es ese?" Respondí: "Mi nombre es Will y soy amigo de José". Esas diez palabras fueron todo lo que se necesitó para llevar al hombre escondido a nuestro encuentro. Parecía tener poco más de 40 años cuando miró por encima de la línea de la cerca de cuerda. Apoyó los antebrazos en la cuerda y preguntó: "¿Cómo conociste a José?" Respondí: "Soy pastor y vivo en las calles un par de semanas cada año, buscando a un viejo amigo. Conocí a José en uno de mis viajes y nos hicimos amigos. Pasé por su tienda para saludarlo y ver cómo estaba". Estudió mi rostro, decidiendo si podía confiar en mí o no. Supongo que pasé la prueba.

"José fue asesinado", afirmó mientras su rostro perdía toda expresión. Me preguntaba si José había muerto por causas naturales, ya que las calles pueden ser duras para el cuerpo de una persona y él ya era un anciano. "¿Asesinado? ¿Por qué alguien querría matar a José? Era un hombrecito tan dulce —pregunté en estado de shock. Continuó: "José en realidad estaba de fiesta con un hombre que conocía y trató de bromear con él. El hombre no era de bromear y se ofendió tanto por el sarcasmo de

204

José que perdió la cabeza en un ataque de ira. Tomó uno de los postes de la tienda de José y lo apuñaló en el pecho, antes de golpearlo en la cabeza con una piedra tan fuerte que el ojo derecho de José se salió de la cuenca. Finalmente, prendió fuego a su tienda y lo dejó por muerto". Los tres nos quedamos en estado de shock procesando el horror de todo.

El hombre se animó un poco y se presentó como Miles. Continuó compartiendo que su novia había sacado el cuerpo de José de la carpa en llamas antes de llamar a Emergencias. "José estuvo en coma y vivió alrededor de un mes y medio, antes de que su familia decidiera desconectarlo el 19 de agosto". Atraparon a su asesino que está en la cárcel, en espera de juicio.

Era difícil considerar que un hombrecito tan dulce fuera brutalmente golpeado y asesinado. Me pregunté si había algo más en la historia mientras estaba parado en estado de shock, dolorido por la tragedia. Le pregunté a Miles si podíamos orar con él antes de irnos. Él dijo: "Claro". Pregunté si había algo específico por lo que quisiera oración. Respondió con mucha franqueza: "Estoy seguro de que conoces el tema. Las luchas habituales de la vida sin hogar: adicción, cambio de vida... Soy un desastre".

Entendió que un pastor que camina por las calles se familiariza con los pedidos de liberación de la adicción, la provisión de Dios en su depravación y Su protección. Justo antes de orar con Miles, dijo: "La vida es barata en las calles. Tienes que tener cuidado con quién bromeas y nunca darle la espalda a nadie". Estiramos nuestras manos a través de la barrera de cuerda y oramos juntos, los cuatro. Anteriormente, esta había sido un área en el lecho del río donde Miles, o las personas que acampaban en su lugar, nos habían maldecido y nos habían dicho que nos diéramos la vuelta. Debido a la pérdida de José, estaban dispuestos a hablar y estaban abiertos a orar.

Cuando dejamos a Miles y llamamos a un conductor de Uber desde un estacionamiento cercano, los tres esperamos en silencio. A veces es mejor no hablar. Nuestro conductor de Uber apareció y tomé el asiento delantero. Su nombre era Ryan, y preguntó: "Entonces, ¿qué los trae a San Diego?" Como no estaba realmente de humor para hablar, le di una versión rápida en resumen. Le conmovió nuestra historia y decidió abrirse.

Él dijo: "Actualmente estoy sirviendo en la Marina de los EE. UU. como mecánico y estoy estacionado en San Diego con mi familia. Conduzco para Uber para ganar un poco de dinero extra". Le pregunté a Ryan qué hace para divertirse y respondió: "A mi hijo y a mí nos encanta conducir vehículos de cuatro ruedas en terrenos fuera de la carretera. La vida nos ha tratado bastante bien. He estado en el servicio durante 22 años y planeo buscar una nueva carrera después de mi retiro". Nos estábamos acercando a nuestro destino, así que le pregunté a Ryan si había algo por lo que pudiéramos orar. Él respondió: "No, pero gracias por preguntar".

Después de una breve pausa, miró en mi dirección y, por alguna razón, dijo que cambió de opinión. "En realidad, me vendría bien un poco de oración en un área específica. Mi esposa y yo descubrimos recientemente que nuestro adolescente de secundaria es adicto a la pornografía. No teníamos idea hasta que lo atrapamos y ahora, no estamos seguros de cómo manejarlo. Nuestro hijo no es drogadicto, pero hace lo que puede para mirar pornografía". Su voz se calmó y se llenó de emoción.

Tomé la iniciativa orando, mientras Steve y Eric extendían las manos hacia el asiento delantero sobre el hombro de Ryan, para hacerle saber que ellos también estaban presentes. Terminamos de orar, salimos del auto y Ryan abrió la cajuela para ayudarnos a recoger nuestras mochilas. Extendí mi mano para despedirme de él, pero él la rechazó. En cambio, abrió los brazos de par en par para un abrazo. No es la despedida de un conductor de Uber todos los días, pero sus ojos estaban llenos de lágrimas y quería expresar su agradecimiento. Aunque sentí que no habíamos hecho mucho, Ryan se conmovió porque nos tomamos tiempo para compartir.

La adicción no es exclusiva de las calles. Parece que también llega a los hogares de los suburbios. ¿Por qué nosotros, como humanos, deseamos tan a menudo medicarnos, en lugar de simplemente enfrentar la realidad? ¿Creemos falsamente que somos más fuertes que aquellos que nos precedieron y cayeron presa de las mismas trampas?

Es similar a los insectos que vuelan peligrosamente cerca para ver la hermosa luz azul de un exterminador de insectos. Ningún insecto se detiene para tomar nota de la bandeja de abajo llena de cadáveres de insectos muertos. O tal vez piensan: "Soy más fuerte que los otros insectos, volaré lejos antes de que me destruyan". Por supuesto, los insectos no razonan así, pero parecería que, para un gran porcentaje de la humanidad, nosotros tampoco. Un experto con el que hablé en un refugio del Ejército de Salvación dijo: "Los químicos en algunas de las drogas, como la metanfetamina, la heroína y el crac, son tan fuertes que muchos usuarios reportan adicción después del primer uso". Después de que una persona se engancha, solo esa persona puede decidir cuándo está lista para dejar de fumar y buscar ayuda.

Al final del día, las emociones estaban a flor de piel. Después de escuchar la trágica historia de la muerte de José, recordé que la vida en las calles es barata. Hay muchas personas que no lo pensarían dos veces antes de quitarse la vida. Me preocupaba por la seguridad de Ed. Esperaba que nunca bromeara con la persona equivocada, como había hecho José. También me quedé pensando en la conversación de nuestro conductor de Uber, Ryan. Nunca me había abrazado un conductor y me quedé pensando qué tipo de impacto tenían nuestros viajes en aquellos con quienes nos relacionamos.

Steve y yo nos quedamos despiertos hasta tarde esa noche discutiendo el mérito de hacer más viajes de regreso a San Diego. ¿Deberíamos finalizar esa parte del viaje para centrarnos en Maui o seguir yendo a ambos lugares? Hablamos sobre una gran variedad de opciones e ideas, pero no pudimos decidirnos de ninguna manera.

Finalmente decidimos dormir, y ofrecí una oración a Dios pidiendo claridad sobre el asunto.

Debo mencionar que tuve una experiencia única la semana antes de irme a San Diego. Disfruto hablar en público y estaba entregando un mensaje de inspiración a aproximadamente 300 empleados en Charlotte, Carolina del Norte. El evento fue un almuerzo de recepción para el personal en Joe Gibbs Racing, dirigiéndome al personal de NASCAR como lo hago allí trimestralmente. Todos están muy familiarizados con la historia de Ed y mi viaje a las calles de San Diego. Compartí la emocionante noticia de finalmente encontrar a Ed en Maui. También mencioné nuestro viaje de regreso a San Diego. Pedí sus oraciones, mientras me preparaba para nuestro octavo viaje de regreso a California, sin saber cómo sería sin la presencia de Ed.

Después de que terminé de hablar en el escenario, un hombre llamado Steve Wesley se me acercó y se presentó. Me hizo saber que había estado luchando contra el cáncer y me pidió que orara. Pasamos unos minutos pidiéndole a Dios que sanara su cuerpo y pedimos a Dios que hiciera un milagro. Cuando terminamos de orar, comencé a dirigirme a la puerta, ya que tenía que tomar un vuelo de regreso al norte de Virginia. Sin embargo, de repente, antes de que llegara a la puerta, gritó para llamar mi atención.

Me di la vuelta en dirección a Steve. Me estaba señalando con su dedo índice y gritó: "¡Oye, Will, necesito decirte algo!". Caminé hacia él para que no tuviera que gritar. Cuando estuve a cinco pies de Steve, dijo con autoridad: "El Señor quiere que regreses a San Diego. De hecho, hay alguien específicamente que te necesita allí. Tu trabajo no ha terminado allí. Su comportamiento era intenso y sus palabras eran intencionales. Esto no fue un estímulo general para regresar a California. Steve estaba diciendo que había una persona en particular con una necesidad específica, y que Dios le había dejado claro que tenía que decírmelo. Continuó: "Ustedes tendrán un impacto cuando regresen. El viaje no será una pérdida de tiempo".

*(De izquierda a derecha: Steve Wesley y Will en Joe Gibbs Racing)*

Las palabras de Steve estuvieron en mi mente durante toda la semana. Oraba en voz baja: "Dios, por favor revélame la persona de la que Steve estaba hablando, para que no pierda la oportunidad".

La noche después de enterarme de la pérdida de José, me sentía un poco deprimido, pero hice lo mejor que pude para animar a mis amigos sin hogar en la comida. Estábamos en la cena del miércoles por la noche organizada por la Iglesia Metodista en Pacific Beach. Ryan nos había dejado a una cuadra de la iglesia y mis ojos estaban escaneando la multitud de personas sin hogar en busca de rostros familiares.

Vi a Tom y Paul mientras atravesábamos la fila hacia el comedor. Paul me invitó a cenar con él. Tomamos dos sillas una al lado de la otra en una mesa llena de gente. Cuando Paul me preguntó sobre mi día, expresé mi pesar por la pérdida de José. Mi historia pareció activar un recuerdo reciente en la mente de Paul y se giró en mi dirección para compartir. Comenzó: "El mes pasado encontré a un vagabundo muerto en un baño público". Me llamó la atención y siguió adelante. "Cuando la autoridad del parque entró a inspeccionar el lugar, tuvo dificultades para abrir uno de los puestos, así que me ofrecí para ayudar. Eventualmente pudimos abrir la puerta a la fuerza, solo para descubrir a un vagabundo durmiendo con su cuerpo apoyado contra la pared. Me estiré para despertarlo, y el hombre estaba frío como el hielo y rígido por el rigor mortis. La autoridad del parque corrió a llamar a la policía, mientras que yo decidí quitarle la capucha al hombre para ver si lo conocía".

Paul continuó: "Tan pronto como vi su rostro inexpresivo, lo reconocí. El hombre era de mi edad, mi altura y mi peso. Incluso tiene una barba blanca completa como yo. De hecho, varias personas nos han confundido a los dos en el pasado".

Luego, el tono de Paul se volvió muy serio mientras me miraba directamente: "Mientras miraba la cara de ese hombre muerto, pensé: 'Este soy yo; Muerto en un retrete, sin nadie que lamente mi pérdida'". Paul confesó: "Hace años luché contra la depresión, pero no había sido un problema hasta ese día. Desde ese momento en el baño, cara a cara con ese hombre muerto, tengo la persistente sensación de que ya no estoy marcando la diferencia. Me desaniman las personas a las que he ayudado a limpiarse de las drogas y el alcohol, porque a menudo acaban volviendo a ellas en un plazo de seis meses. He comenzado a cuestionar mi propio valor y propósito". El comportamiento de Paul era humilde y quebrantado, como si estuviera buscando una razón para seguir adelante.

Como he dicho anteriormente, no hay una sola persona sin hogar que sirva para todos. La historia de Paul es prueba de ese fin. Si bien muchos terminan en las calles debido a una adicción, pérdida financiera, ruptura de pareja, enfermedad mental o alguna otra tormenta de la vida, hay otros que no encajan en esos estereotipos. El camino de Paul hacia la calle es especialmente único.

Paul me había compartido que años antes había estado leyendo la Biblia, cuando le llamó la atención el desafío de Jesús que se encuentra en Mateo capítulo 19, versículo 21. Jesús habló diciendo que si una persona desea estar completa, entonces debe vender todas sus posesiones y dar a los pobres, y como resultado tendrán un tesoro en el cielo." Cuando Pablo leyó esas palabras, se sintió obligado a ponerlas literalmente en práctica. Hizo una venta en la acera y luego llamó al Ejército de Salvación para que recogiera lo que quedaba.

Adicionalmente debido a otras circunstancias, Paul terminó viviendo en su camioneta y sirviendo a otras personas en la calle. Después de todo, mi amigo ciego Tom fue quien me presentó a Paul y me dijo: "Paul puede ayudarte a encontrar a tu amigo, él ayuda a muchas personas como yo". Mientras Paul había estado viviendo de esa manera durante más de cuatro años en ese momento, estaba cansado y desanimado.

Mientras trataba de resumir sus sentimientos, dijo: "Desde que vi al hombre muerto que se parecía a mí, parece que no puedo deshacerme de la pesadez y la depresión de que mi vida ha perdido valor y nada de lo que estoy haciendo está haciendo una diferencia". En otras palabras, ¿por qué debería estar vivo?

Mientras Paul y yo nos sentábamos allí considerando la pesadez de sus palabras, tuve un momento de claridad. Era como si sintiera que el Espíritu de Dios me susurraba al oído: "Él es a quien te envié a animar". Sentí una sonrisa apoderarse de mi rostro, mientras mi corazón se llenaba de compasión por Paul. Compartí con él mi experiencia en Gibbs Racing y las palabras que me dijo Steve Wesley antes de mi viaje. Confesé: "He estado orando toda la semana para tener claridad sobre a quién quería Dios que hablara específicamente". Luego lo miré a los ojos y dije: "¡Eres tú, Paul! Si solo vine a este viaje para decirte que tu vida no es un error o una pérdida de tiempo, y para asegurarte que estás marcando una diferencia con Tom y muchos otros, ¡entonces el viaje valió la pena!". En ese momento, los ojos de Paul estaban húmedos de lágrimas y comenzó a llorar. Aunque estábamos en una habitación rodeada por más de cien personas sin hogar hambrientas, no parecíamos darnos cuenta. ¡Compartimos ese momento tan especial!

Cuando la semana llegó a su fin, hicimos nuestras rondas para ver a quién más podíamos animar. Conocimos a un hombre llamado Fernando a principios de esa semana. Nos encontramos con él varias veces durante la semana. Nos dijo que tenía 78 años y era originario de Monterrey, México. Le faltaban varios dientes y su piel era de color marrón oscuro, lo que revelaba años de exposición al sol. Era de voz suave y humilde, expresando su gratitud cada vez que le dedicamos tiempo esa semana.

En nuestro último día, vimos a Fernando sentado en una mesa de picnic en Mariner's Point Park. Fernando estaba resolviendo crucigramas y sentado solo. De hecho, cada vez que nos lo encontrábamos, estaba solo. Nunca lo vimos en una comida, porque prefería mantenerse alejado de grupos más grandes.

Fernando sobrevivió gracias a las conservas. Recolectaba botellas de aluminio y plástico todo el día. Luego los cargaba en bolsas y tomaba el dinero que le dieran para comprar comida. Era exigente con su dieta ya que tenía muy pocos dientes.

Nos detuvimos para conversar con él antes de hacer la larga caminata desde Mission Bay para partir al día siguiente. Cuando nos acercamos a él, Steve y yo discutíamos una vez más si debíamos o no continuar regresando a San Diego. Charlamos con Fernando y le ofrecimos orar antes de partir. Él respondió: "Sí, oren por mí, pero no tengo nada específico". Justo cuando pusimos nuestras manos sobre sus hombros para orar, él interrumpió: "¡Sé por qué quiero que ores!". "¿Qué?" Yo pregunté. "Estoy solo; por favor pídale a Dios que me dé algunos amigos. Todos ustedes son las únicas personas que son lo suficientemente amables como para venir a hablar conmigo".

*(De izquierda a derecha: Fernando y Connor en Mariner's Point Park)*

Oramos como él había pedido y luego le dimos un abrazo antes de partir. Justo cuando nos dimos la vuelta para irnos, preguntó: "Espera, ¿no me dijiste cuándo regresarías?" Empecé diciendo: "En el pasado, solíamos venir a San Diego cada septiembre y febrero...". Antes de que pudiera terminar de decir que no estaba seguro de si volveríamos, me interrumpió: "Entonces supongo que regresaras". Nos vemos en febrero, ¡que bueno!" Pensé: "Pero espera, eso no era lo que tenía en mente, pero no tuve el corazón para decirle a este hombre dulce y solitario, que acababa de pedirnos que oráramos por amigos. Quizás acabemos siendo la respuesta a su petición de oración.

Steve escuchó todo mi intercambio con Fernando. Pronuncié las palabras que ambos estábamos pensando: "¿Por qué este hombre solitario tuvo que tirar de las cuerdas de mi corazón? Pensé que este era nuestro viaje de cierre, pero supongo que John Costello tenía razón: 'Ahora esto es más grande que Ed'". Steve dijo: "Probablemente deberíamos traer un juego de damas o más juegos de 'encontrar una palabra' para Fernando cuando regresemos." "Por supuesto que deberíamos", respondí. Nos reímos cuando comenzamos nuestra caminata de siete millas y media de regreso al centro, ambos contemplando lo que estaba por venir.

# Capítulo 15
## *¡También podría saltar!*

La gran mayoría de las amistades pasan por momentos difíciles en la vida. Algunos amigos van por caminos separados, mientras que otros permanecen intactos, a pesar de un mundo que cambia constantemente. Quizás una cualidad de las amistades duraderas es la capacidad de recordar. Extraer historias de recuerdos almacenados, tanto positivos como negativos, es como un ligamento relacional. Sirve para reforzar los lazos y mantener el rumbo.

El lunes por la noche en la primavera de 1983, Ed y yo estábamos tratando de conseguir pizza gratis. Nos enteramos sobre un grupo de jóvenes que ofrecía un buffet con todo incluido en Pizza Hut en Wiehle Avenue en Reston, Virginia. Ed y yo nos presentamos en la puerta principal con los bolsillos vacíos y tratamos de entrar al evento sin pagar. Jeff, el adulto en la puerta nos rechazó y nos animó a regresar con dinero si planeábamos unirnos a la fiesta. No era que no fuera amable al no dejarnos entrar. Jeff sabía que ambos teníamos dinero, pero preferíamos aprovecharnos. Por eso, nos dijo que pagáramos o nos fuéramos de paseo. No tomamos su rechazo personalmente y vimos la puerta cerrada como una oportunidad para hacer algo inesperado.

Al darnos cuenta de que mi mamá nos había dejado y ya se había ido, dimos la vuelta y comenzamos a caminar en dirección a casa. Inseguros de lo que depararía la noche, fue agradable tener una noche libre cuando nuestros padres pensaban que estábamos en una fiesta de pizza para un grupo de jóvenes. Ed y yo éramos estudiantes de secundaria, siempre en busca de aventuras.

Justo después de cruzar el puente sobre la carretera de peaje del aeropuerto de Dulles, vimos un edificio de cinco pisos que estaba en construcción. Estábamos aburridos y decidimos entrar al edificio y explorar. Una vez que llegamos al nivel superior, notamos una grúa que se estiraba otros tres o cuatro pisos más arriba que el edificio mismo.

Solíamos jugar un juego al que nos referíamos como "juegos de desafío". La esencia básica del juego implicaba desafiar al amigo a hacer algo valiente, y si se acobardaba, entonces la persona que lanzaba el desafío tenía que completar el desafío por sí misma. Ed me desafió a subir a la parte superior de la grúa. Acepté la tarea y comencé a subir los peldaños de la escalera en el centro de una jaula cuadrada que ascendía por encima del edificio. Para los adictos a la adrenalina, subir a la altura más alta era tentador y Ed no quería perderse la aventura. Inmediatamente comenzó a trepar detrás de mí. No estoy seguro de que se tratara de la competencia, ya que ambos aceptamos los mismos desafíos. Lo que estaba claro era el hecho de que ninguno de nosotros tenía ningún deseo de dar marcha atrás.

Cuando llegamos a la cima, contemplamos el brazo extrem-adamente largo de la grúa. El suelo estaba construido con una rejilla en forma de jaula y los lados eran gruesas barras de acero que formaban una parte superior triangular. Si querías llegar al final del brazo, tenías que agacharte un poco y tratar de no enfocarte en el suelo que era tan claramente visible a través de la rejilla.

Después de llegar a la cima, era lógico completar el desafío abriéndonos camino hasta el final del brazo largo. Yo estaba a la cabeza, así que me encorvé y comencé a moverme rápidamente hacia el final de la grúa. Una vez que llegamos al final del brazo, ambos nos turnamos para mirar por encima del borde desnudo. Estábamos aproximadamente 10 pisos por encima del suelo cuando se me ocurrió la idea del desafío de Ed. Había completado mi desafío, así que le di el suyo: "Tienes que acostarte en el extremo del brazo de la grúa con la cabeza colgando por el borde". Ed estuvo de acuerdo y luego se abrió paso a mi alrededor, donde se acostó en el estrecho pasillo con la cabeza colgando por el borde.

Mientras los dos mirábamos al suelo muy por debajo, ambos notamos a un trabajador de la construcción que salía de un remolque de oficina en el estacionamiento de tierra. Simplemente miró hacia arriba mientras navegábamos por el final de la grúa. Se apresuró a gritarnos: "¡Oigan, niños, bajen de ahí inmediatamente!". No perdí tiempo y comencé a moverme rápidamente por el estrecho túnel triangular. Cuando llegué a la parte vertical de la grúa, bajé lo más rápido que pude por la escalera. Tiendes a moverte mucho más rápido cuando tu adrenalina se activa y te das cuenta de que estás en problemas.

Ed me seguía de cerca, mientras descendíamos por la escalera de regreso al edificio mismo. El sol se había puesto y el edificio estaba mucho más oscuro de lo que había estado la grúa. No teníamos ningún deseo de que nos atraparan y estábamos convencidos de que el director de obra que nos gritaba nos estaba buscando.

Nos dimos cuenta de que la constructora solo se molestaba en iluminar el cuarto piso del edificio, que era el lugar donde guardaban sus herramientas de construcción por la noche. Nos escondimos en el quinto piso, esperando el momento adecuado para hacer nuestro movimiento.

Me puse ansioso y le susurré a Ed: "Creo que deberíamos huir y salir de aquí". Él respondió: "No, no hemos esperado lo suficiente". En lugar de discutir, hice mi movimiento y comencé a arrastrarme por el piso para echar un vistazo por el hueco vacío del ascensor. Solo di unos pocos pasos, cuando accidentalmente pateé una pequeña tubería de metal. La tubería rodó por el suelo, haciendo un ruido que era fácil de escuchar.

Inmediatamente después de patear la tubería, una linterna brillante brilló en mi dirección. El hombre que sostenía la luz gritó: "Alto, tengo un arma apuntando en tu dirección. Ven hacia mí con tus manos donde pueda verlas". Supuse que el hombre debía ser un guardia de seguridad pagado o un policía si tenía un arma, aunque me pregunté si estaba mintiendo. Ed salió de su escondite y los dos nos dirigimos hacia la luz.

Dirigió la luz en dirección a un conjunto de escaleras y nos dijo que comenzáramos a caminar. Mientras seguíamos sus instrucciones, él nos siguió de cerca y nos guio hasta el nivel del suelo. Cuando finalmente llegamos al suelo, nos acompañó al tráiler donde lo vimos por primera vez. Estaba claro cuando estábamos en la luz, que había estado fanfarroneando sobre el arma.

Nos preguntó qué estábamos haciendo en la grúa y si estábamos tratando de robar herramientas de construcción. Le aseguramos que no teníamos mala intención y que simplemente queríamos ver la vista desde el extremo de la grúa. Pareció creer nuestra historia, que de hecho era cierta. No teníamos intención de robar nada. Sin embargo, no quería dejarnos ir con una advertencia.

Nos dio dos opciones, "Puedo llamar a la policía o llevarte a la casa de tus padres. ¿Cual prefieres?" Optamos por llevarnos a la casa de los padres, sabiendo que la policía terminaría llamando a nuestros padres de todos modos. ¿Por qué no omitir un paso en el proceso, ir directamente a casa y enfrentar las consecuencias? El hombre nos preguntó nuestros nombres y Ed respondió rápidamente: "Mi nombre es Steve y mis padres no están. Me he estado quedando en la casa de mi amigo. Cuando llegó a la palabra "amigo", hizo un gesto en mi dirección. En ese momento, el trabajador de la construcción dirigió su atención hacia mí.

La mentira astuta y acelerada de Ed me puso en una situación incómoda. Después de todo, ¿cómo podría decir mi verdadero nombre si él había elegido uno falso? ¿Cómo se desarrollaría esto cuando llegáramos a mi casa? Estábamos parados frente al hombre, por lo que no había forma de conspirar o ponerse de acuerdo sobre una historia. Tuve que jugar con Ed, así que lo hice.

"Mi nombre es Ted y Steve se queda en mi casa durante la semana". El hombre respondió: "Está bien, vámonos, no tengo toda la noche", mientras señalaba su camioneta. Nos dirigimos en esa dirección y salté primero. Yo estaba en el centro, Ed en el asiento del pasajero y el gerente de construcción subió para conducir. Puso en marcha el motor y preguntó: "¿Hacia dónde nos dirigimos?" Señalé a la derecha del estacionamiento y dije: "Deberá girar a la izquierda en Soapstone Drive". Al no tener tiempo para tramar un plan, simplemente lo dirigí hacia mi casa real.

Me estaba poniendo nervioso a medida que nos acercábamos a mi casa y decidí que nuestro conductor girara a la derecha. Una vez que giró en Clipstone Lane, preguntó: "¿Qué casa es?" mientras conducía lentamente en ese vecindario tranquilo. Le pedí que volviera a girar a la derecha en Red Clover Court. Ahora mis opciones eran limitadas. Mientras inspeccionaba rápidamente siete caminos cortos, nuestro chofer preguntó: "¿Cuál?" Señalé el que estaba en el centro directo de la cancha y él se detuvo en el camino de entrada.

Paro el camión y salimos. El jefe de obra permaneció en su vehículo y bajó la ventanilla. Él dijo: "Ve a buscar a tu papá, para que pueda hablar con él". Respondí: "Sí, señor", mientras Ed y yo caminábamos hacia la puerta principal.

Vimos a una gran familia cenando en la cocina. Eran visibles a través del gran ventanal mientras caminábamos hacia la puerta principal. El hombre sentado en la cabecera de la mesa había notado claramente el camión estacionado en su camino de entrada. Lo vimos levantarse para dirigirse a la puerta principal. Le susurré a Ed: "Cuando el hombre abra la puerta principal, corre hacia la derecha alrededor de la casa y yo correré hacia la izquierda. Dirígete al bosque detrás de su casa lo más rápido que puedas y llámame cuando llegues a casa". No hubo tiempo para considerar otras opciones, ya que en el momento en que terminé de compartir mi plan con Ed, la puerta se abrió abruptamente. Mi corazón se aceleró, aunque mis pies lo superaron. Ed hizo lo mismo. Antes de que la puerta se abriera lo suficiente para ver la cara del hombre, ¡nos habíamos ido!

No tengo idea si el conductor del camión intentó perseguirnos o si se quedó congelado dentro de su camión, confundido por nuestra partida imprevista. No me atreví a darme la vuelta para reflexionar sobre la reacción de ninguno de los dos. Solo sabía que sería mejor desaparecer en el bosque oscuro, antes de que tuvieran tiempo de considerar un plan.

Supongo que Ed hizo lo mismo en el lado opuesto de la casa. No éramos ajenos a una buena persecución y nos enorgullecíamos de que rara vez nos atraparan. La adrenalina proporciona combustible adicional para la velocidad, y moverse rápido era fundamental en situaciones como esa. Ed me llamó unos 20 minutos después, y ambos nos sentimos aliviados de que ninguno de los dos hubiera sido atrapado. Estuve en situaciones en las que atrapar a una persona significaba que eventualmente atraparían a todos. No era suficiente que solo una persona escapara.

Si bien no pudimos cenar esa noche en un buffet completo de pizza, tuvimos una gran aventura escalando la grúa. ¡Las travesuras que rodearon nuestro escape fueron igual de emocionantes! Nuestras mentes estaban tranquilas, aunque nuestros estómagos estaban vacíos. Estoy seguro de que ambos logramos encontrar algunas sobras. Eso describiría un día típico en mi amistad con Ed.

Varias personas que están al tanto de nuestros viajes a San Diego han preguntado: "¿Qué tenía de especial tu amistad con Ed que has estado dispuesto a buscarlo en el otro lado del país?" Supongo que se me ocurren tres respuestas. Para empezar, tuvimos innumerables aventuras como la escalada en grúa que acabo de mencionar, o cruzar el río Potomac cerca de Great Falls Park, como compartí anteriormente en el libro. Enfrentarse a situaciones de riesgo vital y cargadas de adrenalina tiende a crear un vínculo estrecho entre las personas. Como resultado de ello, nuestra amistad fue muy profunda.

La segunda razón tiene que ver con nuestro encuentro en Anaheim, California, en noviembre de 2013. Cuando Ed hizo el esfuerzo de viajar desde San Diego hasta Anaheim para estar con nosotros, supe que tenía algo que quería compartir. Cuando expresó su deseo de cambiar su vida y comenzar de nuevo, supe que algo estaba sucediendo en la vida de Ed a lo que debía estar atento. Llegó a pedirme ayuda e incluso me pidió que orara con él. Cada dinámica en ese encuentro fue significativa para mí. Si bien compartí sobre su visita en 2013 anteriormente en el libro, no mencioné que, sin la petición de ayuda de Ed, no estoy tan seguro de haber sentido la misma convicción de buscarlo. Como saben, Ed nunca hizo el viaje a Ghana que prometió en el verano de 2014, pero no pude evitar su grito de ayuda. Su interacción con Sandra y conmigo en ese viaje en particular es el segundo factor que me llevó a buscar a Ed en este viaje.

*(De izquierda a derecha: Will & Ed*
*en el Embassy Suites Hotel en Anaheim)*

La tercera razón para buscar a mi amigo Ed ha sido mi deseo de vivir según lo que Jesús dijo que son los dos mandamientos más importantes que se encuentran en Lucas 10:27. Deseo amar a Dios completamente y amar a los demás como me gustaría ser amado si estuviera en su lugar. Por ello, la pregunta que me ha motivado a lo largo de todo este proceso ha sido: "Si yo estuviera en su piel, ¿cómo querría ser amado?". La respuesta era obvia en mi mente, me gustaría que alguien viniera a buscarme. Ciertamente no me gustaría ser olvidado.

De hecho, esa es la misma pregunta que hice cuando conocimos a Whitey, Israel, Juan y muchos otros. Ese principio ha guiado mi amistad con Ed, así como cada uno de estos viajes a California y a Hawái. Me doy cuenta de que, de vez en cuando, necesito detenerme para considerar "por qué" estoy haciendo lo que estoy haciendo. La razón 'por qué' sirve como motivación principal para el 'qué' y el 'cómo'.

Nuestras memorables aventuras, la sincera solicitud de ayuda de Ed en Anaheim, junto con la convicción de que debería amar a mi amigo como me gustaría ser amado si los roles se invirtieran, todo sirvió como motivación para buscarlo. En consecuencia, también me sirvieron de motivación para continuar con la búsqueda. A pesar del deseo involuntario de Ed de hacer un cambio, reconocí el valor que señaló John Costello, diciendo que la misión se había vuelto "más grande que Ed".

En retrospectiva, no tenía ni idea de que ese encuentro me inspiraría a vivir en las calles. Si me hubieras dicho en 2014, que dentro de seis años estaría viviendo sin hogar dos semanas cada año, y que Ed ya no vivía en San Diego, pensaría que estabas desvariando.

¿Quién además de Dios habría sabido los giros que tomaría este viaje y los que quedarían ante nosotros? Probablemente sea lo mejor que Dios no revele demasiado de nuestro futuro, o tal vez no tomaríamos algunas de las decisiones que tomamos. Sin embargo, dicho esto, no querría cambiar esta experiencia por nada. Cuando tomamos riesgos en la vida y salimos de nuestra zona de confort y rutina diaria, a menudo crecemos. Quizás por eso la Biblia dice: "Sin fe es imposible agradar a Dios" (Hebreos 11:6). A menudo, cuando asumimos riesgos, somos más propensos a confiar en Dios, especialmente cuando el desafío es mas grande que nosotros.

En el verano de 1982, después de mi segundo año de secundaria, recuerdo una tarde en que Ed y yo estábamos sentados en un cine, esperando que comenzaran los avances de la película. Una vez que la película estaba en marcha, estábamos pegados a la pantalla. Estábamos viendo la película "First Blood". ¿Quién sabía que esta era la primera parte de la franquicia de Rambo que daría lugar a cinco películas en total, estrenadas en un lapso de 37 años? Recuerdo que la película tuvo un impacto significativo en nosotros dos. Sinceramente, creo que, si hubiera habido un reclutador militar fuera del teatro esa noche, habría tenido nuestras firmas en los contratos, ansioso por alistarnos. Al día siguiente inventamos un juego al que nos referimos como "Juegos de guerra".

En la década de 1980, la ciudad de Reston tenía acres y acres de área forestal. El juego que inventamos implicaba que uno de nosotros se adentrara en el bosque y se escondiera, mientras que la otra persona esperaría cinco minutos antes de buscar a la otra persona. Antes de que tengas la idea de que estábamos jugando al "escondite", déjame agregar que los "Juegos de guerra" implicaban cazar a la persona para matarla. Un "kill" consistía en golpear a la persona con una pelota de tenis, un palo o una piedra, antes de ser golpeado por el otro jugador que estaba escondido. Nos turnábamos para ser el cazador y el cazado. El paintball aún no se había inventado, así que esta era la siguiente mejor opción.

Recuerdo un juego en particular en el que corrí al bosque para esconderme y esperar a que Ed me buscara. Decidí trepar a un árbol que estaba muy cerca del sendero que usábamos para navegar por el bosque. Subí unos quince pies al árbol y esperé a que Ed caminara por el sendero al lado de donde me escondía. Al lado del árbol al que trepé había un acebo de unos 12 pies de alto. Si no está familiarizado con los acebos, crecen con ramas llenas de pequeñas hojas verdes, cada una con pequeñas puntas en forma de espina. Desde mi punto de vista encaramado en una rama por encima del acebo, parecía bastante tupido. El acebo debajo de mí desencadenó una idea de una escena en "First Blood".

Recordé a John Rambo, (Sylvester Stallone) perseguido por unos policías corruptos. Se encontró atrapado en el costado de un acantilado. Cuando se dio cuenta de que estaba rodeado, Rambo optó por saltar por el acantilado. Justo a la derecha del acantilado había un pino alto y frondoso, al que saltó para ayudar a amortiguar su caída. Me imaginé que el acebo funcionaría de manera similar, amortiguando mi caída, cuando tomara a Ed con la guardia baja. Me imaginé dando el salto cuando él se acercaba al árbol, para poder golpearlo con el palo que tenía en la mano. Parecía una victoria fácil y él no esperaría que yo saltara de un árbol.

Ed vino caminando por el sendero tal como lo predije. Mientras se acercaba al acebo, me quedé helado, hasta el momento preciso en que decidí que era hora de saltar. Lo hice en forma sigilosa, saltando desde la rama con los brazos y piernas abiertos como si tuviera un paracaídas para frenar mi caída. No fue así. Cuando mi cuerpo se conectó con el acebo debajo de mí, el centro del árbol se dobló bajo mi peso. Mi conjetura es que después de que la parte superior del árbol de aproximadamente dos metros detuviera mi caída, el árbol se partió por la mitad, dejando la parte inferior más fuerte, que presionó firmemente el costado de mi cintura. La fuerza del árbol que se conectaba con mi cadera hizo que todo mi cuerpo se volcara en la dirección opuesta. Me quedé de espaldas, de cara al cielo en el centro del sendero. Aterricé con fuerza, y quedé desorientado por el golpe inesperado sobre mi espalda.

Conmocionado por el incidente, mis reflejos fueron más lentos de lo que esperaba y cuando reuní mis sentidos, Ed me golpeó con un palo y anunció: "¡Estás muerto, yo gano!" Digamos que las cosas no se desarrollaron de la manera que había imaginado. Si hubiera prestado más atención a la escena de "First Blood" que inspiró mi salto, quizás lo hubiera pensado dos veces. Después del salto de Rambo en la película, su brazo se abrió. El personaje de Green Beret tuvo que coser su propio brazo herido. Ed y yo pensamos que esa escena de la película era genial. Sin embargo, cuando di el salto, terminé con un buen moretón y una cadera lesionada, sin mencionar mi ego magullado.

No me había detenido a considerar todos los escenarios posibles antes de saltar. La evaluación de riesgos es algo divertido; nunca se sabe lo que puede pasar cuando hay riesgo. Ed y yo rara vez nos deteníamos a considerar los riesgos potenciales. ¿Tal vez me inspiré en la letra de la popular canción de Van Halen de 1980 "Jump?" Después de todo, la canción repite la frase "También podría saltar" más de una vez.

Mi elección de perseguir a mi amigo de la infancia que se había quedado sin hogar implicó la decisión de "saltar". Muchas de las decisiones más importantes que tomamos en la vida requieren un "salto". Se requiere fe para dar un salto. Supongo que tenemos que detenernos a considerar "qué" y "quién" vale la pena saltar. ¿Cómo responderías a esas dos preguntas?

Saltar a menudo implica un riesgo, así como un costo asociado. Decidí que no solo valía la pena perseguir a mi amigo y el esfuerzo para dar el salto, sino también los muchos nuevos amigos sin hogar que había hecho en el camino. Con frecuencia un salto no resulta como lo planeamos o imaginamos y, sin embargo, puede estar lleno de bendiciones que nunca consideramos. A medida que avanzaba el viaje, también lo hizo mi determinación, lo que me hizo decir una y otra vez: "¡También podría saltar!" Una vez que esté convencido y dispuesto a dar el salto, solo necesita decidir dónde y cuándo. Reconocí que era hora de otro salto de regreso a Maui, así que me senté con Sandra para determinar cuándo.

# Capítulo 16
## *Ed y Owen*

En febrero de 2018, regresé a San Diego para otra ronda, acompañado por Ben Skriloff, quien había participado en el viaje anterior. Nos acompañaban novatos, ambos más cercanos a mi edad: John Morales y Semisi Tipeni. Este fue el primer viaje real para personas sin hogar en el que Steve Bowman no se unió a mí. Si bien estuvo de acuerdo en que regresar a San Diego era importante, no coincidimos en la frecuencia. Prometió participar en un viaje cada año, pero nuestro viaje anterior se había realizado solo cinco meses antes y quería un descanso. Tenía sentido para mí. Los cuatro tuvimos una semana llena de acontecimientos cuidando a las personas sin hogar, pero no fue lo mismo sin Steve.

Fue un privilegio volver a conectarme con Paul y Tom y los otros habituales. La semana pasó como un relámpago y, al regresar a casa, decidí hacer un cambio. Siempre habíamos hecho dos viajes cada año a San Diego, pero después de encontrar a Ed en Maui, me pareció mucho continuar con la misma rutina además de un viaje a Hawái. Decidí hacer un viaje cada verano para reconectarme con Ed en Maui y un viaje cada enero para vivir en las calles de San Diego. Después de tomar la decisión de cambiar el ritmo del viaje, comencé a planificar el viaje diez, de regreso a Maui.

Seis meses después, el 29 de agosto de 2018, regresamos a Maui. Nuestro equipo de siete estaba compuesto en su totalidad por miembros de la familia, excepto por una persona adicional. Sandra y yo trajimos a nuestras dos hijas menores Capri y Skye, mientras que mis suegros vinieron a ayudar con los niños mientras buscábamos a Ed. Nuestro miembro agregado fue Eric Locklear. Había estado en el viaje ocho a San Diego y me informó que quería unirse a nosotros en nuestra búsqueda de Ed. Recuerde, Eric también conocía a Ed de la escuela secundaria, por lo que no era un extraño para él.

Adaptarse a un cambio de hora de seis horas cuando se viaja de este a oeste nunca es fácil. Esa realidad solo se agrava cuando se viaja con dos niños pequeños menores de cinco años. Para empezar, incluso si sus hijos están acostumbrados a despertarse a las 8:00 a. m., son las 2:00 a. m., hora de Maui. Los niños lograron dormir hasta las 10:00 a. m. (hora de la Costa Este) la primera mañana, aunque eso es a las 4:00 a. m. (hora de Hawái) cuando las dos estaban listas para comenzar el día. El único problema con eso era el hecho de que todo estaba cerrado y el sol aún no había salido. Logramos encontrar un canal de televisión con dibujos animados y una tienda de comestibles con horario nocturno.

Eric no debía llegar hasta la hora del almuerzo, así que Sandra y yo decidimos dejar a nuestras niñas con sus padres y dirigirnos a Paia para tomar un café a las 6:00

a. m. Teníamos la esperanza de que tal vez nos encontráramos con Ed, aunque no lo vimos esa mañana. Caminamos por la ciudad y nos familiarizamos con el diseño de la ciudad de playa bohemia. Matamos el tiempo haciendo el papel de turistas, antes de ir al aeropuerto a buscar a Eric. Su vuelo llegó según lo programado. Lo llevamos de regreso al hotel para discutir nuestro plan de juego y ver cómo estaban las chicas.

Sabiendo que Ed rara vez viaja a ningún lado sin su bicicleta, traje la mía para el viaje. Habría sido más fácil alquilar una bicicleta en la ciudad, pero esperaba que Ed pudiera estar interesado en reparar la mía durante nuestra visita. Recordando que el taller de Donnie le da a Ed cinco dólares por bicicleta para limpiarlas, y siendo consciente del conocimiento de Ed sobre el mantenimiento de bicicletas, estaba buscando otra oportunidad para conectarme con mi viejo amigo.

Además de restaurar muebles, Ed era un ávido ciclista. Tiene una mentalidad mecánica, es hábil para restaurar antigüedades y puede reparar bicicletas. En mi viaje anterior, me reuní con la amiga de Ed, Stephanie, en San Diego. Ella había estado guardando algunas de sus pertenencias, y cuando se enteró de que lo había encontrado, me las envió. Traje una billetera vieja suya, que aún contenía su licencia de conducir del estado de California. Tenía la esperanza de que tal vez mi bicicleta o su billetera y su licencia de conducir pudieran ayudarme a reconectarme.

Mientras discutíamos el plan de juego, Sandra acordó llevarnos a Eric y a mí a través de la isla, a 22 millas de donde nos alojábamos en Wailea, a la tienda de Donnie en Paia. Volví a armar mi bicicleta y Eric alquiló una en la tienda de Donnie. Estábamos listos para hacer nuestras rondas buscando a Ed en bicicleta en lugar de a pie. Hablamos con Donnie en la tienda de bicicletas para averiguar si había habido algún cambio en la rutina o el comportamiento de Ed. De hecho, me mantuve en contacto con él durante todo el año. Me comunicaba periódicamente para saber cómo estaba mi amigo. Donnie fue un gran apoyo para Ed y contacto para mí. Siempre pasaba las actualizaciones a la familia de Ed, como una cuestión de cortesía.

Donnie nos dijo que Ed viajaba casi a todas partes en su bicicleta, y que lo más probable es que lo encontráramos en bicicleta por la ciudad. El plan de bicicletas también fue útil, ya que solo habíamos alquilado un automóvil. Supuse que Sandra, junto con sus padres y los niños podrían necesitar el vehículo para moverse. Eric y yo planeamos hacer el viaje de regreso a Wailea antes del atardecer en nuestras bicicletas. Según Google Maps, el recorrido de 22 millas le toma al ciclista promedio una hora y 49 minutos de un lado a otro de la isla.

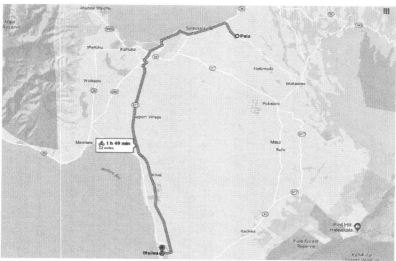

*(Nuestro paseo diario en bicicleta en Maui)*

Después de alquilar una bicicleta para Eric, recibir nuestra actualización de Donnie y despedirnos de Sandra, estábamos listos para salir a la calle. Eric agradeció la oportunidad de conocer a los muchachos que trabajan en Maui Cyclery antes de despegar. No puedo decir suficientes cosas positivas sobre la forma en que cuidaron de Ed mientras vivía sin hogar en su ciudad. Hicimos algunos pases iniciales por las calles principales de Paia, cuando Eric confesó estar increíblemente hambriento. Su vuelo no sirvió nada más que una pequeña bolsa de "pretzels", y no habíamos disminuido la velocidad para comer desde que lo recogimos. Aparcamos nuestras bicicletas en la tienda de Donnie y cruzamos la calle para almorzar.

Hay un par de excelentes restaurantes cerca del cruce principal, que es el centro de Paia. La intersección de Baldwin Avenue y Hana Highway es un imán turístico, ya que todos conducen por esa ruta cuando exploran el famoso "Road to Hana". Conseguimos una mesa al aire libre en el restaurante mexicano de la esquina conocido como Milagros Food Company. Nuestra mesa proporcionó asientos de primera fila para vigilar a todos los que pasaban por la ciudad. Continuamos la búsqueda desde nuestra vigilancia junto a la mesa, mientras ordenábamos unos deliciosos tacos de pescado y la cerveza local Kona Brewing Company.

El almuerzo fue una oportunidad fantástica para ponernos al día. La vida en el norte de Virginia parece moverse a un ritmo que hace que momentos como ese sean pocos y distantes entre sí. Supongo que vivir muy cerca de la capital de nuestra nación puede tener ese efecto en las ciudades circundantes. Eric compartió sobre su familia, trabajo y fe, y yo hice lo mismo. Ha sido alentador para mí ver el cambio en la vida de Eric desde que apareció en las puertas de nuestra iglesia.

Eric parece poseer la capacidad de superar las pretensiones y expresarse con franqueza y honestidad. Encuentro que este atributo es refrescante en un mundo donde la mayoría de las personas son extremadamente cautelosas. Si bien la fe de Eric había crecido, siguió siendo el mismo franco que había sido cuando se presentó en la iglesia y me dijo sus razones para no confiar en la gente de la iglesia.

Mientras conversábamos, nuestros ojos escaneaban constantemente la intersección frente a nosotros en busca de cualquier señal de nuestro amigo Ed. Después de una hora de almuerzo prolongada y relajada, pagamos nuestra cuenta y cruzamos la intersección para recuperar nuestras bicicletas. Era hora de montar las bicicletas y andar en bicicleta por Baldwin Avenue para buscar a Ed y quemar las calorías que acabábamos de ingerir.

Baldwin Avenue posee una pendiente pronunciada y es bastante estrecha. Proporcionó un entrenamiento desafiante para un par de hombres de 52 años que no estaban acostumbrados a andar en bicicleta todos los días como lo estaba Ed. Decidimos dirigirnos desde Paia hacia la montaña. Ajustamos las bicicletas a marchas más bajas y fáciles y lo aprovechamos al máximo. Nuestro ascenso fue lento, pero continuamos subiendo la colina de manera constante. Se notaba que ambos nos quedamos sin aliento, ya que dejamos de charlar para conservar la respiración y el oxígeno necesario para seguir moviéndonos.

Pensé en mi viaje un año antes cuando perseguí a Ed a pie por la misma colina. Estaba confundido cuando el había sido capaz de dejarme atrás en la carrera, a pesar de que era un adicto. Donnie mencionó que Ed montaba su bicicleta todos los días en esta colina empinada, lo que tenía mucho más sentido con respecto a su acondicionamiento cardiovascular, independientemente de su consumo continuo de drogas.

Llegamos al pequeño pueblo de Makawao en la cima de Baldwin y luego anduvimos en bicicleta por las calles laterales con la esperanza de encontrar a nuestro amigo. Después de recorrer mucho pavimento, decidimos regresar cuesta abajo hacia Paia. Andar en bicicleta por Baldwin Avenue fue genial, aunque teníamos que usar los frenos con frecuencia para no perder el control. Cuando regresamos a Paia recorrimos en bicicleta el pueblo con la esperanza de localizar a Ed. Después de pasar otra hora buscando, nos dimos cuenta de que sería mejor comenzar nuestro viaje de 22 millas de regreso a Wailea si queríamos hacerlo antes del atardecer. Mis piernas estaban bastante gastadas, y el cambio de hora de seis horas también fue un factor. Me imagino que Eric debe haber estado aún más agotado, ya que había viajado más temprano ese mismo día.

*(Montando detrás de Eric en Hana Highway en Kahului)*

Estaba emocionado de ver a la familia y poder tomarme un descanso del ciclismo. Cuando no está acostumbrado a andar en bicicleta, el asiento o el sillín pueden causar dolor en la parte trasera. Lily, mi suegra, había preparado unos espaguetis a la boloñesa con pan de ajo y estábamos listos para "cargarnos de carbohidratos". Su cena, junto con una copa de vino tinto, fue suficiente para noquearme por la noche. Estábamos agotados y listos para acostarnos temprano. Eric solo pudo obtener unos días libres del trabajo, por lo que estaba ansioso por reanudar la búsqueda nuevamente temprano a la mañana siguiente.

Nuestro hotel en Wailea incluía un desayuno completo, así que lo aprovechamos antes de ensillar nuevamente nuestras bicicletas. Me di cuenta de que Eric estaba ansioso por salir a la carretera y volver a Paia. La idea de la travesía de 22 millas hizo que me doliera el trasero solo de pensarlo. Estaba bebiendo mi café lentamente, como una forma de posponer el viaje.

Sentado al otro lado de la mesa en el restaurante del hotel, Eric hizo algunas declaraciones que me llamaron la atención. Él dijo: "He estado orando esta mañana y el Señor me dejó en claro que voy a encontrar a Ed hoy". No dijo "Vamos a encontrar a Ed", sus comentarios fueron específicos para él. Eric siguió ese comentario y agregó: "Siento firmemente que Dios quiere que comparta algunas cosas con Ed, lo cual tengo la intención de hacer cuando lo encuentre". Estaba procesando sus comentarios y pensando: "¿Por qué no recibí una palabra de Dios como Eric?" Al mismo tiempo, me inspiraba la confianza de su fe. Eric me decía con absoluta certeza su objetivo, el cual sentía que venía directamente de Dios. Este es el mismo tipo que se presentó en mi iglesia un año antes y me dijo que no estaba seguro de creer en Dios y que definitivamente no confiaba en la palabra de los feligreses. ¿Qué explica un cambio tan drástico? Aunque el objetivo del viaje era localizar a Ed, una vez más recordé que el impacto fue mucho más amplio. Eric Locklear fue evidencia de esa realidad.

Mientras me sentaba en silencio, considerando las palabras llenas de fe de mi amigo, agregó un comentario más. "Voy a salir ahora, pero creo que deberías relajarte y disfrutar el tiempo con tu familia". Conociendo mi personalidad, sabía que era propenso a pasar toda la semana en mi bicicleta buscando a Ed. Este fue el primer viaje en el que trajimos a varios miembros de la familia. Estuve de acuerdo con sus comentarios y dije: "Saldré en aproximadamente una hora y te llamaré cuando llegue a Paia". Con eso, Eric y yo nos tomamos unos momentos para orar juntos y luego montó su bicicleta y se fue.

Regresé a la habitación del hotel para invitar a nuestras pequeñas, Capri y Skye, a ir a la piscina. Sandra parecía sorprendida de que no me hubiera ido con Eric, pero estaba emocionada de unirse a mí y a las chicas en la piscina. Le hablé de los comentarios de Eric, que sirvieron de aliento. Si bien creo sinceramente en Dios, nunca escuché Su voz audible. A menudo tengo una idea en mi espíritu de las cosas que creo que Él quiere que haga y, sin embargo, me conmovieron las palabras seguras de Eric, expresando una confianza total en su misión para el día. Como prometí, me subí a mi bicicleta una hora más tarde y comencé la larga travesía hacia Paia.

El viaje de Wailea a Paia es mucho mejor que la dirección inversa. Hay una parte larga de la ruta en la autopista Piilani que es casi todo cuesta abajo. El nombre cambia a Maui Veteran's Highway aproximadamente a la mitad del camino. Disfruté de la brisa fresca mientras descendía por la carretera desde Wailea. No es hasta que llegas a la antigua fábrica de caña de azúcar abandonada que tienes que andar en bicicleta por una ligera pendiente.

Giré a la derecha en Hansen Road y comencé a pedalear con más fuerza. Justo después de pasar la fábrica histórica, sonó mi teléfono. Me detuve a un lado para tomar la llamada. Tenía mi teléfono montado en mi manillar, para poder ver que la llamada entrante era de Eric. Esperaba escuchar noticias positivas sobre Ed, pero supuse que quería saber mi hora estimada de llegada. Cuando salí de la carretera y respondí la llamada, tenía toda mi atención cuando lo escuché decir: "¡Encontré a Ed!" Moví mi bicicleta un poco más lejos de la acera para concentrarme intensamente en lo que estaba diciendo.

Antes de que Eric pudiera continuar, pregunté: "¿Está contigo ahora?" Eric respondió: "No, lo encontré en una esquina y tuvimos una conversación maravillosa.

Cuando terminamos de charlar dijo que tenía que irse". Estaba enojado conmigo mismo por no haber salido antes, pero me preguntaba si podría haber sido mejor para Eric tener un tiempo a solas con Ed sin mi presencia. Le dije: "Estoy a unos 20 minutos y andaré en bicicleta más rápido para encontrarte en la ciudad". Eric respondió: "Tómate tu tiempo, ya se fue".

Justo cuando estaba a punto de terminar la llamada, Eric me sorprendió con aún más información. Él preguntó: "¿Quieres saber con quién más me encontré?" "¿No quien?" Le pregunté. Él dijo: "Me encontré con el actor Owen Wilson. Aparentemente tiene una casa aquí. Si no estaba celoso antes, ciertamente lo estaba después de que compartió la noticia de su encuentro con una celebridad. Respondí: "Está bien, me voy ahora, ¡nos vemos pronto!". Con eso, aseguré mi teléfono en el soporte y volví a subir a mi bicicleta. Mi frustración conmigo mismo sirvió como combustible mientras pedaleaba como un loco.

Me moví rápidamente por Hansen Road hacia la ciudad de Paia, repitiendo todo lo que acababa de escuchar de Eric. Pensé: "Eso no es justo, pudo ver a Ed y Owen. No llegué a ver a nadie. Comenzaré a buscar a Owen mientras estoy aquí también". Mi línea de pensamientos celosos era lo que cabría esperar de un niño de secundaria. Solo estoy siendo honesto, aunque estaba feliz por Eric, también estaba un poco envidioso. Independientemente de mis motivos mixtos, la adrenalina que corría por mis venas me ayudó a llegar muy rápido.

*(De izquierda a derecha: Donnie Arnoult y Owen Wilson en Paia)*

Cuando llegué a la ciudad, pasé por la tienda de Donnie y le conté lo que Eric había compartido conmigo. Donnie dijo: "Sí, también vi a Ed esta mañana". "No es broma, ¿todos menos yo?", Fue el pensamiento que me guardé. También le conté a Donnie que Eric conoció a Owen Wilson. Donnie agregó: "Oh, sí, tiene una casa aquí. Él y yo somos amigos y a veces vamos en bicicleta". "Claro que sí", pensé.

Le agradecí a Donnie por la actualización y salí para encontrarme con Eric. Era casi la hora de comer, así que buscamos un sitio para aparcar las bicis y nos decidimos por otro restaurante. Nos instalamos en el mercado de pescado de Paia, que proporcionó visibilidad de la intersección principal de la ciudad. Pedimos el almuerzo en el mostrador, luego nos deslizamos en algunos bancos con una línea de visión directa sobre el tráfico peatonal.

Estaba ansioso por escuchar los detalles de la interacción de Eric con Ed y también con Owen. Me dijo que simplemente le dijo "Hola" a Owen, pero su conversación con Ed fue extraordinaria. Eric se encontró con Ed en una intersección en Paia. Se acercó a Ed, sin estar completamente seguro de si recordaría a Eric de la escuela secundaria.

Eric dijo: "Hola Ed, no estoy seguro de que me recuerdes, pero soy Eric Locklear y estábamos en el mismo equipo de lucha libre en South Lakes High School en Reston, Virginia". De hecho, Ed lo recordaba, así que procedió a compartir lo que sentía que Dios había puesto en su corazón para decir. Tenga en cuenta que Eric me dijo que estaba convencido de que Dios quería que viera a Ed y que compartiera algo muy específico. Eric también me dijo que Dios le hizo saber que vería a Ed en ese día específico. Si había sido algo escéptico sobre la capacidad de Eric para discernir la voz de Dios, para ese momento ya no lo era. Tenía toda mi atención y continuó compartiendo sobre su encuentro con Ed.

Cuando Eric tuvo toda la atención de Ed, le dijo: "Quería que supieras que has cambiado toda mi vida". Ed escuchó atentamente mientras Eric continuaba: "Escuché sobre Will y otras personas que habían ido a buscarte y que habían estado dispuestos a vivir sin hogar para encontrarte. Eso me provocó una curiosidad que me llevó a la iglesia. Conocí a Jesús y su amor por mí, lo cual ha impactado mi vida, así como la vida de toda mi familia. Me sentí obligado por Dios a viajar a Maui para decirte 'gracias por cambiar mi vida indirectamente'".

Eric mencionó que Ed se quedó sin palabras por un breve momento, después de lo cual logró decir: "Bueno, es bueno escuchar eso". También le hizo saber a Ed que sus amigos y familiares en casa lo extrañaban y lo amaban. Mencionó que yo estaba de regreso en la ciudad con Sandra y esperaba verlo también. Ed agradeció a Eric por venir a Maui, pero le comunicó su deseo de mantener una distancia con sus antiguos conocidos. Fue cortés, aunque después de que terminaron su intercambio, Ed estaba listo para salir corriendo. Eric se quedo mirandolo salir por la carretera en su bicicleta.

Eric estaba contento de haber tenido una interacción con Ed. Tal como me había informado esa misma mañana, Eric había podido entregar el mensaje que se sintió obligado por Dios a compartir. Nos tomamos un momento para agradecer a Dios por su fidelidad al responder la oración de Eric y dijimos una bendición por nuestra comida que finalmente llegó.

Después del almuerzo, Eric hizo el comentario: "No estoy tan seguro de que volveremos a ver a Ed hoy. Ahora que sabe que todos estamos aquí, es posible que se esconda". Eric hizo su segunda predicción precisa del día. Aunque buscamos en el área en nuestras bicicletas después del almuerzo, no pudimos encontrar a Ed por el resto del día. Enfrentándonos a nuestro intento fallido de búsqueda, decidimos comenzar nuestro viaje de dos horas de regreso a Wailea. La travesia pareció un poco más extenuante el segundo día. Quizás mi desánimo jugó un papel. Estábamos encantados después de subir la colina final y ver nuestro hotel.

*(De izquierda a derecha: Will y Eric en Piilani Highway)*

Como mencioné anteriormente, debido al horario de trabajo de Eric, solo pudo quedarse tres días y necesitaba volar de regreso al este al día siguiente. Regresamos en bicicleta a Paia temprano a la mañana siguiente, para buscar por última vez, antes de que tuviera que dirigirse al aeropuerto. Eric devolvió su bicicleta de alquiler a la tienda de Donnie alrededor del mediodía, después de que nuestra búsqueda no arrojara resultados. No habíamos podido localizar a Ed, aunque Eric estaba satisfecho. Se subió a un autobús de la isla que se dirigía al aeropuerto y nos despedimos. Su viaje había sido un éxito y necesitaba volver al trabajo. Sandra condujo el auto alquilado hasta Paia, y continuamos donde Eric y yo lo habíamos dejado.

Conocimos a un vagabundo local llamado Kai. Kai estaba familiarizado con Ed y habló un poco sobre su amistad. Describió su interacción como una mezcla de comunicación amistosa y no tan amistosa. Donnie había mencionado que Ed era más un solitario, que prefería hablar con la gente en las tiendas locales, mientras se desvinculaba de los otros hombres y mujeres sin hogar de la comunidad.

Ni Sandra ni yo habíamos almorzado, así que decidimos invitar a Kai a comer con nosotros. Él dijo, 'sí', mientras que su respuesta reveló una emoción obvia. Nos instalamos en el mercado de pescado de Paia para comer unos tacos de pescado y tener la oportunidad de aprender más sobre Kai. Tuvo la amabilidad de compartir un poco de su historia con nosotros, mientras todos disfrutábamos de los mariscos frescos.

*(De izquierda a derecha: Sandra, Kai y Will en el Paia Fish Market)*

Sandra y yo subimos y bajamos por las mismas calles por las que habíamos marchado solo un año antes. Tuvimos que dejarlo temprano esa tarde, ya que teníamos planes con nuestra familia esa noche. Hicimos reservas para que los seis disfrutáramos de un luau hawaiano tradicional esa noche. ¡A los padres de Sandra y a las niñas les encantó! Capri y Skye pensaron que Moana de Disney había cobrado vida. El memorable momento familiar fue justo lo que necesitábamos para levantar el ánimo. Comencé a desanimarme un poco ya que solo teníamos un día completo más para localizar a Ed. Aunque me emocionaba que la oración de Eric fuera respondida, oraba fervientemente para ver a Ed al menos una vez antes de irme.

Sandra y yo decidimos empezar temprano a la mañana siguiente. Nunca adaptados completamente a la hora hawaiana hizo que las mañanas tempranas no fueran un problema. Después de todo, ¿por qué molestarnos en ajustarnos a una variación de seis horas, cuando teníamos programado viajar a casa un día después?

Estacionamos nuestro auto en el estacionamiento público y nos dirigimos al café al lado de la tienda de bicicletas de Donnie: The Paia Bay Coffee Bar. Nos encontramos con Kai una vez más en la cafetería y le compramos una taza de café para comenzar el día. No sabíamos qué esperar, pero planeábamos quedarnos en la ciudad todo el día, o al menos hasta que tuviéramos la oportunidad de ver a Ed. Si bien estaba seguro de que nos encontraríamos con él ese día, no estaba dispuesto a decirlo con la misma confianza de mi amigo Eric.

Después de una hora en la cafetería sin señales de Ed, nos acercamos a Maui Cyclery al lado. Sandra dijo que iba a buscar en la calle mientras yo revisaba el área de estacionamiento al lado de la tienda de bicicletas. Cuando doblé la esquina, estaba Ed en el suelo cambiando la llanta de su bicicleta. Me sorprendió y comencé a caminar hacia él. Hablé primero y le pregunté cómo estaba. Él respondió: "Estoy bien, pero como mencioné el año pasado, no estoy interesado en volver a conectarme con personas de mi pasado".

Ignorando su comentario, respondí: "Te traje tu billetera". La saqué de mi bolsillo para sostenerla para que él la viera. Ed respondió: "No quiero ninguna caridad". Respondí: "No es caridad. Mírala, es tu cartera que le dejaste a Stephanie Wilson en San Diego. Ed miró la billetera en mi mano y, reconociéndola, se inclinó hacia adelante y dijo: "¡En ese caso, la tomaré!". Me la arrebató de la mano y caminó en dirección a su bicicleta.

*(Ed cambiando neumáticos fuera de Maui Cyclery)*

231

Continué: "Ed, no te molestaré más, pero quiero que sepas que te amo. Planeo regresar aquí una vez al año para recordártelo y ver si necesitas ayuda". Ed escuchó y luego respondió: "Yo también te amo, Will, gracias". Y con eso caminó alrededor del edificio hacia la calle. Queriendo darle su espacio, entré a la tienda y hablé con uno de los empleados llamado Hank. No tenía idea de dónde había terminado Sandra.

Unos cinco minutos después, Ed aún no había regresado y Sandra tampoco. Decidí aventurarme y buscarla. Llegué a la acera de enfrente, a lo largo de Hana Highway. Vi que se dirigía en mi dirección y tenía una gran sonrisa en su rostro. Tenía curiosidad y pregunté: "¿Viste a Ed?" Ella respondió: "Sí, lo hice. ¿Y tu?" Dije: "Sí", ambos estábamos ansiosos por escuchar sobre la interacción de la otra persona con Ed.

Era obvio que Ed quería algo de espacio, así que caminamos en dirección al estacionamiento para recuperar nuestro vehículo de alquiler. Una vez en el auto, pensé que podríamos hablar mientras conducíamos por el área. Arranqué el motor y me dirigí a través de la ciudad hacia Turtle Beach. Vimos a Ed escondido entre dos edificios, mirando hacia la tienda de bicicletas. Grité por la ventana: "¡Hasta luego, Ed!". Quería estar seguro de que nos vio salir, para que pudiera volver a su bicicleta sin preocuparse. No entiendo la lógica detrás de la paranoia de un usuario de metanfetamina, pero ciertamente era real para él. Estacionamos en Ho'okipa Beach Park, que siempre parece tener su parte de tortugas marinas protegidas descansando en la arena. Los lugareños se refieren al lugar como "Playa Tortuga". Apagué el motor y salimos del vehículo para compartir los detalles de nuestros encuentros con Ed.

Le conté a Sandra que Ed tomó la billetera y nuestro intercambio completo. Pareció sorprendida de que le prometiera a Ed que regresaríamos una vez al año para hacerle saber que lo amamos. No estaba seguro de por qué mi declaración la sorprendió, hasta que me contó sobre su interacción con él. Ella comenzó: "Ed debio haberse alejado de su conversación contigo justo en el momento cuando se encontró conmigo". Ella continuó: "Estaba caminando por la acera cuando, de repente, miré a la izquierda y Ed caminaba a mi lado, agarrando su billetera. Cuando me di cuenta de que era él, le dije: 'Hola Ed, ¿te acuerdas de mí, la esposa de Will, Sandra?'". Él respondió: "Por supuesto, hablamos el año pasado cuando estuviste aquí".

Sandra dijo que Ed pareció sobresaltarse después de darse cuenta de que había caminado junto a ella, por lo que aceleró el paso en un intento de adelantarse. Eso hizo que a Sandra le resultara difícil mantenerse a su ritmo, así que decidió orar. Ella dijo: "Le ofrecí una oración a Dios y le pregunté: '¿Qué debo decirle a Ed? Por favor, dame sabiduría.'" Justo después de pronunciar su oración, un plan comenzó a formarse en su mente, así que actuó.

Sandra se dirigió a Ed ahora que estaba unos pasos por delante: "Ed, es difícil para mí seguir tu ritmo, ¿te importaría sostener mi mano para que pueda mantener el ritmo?" Sin pensarlo bien, Ed respondió: "Claro", mientras hacía una pausa para que ella lo alcanzara. La tomó de la mano y comenzaron a caminar juntos. Imagina tratar de perder a alguien y luego detenerte para tomar su mano. Apenas tiene sentido y haría difícil escapar. La forma de pensar de Dios a menudo supera la lógica, y Sandra confesó que la idea surgió como resultado de su oración.

Mientras caminaban de la mano por la acera, Sandra habló en voz baja, pidiéndole a Dios que le diera las palabras. Ella continuó: "Te amamos Ed, y esa es la razón por la que hemos regresado". Luego prometió: "Will y yo seguiremos regresando aquí todos los años para hacerte saber que eres amado y que nos preocupamos por ti". Sin saber que acababa de prometerle a Ed exactamente lo mismo, se sintió obligada a hacer la misma promesa. Esa fue la razón por la que se sorprendió cuando le dije lo que había hablado con Ed.

Después de decirle esas palabras a Ed, ella lo invitó a cenar con nosotros. Teníamos reservas para cenar más tarde esa noche en Mama's Fish House, pero pensamos que podíamos meterlo. Era nuestra última noche en Maui y queríamos que fuera especial. Ed agradeció a Sandra por la invitación y por su promesa, aunque rechazó la invitación a cenar.

Ed soltó la mano de Sandra y dijo: "Realmente necesito irme". Ella respondió: "Si no te unes a nosotros este año, ¿qué tal el año que viene?". Ed dijo: "Está bien, me uniré a ustedes dos para cenar el próximo año". Cuando Ed se dio la vuelta para irse, Sandra preguntó: "¿Puedo al menos recibir un abrazo?" Él respondió: "Claro", luego la abrazó y le dio un beso en la mejilla, antes de decir "Adiós" y cruzar la calle. Ambos estábamos encantados de haber podido ver a Ed, a pesar de que no estaba dispuesto a unirse a nosotros para la cena.

Esa noche tuvimos una comida increíble en Mama's Fish House. Fue la forma perfecta de pasar nuestra última noche en Maui. Nos sentamos a la mesa recordando y volviendo a contar las historias de cuatro años invertidos en buscar a Ed. Algunos de los recuerdos nos hicieron reír, mientras que otros, como el oso de José y su horrible muerte, nos hicieron llorar.

Ambos estábamos agradecidos con Dios por darnos a cada uno la oportunidad de relacionarnos con Ed antes de nuestro viaje a casa. El hecho de que ambos le habíamos prometido a Ed por separado que regresaríamos a Maui anualmente, nos dio la esperanza de una respuesta diferente en un año futuro. Comenté: "Estoy tan contento de que Ed se haya perdido en un lugar tan hermoso". Sandra sonrió mientras saboreábamos los momentos de nuestra última noche en Maui.

De camino a casa esa noche, pasamos por delante de Ed, que había salido a dar un paseo en bicicleta por la noche. Habia algo de tráfico de turistas por la noche lo que nos retrasó al mismo ritmo que Ed. Sandra bajó la ventanilla y yo grité: "¡Hola, Ed, fue genial verte! Nos vamos por la mañana, así que nos vemos el próximo año. ¡Te amamos!" Ed le respondió: "Yo también te amo". Fue un placer tener un último adiós mientras conducíamos a través de Paia, de regreso a Wailea. Teníamos un vuelo temprano a la mañana siguiente y todavía teníamos que empacar. Si bien Ed no estaba dispuesto a conectarse en un nivel más profundo, al menos sabía que lo amaban. Sandra me comentó: "¡Será mejor que cumpla su promesa para la cena del próximo año!". Esperaba que lo recordara cuando volviéramos.

*(Ed en bicicleta por Paia en nuestra última noche)*

# Capítulo 17
## *Bifurcación en el camino*

Esperaba con toda seguridad que Ed se uniera a nosotros en nuestro viaje médico a Ghana en mayo de 2014. Después de todo, él era el que rogaba unirse al viaje, expresando su deseo de ayudar a los menos afortunados. Me había ofrecido a recaudar todos los fondos necesarios para hacer posible su viaje y me lo agradeció efusivamente. Entonces llegamos a una bifurcación en el camino. Ed se dirigió a la izquierda hacia la vida en la calle, mientras que yo fui en la dirección planeada hacia Tamale, Ghana.

Cuando tuvimos nuestro emotivo intercambio en Baldwin Avenue en agosto de 2017, le recordé a Ed su deseo expreso de servir a los menos afortunados. Incluso le hice saber que Stephanie me había enviado su pasaporte actualizado cuando me envió su licencia de conducir. Oraba de vez en cuando, rogándole a Dios: "Por favor, restaura a Ed a un estado saludable y permítele realizar su visión. Que sirva a los que están en un lugar difícil y descubra su propósito en el proceso". ¡Eso sin duda sería milagroso!

Pensé: "Cuando Ed regrese a casa, quiero saber todo sobre su viaje". Quería saber cómo llegó a Maui, dónde acampó y se escondió todos esos años y cómo se las arregló para sobrevivir.

De manera similar, quería compartir sobre el esfuerzo realizado en su nombre. Quería que supiera cuánto lo aman y dónde me habían llevado las bifurcaciones del camino. Habría mucho en lo que ponerse al día, y oré para que algún día tuviéramos esa oportunidad.

Encontré numerosas bifurcaciones y giros inesperados en el camino, durante nuestros primeros 14 viajes sin hogar. En otras palabras, a menudo imaginaba que las circunstancias se desarrollarían de una manera particular, cuando ocurriría algo completamente fuera de lo común. Cada vez que el viaje comenzaba a ser predecible, nos encontrábamos con un giro impredecible en el camino. Empecé a preguntarme cuándo podrían cruzarse los caminos y cuándo colisionarían los mundos. Así como mi encuentro con Ed en noviembre de 2013 sirvió como catalizador para toda la misión, tuve otro encuentro significativo aproximadamente en el mismo período de tiempo. El incidente no fue con un amigo de la escuela secundaria, ni ocurrió en un hotel en Anaheim, California. Mi otro encuentro fue con un completo extraño en una tienda de comestibles a las tres de la mañana.

Estaba de compras para mi familia en medio de la noche. Sandra y yo teníamos solo unas pocas horas para ubicar a mis hijos mayores antes de nuestro vuelo a España al día siguiente. Estaba abasteciéndome de alimentos y otros artículos esenciales en el supermercado Harris Teeter, que resultó estar abierto toda la noche. Me gustó el hecho de que se sentía como si yo fuera el único comprador en la tienda. Estaba haciendo un buen tiempo llenando mi carrito con los artículos de mi lista.

Me dirigía por el pasillo de los cereales cuando un empleado que reabastecía los estantes dijo "hola". Parecía ansioso por hablar con alguien, lo cual tenía sentido en la tienda que se sentía como un pueblo fantasma. Me presenté y le pregunté de dónde era. Cuando respondió, "Ghana", le dije que estaba dirigiendo un viaje a Ghana el mes siguiente. Él preguntó: "¿A qué parte de Ghana vas?" Cuando le respondí, "Tamale", casi perdió la cabeza. Anunció: "¡De ahí soy yo! ¡Me encantaría contarle todo sobre mi país!" Aprecié su entusiasmo, aunque estaba un poco sorprendido por su nivel de emoción.

Su nombre era Naporo, pero la gente lo llama 'Nap'. Antes de que pudiera reanudar mis compras, exclamó: "¡Me gustaría reunirme con usted y contarle todo sobre mi país antes de su viaje!" Respondí: "Eso sería útil", así que intercambiamos información de contacto y fijamos una fecha.

Cuando llegó el día, Nap trajo a su amigo Justice. Llamó el día anterior y preguntó: "¿Te importaría si mi amigo viene conmigo?; también es de Tamale y trabaja conmigo en Harris Teeter". Le dije que no había problema. Tuvimos una comida maravillosa conociendo a Nap y Justice y aprendiendo más sobre el país de Ghana. Además, llegamos a descubrir que ambos eran musulmanes. Sandra y yo acabábamos de completar una capacitación llamada "Terreno común", que tenía como objetivo prepararnos para trabajar con los musulmanes y comprender su fe. No podría haber sido cronometrado más perfectamente.

Me sorprendió que dos hombres que trabajaban en una tienda a una milla de mi casa fueran de la ciudad ubicada a poco más de 5,000 millas de distancia. Estaba coordinando un equipo de voluntarios para trabajar en un campamento con más de 400 niños. La parte alucinante era el hecho de que el lugar del campamento quedaba a menos de una milla de donde vivían Nap y Justice. ¿Cuáles son las probabilidades de algo así?

Justo antes de salir de nuestra casa esa noche, nos preguntaron si podíamos llevar un par de computadoras portátiles a sus familias en Tamale. Estuvimos de acuerdo y les dijimos la fecha límite para traer las computadoras portátiles antes de nuestra fecha de viaje. Se presentaron en nuestra casa la noche antes del viaje. Imagínese nuestra sorpresa cuando abrimos la puerta principal y vimos a Nap y Justice arrastrando dos maletas grandes.

Cada una de las maletas parecía estar abarrotada, muy probablemente llena hasta la capacidad máxima de peso. Su idea de "un par de portátiles" no era lo que yo había imaginado. Invité a Nap y Justice a nuestra casa y entraron arrastrando las dos pesadas maletas.

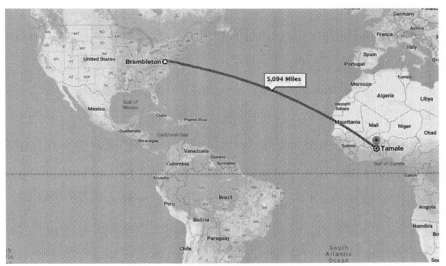

*(El lapso de 5,094 millas entre mi casa*
*y Tamale, Ghana, cortesía de Google Maps)*

¿Cómo responderías si estuvieras en mi lugar? Piensa en dos hombres musulmanes que acabas de conocer y te piden que lleves dos maletas completamente empacadas en un vuelo transoceánico. Para poner la situación en un contexto diferente, el incidente tuvo lugar apenas diez años después del ataque terrorista del 11 de septiembre de 2001 en los Estados Unidos. La idea de llevar dos maletas llenas en un avión para nuestros nuevos amigos nos ponía nerviosos.

Pregunté si podíamos ver el contenido de las dos valijas. Nap y Justice estuvieron de acuerdo rápidamente y abrieron ambas maletas, vaciando el contenido en el piso de nuestra sala de estar. Distribuyeron las prendas de vestir, medicinas y pañales por el piso para que las inspeccionáramos. Me conmovieron mucho estos dos hombres inmigrantes que habían estado separados de sus familias por más de 5,000 millas. Cuando vi el contenido, la mayoría de los cuales obviamente eran para niños pequeños, acepté llevar su equipaje y entregar las maletas a sus familias.

Mi razón para decir 'sí' fue precisamente la misma razón por la que elegí buscar a Ed. Si bien no comparto la misma fe que Nap y Justice, hago lo que puedo para vivir mi propia fe. Como mencioné anteriormente, para mí, eso implica la voluntad de amar a Dios por completo y amar a mi prójimo como me amo a mí mismo. Aplicar la "regla de oro" me hizo pensar de manera diferente: "Si yo fuera un inmigrante que trabaja en un país extranjero y estoy separado de mi familia, ¿cómo querría ser amado?" Esa misma lógica y línea de pensamiento me inspiraron a buscar a Ed en las calles de San Diego y, finalmente, a vivir sin hogar.

En este escenario, me motivó a llevar las maletas de los hombres que había conocido en mi supermercado local y entregárselas a sus familias en Tamale, Ghana. Dos días después, mi esposa y yo viajábamos en la parte trasera de un viejo y destartalado Nissan Pathfinder hacia la comunidad de Nap. Sandra susurró: "¿Es esto peligroso?" "Por supuesto que no", respondí, "Los estamos ayudando a conectarse con sus hijos". Hablé con confianza, aunque tenía mis sospechas. Después de todo, nunca había estado en un pueblo completamente musulmán. La sensación de que ambos estábamos fuera de nuestras zonas de confort se vio agravada por el hecho de que también éramos las únicas personas de piel blanca en millas a la redonda. Todo era parte de la aventura.

La familia de Nap nos recibió con mucho gusto, aunque tuvimos que comunicarnos con la ayuda de un intérprete. El idioma principal en Tamale es Dagbani. Seguimos las señales culturales, para no faltarle el respeto a su cultura sin darnos cuenta. Toda la familia y la comunidad acudieron a saludarnos antes de que nos condujeran a una gran choza de barro para encontrarnos con el jefe de la aldea. ¡Que sorpresa encontrarnos con que el padre de Nap era el jefe de la aldea! El intercambio nos conmovió a ambos y antes de que nos fuéramos, el padre de Nap dijo: "Me gustaría que fueras el padre de Nap mientras él está en tu país". Fue una ocasión increíblemente memorable y ha dado lugar a más de lo que tengo tiempo para compartir.

Esa primera interacción también tuvo un impacto en nuestra relación con Nap y Justice cuando regresamos a casa. Conocimos a más amigos de Ghana durante ese período de tiempo. Algunos trabajaban en la tienda de abarrotes, otros en Home Depot, en restaurantes y otros lugares que frecuentábamos. Cada vez que les decíamos que habíamos visitado Ghana terminábamos invitándolos a cenar, junto con Nap y Justice. En poco tiempo, empezamos a cenar juntos cada seis semanas, un evento al que llamamos "Noches de Ghana". Invitabamos a todas las personas locales que conocimos de Ghana. Una noche asistieron más de 20 personas y disfrutamos de escuchar sus historias. Cada persona que conocimos poseía una sincera gratitud a Dios. ¡Era refrescante!

Cuando llegó noviembre, organizamos una gran comida de Acción de Gracias para nuestros amigos de Ghana. Incluimos una breve historia de la festividad e invitamos a cada persona a compartir una cosa por la que estaba agradecido. Uno de nuestros amigos ghaneses llamado Bawa dijo: "He vivido en los Estados Unidos durante cinco años y esta es la primera vez que me invitan a comer a la casa de un estadounidense y me tratan como familia. " Nos sentimos bendecidos de conocer a estos amigos. Me entristeció el hecho de que Ed había desaprovechado su oportunidad de servir en sus comunidades en mayo de 2014. Tenía la esperanza de que algún día Ed tuviera el deseo de servir junto a nosotros en Ghana o en otro país donde trabajamos. El tiempo lo diría.

A medida que crecía nuestra amistad con Nap y Justice, siempre disfrutábamos verlos cuando salíamos de compras. En un viaje de un día en particular, me encontré con Justice reponiendo paquetes en el pasillo del congelador. Por alguna razón le pregunté: "¿Qué haces durante tus vacaciones?" Pareció desconcertado y respondió: "Tengo dos trabajos y envío casi todo mi dinero a mi familia en Ghana. Cuando tengo días libres adicionales, duermo". No había considerado la situación de mi amigo hasta que compartió su perspectiva conmigo.

Mientras estaba allí considerando sus comentarios, me hizo una pregunta: "¿Qué hacen usted y su familia con el tiempo de vacaciones?" Teníamos un viaje programado a Disney World en Orlando, Florida, así que respondí: "Vamos a ir a Disney". La mirada de confusión volvió a su rostro y preguntó: "¿Qué es un Disney?" Estaba pensando: "Ese es un inglés inapropiado, amigo mío. Puedes preguntar, "¿Dónde está Disney?" o "¿Qué haces en Disney?", pero no, "¿Qué es un Disney?" Intenta explicar Disney World a alguien cuya experiencia en el parque se limita a un columpio. Hice lo mejor que pude, explicando el concepto de un ambiente de parque de diversiones, pero esto solo aumentó su confusión. Estaba presionado por el tiempo y cerré la conversación para reanudar mis compras.

En el transcurso de la semana siguiente, tuve dificultades para sacudir la pregunta de Justice: "¿Qué es un Disney?" Oré por la situación y luego me acerqué a mi esposa con una pregunta. "No creas que estoy loco, pero ¿qué te parece la idea de llevar a Nap y Justice a nuestras vacaciones familiares en Disney World?". Sandra preguntó: "¿Se quedarían en nuestra habitación de hotel?" Respondí: "No, les conseguiremos su propia habitación y también compraremos sus vuelos. No estoy seguro de que alguna vez hayan estado en un gran patio de recreo, y mucho menos en un parque de diversiones. Amémoslos tratándolos como miembros de nuestra familia mientras están separados de la suya". Porque tengo una esposa cariñosa, ella estuvo de acuerdo y entonces invité a Nap y Justice a unirse a nosotros en nuestras vacaciones familiares. Ambos parecían emocionados y me enviaron imágenes de sus licencias de conducir para que pudiera comprar sus boletos de avión. Nos adentrábamos en aguas desconocidas invitando a inmigrantes musulmanes africanos a nuestras vacaciones familiares, pero parecía correcto amarlos de la forma en que nos gustaría ser amados si los roles se invirtieran.

Cuando finalmente llegó la semana, fue conmovedora y memorable. ¡Su nivel de gratitud era fuera de serie! Todo lo que hacíamos, desde los parques hasta las comidas básicas, tanto Nap como Justice nos lo agradecerían profusamente. Cuando salían de ciertas atracciones en Disney, estaban tan emocionados que abrazaban a cada persona de nuestra familia.

Las miradas en sus rostros lo decían todo, cada vez que ponían sus ojos en algo inimaginable. Cuando entramos al Reino Animal de Disney, recuerdo vívidamente sus comentarios cuando vislumbraron la gigantesca réplica del Árbol Baobab. Nap soltó: "Vaya, ¿cuántos años tiene ese árbol? ¡Nunca había visto uno crecer tanto!" Respondí: "Es un árbol falso". Él y Justice respondieron: "No, eso no puede ser cierto. ¿Quién haría un árbol de imitación tan grande? Tuvimos que darles la noticia de que a los estadounidenses les gusta hacer cosas así. Les advertí que verían muchas cosas extrañas en los días siguientes, así que prepárense para expandir sus mentes.

*(De izquierda a derecha: Courtney, Sandra, Justice, Hailey, Nap y Will)*

Cuando nos acercamos al árbol, pudimos mostrarles las tallas de animales ocultas y el hecho de que estaba hecho de plástico. Finalmente se dieron cuenta de que estábamos diciendo la verdad. Sin embargo, cuando publicaron las fotos de ellos mismos frente al enorme árbol, los miembros de su familia hicieron las mismas preguntas que nos habían hecho a nosotros. Nos dijeron que cuando les dijeron a sus amigos y familiares que el árbol era falso, nadie en Ghana les creyó!.

La semana fue inolvidable e impactó a nuestra familia tan profundamente que durante los años posteriores a ese viaje, hicimos una tradición de invitar a otros amigos inmigrantes de Ghana a unirse a nosotros en nuestras vacaciones familiares. Hay algo especial en ver a las personas experimentar lo inimaginable en un contexto de inclusión como la familia. Nos sentimos igualmente bendecidos por la experiencia. Después de cuatro años de establecer esta tradición con nuestros amigos de África, me sentí impulsado a mezclarla. Era hora de que los mundos chocaran y los caminos que se habían separado se fusionaran de nuevo.

En el capítulo 14, escribí sobre nuestro octavo viaje a San Diego. Mencioné a mi amigo sin hogar Paul Arnold, quien me confesó que había estado luchando contra la depresión. Paul era parte del grupo al que nos referimos como los "sin hogar de clase alta". Para nosotros eso significaba que vivían en un vehículo, en lugar de acampar a la intemperie. Tenían protección contra ciertos elementos asociados con dormir bajo las estrellas, o nubes dependiendo del clima.

Si bien Paul había elegido vivir sin hogar para ayudar a otros en las calles, sus siete años habían comenzado a pasar factura. Paul sintió que la mayoría de las personas a las que había ayudado habían comenzado a caer en el mismo patrón predecible. Aunque muchos en los que había invertido demostraron un cambio a corto plazo, la mayoría volvió a hábitos autodestructivos familiares que atormentaban su pasado.

Ver el ciclo repetido una y otra vez lo llevó al desánimo. Cuando Paul confesó que se sentía deprimido, recuerdo haberle dicho que si él era la única razón por la que aparecimos esa semana en particular, entonces todo el viaje valió la pena. Paul lloró cuando le transmitimos el valor que sentíamos por él.

Después de regresar a casa en septiembre de 2017, seguí pensando en la lucha que Paul había compartido con tanta franqueza. Me preguntaba si había algo que pudiéramos hacer además de orar por él. Fue entonces cuando se me ocurrió la idea de invitar a Paul a nuestras vacaciones familiares, como habíamos hecho con nuestros amigos inmigrantes de Ghana.

Sandra y yo habíamos estado discutiendo recientemente a cuál de nuestros amigos africanos invitaríamos de vacaciones ese año en particular, aunque aún no nos habíamos decidido. Le pregunté a Sandra: "¿Qué te parece mezclar este año e invitar a uno de nuestros amigos sin hogar de San Diego?" Mencioné la situación de Paul y pensé que le vendría bien un descanso para levantar el ánimo. Ella estuvo de acuerdo, así que lo llamé.

Después de compartir la idea y la invitación con mi amigo Paul, me tomó por sorpresa con su pregunta. "¿Estaremos sirviendo a aquellos que han sido afectados por el huracán María mientras estamos en Florida?" Respondí: "No, nos relajaremos en las vacaciones. ¿Servir a los afectados por el huracán es algo que le gustaría hacer?" Él respondió: "¡Absolutamente!" Le respondí: "Déjame llamarte más tarde". Mis engranajes mentales estaban girando.

El huracán María había causado estragos a fines de septiembre de ese año, y algunos de los peores daños ocurrieron en Puerto Rico. Nos conmovieron las imágenes que vimos en las noticias y queríamos hacer algo tangible para ayudar. Comenzamos a planificar un viaje de socorro por el huracán a la isla durante las vacaciones de Acción de Gracias de noviembre. Sandra y yo coordinamos nuestros esfuerzos con un socio en Puerto Rico, mientras reclutamos un equipo de voluntarios para unirse a nosotros y servir en el terreno.

No estaba seguro de si Paul necesitaba un pasaporte para viajar y no quería prometer algo que yo no pudiera cumplir. Después de darme cuenta de que Paul solo necesitaba una licencia de conducir válida para viajar, le devolví la llamada. Le pregunté si quería unirse a nosotros en Puerto Rico durante las vacaciones de Acción de Gracias para nuestro viaje de ayuda por el huracán. Parecía emocionado y dijo: "Sí", sin dudarlo. Le pedí que me enviara una foto de su licencia de conducir para poder comprar su boleto de avión.

Una vez que tuve el itinerario de Paul, lo llamé para disculparme por su desafortunada escala. El único vuelo razonable que pude encontrar requería que volara de San Diego a Newark, Nueva Jersey y luego a San Juan, Puerto Rico. El problema era que su escala era una noche entera en el aeropuerto de Jersey.

Cuando me disculpé, me preguntó: "¿Me van a echar del aeropuerto?". Le dije: "Absolutamente no, tienes un boleto de avión. Solo tienes que esperar allí durante la noche". Él respondió: "¿Por qué es eso un problema? Tengo un lugar cálido para quedarme y un techo sobre mi cabeza". La perspectiva de un hombre que ha vivido en la calle es mucho más agradecida que la de la mayoría de las personas para las que reservamos viajes. La persona promedio solicita la menor cantidad de inconvenientes y carga financiera. Fue un placer que Paul se uniera a nuestro equipo y aprecié su actitud.

Nuestro equipo de ayuda para huracanes trajo filtros de agua que entregamos a las comunidades en el epicentro donde azotó la catastrófica tormenta. Gran parte del suministro regular de agua potable había sido contaminado por el huracán, por lo que los filtros satisfacían una importante necesidad práctica. También compramos una gran cantidad de colchones de cama para entregar, ya que una gran cantidad de techos se volaron por completo. Aunque muchos de los techos habían sido reparados, innumerables colchones de las camas habían estado empapados durante largos períodos de tiempo. La lluvia inicial y la humedad residual arruinaron permanentemente las camas debido al daño causado por el agua y el moho. Paul fue una parte integral del equipo esa semana, sirviendo a los que estaban en extrema necesidad.

Imagine ofrecerle a una persona sin hogar unas vacaciones con todos los gastos pagados para relajarse en la soleada Florida. ¿Cuántos crees que dirían 'no' a la oferta? Del grupo que rechazó la oferta, ¿cuántos supones que dirían: "No gracias, prefiero ayudar a alguien que está peor que yo. ¿Puedes atender a las víctimas del huracán?" Eso es esencialmente lo que Pablo dijo y, lo que es más importante, lo que hizo. Como dije anteriormente, no existe una persona sin hogar de talla única. Paul no es un adicto ni un vagabundo. Es una cara más con la que la gente pasa por la calle, y puede ser víctima de estereotipos. En verdad, es un hombre que vive en su Ford Ranger 1998 y sirve a otros hombres y mujeres sin hogar que están peor, como una forma de servir a Dios.

*(De izquierda a derecha: Will, Carlos y Paul en Puerto Rico)*

Paul representa solo uno de los amigos que hicimos mientras buscábamos a mi amigo de la infancia, Ed. Hay muchos más. A medida que continuamos viajando a San Diego para ser una bendición para las personas sin hogar y quienes les sirven, no siempre funciona así. Lo que quiero decir es que, en numerosas ocasiones, los participantes del viaje terminan siendo los destinatarios de la bendición, y no al revés. El hecho de que viajemos al oeste para ayudar a otros no garantiza que los roles no se reviertan.

En mi noveno viaje para servir en las calles de San Diego, se me unieron otros tres hombres. Uno de ellos, de nombre John Morales, venía pasando por una difícil crisis en su hogar. El segundo, un samoano llamado Semisi Tipeni, había perdido recientemente su trabajo. El tercer recluta era un estudiante universitario llamado Ben, que estaba tratando de averiguar qué hacer con su vida. Los tres hombres parecían estar en algún tipo de encrucijada en la vida y, sin embargo, todos sentían el deseo de servir en San Diego, independientemente de sus situaciones.

Hay momentos en los que dejar nuestro entorno cotidiano y los problemas percibidos en realidad puede ayudar en lugar de obstaculizar. No estoy defendiendo el concepto de huir de nuestros problemas. Sin embargo, obtener una nueva perspectiva sirviendo a los que están peor puede ser una experiencia catártica. Así como Paul decidió ayudar a las víctimas del huracán María a pesar de sus propias dificultades en San Diego, John, Semisi y Ben experimentaron el mismo fenómeno viajando en la dirección opuesta.

John Morales y yo caminábamos por el área de Arena Boulevard en San Diego, cuando vi a una vieja amiga. Steve y yo la habíamos conocido en el viaje dos, junto con su amigo Joaquín. En el viaje cinco, todo nuestro grupo había orado con ella cuando confesó que estaba luchando. Fue un placer volver a verla.

Su nombre real es Candace, aunque se conoce con el nombre de calle de "Gypsy". Parecía emocionada de encontrarse con nosotros, aunque también parecía un poco conmocionada. Le pregunté si todo estaba bien y me preguntó: "¿Has oído lo que le pasó a Joaquín?". Joaquin Tuttle había estado con Gypsy cuando nos conocimos. Nos conocimos después de que un gran grupo de personas sin hogar corrieron a refugiarse en un fuerte aguacero. Todo el grupo, junto con Steve, Brian y yo, estábamos confinados en una glorieta en Mariner's Point. Resultó crear una situación de audiencia cautiva que nos permitió la oportunidad de familiarizarnos con Candace y Joaquín.

*(Joaquin Tuttle)*

Al final de esa misma semana, Joaquín nos ayudó a mí y a Steve a entregar pizzas a muchos de nuestros amigos sin hogar en Ocean Beach. Luego compartió los desgarradores detalles de su muerte, informándonos que había sido asesinado a principios de ese año. Joaquín celebró su 40 cumpleaños poco antes del incidente. Su asesino de 29 años, Cameron Parker, aparentemente luchaba con contralar su ira. Me quebré al escuchar la noticia, recordé como me había afectado cuando asesinaron a José, y que la vida no parece tener el mismo valor en la calle. Me preocupé por Ed y me pregunté sobre los personajes con los que se vio obligado a interactuar en las calles.

Recordé a Joaquín compartiendo con orgullo su pasión por construir bicicletas personalizadas. Había abierto una tienda llamada "Real Hard Bikes" y se enorgullecía mucho de su trabajo. Cuando te encuentras con personas en la calle con verdadera ambición, es inspirador. Además, Joaquín era el tipo de persona a la que le gustaba ayudar a los demás, como vimos cuando nos ayudó a entregar pizzas a nuestros amigos sin hogar en Ocean Beach. La noticia de su muerte fue una verdadera tragedia.

Antes de compartir los detalles exactos, Candace se rió al recordarnos a todos atrapados debajo de la glorieta durante 90 minutos. También mencionó el recuerdo de nuestro equipo orando con ella, después de que se quejara de un fuerte dolor de espalda. Candace dijo: "Mi espalda ha estado mejor desde entonces y tengo buenos recuerdos de tu mamá. Por favor, dígale que le dije 'hola'".

Le pregunté cómo estaba y me respondió: "No muy bien. Casi todas las personas a las que he llamado 'amigos' me han robado, quemado, mentido, usado o abusado de mí". Ella comentó: "Una pequeña parte de las personas que conoces aquí son en realidad confiables y amables, pero debes tener cuidado en quién eliges confiar entre el otro 95%. Trato de ser amable y espero que me traten de esa manera a cambio". Le pregunté: "Si es tan malo, ¿por qué te quedas? ¿Por qué no regresas a Culpeper, Virginia, de donde vienes? Ella respondió: "No estoy segura de adónde iría y no estoy tan segura de estar lista para regresar". Aprecié su honestidad y me entristeció su sufrimiento y la trágica noticia de la muerte de Joaquín.

*(De izquierda a derecha: Will, Candace y John)*

John y yo nos tomamos el tiempo para orar con Candace antes de que tuviera que irse. Expresó su agradecimiento por nuestra voluntad de volver a las calles año tras año. Toda la interacción impresionó a John. Comenzó a repensar su situación en casa. Al escuchar sobre Joaquín y recordar la fragilidad de la vida, John estaba repensando su propia crisis en casa.

Mientras los dos caminábamos hacia Pacific Beach para encontrarnos con Ben y Semisi, John preguntó: "¿Te importaría si me voy a casa temprano? Creo que necesito lidiar con una situación que dejé en Virginia". Le respondí: "Por supuesto, vete a casa y haz lo que tengas que hacer. La vida se trata de relaciones y ¿de qué te sirve ayudar a la gente aquí, cuando hay otras personas en casa que te necesitan? Cuando John voló a casa a mitad de semana, el resto de nosotros entendimos completamente. De una manera extraña, servir en las calles había servido como un recordatorio para John de lo que realmente importa en la vida.

Más tarde esa semana, Semisi y yo nos encontramos con otra mujer, que también se llamaba Candace. Ella es una mujer afroamericana mayor, que parece conocer a cada individuo en la comunidad de personas sin hogar de Pacific Beach. Si ella no te conoce, es probable que sospeche de ti hasta que escuche tu historia. Candace nos trató a mí y a los miembros de nuestros equipos como extraños en nuestros primeros viajes. En algún momento escuchó el motivo de nuestros viajes y desde entonces nos ha recibido con los brazos abiertos.

Cuando vi a Candace en el almuerzo de Mission Bay, se me acercó y me preguntó: "Bueno, ¿vas a presentarme a tu equipo?". Reconoció a Ben de un viaje anterior, así que le presenté a Semisi. Candace lo miró y dijo: "Espera un momento, ¡este está luchando!" Candace no era una mujer que guardara sus pensamientos para sí misma. Cuando miró de cerca el rostro de Semisi, pudo sentir que algo andaba mal.

Ella no perdió tiempo y se acercó a él. Candace pasó de su presentación abrupta y conflictiva a un cálido tono maternal mientras caminaba en su dirección. Estaba cara a cara con Semisi y susurró: "Vamos, cariño, dime qué pasa". Sin pretensiones ni salvaguardias, Semisi habló abiertamente sobre la pérdida de su trabajo y otras luchas en su casa. Candace adoptó un poco de acento sureño cuando dijo: "Eso no está bien, cariño. ¡Déjame orar por ti, porque el Señor quiere traer sanidad y darte un trabajo!"

Dicho esto, Candace colocó una mano sobre el pecho de Semisi y apoyó la mano derecha sobre su hombro. Ella comenzó a suplicarle a Dios en voz alta, allí mismo en el lugar. No se preocupaba por nadie en el parque mientras enfocaba toda su atención en interceder por Semisi. "¡Señor Jesús, ayuda a mi hermano Semisi! Escucha su dolor y sana su corazón. Concédele un trabajo, Señor Jesús. Restaura su dignidad, Señor Jesús. ¡Provee para su familia, Señor Jesús, y llénalo con el poder del Espíritu Santo para cambiar su vida!"

Mientras Candace continuaba suplicando al Todopoderoso con todo su corazón, Semisi comenzó a llorar. Fue una situación increíblemente inspiradora de presenciar. De alguna manera los papeles se habían invertido. El que había venido a ministrar a otros se había convertido en el hombre quebrantado que necesitaba ser ministrado. Y la cariñosa madre Candace estaba lista y dispuesta a brindar el amor y la presencia que Semisi necesitaba desesperadamente.

*(De izquierda a derecha: Semisi y Candace)*

Lo que se me ocurrió en este viaje fue la realidad de que a menudo nos sentimos inclinados a ir en una dirección particular. Cuando la ruta que tomamos se topa con una bifurcación en el camino, tenemos que tomar decisiones. Si luchamos con el deseo de tener el control y mantener el rumbo, podemos perder una bendición adicional en el camino.

Mientras vinimos a servir a otros en San Diego, ciertas situaciones y circunstancias cambiaron. Cuando traté de hacer algunas compras rápidas en medio de la noche, mi bifurcación en el camino me llevó a la bendición de conocer a Nap. ¿Quién hubiera imaginado que esa interacción condujera a una cena y también me permitiría servir a Nap y a su amigo Justice, y que se unirían a nosotros en unas vacaciones familiares, lo que eventualmente llevaría a una invitación a nuestro amigo sin hogar Paul?

Mientras imaginaba a Paul uniéndose a nosotros en nuestras vacaciones familiares en Florida, el camino que seleccionó lo llevó a unirse a nuestro viaje de ayuda por el huracán en Puerto Rico. Lo que había imaginado que era un camino simple a San Diego, hacer un viaje para traer a mi amigo a casa, se había convertido en una completa aventura. Sin las bifurcaciones en el camino y la voluntad de amar a los demás como si fueran Ed, realmente me lo habría perdido. Como el efecto dominó de arrojar una sola piedra al agua, tengo el privilegio de observar con asombro cómo los círculos concéntricos continúan expandiéndose hacia afuera y enriqueciendo mi vida.

# Capítulo 18
## *Entra en Razón*

¿Cómo calificaría usted el éxito de una aventura para encontrar a su amigo sin hogar? ¿Cuáles son las bases que utilizaría para saber si el viaje realmente ha valido la pena? Varias personas me preguntaron durante mis primeros seis viajes si concluiría los viajes una vez que descubriera dónde se encontraba Ed. No me embarqué en esta búsqueda simplemente para averiguar dónde vivía mi amigo. Cuando alguien que te importa desaparece, quieres asegurarte de que no esté en peligro. Habría sido diferente si hubiera encontrado a Ed sano y feliz y viviendo en una casa en alguna parte, y él me hubiera dicho que lo dejara tranquilo. Me habría sentido herido, pero también respetaría sus deseos.

Cuando te das cuenta de que un amigo cercano o un familiar es adicto a una sustancia que altera su sentido de la realidad y compromete su salud, aún haces lo que puedes para ayudarlo. Mientras que el primer milagro por el que oramos fue descubrir dónde se escondía Ed, el segundo tenía que ver con el regreso de Ed a casa, incluso en sentido figurado.

Ed le decía cosas a Donnie y a otros empleados de Maui Cyclery, como: "Me pregunto si Will y Sandra están trabajando encubiertos con la CIA". Cuestionó si la CIA estaba tratando de enviarle mensajes secretos en el periódico local de Maui. Su comportamiento se había vuelto similar al de una persona que sufre de esquizofrenia, que también es característica de un tweaker adicto a la metanfetamina. Si bien tuvimos la suerte de realizar el primer milagro de localizar a Ed, todavía nos preocupábamos por su seguridad y bienestar. Queríamos perseverar y orar para que Dios nos concediera el segundo milagro al ayudar a Ed a volver a casa. Haría falta un milagro para abrir sus ojos y poder darse cuenta de que su pensamiento delirante estaba muy lejos de la realidad.

Cuando Sandra y yo hablamos con Ed en el viaje siete en Maui, él mencionó lo que llamó una intervención. Habló sobre un momento en el verano de 2014, cuando su madre y otros dos amigos fueron a ver cómo estaba a su tienda en Hancock Street en San Diego. Ed mencionó un desalojo pendiente debido a facturas impagas. Su creencia era que aquellos que decían que lo amaban en realidad habían conspirado con su arrendador y la CIA para que lo arrojaran a la calle. Cuando Ed se convenció de que había una conspiración en su contra, tramada por familiares y una agencia del gobierno, no había forma que cambiara de opinión y se fue a vivir a las calles.

Ese mismo tipo de forma de pensar ilógica y sospechosa es común para ciertos usuarios de drogas. La paranoia severa puede influir en cómo perciben la realidad, así como si están dispuestos o no a confiar en alguien. No importaba lo que alguien le dijera a Ed, su mente estaba decidida con respecto a las personas de su pasado, y su uso continuo de drogas solo sirvió para reforzar sus delirios.

Después de nuestro segundo viaje a Maui con Eric Locklear, la hermana de Ed, Diane, decidió que lo intentaría. Ahora que sabíamos dónde vivía Ed y dónde pasaba sus días, decidió volar a Maui con una de sus hijas y, con suerte, ponerse en contacto con Ed. Nos preguntamos si Ed tal vez había decidido aislar a ciertas personas de su pasado, pero no a todas. Ed y su hermana mayor Diane siempre habían compartido una relación cercana. Habían pasado tiempo juntos en 2013, lo que había sido extremadamente positivo. Todos oramos para que Diane y su hija pudieran recibir una recepción diferente a la que habíamos experimentado durante nuestros dos intentos.

Compartí con ella todos los detalles de nuestros intercambios con su hermano, para prepararla para lo que podría esperar. Le hice saber a Donnie que vendrían y que esperaban conectarse con Ed. Los padres y el hermano mayor de Ed también estaban esperanzados mientras hacían sus planes de viaje. Todos esperaban ansiosamente escuchar cómo respondería Ed a un encuentro con su hermana y su sobrina.

Diane logró ubicar a Ed en el Paia Bay Coffee Bar al lado de Maui Cyclery. Cuando vio a Ed, comenzó a moverse en su dirección. Ed notó a su hermana y dijo: "No me ves, no estoy aquí". Diane respondió: "Pero yo estoy aquí". Les dio a las dos un abrazo y un beso en la mejilla antes de alejarse en su bicicleta bajo un fuerte aguacero. Si bien estábamos encantados de que al menos hubieran podido ponerse en contacto con su hermano/tío, obviamente no era el resultado que todos esperaban.

En nuestra mente, el hecho de que Ed huyó de su hermana de la misma manera que lo hizo de nosotros, sirvió como confirmación de que no estaba dispuesto a volver a conectarse con nadie de su pasado. Independientemente de lo cerca que hayas estado de Ed antes de que comenzara su vida en las calles, no demostró ningún deseo de volver a conectarse. Mientras Ed estuviera convencido de que había sufrido una dolorosa "intervención" (como él la llamaba) en la conspiración entre el gobierno y sus amigos y su familia, mantendría su distancia. Su creencia no estaba en consonancia con la realidad, pero no parecía haber forma de convencerlo de lo contrario.

En mi tercer viaje sin hogar a San Diego, Steve, AG y yo conocimos a un hombre llamado Richard. Poco después de conocerlo, lo vimos hacer intercambios de drogas con personas sin hogar en Mariner's Point Park. Cuando lo conocimos por primera vez, nos molestó su participación en el narcotráfico. Lo veíamos con desdén, como el enemigo que mantenía a numerosos individuos adictos a sus sustancias psicoactivas. Era consciente de que los productos químicos que proporcionaba solo servían para perpetuar el pensamiento erróneo que mantenía a personas como mi amigo Ed esclavizadas a la vida en las calles. Me preguntaba quiénes eran los traficantes de Ed.

En nuestro quinto viaje volvimos a ver a Richard. Pasé un tiempo hablando con él, cuando se me ocurrió que los distribuidores necesitan ayuda como cualquier otra persona. Ciertamente, Richard era el Ed de alguien. Me preguntaba con quién estaba conectado y en quién pensaba como familia.

Al hablar con él en un parque cerca de Mission Bay, Richard mencionó cierta situación a la que culpó de haberlo llevado a las calles. Recordó haber cumplido un breve período en prisión. Con amargura en su tono, dijo: "Le confié a un abogado malo para que me ayudara a salir de la cárcel, y en lugar de ayudarme, ¡me estafó con mi dinero y mi casa!". Mencionó haber perdido su residencia principal, su matrimonio y sus hijos. La ira en su voz era tóxica a pesar de que el incidente había ocurrido años antes. Usó algunas otras palabrotas al describir al abogado, pero les ahorraré los detalles.

Me ofrecí a orar con Richard y él se negó. Luego me ofrecí a orar por la hija que había mencionado momentos antes. Se suavizó y dijo: "Sí, por favor. No la he visto en años desde que mi exesposa la puso en mi contra". Ofrecí una oración por su relación separada con su hija y él pareció agradecido.

*(De izquierda a derecha: Richard al fondo en Mission Bay y Steve)*

A partir de ese día, cada vez que veía a Richard, se acercaba a mí para conversar. Parecía ser un solitario y reservado en su mayor parte. Un día en particular se me acercó durante el almuerzo en Mariner's Point. De la nada, comentó: "¿Te dije que mi hermano es famoso y que jugó en el PGA Tour hace años?". "No, no lo hiciste, háblame de él", respondí. Richard se jactó de su hermano y habló con tristeza en su

251

voz por haber perdido el contacto con él.

Luego agregó: "No miento, ¿por qué no lo buscas? Su nombre es Barry Jaeckel". Se alejó después de hacer ese último comentario. Hice una búsqueda rápida en la web en mi teléfono y verifiqué lo que había compartido conmigo. Leí el breve artículo que apareció como resultado de mi búsqueda. Luego volví a Richard para mostrarle lo que descubrí sobre su hermano Barry. Comentó con orgullo: "Sí, ese es mi hermano. Te dije que no estaba mintiendo. Me preguntaba qué sentía su hermano Barry por Richard y el motivo de su distanciamiento.

Como era nuestra tradición, lo invité a cenar el último viernes de esa semana. Parecía emocionado más allá de toda medida y me agradeció efusivamente. Le di el nombre del restaurante italiano donde nos encontraríamos, junto con la hora en que nos encontraríamos ese viernes por la noche. Él dijo: "¡No Sh#! ¡Estaré allí!" Me animó que hubiera decidido unirse a nosotros. Sin embargo, cuando llegó el viernes, no se presentó.

Antes de nuestro sexto viaje, investigué un poco más y descubrí que si bien Richard me había contado sobre su famoso hermano Barry, se olvidó de hablarme sobre su padre, de quien recibió su nombre. De hecho, el padre de Richard era mucho más famoso que su hermano Barry, el golfista profesional. Su padre, Richard Jaeckel, tuvo papeles clave en películas como: "The Sands of Iwo Jima" con John Wayne, "The Gun Fighter" con Gregory Peck, "The Dirty Dozen" y varios otros éxitos de taquilla conocidos. Sus hijos, Richard y Barry, habían crecido en Hollywood entre las estrellas. ¿Quién hubiera adivinado eso al ver a Richard en una fila entre los otros hombres y mujeres sin hogar de San Diego?

*(Richard Jaeckel, Sr., Metro-Goldwyn Mayer, Copyright 1973)*

En mi sexto viaje a San Diego, volví a encontrarme con Richard. Le pregunté: "Te extrañamos en la cena antes de irnos en septiembre. ¿Qué sucedió? Esperaba que estuvieras bien. Él respondió: "Me puse a pensar en eso y no quería deberte nada". Respondí: "Ofrecí la cena como mi obsequio y estaba encantado de pagar la cuenta". Sin dudarlo, respondió: "Nada es gratis en esta vida. Siempre le debes a la gente y yo no quiero deberle nada a nadie".

La mentalidad y la creencia de Richard no le permitieron la oportunidad de recibir de mí por creer que había condiciones atadas a la oferta. Nuestro pasado puede distorsionar nuestra disposición y capacidad para confiar en los demás en el presente y el futuro. Si ha sido traicionado por alguien en quien pensó que podía creer, entonces puede tardar en confiar en alguien más. Después de todo, la situación que Richard mencionaba constantemente se refería al abogado corrupto que lo había traicionado y arruinado su vida.

Queriendo cambiar de tema, mencioné que descubrí que su padre era el famoso actor Richard Jaeckel. Como si de alguna manera me hubiera topado con un importante bache social, todo su comportamiento cambió. Se distanció de mí cuando se dio cuenta de que había descubierto algo sobre su pasado que él personalmente no había revelado. Me dio una respuesta breve mientras evitaba el contacto visual: "Sí, lo era". Dijo esas tres palabras mientras comenzaba a alejarse. Se mantuvo alejado de mí durante el resto de ese viaje, aunque lo vimos en varias de las comidas. Era obvio que había cruzado una línea que él no me había invitado a cruzar, una transgresión social que lo hizo correr.

Me preguntaba si Richard y Ed son ejemplos de pensamientos erróneos que impiden su capacidad para avanzar en la vida. ¿Cómo puedes generar confianza con los hombres que creen que tienes motivos ocultos? Si bien Richard mantuvo una distancia segura, todavía decía "hola" cuando lo veía y antes de irse. No fue del todo grosero, pero su lenguaje corporal decía: "¡Retrocede!"

En mi octavo viaje a San Diego, me acerqué a Richard en una de las comidas de Pacific Beach para decir "hola". Por lo general, si no me había visto en medio año, preguntaba sobre nuestra búsqueda de Ed antes de distanciarse. En esa ocasión en particular le hice saber que en realidad encontramos a Ed un mes antes. Pareció sorprendido, lo que despertó su curiosidad.

Él preguntó: "¿Regresaste para verlo de nuevo?" Lo sorprendí cuando mencioné que encontramos a Ed en Maui. Richard preguntó: "¿Cómo diablos llegó de California a Hawái? ¿Y por qué están ustedes aquí si su amigo está en Maui? Le hice saber que mientras nuestra misión se inició buscando a Ed, que habíamos hecho varios amigos durante nuestros seis viajes a San Diego, a quienes queríamos ver. Él dijo: "Están perdiendo el tiempo, ¡la gente en estas calles son unos perdedores!". Dicho esto, comenzó a alejarse mientras murmuraba: "Fue bueno verte. Estoy feliz de que hayas encontrado a tu amigo".

Aunque se animó un poco cuando supo que habíamos encontrado a Ed, mantuvo la distancia. Le pregunté cómo le había ido y lo máximo que estuvo dispuesto a compartir fue: "Bien". Después de ese breve intercambio, Richard volvió a la forma en que había actuado conmigo antes de que le preguntara sobre su padre. Mis esfuerzos comenzaron a reparar el puente relacional que se había dañado. Me preguntaba si su comentario final, exclamando que "la gente en la calle son unos perdedores", reflejaba la forma en que se sentía acerca de sí mismo, la forma en que pensaba sobre los demás, o ambos.

Continué conectándome con Richard en viajes posteriores. Antes de mi viaje número 12, se me ocurrió una idea nueva, con la esperanza de generar más confianza. Busqué en E-Bay algún tipo de parafernalia de golf que contenía una imagen de su hermano Barry. Pude encontrar una tarjeta con la información de golf de Barry Jaeckel, similar a una tarjeta de béisbol. Tenía un precio razonable, así que lo compré antes de nuestro viaje. Llegó en un estuche de plástico resistente para coleccionistas. Lo envolví y lo llevé conmigo en el viaje.

Me encontré con Richard en nuestro segundo día durante nuestro almuerzo en Mariner's Point. Me acerqué a él y le dije: "Te traje un regalo de Navidad tardío". Nuestro viaje número 12 fue en enero de 2019, así que agregué: "Lo siento, tengo un mes de retraso". Pareció sorprendido, pero aceptó el regalo y lo desenvolvió. Cuando vio la tarjeta de golf de su hermano, me miró y dijo: "¡Este es mi hermano!" Respondí: "Sí, lo es". Y luego, de repente, como si alguien le recordara que no se le permitía recibir regalos, ya que puede haber expectativas implícitas, dijo: "No puedo tomar esto, es tuyo, ¡quédatelo!" Le respondí: "Barry no es mi hermano, no lo quiero.

Además, te lo traje como regalo de Navidad. ¿Todavía celebran la Navidad aquí en las calles? Él sonrió y dijo: "Supongo que sí, gracias". Le respondí: "De nada".

Parecimos ganar algo de terreno en nuestra amistad después de que le di a Richard la tarjeta de colección con la foto de su hermano. Por alguna razón, en nuestro viaje número 14 en enero de 2020, me encontré con Richard casi todos los días. Tuvimos muy buenas conversaciones a lo largo de la semana. En un momento, decidí invitar a Richard a cenar una vez más. "¿Te gustaría unirte a nuestro equipo para cenar en nuestra última noche en San Diego más adelante esta semana?" Para mi sorpresa, respondió: "Claro, qué diablos, ¿por qué no?". Le di la hora y el lugar de la cena de nuestro equipo y accedió a reunirse. En ese viaje en particular, en realidad apareció.

Nuestro equipo había seleccionado un restaurante italiano conocido como Buca di Beppo, en el popular Gas Lamp District. El restaurante sirve porciones de estilo familiar para compartir, por lo que fue perfecto para que nuestro equipo concluyera la semana e invitara a algunos de nuestros amigos de San Diego. Cuando entré en el restaurante, Richard no estaba a la vista. Llegué unos diez minutos antes que nuestro grupo para asegurarme de que no se me escapara. Cuando lo encontré, estaba sentado en la barra. Confesó llegar 45 minutos antes para aclimatarse. Después de conversar brevemente con él, me di cuenta de que tal vez "aclimatado" era el código para tragar un poco de coraje líquido. Como mencioné anteriormente, es un poco solitario e introvertido. Entendí que unirse a nuestro equipo para cenar lo estaba obligando a salir de su zona de confort, por lo que tal vez la visita temprana al bar ayudó.

*(De izquierda a derecha: Will y Richard Jaeckel en el Buca di Beppo)*

Richard y yo nos unimos al resto del grupo después de charlar brevemente en la barra, mientras él bebía su tónica de vodka. Eligió un asiento en el otro extremo de nuestra mesa de grupo, así que me uní a él. Una vez que nos instalamos, le pregunté si estaría dispuesto a compartir más sobre su vida. Parecía lo suficientemente relajado y estaba más que feliz de hacerlo.

Richard habló de crecer en Hollywood, viendo a su padre en los escenarios de películas históricas. Mencionó que su padre a menudo lo llevaba a él y a su hermano menor Barry a ver las películas mientras se estaban haciendo. Su padre ganó su fama, protagonizando más de 35 películas, así como programas de televisión.

Su tono se volvió más cálido y triste cuando habló de la dolorosa lucha contra el cáncer y la muerte agonizante de su padre en 1997. Hablar de la muerte de su padre provocó algo en él. De repente volvió a expresar su rabia hacia el abogado, que se había aprovechado de él.

Escuché con paciencia, pero a medida que avanzaba la noche, mi mente comenzó a dudar. Me dio mas curiosidad. Parecía como si Richard hubiera estado viviendo en las calles durante más de diez años. Le pregunté: "Desde que te conocí cinco años antes, te he oído expresar enojo con el hombre que crees que te robó tu casa. ¿Qué te ha impedido seguir adelante con tu vida, conseguir un trabajo y tal vez comprar una casa nueva?". Mi pregunta hizo que se detuviera y luego respondió: "¡Ese hombre me lo debe, pero nuestra sociedad está torcida y no lo hará pagar!"". La ira de Richard ardía, mientras repetía las ofensas de su abogado corrupto, como si yo me las hubiera olvidado.

Aunque traté de alentarlo y lo invité a considerar seriamente la idea de seguir adelante, se contentó con desahogar su ira y culpar a otros por su vida naufragada. Parecía que su forma de pensar lo había paralizado y se había contentado con permanecer en ese lugar durante los últimos diez años.

Pensé en el poder de guardar rencor y permitir que la amargura invada nuestra forma de pensar. La incapacidad de Richard, o tal vez la falta de voluntad para seguir adelante, parecía estar relacionada con su elección de culpar a otros por su difícil situación. No tengo ni idea de si la versión de Richard del abogado deshonesto era tan clara como decía, o si había mucho más en la historia. A menudo, cuando nos amargamos y no vemos las cosas desde una perspectiva más amplia. Esa falta de perspectiva puede paralizarnos si no tenemos cuidado.

Cuando hablamos con Ed, parecía tener un rencor similar hacia las personas a las que acusó de estar involucradas en lo que él llamó la "intervención". Mientras vivíamos en las calles, hemos tratado de animar a tantas personas como pudimos. La mentalidad de un individuo juega un papel importante en su disposición a recibir ayuda y seguir adelante. Si bien he escuchado cientos de historias de vida de amigos en la calle, muchos tienen heridas o alguien a quien culpar por su situación. Muy pocos están dispuestos a asumir una parte de la responsabilidad y seguir adelante.

En verdad, hay innumerables humanos como Kyle, de un viaje anterior, que han sufrido abusos y tratos horribles por parte de quienes deberían haberlos amado. Si bien no pueden cambiar su pasado, la curación es posible. Desafortunadamente, la mayoría elige medicarse como lo había hecho Kyle, tomando pastillas de su propio vómito, o permanecer amargado y paralizado, como Richard parecía preferir. Ni la medicación ni el rencor parecen llevarnos muy lejos.

En mi noveno viaje conocí a Mike. Nuestro grupo estaba en Mission Bay una mañana, cuando Mike Drumright dijo 'hola'. No lo había visto antes, aunque me dijo que había estado sin hogar en el área durante bastante tiempo. Estaba ansioso por conversar, ya que estábamos pasando el tiempo antes de que llegara el almuerzo. Mike me preguntó qué estábamos haciendo allí y le compartí brevemente nuestra situación. Entonces le pregunté a Mike sobre su vida. Antes de que pudiera responder a mi pregunta, dijo: "¡Déjame decirte primero que lo que estás haciendo por tu amigo es increíble! Desearía tener amigos y familiares como todos ustedes". Le di las gracias y le pregunté cómo eran sus amigos y familiares, si no como nosotros. Se sentó en silencio antes de responder a mi pregunta. No estoy seguro de si estaba tratando de decidir qué respuesta darme o si responder en absoluto. Después de una pausa prolongada, compartió con tremenda franqueza.

*(De izquierda a derecha: Will y Mike Drumright en Mission Bay)*

Mike comenzó: "A decir verdad, tengo una buena familia, pero se han dado por vencidos porque los he defraudado demasiadas veces. Ninguno de ellos cree más en mi palabra". Intervine, "¿Por qué es eso?" Continuó: "Porque he hecho promesas una y otra vez, que no puedo cumplir. Honestamente, tengo buenas intenciones y expreso intenciones honestas, pero parece que no puedo mantenerme alejado del alcohol y las drogas. Me va bastante bien cuando estoy arruinado, pero cuando llega el cheque de mi pensión mensual, puedo sentir una voz interior muy profunda que me dice: "Necesitas drogarte". Ha habido momentos en los que me he resistido por un corto tiempo, pero no se me puede confiar el dinero. Luego agregó: "Cuando estoy en la ruina y sobrio, soy un buen tipo".

El nivel de vulnerabilidad de Mike era refrescante. Compartió sin pretextos, ni afirmó ser una víctima. Tal vez me había estado evaluando antes de decidirse a sincerarse conmigo. Después de conversar durante unos 20 minutos, Mike me preguntó si oraría con él. Después de pasar uno o dos minutos orando, Mike preguntó: "¿Le importaría si intercambiamos números de teléfono?" Dije: "Para nada", así que lo hicimos.

En nuestra última noche de esa semana, invitamos a Mike a unirse a nuestro equipo para cenar en el centro. Cuando nos encontramos en Little Italy, expresó su gratitud una y otra vez por nuestra voluntad de incluirlo. También agradeció nuestro deseo de escuchar su historia. Mientras Richard culpaba a los demás por su lucha en la vida, Mike solo se culpaba a sí mismo. Le pregunté a Mike: "¿Cómo podemos ayudarte?" Su respuesta me sorprendió: "No puedes ayudarme, porque sé que no puedo hacerlo". ¿Cómo puedes ayudar a alguien que se ha dado por vencido? ¿Por dónde empiezas con una persona que no cree que sea capaz de dejar una adicción a las drogas?

Me parecería que admitir que necesita ayuda, junto con un fuerte deseo de ser libre, sería un buen punto de partida. Me preguntaba si Ed expresaría la misma mentalidad triste y derrotada que Mike había compartido. ¿Puedes ayudar a alguien que ha dejado de creer en sí mismo? ¿Tenía Ed algún deseo de liberarse de su adicción?

En nuestro undécimo viaje a San Diego, recuerdo estar parado afuera de Saint Vincent mientras esperábamos que nos admitieran en la cafetería. Era el primer día de esa semana en particular, cuando conocí a Jerry. Ambos estábamos haciendo cola para el almuerzo, cuando entablamos una conversación. Le pregunté a Jerry cuánto tiempo había estado en las calles y cómo se las arreglaba para sobrevivir.

Nuestra discusión duró mientras caminábamos en la fila a través del buffet y continuamos en la mesa. Cuando nos sentamos y colocamos nuestras bandejas frente a nosotros, le pregunté a Jerry: "¿Cuál es tu mayor lucha aquí?" En el transcurso del almuerzo, Jerry compartió conmigo sobre su lucha contra la diabetes de toda la vida. Él dijo: "Es brutal, pero esa no es mi lucha más importante". Le respondí: "¿Qué es?" Jerry continuó: "Tengo un problema con las drogas que es imposible para mí". Respondí: "¿Parece que has hecho algunos intentos para detenerte?" Él respondió: "Más de lo que puedo contar". Podía escuchar la sensación de derrota y desánimo en sus palabras. Mi corazón estaba con él. Al igual que Mike, Jerry estaba dispuesto a admitir su problema y, sin embargo, tiró la toalla y abandonó cualquier creencia en sí mismo.

Terminamos de almorzar y salimos a la luz del sol. Me ofrecí a orar con Jerry y él respondió: "Sí, por favor". Puse mi mano sobre su hombro y comencé a pedirle a Dios que le devolviera la esperanza a mi amigo Jerry. Oré por su batalla contra la diabetes y le rogué a Dios que le levantara el ánimo. Jerry comenzó a llorar mientras yo oraba. Cuando concluimos la oración, Jerry estaba claramente conmovido y me dio un abrazo. Me agradeció por compartir un almuerzo y, lo que es más importante, por escuchar su historia.

Dije: "Cuando pierdes la esperanza, necesitas rodearte de personas que puedan tener esperanza por ti". Él respondió: "No hay mucha gente así en estos días". Ojalá viviera más cerca de San Diego para poder reunirme con Jerry con regularidad. Ciertamente, hay personas dispuestas a estar presentes en su vida y ofrecerle un aliento constante, ¿verdad? Empecé a considerar mi papel en la vida de Ed, ¿cómo sería si Ed llegara a casa y necesitara aliento? ¿Ofrecer esperanza y aliento constante puede hacer una diferencia para un adicto? Quería aprender cómo ayudar a un adicto a mantener el rumbo y vencer un hábito de drogas a largo plazo. Oré para tener la oportunidad si mi amigo alguna vez regresaba milagrosamente a casa.

*(De izquierda a derecha: Will y Jerry en Saint Vincent's)*

En enero de 2020, me encontré con Jerry una vez más. Estaba en la misma comida en Father Joe's Kitchen, un ministerio de la Iglesia Católica de San Vicente. Jerry pareció sorprendido por el hecho de que recordaba su nombre. Estaba ansioso por ponerme al día y obtener una actualización de su vida. Dijo que estaba aguantando, pero que aún luchaba contra la diabetes y la adicción. Le pregunté: "¿Ha encontrado alguna base de apoyo de amigos que compartan su lucha, como Narcóticos Anónimos?". Negó con la cabeza "No", con una mirada de vergüenza en sus ojos. No estoy tan seguro de que alguien pueda superar una guerra seria contra la adicción sin la ayuda de otros.

No tenía intención de avergonzar a Jerry, solo quería saber cómo estaba progresando. Me agradeció por saludarlo y me dijo que esperaba volver a verme pronto. Cuando salió de la cafetería, mi mente se desvió hacia la historia del hijo pródigo. Cuando Jesús habló del padre amoroso que esperaba en casa a su hijo perdido, no dijo que el padre era responsable de llevar a casa a su hijo adulto. De hecho, Jesús dijo que cuando el hijo estaba en su punto más bajo, "recuperó el juicio" (Lucas 15:17). En otras palabras, el hijo cambió repentinamente de opinión y deseaba volver a casa. Hasta que el hijo perdido decidió que quería regresar, nadie podía seguir adelante, a pesar de lo mucho que su padre lo amaba. Comencé a orar para que Ed pudiera "recuperar el sentido".

# Capítulo 19
## *JD Vivo y Libre*

Cuando hicimos nuevos amigos en las calles, aprendimos a estar atentos a las personas que realmente querían ayuda. Como mencioné anteriormente, Ed había rechazado nuestra ayuda, aunque estaba dispuesto a hablar conmigo brevemente. Además de estar atentos a aquellos que querían ayuda, también prestamos atención a las actitudes de las personas. Las actitudes positivas en la calle suelen destacar, porque no son tan comunes como las negativas. Permanecer positivo y optimista se ejemplifica en nuestro amigo ciego Tom, a quien nunca hemos escuchado quejarse. Cuando conoces a alguien como él, es difícil no levantar el ánimo. Supongo que así me sentí cuando conocí a JD.

El mismo día que conocí a Jerry en el almuerzo de St. Vincent, una persona especial me llamó la atención. De pie en la fila, justo detrás de mi amigo Steve Bowman, estaba un hombre de unos 40 años. El hombre comenzó a quejarse en voz alta y a maldecir por tener que esperar en la fila. Se quejó del gobierno local, las iglesias y la policía. Steve y yo nos habíamos acostumbrado a ese tipo de diatribas, así que no nos inmutamos. Lo que nos tomó por sorpresa fue la reacción del fornido hombre de 50 años que estaba detrás de él.

De un vistazo pensé que habría sido un portero eficaz en una cantina local. También había estado escuchando el alboroto del hombre, que estaba entre los tres. Aparentemente, se cansó de escucharlo y decidió confrontar al detestable quejoso.

Todavía recuerdo lo que dijo. "Oye, tienes que dejar de quejarte. ¡Cada día es un regalo de Dios! ¡Deberías considerar todo lo que tenemos que agradecer!" La boca ruidosa redirigió su atención hacia el hombre que lo estaba reprendiendo. El continuó: "Pasé 17 años en prisión y estoy agradecido por cada día que estoy libre. Tenemos nuestra salud, el sol brilla arriba y hay personas increíbles aquí que nos están sirviendo el almuerzo hoy, así que mostremos un poco de cortesía". El hombre que se había estado quejando no tuvo respuesta. Tal vez se calló cuando notó el enorme tamaño del hombre frente a él.

El hombre que alentó un espíritu de gratitud agregó: "El fiscal de distrito me encerró por escribir cheques sin fondos, aunque no me quejo. Me imagino que me salí con la mía con el robo a mano armada, con el que nunca me conectaron, así que supongo que me merecía la condena que me dieron". Steve y yo escuchamos atentamente y cuando terminó la charla de ánimo, le dije a Steve: "Necesito conocer a ese tipo". Estuvo de acuerdo, aunque no parecía el momento adecuado para insertarnos en su intercambio.

Después del almuerzo y de mi charla con Jerry a la que me referí en el capítulo anterior, me encontré con el predicador optimista. Lo vi saliendo de la cocina del padre Joe y le dije: "Disculpe, pero lo escuché hablar antes del almuerzo y expresar su perspectiva positiva. Mi nombre es Will y solo quería decir que realmente aprecié lo que tenías que decir". Él sonrió y respondió: "Oh, gracias hombre, solo dije que verdaderamente sentía. Mi nombre es JD." Y con eso extendió su mano en mi dirección. Nos dimos la mano y pasamos unos minutos conociéndonos.

Compartí nuestra razón para vivir sin hogar esa semana y le pregunté a JD si siempre había sido tan positivo. Él dijo: "Para nada hombre, de hecho, fui a la cárcel porque estaba tan lleno de odio en ese momento de mi vida. Ese tipo de actitud por lo general conduce a problemas. En un momento en prisión, decidí que ya había tenido suficiente y conocí a un grupo diferente de muchachos. Me presentaron a Dios y mi actitud comenzó a cambiar. Cuando salí de la cárcel, estas personas de Saint Vincent's y Father Joe's Village me enseñaron cómo hablar correctamente, cómo tener respeto por mí mismo y me ayudaron a cambiar mi vida. Estoy eternamente agradecido con las personas que trabajan aquí, razón por la cual no podía sentarme y escuchar a ese tipo quejarse".

Le agradecí a JD por compartir y le presenté a Steve. Dado que tenemos la costumbre de invitar a algunas personas a cenar la última noche de cada semana sin hogar, invité a JD a unirse a nosotros ese viernes en particular. Estaba agradecido, pero dijo: "Lo siento, hombre, estoy trabajando hasta la noche de este viernes, así que no podré unirme a ti". Encontramos un plan alternativo y lo invitamos a unirse a nosotros para desayunar una mañana. JD mencionó un restaurante que le gustaba y que estaba cerca de un sitio de construcción donde había estado trabajando. Fijamos la fecha y la hora e intercambiamos números de teléfono.

Al igual que nuestro amigo Paul, JD era lo que llamamos "persona sin hogar de clase alta", ya que vivía en su automóvil en ese momento. Mencionó el trabajo que estaba haciendo y una vez más comento positivamente sobre los trabajadores del padre Joe que lo habían ayudado a conseguir un trabajo. Le pregunté si había algo por lo que pudiéramos orar y respondió: "Sí, amigo, gracias por preguntar. Mi esposa se encuentra actualmente en un centro de rehabilitación de drogas y necesita mantenerse limpia durante 90 días completos. Su nombre es Pita. Oramos allí mismo, y JD nos agradeció efusivamente por tomarnos el tiempo de escuchar y orar. Era difícil creer que había sido el hombre enojado que describió anteriormente en su vida. ¡El cambio es inspirador! Me preguntaba cómo respondería Ed a un tipo como JD, si hubiera escuchado el mismo discurso que presenciamos en la fila ese día.

Esperábamos reunirnos con él más adelante en la semana. Nuestra introducción a JD tuvo lugar en mi viaje número 11 en esta aventura sin hogar. Había regresado a mediados de septiembre de 2018, acompañado de Steve Bowman, Georgia McGowan y Andrew Beall. Andrew era el único novato del grupo. Anteriormente había sido adicto a las drogas, lo que le permitió adaptarse a la cultura e involucrar a las personas en las calles con conocimiento de primera mano de su lucha.

*(De izquierda a derecha: Steve, Georgia, Will y Andrew)*

Los cuatro recorrimos mucho terreno, pero también encontramos un obstáculo en nuestra primera noche. Descubrimos que no había cenas en esa noche en particular. Llamé a mi amigo Paul Arnold para ver si tenía una recomendación. Él dijo: "En realidad, comencé a recibir un cheque mensual del Seguro Social, entonces, ¿por qué no me dejas invitar a tu equipo?" Apreciamos su generosidad y lo encontramos en un estacionamiento en la esquina de Sports Arena Boulevard y West Point Loma Boulevard. Desde allí nos acompañó a un restaurante buffet local, llamado Souplantation. Estaba situado en el mismo estacionamiento que Denny's. Steve y yo estábamos muy familiarizados con ese Denny's, ya que hicimos una vigilancia allí una noche, con la esperanza de que Ed pudiera entrar en el viaje dos. También era el mismo restaurante donde dormimos en una mesa de la esquina durante una noche fría en el viaje tres, cuando AG se había unido a nosotros. Para el viaje 11, nos habíamos familiarizado mucho con el área.

Cuando salimos del restaurante, Paul mencionó haber visto a una mujer que había estado de pie entre los arbustos antes de que entráramos a cenar. Ella estaba allí cuando nos fuimos, así que él le ofreció sus sobras. Aceptó gustosamente la comida y parecía fuera de lugar de pie entre los arbustos. Había estado trabajando con una organización de trata de personas en Virginia, y la mujer parecía tener algunas de las características de alguien que está siendo traficado.

Incluso vimos a un hombre venir y ver cómo estaba y luego volver a lo que estaba haciendo. Toda la situación parecía sospechosa. Le pregunté a Georgia si estaría dispuesta a acercarse a la mujer y preguntarle si estaba en problemas. Ella lo hizo y descubrió que el nombre de la mujer era Alexandra y confesó que estaba en problemas. Georgia se ofreció a reunirse con ella para almorzar al día siguiente y Alexandra aprovechó la oferta. Oramos por ella esa noche y nos preguntamos cuál era su historia de fondo. Esperábamos que se presentara a la reunión de almuerzo con Georgia.

Al día siguiente, Alexandra no solo apareció, sino que confesó haber estado atada en una peligrosa red de tráfico. Georgia me llamó y pude coordinar una casa segura con nuestros amigos de Northern Virginia Human Trafficking Initiative. Cuando le informé a Georgia, le ofreció a Alexandra un boleto de avión de regreso a la costa este para ayudarla a escapar de su situación. Steve compró un vuelo para ella ese mismo día y acompañó a las dos damas al aeropuerto de San Diego.

Andrew y yo recorrimos las calles de San Diego para encontrarnos con más amigos sin hogar, mientras que Steve y Georgia iban en Uber al aeropuerto con Alexandra. Pasaron toda la tarde con ella, escuchando más de su historia mientras esperaban su vuelo. Mencionó que tenía una hija y que estaba muy agradecida por su ayuda. Cuando faltaban unos 90 minutos para el vuelo, dijeron una oración y se despidieron de Alexandra antes de verla dirigirse a su puerta a través del punto de control de seguridad. No tenía teléfono celular, pero le dieron una lista de números y le dijeron que tomara prestado el teléfono de alguien en el aeropuerto si tenía problemas.

*(Alexandra diciendo "Adios" en el aeropuerto)*

Entre los nombres en la lista, estaba el número de Kay Duffield. Kay es la directora de la Iniciativa Contra la Trata de Personas de Virginia del Norte y planeó recoger a Alexandra cuando aterrizara en Washington, D.C. Cuando Georgia y Steve se reunieron con Andrew y conmigo para cenar, estaban encantados de haber podido ayudar en el rescate de Alexandra. Esa situación hizo que toda la semana valiera la pena el viaje.

Alrededor de las 6:00 a. m. de la mañana siguiente, recibimos un mensaje de texto desgarrador de Kay, quien había estado esperando en el aeropuerto de Dulles para recibir a Alexandra. Kay dijo: "Alexandra me envió un mensaje en medio de la noche para decirme que no podía irse. Se disculpó por su cambio de opinión y nunca apareció esta mañana en el aeropuerto". Nuestra celebración por su libertad duró poco, ya que por alguna razón ella no quería o no podía subirse a ese avión. No teníamos su número de teléfono y el mensaje de texto que le envió a Kay mencionaba que provenía de un teléfono celular prestado.

Si bien estábamos destrozados por la situación, no nos rendimos con Alexandra. Regresábamos dos veces al día al lugar donde la habíamos conocido originalmente frente a Souplantation. Aunque esperábamos que pudiera regresar, nunca lo hizo.

El día que regresamos al aeropuerto para partir, Steve y yo fuimos a la oficina de Servicio al Cliente de United Airlines para averiguar si ella usó el crédito del boleto para volar a otro lugar. Como Steve había comprado el boleto con su tarjeta de crédito, pudo obtener algunas respuestas. Había conservado una copia del boleto con su apellido: Mazzant. El agente de United que nos ayudaba buscó frenéticamente el boleto. Vimos sus ojos mientras escaneaban la pantalla que no podíamos ver. Luego dijo: "Parece que le reembolsaron el boleto". Steve y yo comentamos: "Supongo que nos hizo una jugada para sacarnos el dinero del boleto". El agente de United corrigió nuestra suposición incorrecta y dijo: "No señor, parece que ella se aseguró de que el crédito volviera a su tarjeta de crédito, por lo que no se le cobró el boleto". Nos entristeció el hecho de que nunca llegó a la libertad y nos conmovió la voluntad de Alexandra de asegurarse de que Steve recibiera un reembolso antes de salir del aeropuerto.

Hay tantos en las calles, y cada uno tiene una historia, al igual que Ed tiene una historia de fondo. Es fácil para nosotros pasar por delante de un hombre o una mujer sin hogar y suponer que son perezosos y no están dispuestos a trabajar o que son adictos a las drogas o al alcohol, cuando en realidad cada persona sin hogar tiene su propia historia única. Me han conmovido las innumerables historias que he tenido el privilegio de escuchar en el transcurso de 14 viajes, y no tenemos planes de dejar de ir.

A menudo he orado para que, si Ed no está dispuesto a conectarse con personas de su pasado, tal vez Dios envíe a alguien para amarlo y ayudarlo que no tenga vínculos con su vida pasada. Estoy agradecido con Dios por proporcionar a Donnie en Maui Cyclery para cuidar a Ed y ser una persona constante en su vida. ¡Su relación con Ed, así como con los otros empleados de su tienda que lo cuidan, ha sido un salvavidas! Solo tener un punto de contacto para mantenernos actualizados sobre la condición de Ed ha sido una bendición. Oramos para que Dios enviara a alguien como Donnie a la vida de Alexandra para seguir donde la dejamos. Solo Dios sabe por qué salió del aeropuerto ese día.

El jueves por la mañana nos reunimos con JD para desayunar. Se presentó a tiempo en el restaurante que había seleccionado. Tuvimos un maravilloso desayuno con él y escuchamos más de su historia. Fue alentador estar cerca de alguien tan positivo como JD después del golpe emocional que experimentamos con la situación de Alexandra. Saludó a nuestro equipo con la misma enorme gratitud y optimismo que poseía cuando lo conocimos tres días antes.

JD compartió más sobre su esposa Pita y su recuperación. Él dijo: "Realmente me gustaría que ella los conociera. ¿Cuándo piensas volver aquí? Steve y yo intercambiamos miradas, ya que habíamos estado dándole vueltas a la idea de cuándo deberíamos regresar. Por alguna razón, dije: "Creo que regresaremos a principios de enero". Recibí solicitudes de varios estudiantes universitarios que estaban interesados en unirse a nosotros para un viaje. Habíamos desarrollado un plan de regresar a San Diego cada septiembre y febrero, aunque ese plan no era propicio para los estudiantes universitarios que estaban en la escuela. Consideré mover el viaje de invierno a una fecha anterior para acomodar las solicitudes. JD respondió: "Eso sería increíble, ya que quiero que todos conozcan a Pita. Y sale del tratamiento en diciembre, ¡así que el momento es perfecto!".

*(De izquierda a derecha: Steve, Will, JD, Andrew y Georgia)*

Cuando pregunté por Pita, JD compartió su historia de lucha contra la adicción a las drogas. Agregó: "Quiero lo mejor para mi esposa y cuando termine el tratamiento, me gustaría renovar nuestros votos matrimoniales y dedicar nuestro matrimonio a Dios". Luego se volvió en mi dirección y preguntó: "¿Estarías dispuesto a oficiar un servicio como ese cuando regreses?" Respondí: "Claro, me halaga que hayas preguntado. Podemos hacerlo realidad. Déjame pensarlo un poco y te responderé".

Nuestro equipo se dirigía hacia Old Town, ya que la comida del jueves por la noche se lleva a cabo en Presidio Park. Invitamos a JD a reunirse con nosotros en la comida y le dimos la información y los detalles necesarios. Se ofreció a llevarnos en dirección a Old Town San Diego, pero cuando comenzó a sacar artículos de su automóvil, rápidamente se dio cuenta de que no había suficiente espacio para nuestro equipo. Cuando vives en tu auto, las pertenencias de toda tu vida tienden a ocupar mucho espacio. Estaba avergonzado y comenzó a disculparse. Le aseguramos que no era un problema y le agradecimos su atenta oferta. Nos reunimos a su alrededor para tener una oración final antes de dirigirnos hacia el este por la carretera. Después de la oración, me miró directamente y dijo: "¡Estoy ansioso por el servicio en enero cuando conozcas a mi esposa!". "Por supuesto, yo también." Respondí. Le di un abrazo y nos pusimos en camino.

*(JD afuera del restaurante junto a su auto)*

Esa tarde recibí una llamada telefónica. El verano anterior dirigí nuestro viaje anual de misión médica para servir en Honduras. Durante ese tiempo, compartí frente a una iglesia un poco sobre nuestro equipo y lo que hace nuestra organización sin fines de lucro durante todo el año. Una mujer llamada Julie Meisterlin se me acercó después del servicio y me dijo que ella y su familia vivían en San Diego. Ella dijo: "Estamos muy interesados en servir a la comunidad de personas sin hogar la próxima vez que regrese al área". Me había olvidado de llamarla, aunque se dio cuenta de nuestras publicaciones en Facebook y me llamó. Ella preguntó: "Vi en Facebook que estás en la ciudad con un equipo y nos gustaría ayudarte". Le hablé de la cena en Presidio Park. Le dije: "Sé que es un aviso con poca antelación, pero si puedes ser voluntaria esta noche, hay una oportunidad". Ella anotó los detalles y respondió: "¡Fantástico, nos vemos esta noche!". Me encanta la forma en que Dios brinda oportunidades en la vida que tejen un tapiz de relaciones, que nunca sucedería si yo me quedara aislado y no compartiera con otros.

Esa tarde llegamos justo cuando el sol se estaba poniendo. Julie se me acercó para saludarme y me presentó a su hija Carly y a su amiga Sierra. Lo que hizo que esa comida semanal en particular fuera única fue el hecho de que la iglesia anfitriona estaba ubicada en Ramona, a unas 20 millas de Presidio Park. En lugar de hacer que las personas sin hogar hambrientas acudan a ellos, sirven a los amigos de la calle en su territorio. Como las comidas se hacían al aire libre, estaban sujetas a la intemperie. En esa noche, estaba frío y oscuro.

*(De izquierda a derecha: Sierra, Will y Carly en la Cena de Presidio Park)*

El equipo anfitrión a menudo comienza tocando algunas canciones de adoración en vivo seguidas por un predicador que entrega un mensaje, mientras las personas sin hogar se reúnen para la cena. Si bien aprecio los esfuerzos de la iglesia para alimentar a los hambrientos, mi preferencia personal sería predicar después de la comida, para que las personas tengan la opción de quedarse o no a escuchar un sermón. Prefiero que las personas decidan si quieren escuchar, en lugar de una audiencia cautiva. No digo eso como una crítica a la iglesia anfitriona, ya que estoy muy agradecido de que hayan estado alimentando a nuestros equipos hambrientos durante años, todos los jueves por la noche.

Justo después de que terminé de alcanzar a Julie, una mujer se me acercó. Su nombre es Sherrie Day y es pastora en esa iglesia en particular. Ella preguntó: "¿Es usted el pastor que vive sin hogar un par de veces al año e invitó a Julie y a su hija a servir esta noche?" Respondí: "Sí, soy yo". Ella continuó: "Fantástico, nuestro predicador programado no pudo asistir esta noche, así que me gustaría que traiga la Palabra". "Traer la Palabra", es la jerga de la iglesia, que es otra forma de decir: "¿Puedes predicar un mensaje para nosotros?". Me quedé allí aturdido por su pedido, sin ningún deseo de predicar en ese caso.

Después de pensar un momento en la oferta de Sherrie, respondí: "En realidad, estoy aquí para amar a las personas sin hogar y no tengo muchas ganas de predicar esta noche". Como si no hubiera podido escuchar lo que acababa de decir, puso su mano sobre mi pecho y comenzó a orar: "Señor, dale a mi hermano una Palabra para la multitud esta noche. ¡Amén!" Al final de su breve y conmovedora oración, exclamó: "Está bien, el Señor te dará una Palabra. Te llamaré cuando sea el momento. Y con eso, se dio la vuelta y se alejó. Pensé para mis adentros: "¿Qué acaba de pasar?" Pronuncié una oración silenciosa a Dios: "Señor, sabes que no tengo ningún deseo de predicar a mis amigos sin hogar esta noche, así que por favor pon algunas palabras en mi boca, ¡porque no tengo nada!". No estoy seguro si alguna vez te han pedido que hagas algo que no te entusiasme. Así es precisamente como me sentía, así que invité a Dios a que hiciera el milagro, ya que no me sentía listo para la tarea.

Me uní a Steve donde estaba parado en la colina. Estaba esperando que la música comenzara a sonar y dijo: "Aquí es cuando siempre tienen a ese tipo predicando, me gustaría que te lo pidieran en algún momento". Lo miré sin decirle lo que acababa de suceder y respondí: "Sí". Unos diez minutos después, la pastora Sharon se acercó al micrófono y me presentó como un predicador visitante de la Costa Este que había estado viviendo sin hogar para encontrar a su amigo desaparecido. Con eso, Steve me miró, "¡¿Qué?!" Sonreí en su dirección antes de caminar al frente para agarrar el micrófono. Como mencioné, no tenía nada en mente para compartir, pero Dios concedió mi oración y las palabras llenaron mi mente. Comencé diciendo que este era mi viaje número 11 en busca de mi amigo sin hogar que descubrí que era adicto a la metanfetamina. Estoy acostumbrado a hacer preguntas cuando hablo para interactuar con la multitud, así que dije: "¿Cuántos tweakers hay en la multitud esta noche?" Algunos gritaron en respuesta. No era un comportamiento que estaba tratando de alentar, pero aprecié la honestidad. La audiencia parecía estar escuchando atentamente. Les conté algunos aspectos destacados de mi viaje, como Crazy Ted desafiándome a vivir sin hogar. Compartí sobre el joven Kyle comiendo pastillas de su propio vómito, porque estaba desesperado por medicar el dolor de su pasado. Comenté: "Me pregunto cuántos de los que escuchan esta noche han estado tratando de medicar el dolor de su pasado". La multitud se quedó en silencio.

Les conté sobre mi búsqueda de Ed y el privilegio que ha sido conocer a tantos amigos increíbles en las calles y escuchar sus historias. Un vagabundo en la colina gritó: "¡Así es, hombre. Sigue!" Continué. Hice el comentario de que cada persona que conocemos es el 'Ed' de otra persona. Le pregunté: "¿Hay alguien en casa preguntándose dónde estás?". Una vez más, la colina de oyentes sin hogar se quedó en silencio.

Mencioné que los agentes de policía y otras personas sin hogar me habían despertado cuando dormía y alguien gritó: "¡A mi también!" Luego dije: "En mi séptimo viaje localicé a mi amigo Ed". Varias personas sin hogar comenzaron a aplaudir. Continué: "Pero mi amigo Ed me dijo que no estaba listo para recibir ayuda". Luego hice la pregunta: "¿Estás listo para recibir ayuda esta noche?" En medio del silencio sentí que el Espíritu de Dios estaba atravesando. Luego confesé: "Descubrí que mi amigo ya no vive en San Diego, se mudó a Maui. Entonces, quizás se pregunte: '¿Por qué regresamos aquí si Ed está en Hawái?'". Con todos los espectadores completamente atentos, dije: "Regresamos porque ustedes le importan a Dios y nos importan a nosotros".

Compartí un poco más sobre su valor y la importancia de nunca rendirse. Les dije que las personas que sirven de la iglesia en Ramona están presentes para ayudar si lo desean, pero no pueden leer sus mentes. Tienes que pedir ayuda, algo que mi amigo Ed aún no está dispuesto a hacer. Los guié en oración mientras cerrábamos el servicio y empezábamos la comida.

Algo en el ambiente había cambiado. Un caballero sin hogar que se había sentido conmovido por las palabras pronunciadas se me acercó después de mi oración. Él dijo: "Oye, tu equipo es bienvenido a dormir con mi tripulación. Acampamos en un área cerca del lecho del río". Le agradecí su amable oferta, pero le dije: "Tenemos un lugar donde hemos estado acampando, pero gracias por la oferta".

Un hombre llamado Les Reading se me acercó y me dijo: "He sido voluntario con personas sin hogar durante más de 20 años y nunca había sido testigo de algo como lo que sucedió aquí esta noche. Nunca había visto a nuestros amigos de la calle tan atentos. Quiero que sepas que cada vez que estés en San Diego, reservaremos el púlpito para que prediques". Obviamente Les no había escuchado lo que le dije a Sharon, cuando dije que no tenía ningún deseo de predicar. Les me preguntó cuánto tiempo estaría nuestro equipo en la ciudad. Le hice saber que estábamos programados para partir el sábado por la mañana. Me preguntó si podía llevar a nuestro equipo a cenar la noche siguiente. Hicimos planes para reunirnos con Les para disfrutar de una deliciosa comida mexicana la noche siguiente en Old Town.

Invité a una amiga llamada Magda, a quien conocí el año anterior mientras servía nuestra cena en la Iglesia Católica en Pacific Beach. Magda es de Polonia y me hizo saber cuánto disfruta de servir a los demás. Cuando escuchó lo que hacemos con nuestra organización sin fines de lucro, se inscribió para unirse a nosotros en un viaje misionero al servicio de los huérfanos en Limatambo, Perú, en el verano de 2017. Tanto Magda como Paul se unieron a nuestra última comida en San Diego, cortesía de Les Reading. .

Mientras conversaba con Les durante la cena para conocerlo mejor, me impresionó su generosidad. No me refiero simplemente a su voluntad de invitar a cenar a nuestro equipo, sino a algo que le ofreció a Magda, a quien acababa de conocer. Les preguntó a Magda sobre los sueños de su vida y ella respondió: "Siempre quise un velero en el que pudiera vivir y navegar alrededor del mundo". Su respuesta al sueño de Magda fue suficiente para hacer que me quedara boquiabierto. Les dijo: "¿Qué pasa si te doy un velero?" Ella respondió: "¿Disculpa?" Continuó: "Con toda seriedad, un socio comercial y yo poseemos un barco en el que puedes dormir y navegar alrededor del mundo si tienes tu licencia. Estamos cansados de pagar las tarifas de deslizamiento para mantenerlo anclado y rara vez lo usamos. Puedes probar de usarlo y si estás dispuestas a asumir las tarifas y la propiedad, te lo donaremos".

Magda estaba claramente sorprendida por su increíblemente generosa oferta y le agradeció efusivamente. Mientras discutían los detalles, estaba esperando que Les me preguntara cuál era mi sueño y tenía la esperanza de que él y su socio comercial fueran dueños de una propiedad frente a la playa que tampoco se usara. Honestamente, estaba emocionado por Magda e inspirado por la generosidad de mi nuevo amigo.

*(De izquierda a derecha: Steve, Will, Magda, Paul, Georgia, Andrew y Les)*

Cuando llegó el postre, le conté a Les que había conocido a JD y su actitud increíblemente positiva. No pudo unirse a nosotros esa noche debido al trabajo, pero compartí la solicitud de JD con Les. "Planeamos regresar a San Diego durante la primera semana de 2019, así que, ¿qué tal si organizamos una fiesta de Nochevieja para las personas sin hogar en Presidio Park e incorporamos la ceremonia de renovación del matrimonio de JD?" Les parecía entusiasmado con la idea y prometió hacer el trabajo preliminar necesario para ver si podía hacerlo realidad. Supuse que él era el hombre indicado para hacer el trabajo, después de todo, ¡no estaba pidiendo un yate!

La pregunta de Les hizo que me preguntara si Ed todavía tiene algún sueño. Muchos pierden la esperanza cuando viven en las calles. Si un individuo ha estado fuera demasiado tiempo, puede tener ese efecto. Me pregunté cómo habría respondido Ed a la pregunta de Les si hubiera estado presente esa noche. Esperaba que el tiempo lo dijera y oré para que Dios se moviera en su corazón.

# Capítulo 20
## *Asesinato a Medianoche*

Yo quiero tener esperanza, ¿y tú? Cuando le pido a una persona sin hogar que comparta su historia conmigo, espero sinceramente que lo que me cuente sea cierto. Trato de no dudar, aunque hay ocasiones en las que reviso los detalles de historias particulares para verificarlas por mí mismo. En nuestro viaje número 12 a principios de enero de 2019, tuvimos un grupo bastante grande de participantes. Steve invitó a sus dos hijas, Kara y Holly. Incluso reclutó a un chico llamado Clay, que estaba saliendo con su hija Kara en ese momento. Creo que quería saber de qué estaba hecho Clay, ya que las calles tienen una forma de revelar el carácter de alguien.

En un día en particular de esa semana, estábamos caminando por Old Town San Diego cuando conocí a un hombre que me dijo que era el hermano de George Harrison de los Beatles. Debo admitir que se parecía un poco a él y llevaba una guitarra acústica y lucía barba. Sin embargo, mientras nos alejábamos, hice una búsqueda rápida en la web de la familia de George Harrison para revelar el hecho de que George no tenía un hermano llamado "Carl". Si lo hubiera hecho, les estaría contando cómo conocí a uno de los hermanos de los Beatles en San Diego.

Cuando te das cuenta de que te están mintiendo o jugando, es importante que no lo tomes como algo personal. Caminando por las calles de San Diego, quería tratar con dignidad a todos los hombres y mujeres que encontraba, ofreciéndoles el beneficio de la duda. Si bien mi amigo Ed nunca me mintió cuando lo encontramos durante esos dos veranos, aún me dolía que rechazara nuestra ayuda. Steve y yo habíamos trabajado con anticipación para preparar a nuestro equipo para las calles, y también nos preparamos para nuestra celebración única con JD y su esposa Pita.

Les había trabajado con su iglesia en Ramona para reservar el gimnasio en Presidio Park, para que pudiéramos organizar una fiesta de Nochevieja con nuestros amigos sin hogar que no dependiera del clima. Habíamos reclutado un equipo estelar para caminar por las calles de San Diego, además de dos amigos a quienes invité como invitados musicales para la fiesta. JD estaba encantado de que el plan se hubiera concretado, aunque mencionó que su esposa estaba extremadamente nerviosa. Salimos temprano a la calle con nuestro equipo el lunes 31 de diciembre por la mañana. Estábamos listos para celebrar el Año Nuevo con nuestros amigos en el gimnasio de Presidio Park, donde planeábamos encontrarnos a las 4:30 p. m.

Todos se reunieron esa tarde en el gimnasio para asegurarse de que estuviéramos preparados para la comida, la música y el servicio. Fue un poco emocionante emprender un nuevo esfuerzo. Si bien disfruté de las tradiciones que se habían desarrollado con el tiempo, fue emocionante hacer algo nuevo, como una fiesta de

Nochevieja.

*(De izquierda a derecha: Enzo, Will, Melanie, Georgia, Holly,*
*Steve, Kara, Peter, Randy, Clay, Hawley, JD y Pita)*

JD me llamó para decirme que llegaba tarde. Le hice saber que habíamos reservado una habitación de hotel local para Pita y él para pasar la noche. Después de todo, no quería que durmieran en su auto después de celebrar años de matrimonio y el gran evento. Le dije a JD que se tomara su tiempo y se refrescara en el hotel con Pita, mientras el resto de nosotros ayudábamos a la iglesia de Les a preparar la cena de esa noche. Les estaba listo. Hizo instalar el sistema de sonido, sus voluntarios estaban listos para servir y preparó una deliciosa comida para nuestros invitados. Sentí que estábamos listos, aunque eso no me impidió reclutar más voluntarios.

En mi vuelo a California el día anterior, entablé una conversación con mi asistente de vuelo de United Airlines. Su nombre era Janet Castellanos y se me ocurrió preguntarle sobre sus planes de Nochevieja. Dijo que no tenía mucho que hacer, pero que planeaba salir con su hermano Julio y su amigo Adrián Delgado. Luego me preguntó sobre mis planes y le dije que íbamos a hacer una fiesta de Nochevieja para personas sin hogar en Presidio Park. Cuando Janet escuchó mis planes, dijo: "Siempre quise hacer algo así para servir a los necesitados". Inmediatamente respondí: "Bueno,

¿por qué no lo haces con nosotros?". Parecía como si el pensamiento no hubiera pasado por su mente. Le di a Janet todos los detalles, incluido mi número de teléfono. Ella dijo: "Si puedo convencer a Julio y Adrián, entonces nos vemos en Presidio Park mañana por la noche". Efectivamente, aparecieron y fueron una parte integral del equipo, sirviendo a los hambrientos que asistieron a la fiesta.

*De izquierda a derecha: Adrian, Julio, Janet y Will)*

La comida estuvo increíble, y mis amigos Melanie y Enzo pusieron música de fondo mientras la gente disfrutaba de su comida y de conversaciones agradables. Nuestro equipo se reparte en las mesas entre las personas sin hogar para entablar conversaciones y ofrecer esperanza cuando sea posible. JD y Pita llegaron tarde, pero tuvieron la oportunidad de tomar un plato de comida antes de que comenzáramos el servicio. Era la primera vez que me encontraba con Pita y me di cuenta de que estaba nerviosa.

Alternativamente, JD parecía extasiado por el evento que había imaginado cuando nos conocimos cuatro meses antes. Era obvio que JD amaba a Pita e hizo todo lo posible por ser sensible a sus sentimientos. Me senté con JD y Pita mientras comían y hablé de la ceremonia por última vez para ver si querían hacer algún cambio final. Cuando concluyó la canción final, me adelanté para tomar el micrófono y dar la bienvenida a nuestros invitados.

Nuestros amigos sin hogar parecían encantados de tener esta celebración fuera de lo común y aplaudieron a los voluntarios de la iglesia que lo hicieron posible. Hice algunas presentaciones, incluida mi azafata Janet, su hermano Julio y su amigo Adrián. Después de agradecer a los voluntarios ya nuestros anfitriones, invité a JD y Pita al frente.

*(De izquierda a derecha: Will, Pita y JD)*

Compartí con la audiencia el compromiso matrimonial de JD y Pita y su deseo de poner a Dios en el centro de sus vidas. Confesaron sus luchas y dijeron: "Necesitamos a Dios para salir adelante como pareja y para permanecer libres de drogas", un mensaje que resonó entre nuestros espectadores esa noche. Algunos de nuestros amigos sin hogar en la audiencia lloraron. En general, fue una velada memorable, ciertamente diferente a cualquier evento de Nochevieja en el que haya participado.

Después de que se cantó la canción final, nos quedamos para conversar con los que se quedaron. JD y Pita nos dieron las gracias, pero parecían ansiosos por regresar a su hotel. Cuando vives en un automóvil, aprecias especialmente una habitación para pasar la noche. Cualquier miembro de nuestro equipo que no estuviera en conversación con nuestros amigos de la calle ayudó al equipo de Les a limpiar el gimnasio. ¡Fue una velada inolvidable! Estoy agradecido con Les y Hope Christian Fellowship por cocinar, servir y asociarse para llevar a cabo un servicio tan increíble.

Nuestros dos músicos, Melanie y Enzo, regresaban a casa, por lo que quedamos nueve de nosotros en las calles. Una vez que terminamos de limpiar, nuestro equipo caminó hasta lo que comenzamos a llamar "Pine Needle Motel". Nos habíamos acostumbrado a la pequeña cosecha de pinos al otro lado de la calle de Sea World, así que caminamos hasta allí para establecer el campamento. Al grupo le fue bien en su primera noche de campamento, aunque nuestra segunda noche fue una historia diferente.

Tal vez nos habíamos vuelto demasiado cómodos en ese espacio, que nos permitía dormir tan profundamente. En medio de la noche, dos hombres sin hogar, junto con su Pitbull, se acercaron a nosotros mientras dormíamos. Eran alrededor de las 3:00 a.m. cuando llegaron nuestros visitantes sorpresa. El más grande de los dos sostenía un bate de béisbol y una linterna, mientras que el otro sostenía la correa del Pitbull. Me desperté y luego escuché la pregunta: "¿Qué diablos está pasando aquí?" Todo lo que pude ver fue la brillante linterna que brillaba en mis ojos. Mi primera suposición fue que se trataba de un policía, ya que ese parecía ser su estilo, cuando la policía nos había despertado en viajes anteriores.

Me eché hacia atrás para mirar más allá del resplandor de la linterna y me di cuenta de que eran un par de vagabundos. Parecían estar armados y listos para robar a personas desprevenidas que dormían en la calle. Lo que no anticiparon fue un grupo de nueve personas. Intimidado por nuestro número, el líder de los dos gritó: "¿Qué es esto, algún tipo de festival de amor?" Le respondí: "Tal vez, ¿qué quieres?" Él respondió: "Nada, hombre", y con eso, los hombres tomaron a su perro y se alejaron.

Es difícil intentar volver a dormir cuando tu adrenalina sube así, en medio de la noche. Claramente no habían anticipado el tamaño de nuestro grupo. Mi conjetura es que, si solo hubiéramos estado dos o tres de nosotros, entonces podría haber habido problemas. La gente no suele despertar a extraños en medio de la noche mientras empuña un bate de béisbol, con la intención de hacer nuevos amigos. El Pitbull agregó más fuerza a su equipo. Estaba agradecido por el grupo y la protección de Dios.

Si bien nunca hemos sido atacados durante nuestros 14 viajes, ciertamente hemos estado en peligro. Le doy a Dios el crédito por nuestra seguridad y de ninguna manera creo que vivir en las calles sea un esfuerzo seguro. Me preguntaba cuántas veces Ed se ha enfrentado al peligro mientras vivía solo. Viajar como un solitario lo pone en mayor riesgo. Esperaba preguntarle eso algún día.

Tuvimos una semana llena de acontecimientos con el equipo y me inspiró el compromiso de cada miembro de amar a quienes encontramos en las calles. Cuando regresé a casa, me mantuve en estrecho contacto con JD y Pita para saber cómo estaban progresando. Un mes después teníamos planeadas unas vacaciones familiares en Disney. Los padres de Sandra tenían un tiempo compartido en Orlando, Florida, y fueron lo suficientemente generosos como para permitirnos usarlo.

Como mencioné en el capítulo 17, solemos invitar a nuestros amigos que han emigrado de África con nosotros a unas vacaciones anuales. Sin embargo, en ese año en particular, decidimos invitar a JD y Pita a unirse a nosotros. Sandra y yo pensamos que podría ser una especie de vacaciones tipo luna de miel de aniversario para sacarlos de su auto por una semana. Cuando le propuse la idea a JD, dijo "Sí", sin dudarlo. Me envió un mensaje de texto con una imagen de su licencia de conducir, así como de Pita, para que pudiera comprar sus boletos de avión y una habitación en nuestro hotel de tiempo compartido. Sandra es extremadamente ingeniosa y solicito pases gratuitos de Disney cada año a través de nuestra organización sin fines de lucro. Disney generosamente donó cuatro pases para cada uno de nuestros viajes, que pudimos usar para nuestros invitados de Ghana y para JD y Pita en 2019.

Llegaron a Orlando a última hora de la tarde, así que los llevé de regreso a nuestro hotel para ayudarlos a registrarse. JD era como un niño pequeño que iba a Disney por primera vez, mientras que Pita era un poco más reservada. Sentí que estaba conociendo bastante bien a JD después de pasar tiempo con él en San Diego en dos viajes. Sin embargo, solo habíamos conocido a Pita en la ceremonia, ya que ella había estado en tratamiento en nuestra visita anterior. Les dimos un día para relajarse y acomodarse y les dijimos que descansaran bien, ya que teníamos planes de llevarlos al parque Disney al día siguiente. Nos reunimos con ellos para desayunar por la mañana y Pita estaba un poco más cómoda y dispuesta a participar. ¿Quizás había estado cansada del viaje?

*(De izquierda a derecha: JD, Pita, Lily, Skye,*
*Will, Capri, Hailey, Sarah y Sandra)*

Pasamos un día increíble en las montanas rusas y otros eventos, comiendo y disfrutando de unas risas. JD tiene una personalidad extremadamente cálida y logró conectarse con todos los que trajimos. Mi suegra Lily estaba con nosotros, tres de nuestras hijas: Hailey, Capri y Skye, así como mi sobrina Sarah. Después del largo día de parque en parque, volvimos al hotel y llevamos a las niñas a la piscina. JD se unió a nosotros, mientras Pita descansaba en su habitación.

Le pregunté a JD si estaba bien. Él respondió: "Ella nunca ha experimentado que la gente la ame así, por lo que sospecha mucho. Me preguntó en el vuelo a Florida si pensaba que todos ustedes planeaban asesinarnos. Consideré lo que compartió conmigo sobre su esposa. Era difícil entender por qué alguien pensaría así. Me preguntaba qué había experimentado Pita en su vida para asignar motivos tan oscuros a nuestra invitación de Disney. Empecé a orar para que se sintiera amada y pudiera disfrutar en lugar de permanecer distante y protegida. Se unió a nosotros para cenar más tarde esa noche y pasó el día siguiente en Magic Kingdom.

Empezamos a notar que Pita se abría más a medida que avanzaba la semana. Parecía conectarse con Sandra y se sentía cómoda hablando de sus hijos mayores en California. El día en el parque trajo sonrisas mientras sus defensas continuaban cayendo. Había una diferencia visible en su apertura como pareja, tal vez como resultado de la aparición de Goofy y Mickey.

*(De izquierda a derecha: Goofy, Pita, JD y Mickey en Disney)*

Pita mencionó cómo había sido para ella crecer en México y se conectó con mi suegra que es de Argentina. Tal vez poder hablar en español también fue útil, ya que las tres mujeres lo hablaban con fluidez, incluida mi esposa. Eso nos permitió a JD ya mí más tiempo para discutir su trabajo de construcción y sus planes futuros.

Al día siguiente, pasamos la mañana alrededor de la piscina y luego llevamos a nuestros invitados a Target para hacer algunas compras. Les informamos si necesitaban ropa u otros artículos antes de regresar a California al día siguiente, que con gusto los compraríamos. Habíamos estado tomando fotos de JD y Pita toda la semana en los parques y también trajimos imágenes de su servicio de renovación del matrimonio. Estábamos haciendo tiempo en Target mientras se revelaban todas las fotos, para poder sorprenderlos con un álbum antes de que regresaran.

Mientras esperábamos, JD se me acercó para decirme que Pita necesitaba las llaves de nuestro vehículo de alquiler y quería ir a sentarse en el auto. No estaba seguro de si se sentía cansada o mal, pero todavía teníamos unos 10 minutos hasta que las fotos estuvieran listas, así que le di las llaves.

Una vez que se revelaron todas las fotos, compramos el álbum y llevamos todo para ensamblar en el hotel. Pita había estado esperando pacientemente en el auto y nos dijo que solo necesitaba tiempo para descansar. Estaba cansada y necesitaba un descanso, aunque JD compartió una versión diferente de la historia en el hotel.

JD y yo dimos un breve paseo por el hotel cuando anunció: "¡Estoy tan enojado con Pita!" "¿Por qué?" Le pregunté. Continuó: "Porque ella estaba robando cuando estábamos en la tienda, y esa es la razón por la que quería ir al auto tan abruptamente". Me quedé allí un minuto tratando de entender lo que acababa de decirme. "¿Por qué robaría en las tiendas cuando ofrecimos comprar cualquier cosa que ustedes dos necesitaran?" Él respondió: "Ella no los conoce como yo. Ella cree que, si nos dan algo, entonces les deberemos algo a cambio". Sus comentarios sobre la forma de pensar de Pita eran consistentes con su comentario anterior, temerosa de que los matemos. También me recordaron a mi amigo en San Diego, Richard Jaeckel. Me pregunté cuántas personas se habrán aprovechado de Pita para hacerla tan desconfiada. Me entristeció después de haber pasado la semana juntos, que aún no se había establecido cierto nivel de confianza.

Dejé que JD resolviera el asunto con su esposa, ya que simplemente queríamos bendecirlos como pareja con la esperanza de llevarlos por el buen camino. JD también mencionó que Pita quería volver a consumir drogas. Comentó: "Si vuelve a hacer eso, me temo que tendré que dejarla. No podemos sobrevivir a otro combate con las drogas". Traer a dos amigos sin hogar de las calles de San Diego a Disney ciertamente tuvo algunos giros inesperados. No era realmente a lo que estábamos acostumbrados con nuestros amigos de Ghana; esperábamos que fuera una bendición para ellos mientras comenzaban de nuevo.

Debían volar de regreso a California a la mañana siguiente, así que nos enfocamos en disfrutar una última cena con ellos. Después de la cena les obsequiamos con el álbum de fotos y una tarjeta, para recordar el servicio cuando renovaron sus votos matrimoniales y las fotos que habíamos tomado durante la semana en Florida.

Pita parecía sorprendida y extremadamente agradecida por el álbum de recuerdos. Se sentó en el sofá de nuestra habitación de hotel, hojeando lentamente el libro y admirando las imágenes y los momentos que representaban.

Pita en realidad se echó a llorar cuando nos ofreció repetidas gracias. JD también estaba agradecido y nos dijo que había sido una semana inolvidable para los dos. La pareja se retiró a su habitación poco después, para empacar para su viaje temprano a la mañana siguiente. Tenían un vuelo extremadamente temprano, así que programé un viaje en Uber al aeropuerto. Me encontré con ellos en el vestíbulo para despedirme. El resto de la familia se despidió la noche anterior después de la cena, ya que la partida fue muy temprana. Tuvimos un tiempo juntos mientras esperábamos que llegara su auto, así que decidí hablar abiertamente con ambos. Dije: "Pita y JD, queremos ayudarlos a ambos en todo lo que podamos. Sin embargo, eso implica ser abiertos y honestos unos con otros". JD me había dado la libertad de ofrecerle ayuda a Pita con su adicción a las drogas, así que decidí sacar el tema antes de que se fueran. Pita parecía seriamente molesta con su esposo por compartir sus secretos sin que ella lo supiera. Ella respondió diciendo: "Claro, me gustaría un poco de ayuda, pero también tengo una pregunta. ¿JD también te contó sobre su adicción a las drogas, o solo estaba dispuesto a compartir sobre la mía? Es cierto que lucho contra la adicción, ¡aunque JD es igualmente culpable cuando se trata de usar drogas!".

Me senté frente a la mesa de la pareja en el vestíbulo del hotel, atónito por la gran revelación de Pita. Si bien JD había compartido abiertamente sobre la adicción de su esposa desde que Steve y yo lo conocimos en Saint Vinnie's, nunca admitió haber compartido su lucha. Me sentí de alguna manera traicionado. Sentí el aguijón que hizo que el momento anterior a su partida fuera tangiblemente incómodo. Después de una pausa embarazosa, respondí: "Por supuesto, el problema de las drogas de JD. También está eso, ¿verdad, JD? Miró en mi dirección, pero parecía un niño al que acababan de atrapar con la mano enterrada profundamente en el tarro de galletas. Su contacto visual fue solo momentáneo, pero fue suficiente.

Como padre de seis hijos, recordé momentos en los que sorprendí a mis propios hijos haciendo algo que sabían que no debían hacer. La vergüenza en su rostro era obvia, aunque no tenía ningún deseo de avergonzar a mi amigo. Le pregunté: "¿Te importaría si oro por ustedes dos antes de que llegue su automóvil?" La oferta pareció romper un poco la tensión, así que extendí mis manos y los tres nos tomamos de la mano mientras nos sentábamos alrededor de esa mesa. Le supliqué a Dios que ayudara a mis amigos a dejar su adicción a las drogas. Con el mismo deseo que tengo de que mi amigo Ed se libere de la trampa mortal de la metanfetamina, le rogué a Dios que rompiera sus cadenas. El conductor apareció un momento después de que dijimos "amén". Los ayudé con sus maletas y les di un cálido abrazo antes de que subieran al asiento trasero.

Mientras caminaba de regreso al hotel, me entristeció nuestra interacción final y todavía estaba pensando en la revelación. La franqueza de Pita sobre su marido me hizo repensar todo lo que me había contado. ¿Había más cosas que se había olvidado de compartir? En el momento en que Steve y yo conocimos a JD, no tenía idea de que lo estábamos escuchando mientras hacía todo lo posible para alentar al hombre enojado en la fila. Sentí firmemente que JD era sinceramente el hombre que se había presentado; simplemente se había olvidado de compartir la vulnerabilidad sobre sus propios demonios y luchas. Tal vez pensó que, si sabíamos la verdad, tal vez no lo ayudaríamos. Supongo que, hasta cierto punto, todos tratamos de poner nuestro mejor lado. JD me envió un mensaje de texto desde el aeropuerto disculpándose por no haberme avisado antes. Le respondí: "No te preocupes, amigo mío, pero no puedo ayudarte si no estás dispuesto a ser honesto. Te amo hermano." Él respondió: "Yo también te amo Will, ¡gracias por todo!".

Nos mantuvimos en contacto después de que JD regresara a San Diego. Me llamaba de vez en cuando y me decía que estaba mejorando con su lucha. Una noche me llamó y parecía frenético. Él dijo: "¡Will, necesito tu ayuda! Perdí mis llaves y necesito estar en algún lugar y no tengo idea de qué hacer". Respondí: "JD, no puedo ayudarte si no estoy en la costa oeste; ¿Por qué no intentas llamar a Les? Los había presentado a los dos en la ceremonia de la víspera de Año Nuevo, por lo que se conocían. Parecía una buena idea, así que me aseguré de que tuviera el número correcto y dejé que ellos dos lo arreglaran.

Al día siguiente, Les me llamó para decir: "¡Terminé de ayudar a JD!". Sorprendido por su declaración, le pregunté qué había ocurrido la noche anterior. Les continuó: "Cuando llegué a la dirección que me había dado JD, ¡era un desastre! JD estaba drogado con metanfetamina y había destrozado todo su tablero de instrumentos al intentar conectar su auto, después de perder sus llaves. Estaba enojado e impaciente, aunque yo había manejado 30 minutos para ayudarlo. Cuestioné sus acciones y admitió estar drogado. Llamé a un mecánico de emergencia e incluso pagué a un cerrajero para que solucionara su problema de las llaves. Mientras esperábamos que llegara el técnico, JD se enojó y me amenazó. Hice lo que pude para ayudarlo, pero quería que supieras que terminé". Entendí completamente la decisión de Les y la necesidad de establecer algunos límites saludables con JD en el futuro.

¿Por qué los humanos parecemos tener una división en nuestras personalidades, entre el bien y el mal, deseos desinteresados y egoístas? Al igual que en el libro de Robert Louis Stevenson, "El extraño caso del Dr. Jekyll y el Sr. Hyde", una persona puede ser increíblemente amable cuando está sobria y, sin embargo, cuando está bajo la influencia de una sustancia, puede convertirse en un monstruo. Llamé a JD al día siguiente para informarle que Les y yo habíamos hablado y ver cómo estaba. Hizo como si nada hubiera pasado. No estoy seguro de si JD se desmayó y olvidó una parte de la noche anterior o si estaba fingiendo que todo estaba bien. Lo animé a buscar un grupo de Narcóticos Anónimos para unirse. Me agradeció por llamar, pero claramente no quería hablar sobre el abuso de sustancias. JD fue cortés, pero después de esa llamada, se mantuvo bastante distante por un tiempo.

Tres meses después, alrededor de las 3:00 a. m. del 22 de junio de 2019, recibí una llamada telefónica. Cuando recibes una llamada a esa hora, casi siempre puedes asumir que alguien está en problemas. Respondí en tono aturdido, "¿Hola?" Traté de comprender quién estaba al otro lado de la llamada y qué pasaba. Era la voz de una mujer y parecía desesperada. Pregunté: "¿Quién ess?" Ella dijo: "Will, esta es Pita. Siento llamarte a medianoche" (no se dio cuenta de que eso significaba las 3:00 a. m., hora de la costa este). Ella continuó: "¡JD está en problemas!" Respondí: "¿Qué tipo de problemas?" Ella respondió: "La policía lo detuvo por asesinato. No creo que lo haya hecho, pero ahora está en la cárcel".

"¿Que quieres que haga?" Le consulté. Ella dijo: "No sé, solo pensé que tal vez conocerías a un abogado o al menos podrías hacer que tu iglesia ore". Respondí: "Oraremos, pero no conozco a ningún abogado en San Diego. Haz lo que puedas para obtener más información y llámame mañana". Pita accedió a hacerlo. Oré con ella antes de que colgara.

Sandra se despertó cuando me escuchó hablar. Ella preguntó: "¿Quién era en el teléfono?" Rápidamente le conté los detalles y luego dije: "Hablemos de eso en la mañana". Ella respondió: "¡Oh, no, eso es horrible! Está bien, podemos hablar mañana. Ambos nos dimos la vuelta para volver a dormir, pero mi mente estaba acelerada, lo que dificultaba el sueño.

Reflexioné sobre la idea de ayudar a mis amigos sin hogar. Me pregunté: "¿Es posible ayudar verdaderamente a alguien en las calles?" Consideré a Ed, Kyle, JD, Richard, Candace, Paul y tantos otros. ¿Cuáles son los factores que te permiten realmente ayudar a alguien que lo necesita? Mi mente volvió al pasaje de Lucas capítulo 15. Claramente, un adicto tiene que "volver en sí" antes de que pueda obtener ayuda o regresar a casa.

Me convencí de que no podía ayudar a JD, Ed ni a ninguno de los otros si carecían de dos atributos. Para mí, "recuperar el sentido" requiere la voluntad de reconocer nuestra necesidad de ayuda y buscarla; y en segundo lugar, ser completamente honestos y abiertos sobre sus problemas. Independientemente de lo mucho que queramos rescatar a otra persona, no podemos ayudar a alguien que no quiere ayuda y que no está dispuesto a ser 100 % honesto sobre su lucha. Me quedé dormido esa noche pidiéndole a Dios que recuperara el sentido común tanto para JD como para Ed. Le estaba pidiendo a Dios un milagro, como sólo Él puede hacer.

# Capítulo 21
## *Tercera ronda en Maui*

Dos semanas antes de partir para la tercera ronda en Maui, Sandra y yo estábamos disfrutando de una cena en nuestro patio trasero con algunos amigos cercanos. Uno de ellos, Dustin Holliday, me pidió una actualización sobre Ed. Compartí con Dustin y su esposa Lisa los últimos detalles, incluido nuestro viaje pendiente. Dustin me llamó un día más tarde con una propuesta. Él dijo: "No estoy tratando de forzar mi presencia en tus vacaciones familiares, pero Lisa y yo hemos estado tratando de averiguar dónde pasar nuestras vacaciones este verano. Te escuchamos compartir sobre tu viaje a Hawái la otra noche y pensamos que tal vez quieras compañía cuando vayas a buscar a Ed. Si ustedes dos están de acuerdo, haremos planes y reservaremos un hotel diferente en Maui para que no estén solos en esto". Respondí: "Esa es una oferta muy generosa, déjame hablar con Sandra y te responderé". A ella también le gustó la idea, así que le respondí a Dustin y él reservó su viaje.

A decir verdad, Dustin había planeado acompañarme en mi primer viaje a San Diego en 2015. Debido a una emergencia familiar, no pudo hacer el viaje, razón por la cual fui solo en mi primera búsqueda de Ed. Solo Dios sabía que Dustin no podría unirse a mí en la parte delantera de esta misión, pero se uniría a mí años después en el viaje 13.

El 12 de agosto de 2019, llevamos a nuestra familia a Maui. Nuestro equipo en ese viaje en particular estaba formado por Sandra y su madre Lily, así como por tres de nuestras hijas: Hailey, Capri y Skye. Lily vino a ayudar con Capri y Skye, que en ese momento tenían 5 y 3 años. Hailey estaba emocionada de unirse a la aventura de Ed, ya que su hermana mayor, Courtney, había vivido sin hogar conmigo en el viaje cinco a San Diego. Reservamos un lugar en Wailea nuevamente, a 22 millas de Paia. Quería darle su espacio a Ed y pensé que podíamos ir en bicicleta al otro lado de la isla, como había hecho el año anterior con Eric.

Fuimos a Paia para alquilar bicicletas de Donnie en Maui Cyclery. Estaba encantado de ponerme al día con él en persona. Me dijo que había visto a Ed en la ciudad ese mismo día. Nos equipó con dos bicicletas, ya que mi hija Hailey dijo que quería acompañarme en bicicleta algunos días. Hailey cumplió 18 años durante nuestra semana en Maui, así que queríamos que el viaje fuera memorable.

Dustin y Lisa habían llegado un día antes que nosotros y se tomaron un tiempo para explorar la isla. Pasé nuestros primeros dos días montando con mi hija Hailey y buscando a Ed. En nuestro segundo día en Maui, Sandra, Hailey y yo manejamos hasta

Paia, mientras que Lily se quedó en la piscina del hotel con Capri y Skye. Sandra estaba ansiosa por ver a Ed, ya que él había prometido unirse a nuestra familia para cenar cuando regresáramos.

Le advertí a Sandra a que no se hiciera ilusiones y le dije: "Creo que Ed solo dijo eso para evitar que lo molestáramos". Ella respondió: "Me dijo que se uniría a nuestra familia para cenar, y creo que lo hará". Quería desesperadamente que Sandra tuviera razón, pero no quería experimentar más decepciones.

Pasamos por la tienda de bicicletas de Donnie para saludar antes de ir a tomar un café a la puerta de al lado. Justo cuando comencé a hablar con Donnie, dijo: "Ahí está Ed", mientras me señalaba directamente detrás de mí. Ed había ido en bicicleta al estacionamiento detrás de la tienda de Donnie y estaba llenando sus llantas con aire. Me dirigí afuera para saludarlo. Al darme cuenta de que Ed podía despegar en cualquier momento, me acerqué a él con cautela y le dije: "Oye, Ed, ¿cómo has estado?". Él respondió: "No tengo quejas, pero como te dije el año pasado, no puedo salir con gente de mi pasado". Si bien esperaba que hubiera cambiado de opinión, estaba emocionalmente preparado para su respuesta en mi tercer año visitándolo. Respondí: "Entiendo y no tengo planes de molestarte. ¿Me das un abrazo?" Él respondió: "Por supuesto", y le di un gran abrazo a mi viejo amigo. Esperaba que Sandra tuviera razón, pero Ed parecía tener la misma mentalidad que los dos años anteriores que lo habíamos visitado. Le dije que esperaba verlo en el transcurso de la semana, si cambiaba de opinión.

Cuando regresé a Maui Cyclery, Sandra se dirigió directamente al estacionamiento para saludar a Ed. Me quedé adentro con Donnie, mirando por la ventana. Si el lenguaje corporal era una indicación, parecía que Ed le estaba dando a Sandra una excusa por no poder cenar con nuestra familia, a pesar de su promesa. Intercambiaron palabras durante unos minutos y luego mi hija Hailey dijo: "¿Puedo conocer a Ed?". Pensé que sería prudente que nos dirigiéramos al estacionamiento, ya que la cara de Sandra parecía desanimada por su intercambio. Le respondí: "Claro, ¡vamos!". Hailey me siguió y le presenté a Ed.

Ed fue muy dulce con ella y se tomó un minuto para saludarla. Después de la presentación, Ed anunció que sería mejor irse. Le ofrecí un café al lado, pero lo rechazó. Lo vimos montar en su bicicleta y pedalear rápidamente fuera del estacionamiento. Me di cuenta de que Sandra estaba entristecida por la respuesta de Ed, así que sugerí que todos fuéramos a la cafetería para relajarnos.

*(De izquierda a derecha: Sandra y Ed afuera del Maui Cyclery)*

Hicimos nuestro pedido en el Paia Bay Coffee Bar y tomamos asiento mientras esperábamos nuestro pedido. Sandra confesó su decepción y yo me hice eco de su sentimiento. Hailey preguntó si esta había sido la misma reacción que habíamos recibido en años anteriores. Respondimos sus preguntas y hablamos sobre los días de antaño cuando Ed y yo solíamos ser mejores amigos. Hailey me pidió que compartiera una historia de nuestros primeros años, así que accedí. La primera historia que me vino a la mente involucraba nuestros años cazando serpientes. Ed y yo compartíamos un amor impopular por las serpientes. Pasamos innumerables sábados recorriendo los lechos de los arroyos, volteando rocas y caminando por los campos en busca de reptiles.

También disfrutamos yendo al Zoológico Nacional de Washington en el centro de la ciudad. El parque era gratuito y no tuvimos ningún problema en pasar todo un día observando animales a lo largo del vasto paisaje de la Capital de nuestra Nación. Un día en particular estábamos en la casa de los reptiles y decidimos llamar a una puerta que decía "Prohibido el paso, solo personal autorizado". Cuando el hombre detrás de la puerta nos encontró a los dos esperando mientras la puerta se abría, preguntó: "¿Qué puedo hacer por usted?" Respondí: "¿Sería posible hacer un recorrido por dentro? Mi amigo y yo somos aspirantes a herpetólogos". Un "herpetólogo" es un científico que estudia reptiles y anfibios. Los ojos del empleado del zoológico se iluminaron, como si no estuviera acostumbrado a recibir solicitudes como esa. Respondió afirmativamente y dijo: "Claro, ¡pasa!". Estábamos encantados con la oportunidad y seguimos al científico de regreso al laboratorio.

El herpetólogo nos mostró su oficio con orgullo. Ordeñó una serpiente de cascabel de espalda de diamante ante nuestros ojos. "Ordeñar" una serpiente venenosa implica sujetar a la peligrosa serpiente detrás del cuello y forzarla a abrir la boca para revelar sus colmillos. Luego, el experto engancha los colmillos de la serpiente en el borde de un vaso de vidrio y mueve la serpiente hasta que excreta gotas de veneno de sus dientes frontales. El veneno se usa para hacer un antídoto, que se puede usar para curar a una futura víctima de una mordedura de serpiente infligida por esa especie.

Ed y yo quedamos muy impresionados y le preguntamos a nuestro guía si alguna vez lo habían mordido. Él respondió: "No por esta serpiente, sino por otras, sí". Agregó: "Cuando uno de nosotros tiene que trabajar diariamente con una raza venenosa en particular, tomamos el antídoto como precaución, ya que las probabilidades de una mordedura son muy probables". Ed preguntó: "¿Qué pasa con las serpientes no venenosas?" Sin dudarlo, el experto respondió: "Por supuesto, nos muerden casi todos los días". Le pregunté: "¿Qué haces cuando te muerden?" Como si realmente no fuera gran cosa, respondió: "¡Simplemente la sacudes de encima!" Mucho antes de que Taylor Swift lanzara su disco de 2014 "Shake it Off", nuestro amigo herpetólogo recomendó la técnica.

Cuando Ed y yo regresamos a casa esa noche, nos inspiró el experto que tuvo la amabilidad de concedernos un recorrido. Dio la casualidad de que capturé una Eastern Black Racer en un viaje de pesca reciente. Había sido cauteloso al manipular esa raza de serpiente según lo que leí en la Guía de campo de reptiles y anfibios de América del Norte.

La descripción de la Black Racer decía: "A esta especie no le gusta que la manipulen y muerde fácilmente". Si bien el guía advirtió contra el manejo de esta especie, Ed y yo pensamos que la descripción hacía de nuestra serpiente la muestra perfecta para intentar la técnica de "sacudirla". Por lo general, cuando atrapamos una serpiente en la naturaleza, la manejamos con guantes. Una vez que una serpiente se diera cuenta de que morder nuestros guantes no disuadía a su captor, dejaría de usar su mordedura como mecanismo de defensa. Después de leer la descripción del Eastern Black Racer, estábamos bastante seguros de que la estrategia de domesticación con guantes no iba a funcionar con esa serpiente. Sin embargo, nunca habíamos considerado el enfoque de "sacudirla".

Mientras estábamos de pie sobre el acuario que albergaba al reptil largo y elegante, miramos a través de la tapa de la pantalla. Le dije: "¿Por qué no vas primero y lo intentas?" Ed respondió levantando la tapa de la jaula y hundiendo su brazo en el tanque. La serpiente medía aproximadamente dos pies de largo y Ed la agarró por el centro para sacarla. Cuando la sacó, esta giró la cabeza hacia la mano de Ed y le dio un mordisco. Él gritó: "¡Ay!" Le pregunté si estaba bien, ya que noté dos pequeñas marcas en su piel donde los dientes de la serpiente hicieron contacto. Él respondió: "Supongo que sí". A lo que lo animé con el consejo del experto en zoología: "Sacúdela". Como mencioné, la mayoría de las serpientes dejan de morder cuando se dan cuenta de que su captor no está molesto. Sin embargo, este no fue el caso con nuestra Black Racer. Al darse cuenta de que Ed no estaba dispuesto a dejarla, la serpiente se volvió hacia la mano de Ed y volvió a atacar.

Cuando la Racer mordió a Ed por segunda vez, cerró la boca sobre la mano derecha de Ed, entre su pulgar y su dedo índice. Ed comenzó a gritar de dolor, así que le dije una vez más que se "sacudiera". Levantó la voz y exclamó: "No puedo, sus dientes están clavados en mi piel. ¡Quítamela de encima!" Empecé a reír a carcajadas por la situación mientras hacía todo lo posible por levantar la parte delantera de la boca de la serpiente de la mano de Ed para aflojarla. Finalmente logré quitar la serpiente y la arrojé de nuevo al acuario. Ed me miró y dijo desafiante: "¡Tu turno!".

Después de presenciar toda la prueba y ver la sangre en la mano de Ed, dije: "No, gracias, ya no quiero ser herpetólogo. ¡Esos tipos están locos!" No hace falta decir que a mi amigo no le agradó que yo no estuviera dispuesto a intentar la nueva técnica como él lo había hecho. ¿Puedes culparme después de ver cómo respondió la serpiente? Convencí a Ed para que dejara libre a la serpiente y ese fue el final del asunto.

Con nuestra historia de escalar grúas, cruzar ríos, atrapar serpientes y muchas otras travesuras, me preguntaba si el Ed con el que crecí estaba en algún lugar bajo la superficie, esperando salir. ¿El impacto de las drogas había vuelto su mente tan paranoica que no podía confiar en un amigo de la infancia? Fue difícil para mí entenderlo y extrañaba al Ed con el que había crecido.

Sandra, Hailey y yo nos sentamos en el café a tomar nuestras bebidas calientes y reírnos de las viejas historias. Un poco más tarde, Sandra regresó al hotel para ver cómo estaban Lily y las niñas. Hailey y yo comenzamos la travesía en bicicleta de 22 millas de regreso a través de la isla. Le dije que el viaje no era muy difícil, pero no estuvo de acuerdo conmigo, especialmente en las partes del camino que tienen algunas colinas empinadas. Lo superamos, lo que en realidad me dio una salida a mis frustraciones de que Ed rechazara un tercer año de repetidos intentos de conectarse. Me preguntaba qué lo detenía.

*(De izquierda a derecha: Will y Hailey en Maui)*

Al día siguiente, Hailey decidió quedarse en el hotel y disfrutar de un poco de descanso y relajación. Dustin alquiló una bicicleta en la tienda de Donnie y se reunió conmigo en nuestro hotel en Wailea. Le di una actualización sobre nuestro encuentro con Ed el día anterior. Dustin había sido oficial de policía en el condado de Fairfax, Virginia, algunos años antes, por lo que tenía una forma diferente de ver las situaciones. Aprecié su perspicacia y disposición para acompañarme en el viaje. Dustin había pasado por muchos baches en la vida y, sin embargo, se las arregló para mantener una actitud positiva. Intercambiamos historias en el transcurso del viaje de 90 minutos, lo que ayudó a desviar nuestra atención de los segmentos difíciles. Cuando llegamos a Paia, tomamos un descanso y almorzamos en el mismo restaurante donde Eric y yo nos sentamos un año antes. Me pregunté si podríamos encontrarnos con Owen Wilson como lo había hecho Eric.

Después del almuerzo, Dustin y yo caminamos por la tienda de Donnie para saludar a los muchachos que estaban trabajando. Decidimos subir directamente por Baldwin Avenue, el mismo camino por el que perseguí a Ed cuando descubrí su paradero dos años antes. Mientras bombeaba los pedales y continuaba mi ascenso, comencé a dudar de mí mismo. Me pregunté si mis esfuerzos solo sirvieron para frustrar a mi viejo amigo. Si bien nos dijo que no quería volver a conectarse en un nivel más profundo, sentí firmemente que la mayoría de sus decisiones estaban influenciadas por su consumo de drogas. Volví a pensar en el Ed que me suplicaba ayuda en 2013, cuando expresó su deseo de hacer un cambio en su vida. ¿Podría haber cambiado tanto en seis años? Ciertamente, el Ed que quería hacer un cambio todavía estaba enterrado en alguna parte. Solo esperaba que no fuera demasiado tarde para que se sacudiera la paranoia y se liberara de las drogas.

Dustin y yo manejamos esas bicicletas durante aproximadamente una hora, haciendo el ascenso de seis millas hasta un pueblo llamado Makawao. Hicimos un breve descanso para tomar algo y hablar del viaje. Mientras nos sentábamos en el porche delantero del Casanova Italian Restaurant and Deli, Dustin me hizo una pregunta para que la considerara. Preguntó: "¿Cuál es la definición de locura?" No estaba seguro de hacia dónde se dirigía con su pregunta, así que le seguí el juego y le respondí: "Sigue haciendo lo mismo y espera resultados diferentes". Definitivamente tenía un punto que quería hacer y continuó: "Así que este es tu tercer verano saliendo de tu rutina para conectarte con Ed y su respuesta cada año parece seguir el mismo patrón anual, ¿verdad?". Estuve de acuerdo y pregunté: "¿Cuál es tu punto?" Continuó: "¿Cómo se vería si cambiaras el modelo? ¿Qué pasaría si tu y Sandra vinieran para un viaje más largo el próximo año y en lugar de perseguirlo, se quedaran en Paia y se encontraran con él todos los días, simplemente diciendo "hola" y ocupándose de sus asuntos? Me pregunto si su paranoia comenzaría a disminuir y podría bajar la guardia si se diera cuenta de que no estás tratando de atraparlo". Sus preguntas hicieron girar mis engranajes mentales. Ciertamente tenía un punto a considerar.

*(De izquierda a derecha: Will y Dustin en Baldwin Avenue)*

Después de pasar un tiempo dando vueltas a las ideas y la estrategia de lluvia de ideas, decidimos comenzar nuestro descenso. Mientras que escalar la colina de seis millas tomó alrededor de una hora, bajar no tomó nada de tiempo. El único esfuerzo que requería de nosotros era la dirección y saber cuándo aplicar los frenos. Disfrutamos de la vista, el viento en nuestras caras y el simple trabajo de maniobrar la bicicleta.

Decidimos prestar más atención al bosque en el camino por Baldwin Avenue, con la esperanza de encontrar el campamento de Ed. Razonamos que Ed debía estar acampando en el bosque en algún lugar directamente cuesta arriba de Paia, así que nos tomamos el tiempo para buscar en el camino de regreso. No podía imaginarme a Ed haciendo esa escalada extenuante todos los días. Pasamos un parque, dos iglesias y una escuela, así como algunas casas dispersas. Cuando nos acercamos un poco más al área donde creíamos que podría estar viviendo Ed, redujimos la velocidad de las bicicletas para realizar una búsqueda minuciosa. Vi una pared de bloques de hormigón en ruinas que parecían las ruinas de una antigua casa. Colocamos nuestras bicicletas en el borde de Baldwin Avenue y exploramos brevemente el sitio.

Había una sola pared en el bosque a unos 25 metros de la carretera. En la parte trasera de la pared, frente a un gran campo de piñas, había una tienda de campaña y un tendedero. Dustin notó algunas de las camisas de Ed colgadas y estaba claro que este era de hecho su campamento y su hogar. Estábamos susurrando en voz baja y mantuvimos nuestra distancia. Decidimos no ir más lejos. Ninguno de nosotros quería molestar a Ed o causarle un estrés indebido. Tenía miedo de que si se sentía amenazado por el hecho de que habíamos descubierto dónde vive, podría hacer las maletas y huir de nuevo. Queríamos respetar su espacio, así que volvimos a montar nuestras bicicletas y bajamos el resto de la colina que conducía de regreso a Paia.

Era casi el final de la semana, así que devolvimos las bicicletas de alquiler, nos despedimos de Donnie y llamamos a Sandra para que nos recogiera. Dustin y su esposa Lisa tenían programado volar a casa al día siguiente, así que cenamos con ellos antes de partir. Estábamos agradecidos por su voluntad de unirse a nosotros en el viaje. Los cuatro pasamos la noche discutiendo más ideas sobre un regreso prolongado en 2020.

*(De izquierda a derecha: Lisa y Dustin Holliday en Maui)*

Me di cuenta de que septiembre de 2020 era mi 30 aniversario, desde que comencé a servir en el ministerio y en el trabajo sin fines de lucro. Nunca me había tomado un descanso prolongado en los 30 años desde que comencé, así que consideramos un año sabático en Maui. Parecía el momento perfecto para que pudiéramos regresar a Maui como había sugerido Dustin. Nos inspiró nuestro tiempo con Dustin y Lisa y nos llenó de nuevas esperanzas de reconstruir la confianza con Ed.

La noche siguiente, llevamos a Hailey a celebrar su cumpleaños número 18 en Mama's Fish House. Fue una noche hermosa y una comida increíble. Esa fue la manera perfecta de terminar el viaje y soñar con lo que estaba por venir.

*(De izquierda a derecha: Skye, Hailey, Lily, Capri, Sandra y Will)*

He tratado de mantener la esperanza en el transcurso de este viaje. A Dustin se le ocurrió una idea al recordarme la definición de locura. Ciertamente no tenía ganas de seguir repitiendo el mismo viaje cada año, con exactamente los mismos resultados. Creo en un Dios que está vivo y tiene el poder de cambiar vidas, sin importar cuán perdidas puedan parecer. Soy la prueba viviente de que Él también ofrece gracia a personas que han cometido muchos errores como yo. Al abordar nuestro vuelo hacia el este al día siguiente, mi espíritu se renovó y la esperanza se restauró. Mientras que Ed había incumplido su promesa de unirse a nuestra familia para la cena; siempre estaba el próximo año.

# Capítulo 22
## *Vivir en un Ford Ranger del 98*

Todo comenzó cuando Ed expresó su deseo de unirse a nosotros en uno de nuestros viajes misioneros a un país extranjero, para servir a los necesitados. Me dijo que quería tener un impacto en los menos afortunados. Le dije que actualizara su pasaporte y nueve meses después, Ed estaba viviendo en las calles. Si bien él nunca se unió a nosotros en un viaje, Sandra y yo continuamos dirigiendo excursiones para servir a los necesitados desde que nos conocimos en 2006. En mayo de 2018, dirigimos un viaje con estudiantes universitarios que sirvieron junto a una iglesia en Siena, Italia, mientras reclutamos un segundo equipo para atender a las personas sin hogar en Génova, Italia. Tenemos un socio italiano llamado Daniele Marzano, que hace un trabajo increíble con quienes viven en las calles de Génova.

*(De izquierda a derecha: Evan, Bethany, Jesse, Will, Ben y Randy en Siena)*

El equipo que dirigía en Siena había sido invitado a una escuela secundaria local para ayudar a dar clases de inglés a estudiantes italianos. Cada participante de nuestro equipo universitario se turnó para compartir un poco de su experiencia con el aula, hablando lentamente en inglés. Los estudiantes italianos podían hacerles preguntas sobre sus vidas, mientras practicaban su vocabulario y pronunciación en inglés. Algunos de nuestros estudiantes de los EE. UU. compartieron sobre su fe en Dios, así como sobre otras facetas de sus vidas. Pasamos un día entero en el salón de clases haciendo la misma presentación para diferentes clases, mientras rotaban cada hora. Fue una maravillosa oportunidad para enseñar el idioma y la cultura y la educación fue mutua.

Dos días después de la clase de idioma, le pregunté a María, (la profesora de inglés de la escuela de italiano), cómo le había ido la clase. Ella respondió: "A los estudiantes les encantó, sin embargo, una maestra de nuestra escuela escuchó que algunos estudiantes compartieron abiertamente sobre su fe en Dios, y estaba enojada por eso". Respondí: "¿Cómo se llama y qué materia enseña?". María respondió: "Su nombre es Grazia y enseña español. ¿Por qué quieres saber eso?" Dije: "Me pregunto si podemos bendecirla de alguna manera. Hágale saber a Grazia que mi esposa Sandra habla el español y estaría encantada de ir a enseñar una lección en su salón de clases, si eso fuera útil". María accedió a pasar el mensaje, sin saber qué pensaría Grazia de la oferta. Aparentemente, ella lo agradeció, ya que María me llamó para programar a Sandra para un día de lecciones de español más tarde esa semana.

Sandra terminó enseñando español todo el día en el aula de Grazia. No solo salió bien, sino que Sandra me dijo que Grazia estaba interesada en que nuestra organización sin fines de lucro organizara un viaje para que los estudiantes italianos estudiaran español en Uruguay. Sandra le dijo a Grazia que sus difuntos abuelos tenían una propiedad en Colonia Valdense, Uruguay, y que sería el lugar perfecto para realizar un campamento de idiomas. Estaba emocionado de que las cosas hubieran ido tan bien. Sin embargo, me preguntaba cuántos estudiantes estarían realmente interesados en un campamento de idiomas en Uruguay. En noviembre de 2019, 43 estudiantes y tres líderes adultos viajaron desde Italia a Uruguay para pasar 11 días con nosotros. Entre las muchas cosas que necesitábamos para acomodar a un grupo tan grande era mucha ayuda en la cocina.

Poco antes de recibir a los 46 italianos en Uruguay, nos dimos cuenta de que todavía teníamos poco personal. Cuando intentaba reclutar voluntarios potenciales, no lograba tener éxito. Además del grupo italiano pendiente que planeaba unirse a nosotros, habíamos planeado recibir a un grupo de líderes adultos la semana posterior a la partida de los italianos. Esencialmente, buscábamos un par de voluntarios más que, con muy poca antelación, estuvieran dispuestos a lavar los platos durante tres semanas. Me vino a la mente mi amigo Paul Arnold, de las calles de San Diego. Lo llamé para ver si estaba interesado en unirse a nuestro equipo de servicio. Sin dudarlo, Paul dijo: "¡Me encantaría ayudar donde sea necesario!" Compramos el boleto de Paul y estábamos encantados de que se uniera a nosotros en Uruguay. Ojalá pudiera hacer una llamada telefónica similar a Ed en Maui para que él también se uniera a nosotros.

*(Paul sirviendo a italianos en Uruguay –centro atrás, con barba)*

Paul fue de gran ayuda cocinando y limpiando para nuestros invitados italianos, así como para los líderes de América Latina a quienes servimos la semana siguiente. Durante nuestro tiempo organizando el campamento de inmersión en español para los italianos, decidimos organizar un breve programa para los estudiantes cada noche después de la cena. El entretenimiento incluyó algunos juegos de participación, seguidos de un breve mensaje que contenía una lección de carácter. Decidí enseñar las lecciones usando ejemplos de la vida real de las calles de San Diego. Las historias parecían una buena idea para mantener su atención y conectar cada historia con el valor de un personaje. Por ejemplo, cuando compartí mi decisión de ir a buscar a mi amigo Ed, les pregunté a los estudiantes italianos: "¿Tienen amigos que irían a buscarlos o amigos a los que irían a buscar?" Mi intención era utilizar las historias para que pudieran considerar la presión de los compañeros, las opciones de vida y los valores que realmente importan.

En una noche en particular a fines de la semana, hice el comentario: "Si bien mi amigo Ed no eligió recibir nuestra ayuda, hemos podido impactar a otros a lo largo del viaje". Con el permiso de Paul, compartí: "De hecho, un hombre que había estado viviendo en su camioneta y confesó tener pensamientos de depresión y suicidio, voló con nosotros a Puerto Rico para ayudar a las víctimas del huracán. Dijo que servir a los demás le había ayudado a levantar el ánimo y servía como antidepresivo. Esa es parte de la razón por la que lo invitamos a servirles esta semana. No estoy seguro si alguno de ustedes sabía que nuestro amigo Paul, que ha estado cocinando y limpiando para ustedes toda la semana, ha estado viviendo en las calles durante siete años". En ese momento, le hice señas a Paul, que estaba sentado junto a una pared cerca de la cocina. Todos los estudiantes italianos miraron en su dirección sorprendidos de que el trabajador con el que habían estado hablando toda la semana no tuviera hogar.

No me di cuenta hasta que le hice señas a Paul de que había comenzado a llorar mientras contaba su historia. Cuando los estudiantes miraron el rostro de Paul, muchos se emocionaron. Concluí diciendo: "Quizás algunos de ustedes, estudiantes, han luchado contra la depresión. ¿Alguna vez has considerado la idea de servir a los demás como un ejercicio que podría ayudarte a salir de una depresión?". Les hice saber que, si alguno de ellos deseaba hablar más con Paul, él estaría disponible para el resto de la semana.

Cuando terminé el tiempo del mensaje, había un sentimiento tangible en la sala, que todos se habían sentido inspirados por la vida y la situación de Paul. Tal vez haya estado en un espacio en el que una multitud se conmueve con emoción y hay un momento de incomodidad cuando las personas no están seguras de cómo responder. En medio de ese breve período de tensión, una adolescente de 17 años caminó directamente hacia Paul y lo abrazó. Pude ver que su decisión fue catártica para ambos, aunque no estaba seguro de su historia de fondo. Si bien esa demostración de compasión llegó inesperadamente, lo que siguió fue una sorpresa aún mayor. Inspirados por su ejemplo, unos 15 estudiantes se reunieron y formaron una fila de recepción improvisada detrás de ella. Cada alumno esperó su turno para abrazar a Paul y ofrecerle unas palabras de aliento. La emoción en la habitación era palpable.

Paul y yo pasamos muchas noches durante esas tres semanas hablando de su vida. En una noche en particular, Paul mencionó su inminente batalla contra la depresión y la realidad de que lo que había compartido conmigo en mi octavo viaje seguía siendo un problema. Me dijo que el viaje a Puerto Rico había servido para animarlo y hacerme saber que estaba disfrutando su paso por Uruguay. Confesó que se había desanimado en San Diego, sintiendo que muchas de las personas a las que había ayudado parecían volver a sus adicciones y luchas. Empezó a preguntarse si estaba marcando alguna diferencia. Invité a Paul a unirse a nuestra familia en Virginia durante la semana de Acción de Gracias después de nuestro tiempo en Uruguay. Paul dijo: "Me gustaría mucho", así que hicimos los arreglos de vuelo apropiados para que pudiera compartir las vacaciones con nuestra familia en Virginia.

Durante el fin de semana después del Día de Acción de Gracias, Paul visitó nuestra iglesia. Tenía una idea inspirada por Dios en mi corazón y decidí compartirla con algunos amigos. Al darme cuenta de que Paul había mostrado signos de mejora durante nuestro tiempo en Uruguay, me pregunté cómo podríamos continuar con esa tendencia. Pensé: "¿Qué pasaría si pudiéramos darle a Paul un año fuera de las calles pidiéndoles a 12 familias que lo acojan en sus hogares por un mes cada una, durante el próximo año?" No estaba seguro de cómo se sentiría la gente con la propuesta, así que propuse la idea a algunas familias. Cuando tuve ocho casas alineadas, comenzando con la mía, pensé que las otras cuatro encajarían más tarde.

Durante ese domingo mientras Paul estaba de visita desde California, decidí hacer la oferta allí mismo en la iglesia. Paul estaba sentado en la primera fila esa noche, así que lo miré directamente y le dije: "Paul, mencionaste que la vida se había vuelto difícil en San Diego y tu deseo de un descanso. A nuestra iglesia le gustaría ofrecerle un año gratis fuera de las calles, con un hogar diferente para vivir cada mes en 2020. ¿Qué piensas?" Antes de que terminara de hacer la oferta y anunciar los detalles completos, los ojos de Paul se llenaron de lágrimas. Cuando terminé de describir la oferta, él estaba llorando, al igual que algunos amigos en la iglesia esa noche cuyos corazones estaban conmovidos por la ocasión.

Aunque Paul aceptó nuestra oferta, todavía tenía programado un vuelo de regreso a California al día siguiente. Quería regresar a San Diego para despedirse de muchos de sus amigos allí, recoger sus pertenencias y comenzar la lenta travesía por el país en su Ford Ranger 1998. Y así lo hizo.

Paul nos proporcionó actualizaciones periódicas mientras se preparaba para partir hacia el este. Cuando comenzó el viaje por carretera de 2,667 millas, conducía hasta donde se sentía cómodo en un día determinado y luego nos brindaba actualización de su paradero cada 24 horas. Seguimos su itinerario mientras rodaba hacia el este hacia Virginia. Paul logró seguir una ruta más segura hacia el sur, ya que viajaba a mediados de diciembre. Su plan era comenzar en nuestra casa y quedarse hasta principios de enero, lo que significaba que podíamos hospedar a Paul en Navidad. Capri y Skye pensaron que tenía la barba larga y blanca perfecta para interpretar a Papa Noel. Con toda seriedad, nos alegramos de que hubiera aceptado nuestra oferta y, sin embargo, no estábamos seguros de todo lo que implicaría.

*(Paul se encontró con el aire helado a mitad de camino a través del país.)*

Estábamos un poco preocupados de que el Ford Ranger 1998 de Paul sobreviviera al viaje. Me aseguró que cambiaría el aceite antes del viaje y parecía bastante seguro de la confiabilidad de su camioneta. Imagine vivir en su automóvil durante siete años para que su vehículo ya no sea solo un automóvil, sino más bien un hogar para usted. Sin duda, cambiaría su perspectiva del vehículo, que traté de tener en cuenta al hacer sugerencias sobre la camioneta de Paul.

Estábamos emocionados cuando finalmente llegó y nuestras hijas estaban emocionadas de que el "tío Paul" se uniera a nosotros para Navidad. Parecía bastante emocionado de estar en una habitación y mencionó apreciar la cómoda cama durante sus tres semanas en Uruguay. Reajustarse a dormir en su camioneta después de esa cama hizo que le resultara aún más difícil volver a la vida en su camioneta durante su breve paso por San Diego. Supongo que vivir durante años en un clima cálido como el sur de California se sumó al impacto de dormir en una camioneta cubierta de escarcha invernal. Razón de más para dar la bienvenida a un dormitorio cálido en el interior de la casa.

Nuestras dos hijas menores, Capri y Skye, disfrutaron de tener a Paul como miembro adicional de nuestro hogar. Nuestra iglesia también le dio la bienvenida a Paul como parte de la familia. Me habían apoyado mucho en nuestros viajes a San Diego y Maui, en la medida en que muchos de los asistentes se habían unido a mí en diferentes proyectos allí. Corrí la voz de que todavía necesitaba algunas familias voluntarias más para hospedar a Paul durante los meses que estaban abiertos. En dos semanas, pudimos contabilizar todos los meses de 2020. Se necesita un grupo increíble de personas para abrir sus hogares a un hombre que acaba de mudarse de las calles. Una cosa es que alguien se quede una o dos noches. Otra muy distinta es invitar a un extraño a unirse a su familia durante un mes entero.

Quería hacer algo especial para Paul para que se sintiera bienvenido. Al darme cuenta de lo importante que era su automóvil para él, ya que había sido su hogar durante siete años, planeé un cambio de imagen de la camioneta. Le sugerí a Paul que la lleváramos a mi mecánico para un cambio de aceite. En realidad, le pedí a un amigo que es mecánico que le hiciera una inspección minuciosa a la camioneta de Paul y que reparara lo que fuera necesario. Reunimos a personas de la iglesia que expresaron su deseo de contribuir al esfuerzo. Tuvimos un generoso grupo de amigos detrás del proyecto, por lo que decidimos pintar la camioneta y reparar las abolladuras. Había una luz trasera rota y algunas abolladuras importantes que también requerían atención.

La parte difícil fue darle excusas a Paul por la razón por la que un simple cambio de aceite tomaba tanto tiempo. Le dije que el mecánico estaba haciendo una inspección estatal requerida y reparando algunas cosas pequeñas según fuera necesario. Después de completar el trabajo en un lapso de dos semanas, una familia invitó a Paul a almorzar y luego pasó por la iglesia donde habíamos organizado una fiesta sorpresa. Invitamos a todos los que habían contribuido al cambio de imagen de la camioneta a celebrar con Paul. Cuando cruzó las puertas, todos gritamos "¡Feliz día de la camioneta, Paul!"

*(Pastel de celebración del cambio de imagen de la camioneta de Paul)*

Mientras todos lo saludaban en el vestíbulo de la iglesia, le envié un mensaje de texto a un amigo que había estado esperando para conducir la camioneta de Paul por el frente. Rodó en el momento justo, para que Paul pudiera ver su nuevo Ford Ranger rojo de 1998. Definitivamente lo tomamos desprevenido. También limpiamos y arreglamos el interior. Su rostro reveló la agradable sorpresa. La multitud de amigos presentes para sorprender a Paul lo ayudó a sentirse amado y apreciado. Alguien recogió un pastel y bebidas para hacer la fiesta más alegre. Pedí un camión de juguete rojo como decoración de pasteles y también para que Paul se lo quedara para recordar la ocasión. Nuestra esperanza era que se sintiera amado y aceptado por la comunidad de nuevos amigos en su vida. El poder de la aceptación es extremadamente significativo para alguien que está luchando contra la depresión y las dudas sobre sí mismo.

*(Paul celebrando su Ford Ranger 1998 recién remodelado)*

Paul disfrutó ser parte de la comunidad, aunque la vida estaba a punto de dar una serie de giros inesperados que cambiarían nuestro enfoque. ¡Todo cambió en cuestión de meses! Superamos la fiesta de cambio de imagen de la camioneta en febrero de 2020. ¿Quién sabía que todo el planeta estaba a punto de enfrentar una pandemia global? Cuando el coronavirus barrió el país y el mundo, comencé a preguntarme si las cosas volverían a la normalidad alguna vez. Nuestros planes de regresar a Maui durante cinco semanas en 2020 se cancelaron debido a un mandato estatal del gobernador de Hawái. Todos nuestros viajes habituales de verano tuvieron que cancelarse o posponerse, y comencé a sentirme desanimado. ¡Entonces me enfermé de COVID-19!

El día 13 de mayo de 2020, concluí el último capítulo de un libro que había estado escribiendo llamado "A lo largo del camino". Decidí acostarme y descansar unos minutos al final del día, sintiéndome inusualmente exhausto. Sandra me tomó la temperatura y se dio cuenta de que tenía fiebre. Estábamos planeando celebrar su cumpleaños al día siguiente, pero nadie se atrevería a venir a nuestra casa ante la mención de una fiebre. En cambio, fui al consultorio de mi médico para hacerme la prueba del coronavirus. Un día después, mi médico me llamó para decirme que había dado positivo. Al día siguiente, Sandra y las niñas también se enfermaron con el virus. Ni pensar mas en las cinco semanas en Maui, incluso si se hubiera levantado la prohibición de viajar.

Aproximadamente dos semanas después, estábamos descansando en una casa en Smith Mountain Lake, en el suroeste de Virginia, cuando recibí un mensaje de texto de Donnie. La fecha fue el 3 de junio, cuando Donnie dijo: "Hubo un accidente de bicicleta que involucró a una persona sin hogar, pero aún no tengo todos los detalles. La persona sin hogar fue llevada en helicóptero al hospital y estoy tratando de verificar si era Ed". No hace falta decir que Sandra y yo comenzamos a orar por la seguridad de Ed, aunque me abstuve de llamar a su familia. No quería preocuparlos en caso de que Ed no fuera el ciclista del accidente, o si la noticia tomaba un giro fatal.

Al día siguiente, Donnie me llamó para confirmar que el ciclista del accidente era efectivamente Ed. Lo habían llevado en helicóptero al Queen's Medical Center en Honolulu, Hawái. Donnie confirmó que estaba vivo y recibiendo tratamiento, aunque no pudo visitar a Ed desde que lo trasladaron a la isla de Oahu. Me pregunté qué significaba esto para Ed y qué tan grave había sido su accidente. ¿Sería capaz el hospital de desentoxicarlo el tiempo suficiente para ayudarlo a pensar con claridad? Pensé: "Si Ed sale del hospital ahora, se perderá en una isla completamente diferente donde no conoce a nadie". Me preocupaba la situación de Ed, que claramente estaba fuera de mi control. Oré y le pedí a Dios que usara este grave giro de los acontecimientos para moverse en la vida de Ed. Me preguntaba si iba a tener que programar un viaje para personas sin hogar a la isla de Oahu en un futuro próximo.

Mientras eso sucedía en Oahu, Paul se quedó navegando por los cambios de hogar cada mes, a pesar de la pandemia. Parecía muy positivo acerca de vivir con diferentes familias y mencionó la necesidad de hacer ciertos ajustes cada mes según la familia en particular con la que vivía. Cada familia lleva su propia subcultura y forma de hacer las cosas. Algunas familias tenían niños pequeños, como la mía, mientras que otras tenían niños mayores y algunos tenían el nido vacío. Había familias que cenaban juntas y otras que no. Había familias con listas fijas de tareas y otras que pagaban por un servicio de limpieza. Algunas casas tenían mascotas mientras que otras no. Ciertas familias eran trasnochadoras, mientras que otras eran madrugadoras. Imagine a Paul haciendo ajustes todos los meses. Nunca se quejó; al contrario, estaba agradecido por la oportunidad.

Paul comenzó a servir con un ministerio de nuestra iglesia conocido como "Bridge Feeds". Los voluntarios hacen recolecciones periódicas en los restaurantes locales que generosamente donan el excedente de alimentos. Clasificamos la comida todos los lunes por la mañana y luego la distribuimos a las familias necesitadas, al final de la tarde. Paul se convirtió en una parte vital de ese esfuerzo semanal, haciendo recolecciones regulares en restaurantes, así como clasificando y distribuyendo los alimentos a las familias necesitadas.

*(De izquierda a derecha: Gaby Ramírez y Paul limpiando en Bridge Feeds)*

Cuando le pregunté a Paul sobre sus otras expectativas para el año, como trabajo remunerado, no mostró interés más allá del voluntariado. Recibe un modesto cheque del Seguro Social cada mes, que a menudo ha usado para bendecir a otros. Cuando el gobierno de EE. UU. envió cheques de estímulo para ayudar a aliviar el estrés financiero relacionado con el virus COVID-19, Paul reutilizó su cheque para apoyar a un estudiante universitario, recaudando fondos para servir en el extranjero. Lo que he aprendido acerca de mi amigo Paul es que no es perezoso ni codicioso. Al contrario, es generoso con lo poco que recibe y ayuda siempre que ve una necesidad concreta. Simplemente quería un descanso de las calles y un lugar al que pertenecer.

Cuando le pregunté a Paul sobre sus planes futuros, respondió con indiferencia: "No tengo idea, pero estoy seguro de que Dios lo aclarará cuando necesite saberlo". Aprecié la respuesta sincera de Paul sobre sus propias expectativas. Me preguntaba qué expectativas tendría de Ed si regresara a casa. Me gustaría que Ed dejara de usar drogas y se recuperara, aunque todavía amaría a mi amigo si no pudiera hacer esas cosas. Oré por un avance, sabiendo que Ed estaba recibiendo tratamiento en un hospital en Oahu. ¿Qué pasaría después? Sólo Dios lo sabía.

# Capítulo 23
## *Prisión y Viaje 14*

En enero de 2020 regresamos a San Diego con un equipo de diez participantes. Había al menos un matiz único que nunca habíamos realizado en un viaje anterior.

Me refiero a nuestra visita a la prisión para reunirnos con JD Terrell. Fue encarcelado entre miles de otros hombres en una prisión fronteriza al sur de San Diego. Decidí hacerle una visita y llevar a un par de personas conmigo.

*(Will, Peter, Steve, Emile, Bill, Brian, Kara, Betsy, Hawley y Maria)*

JD estaba detenido en el Centro de Detención George Bailey, situado en la frontera de California y México. Steve y Kara habían conocido a JD en viajes anteriores, por lo que eran la elección obvia para acompañarme a visitarlo. Ese jueves nos subimos a un auto de Uber para llegar a nuestra hora de reunión programada. Llamé con anticipación para hacer la cita de visita, momento en el que me informaron lo que podíamos traer, así como lo que había dejar atrás. No se nos permitió tomar ninguna foto en el área de la cárcel una vez que pasamos a los guardias de la prisión en el área de recepción.

Caminamos por un largo pasillo con tiras de pintura de colores en el suelo. El guardia asistente nos indicó que siguiéramos una línea de color designada hasta el área de visitas específica, donde nos encontraríamos con JD. Caminamos miles de pies de pasillo, siguiendo la línea naranja como nos habían dicho. Finalmente llegamos a una puerta marcada como "Visita a prisioneros".

Había una serie de advertencias y recordatorios de procedimientos publicados en la puerta para leer antes de entrar. En el interior, había una gran sala que contenía un área central, construida con un grueso vidrio a prueba de balas. A lo largo de las paredes de vidrio transparente había diferentes áreas de asientos asignadas, cada una marcada con un número designado. Se nos indicó que siguiéramos la línea naranja hasta la habitación específica y luego que tomáramos asiento en la ventana número tres. Nos sentamos y un guardia detrás del vidrio nos dijo que JD se uniría a nosotros en breve. Esperamos, mientras el guardia conducía a JD hasta la ventana y nos decía que teníamos diez minutos.

*(De izquierda a derecha: JD y Will en la cafeteria St. Vinnie's, viaje 12)*

El cabello de JD había sido afeitado y vestía un traje de una pieza, como era de esperar si alguna vez has visto una película de prisión. Parecía un poco más delgado que cuando estuvo con nosotros en Orlando. Aparentemente, los guardias de la prisión le dijeron que tenía visitas, aunque no le habían dicho quiénes eran. La expresión de su rostro contenía una mezcla de sorpresa y vergüenza. Miró a través del cristal y luego me indicó que cogiera un teléfono de mi lado del cristal. Hizo lo mismo cuando cada uno tomó nuestros asientos en lados opuestos del cristal. Él dijo: "Hola Will, gracias por venir, hombre". Volví a presentar a JD a Steve y Kara, ya que parecía sorprendido por nuestra visita. No quería que se sintiera avergonzado si no podía recordar sus nombres. Yo le había enviado a JD una carta y un par de libros, antes de que lo visitáramos ese día. Se apresuró a agradecerme las cartas y los libros. Después de nuestro saludo inicial, JD hizo una larga pausa y pude ver que estaba tratando de encontrar las palabras. Me preguntaba qué estaba pasando en su cabeza.

Cuando JD habló, pude escuchar por su voz que estaba luchando por mantener la compostura. Él dijo: "Estoy tan avergonzado de que ustedes hayan tenido que venir a verme así en prisión". Tenía un moretón fresco alrededor de su ojo y le pregunté si las cosas se habían puesto difíciles tras las rejas. Él dijo: "Sí, así es. Solicité que me pusieran en confinamiento solitario ya que me estaban presionando para unirme a una de las pandillas aquí". Luego me susurró a través del cristal, a pesar de que ambos sosteníamos los auriculares del teléfono para escucharnos: "No puedo hacer esto de nuevo, Will". Su voz se quebró por la emoción. Mi mente volvió al momento en que me encontré con JD frente a Father Joe's Village y él habló de ser liberado después de pasar 17 años tras las rejas. Él dijo: "No es como piensas, no hice todo lo que me acusaron". Le respondí: "JD, incluso si lo hubieras hecho, estaríamos aquí para visitarte, así que no tienes que convencernos de nada". Y agregó: "Estoy tan avergonzado. Siento que tú y Steve tuvieran que venir hasta aquí con su hija. Le aseguramos que todo estaba bien, que no nos importaba venir. Le pregunté cómo estaba. JD nos dio un breve resumen de su tiempo tras las rejas, que no sonó agradable.

Le pregunté cómo podríamos ayudar. Él respondió: "Tu venida aquí es más de lo que nunca hubiera imaginado, ¡así que gracias!". Nos ofrecimos a orar con él y él respondió: "¿Podrías por favor?". Cuando comencé a orar por JD, presionó su mano contra el vidrio y yo hice lo mismo en el lado opuesto. Cuando ofrecí una oración por mi amigo, él comenzó a llorar. Cuando concluí, simplemente le entregué el auricular del teléfono a Steve y él continuó orando. Cuando Steve dijo "amén", Kara tomó el teléfono y oró por JD. Cuando los tres terminamos, los cuatro teníamos ríos de lágrimas corriendo por nuestras mejillas.

La emoción que sentí fue tangible y cuando nos dimos la vuelta para irnos, JD se puso de pie de un salto y se acercó al cristal. Mirando en mi dirección, dijo: "¡Espera, Will!". Me volví en su dirección para enfrentar el vidrio y él levantó su mano nuevamente hacia el vidrio. Hice lo mismo y, aunque no podía escuchar su voz audible a través del vidrio grueso sin el auricular del teléfono, gritó: "Los amo a todos, gracias por venir". Le dijimos que también lo amábamos y con eso, el guardia lo sacó del área de visitas.

Los tres nos quedamos sin palabras mientras volvíamos sobre nuestros pasos fuera de la prisión, a lo largo de la misma línea naranja. Cuando salimos de la prisión, abrí mi aplicación Uber y solicité un viaje de regreso a San Diego. Esperamos afuera, aunque ninguno de nosotros tenía muchas ganas de hablar. Estaba pensando en mi amigo JD en su pequeña celda de confinamiento solitario, esperando que estuviera bien. Me propuse en mi mente enviarle una carta tan pronto como regresáramos al hotel más adelante en la semana. Steve y Kara prometieron hacer lo mismo.

Quería ayudar a mi amigo JD, aunque nadie podía hacer mucho. Planeé continuar orando por él y escribiendo. Mencionó que su caso judicial estaba programado para el verano de 2020, por lo que tenía al menos seis meses de espera para la sentencia. JD me dio el nombre del abogado y me dijo que podía llamarlo si quería discutir su caso. No estaba seguro de qué diferencia haría eso, pero tomé nota del nombre del abogado en caso de que quisiera una actualización.

*(De izquierda a derecha: Steve, Kara y Will en George Bailey Detention Facility)*

Tomamos un auto para que nos llevara a un hospital en el centro de la ciudad, donde nos enteramos de que nuestro amigo ciego Tom Williams estaba internado. Otro amable amigo de las calles llamado Jeff Horn había continuado donde Paul lo había dejado. Había estado cuidando a Tom, quien se enfermó y tuvo que ser hospitalizado. Buscamos en dos hospitales diferentes sin suerte. Después de fallar en nuestro tercer intento, nos dirigimos al área de Old Town para reunirnos con el resto de nuestro equipo.

Un buen amigo mío llamado Brian Silvestri mencionó cómo el viaje había comenzado a impactar su forma de pensar. Él dijo: "Soy un hombre de negocios y siempre he visto a las personas sin hogar como un grupo de vagos que simplemente necesitaban encontrar trabajo". Continuó: "En el transcurso de esta semana, me he dado cuenta de que no hay una sola persona sin hogar que siga un mismo modelo, y que cada individuo tiene su propia historia única". Parecía agradecido por su nueva revelación y me pregunté cuántas personas pensarían de manera similar. Estoy agradecido con mi amigo Ed por abrirme los ojos a las personas sin hogar; un mundo en el que nunca hubiera entrado aparte de esta experiencia.

No tenía idea de que Ed sería un paciente en Oahu en el Queen's Medical Center seis meses después. Donnie tuvo suerte al conectarse con un médico en ese hospital, ya que el personal médico necesitaba el historial de Ed. Todo lo que Donnie pudo descubrir fue que Ed había sido un paciente difícil, lo que dijeron que es normal para un adicto que deja de fumar de golpe una sustancia fuerte como la metanfetamina. A través de uno de los contactos policiales de Donnie, descubrió que el accidente de Ed no involucró un automóvil u otra bicicleta. Ed tuvo un accidente grave en su propia bicicleta mientras viajaba demasiado rápido, drogado.

Me comuniqué con la familia de Ed para ponerlos al tanto de su situación y paradero. La hermana de Ed, Diane, tiene formación médica y decidió ponerse en contacto con los profesionales del Queen's Medical Center. La enfermera que atendió su llamada no pudo revelar demasiada información debido a las leyes de privacidad HIPPA, sin embargo, verificó que Ed se estaba desintoxicando de la fuerte presencia de sustancias químicas en su torrente sanguíneo. Ed estaba bastante golpeado con una cadera rota, laceraciones en el brazo y puntos en el cuero cabelludo. Ed no llevaba puesto un casco cuando cayo.

Decidí contactar a Peter Arnade. Peter es profesor y decano de la Universidad de Hawái en Honolulu, por lo que fue la única persona local en la que pude pensar para ponerme en contacto con Ed. Ed había hecho una gran cantidad de trabajo de restauración de muebles para Peter, cuando la familia Arnade vivía en San Diego. Por supuesto, eso fue años antes cuando Ed tenía su negocio de restauración ubicado en Hancock Street. Debido al COVID-19, Peter no pudo visitar a Ed en el hospital, aunque hizo una llamada telefónica.

Sorprendentemente, Ed tomó la llamada telefónica de Peter y nunca le preguntó cómo sabía sobre el accidente. Quizás cuando luchas contra la paranoia y crees que la CIA te está siguiendo, uno asume que la agencia lo sabe todo. Ed le dijo a Peter que quería hablar con él. Mencionó que le dolía mucho el accidente y le devolvió el teléfono a la enfermera. Peter se enteró de que, si bien se habían encontrado drogas en el torrente sanguíneo de Ed en el momento del accidente, no había cargos en su contra. Eso significaba que Ed podía salir del hospital cuando se sintiera lo suficientemente bien. Además, el hospital no pagaría para que Ed regresara a Maui, lo que significaba que podríamos tener un problema cuando Ed estuviera listo para ser dado de alta. Mi esperanza era que el centro médico lo retuviera el mayor tiempo posible, para ayudar a que su mente volviera a pensar con más claridad.

Preocuparse por lo que posiblemente podría suceder puede llevar al desánimo. Estaba preocupado por JD después de nuestra visita a la prisión. JD sonaba al borde del suicidio. Esperaba que pudiera aguantar ya que ni siquiera había recibido su sentencia. Una fuente de aliento para mí, cuando enfrenté días como ese en la calle, fue conectarme con algunos de los voluntarios estelares que servían a las personas sin hogar de manera regular.

En mi tercer viaje, conocí a un sacerdote católico que empujaba una escoba para limpiar. No llevaba puesto el collar que habría significado que era un sacerdote. En cambio, vestía una sudadera y jeans y estaba ocupado limpiando pisos. Al estar involucrado en el ministerio protestante, estoy feliz de conocer amigos católicos comprometidos con la misma causa. Servir a los menos afortunados proporciona un área de terreno común para centrarnos en lo que estamos de acuerdo, en lugar de dividirnos. Prefiero construir puentes relacionales que quemarlos.

El sacerdote era Padre Joe Coffey y se interesó sinceramente en nuestra causa. De hecho, cuando le envié un boletín anual describiendo nuestro trabajo, el Padre Joe me envió una generosa contribución. En mi noveno viaje a San Diego, me llevó a mí y a John Morales a almorzar a Hodad's en Ocean Beach. Si no has comido una hamburguesa de Hodad's, no sabes lo que te estás perdiendo. En mi viaje número 12, nos invitó a mí, a Steve y a Georgia a almorzar en su casa, donde personalmente nos preparó una deliciosa comida en su cocina.

El padre Joe Coffey se desempeñó como capellán militar y nos dijo que lo habían reasignado para servir en Japón. Poco después de esa asignación, fue ascendido a obispo con supervisión de la diócesis más grande del mundo; toda la rama del ministerio de las Fuerzas Armadas de los Estados Unidos. Estos viajes me han permitido conocer a personas inolvidables como el obispo Joe. Ha habido momentos durante el viaje en los que una conversación con alguien como el padre Joe ha marcado la diferencia.

*(De izquierda a derecha: Georgia, Father Joe, Will y Steve)*

Una semana después de regresar a casa del viaje 14, recibí una carta de JD. Expresó lo agradecido que estaba de que hubiéramos venido hasta la prisión fronteriza y nos hubiéramos tomado el tiempo para una visita. Después de expresar su gratitud, confesó algo de lo que yo no estaba al tanto. JD dijo: "Cuando tú, Steve y Kara vinieron a visitarme, yo me estaba recuperando de una pelea en la prisión y había pasado una semana en confinamiento solitario. Había solicitado la mudanza como una cuestión de protección personal y, sin embargo, estaba luchando contra el desánimo. Tenía planes de poner fin a mi vida en algún momento dentro de las próximas 24 horas. Sin embargo, todos ustedes vinieron a verme y eso marcó una gran diferencia. Después de que ustedes tres hablaron conmigo y oraron por mí, mi espíritu se elevó. Decidí no quitarme la vida. No tienes idea de lo perfecto que fue tu momento. Creo que si hubieras venido un día después, no habría estado vivo, así que gracias". Dijo una serie de otras cosas mas, pero pidió que toda nuestra iglesia siguiera orando por él mientras se preparaba para ser juzgado.

Compartí la noticia con nuestra iglesia e invité a otros a orar por JD. Además, algunas personas pidieron la dirección de JD y comenzaron a escribirle en prisión. Algunos amigos le enviaron libros y otros redactaron cartas para alentarlo. A principios de junio, JD me escribió para decirme que había escrito una confesión completa al fiscal de distrito sobre su participación en el asesinato del vagabundo. Había asumido la responsabilidad de sus acciones, aunque no tenía la intención de matar al hombre. JD me dijo en la misma carta que se involucró en un estudio bíblico en la prisión y comenzó a experimentar más libertad tras las rejas que nunca afuera. Parecía estar en paz con Dios, consigo mismo y con los demás, lo que me animó mucho.

JD me preguntó por Steve y Kara. Le envié una respuesta para hacerle saber que Kara se había comprometido con Clay Whitley, el novio que trajo a San Diego en el viaje cuando lo conocimos. Incluso me habían pedido que oficiara su boda. Kara también le escribió a JD y los numerosos amigos por correspondencia le levantaron el ánimo aún más. Dos meses después, recibí una carta de un hombre de nombre Rubén Ruiz. Rubén escribió: "Usted no me conoce, pero conocí a JD Terrell en prisión y me dio una copia de su libro, "Along the Way". Quería agradecerle por lo que escribió en ese libro y por impactar la vida de JD. JD ha tenido una tremenda influencia en mí y en mi fe". Aunque nunca había conocido a Rubén, me hizo bien saber que, a pesar de la terrible situación de JD, estaba teniendo un impacto positivo en prisión.

Ciertas drogas pueden esclavizar a un ser humano tanto como el grueso muro de una prisión. Ed y JD fueron ejemplos de esa realidad. Mientras que el encarcelamiento de Ed a la metanfetamina cristalina fue el catalizador de su grave accidente de bicicleta y la paranoia ilógica, JD había comenzado a experimentar la verdadera libertad aparte de las drogas, mientras estaba encerrado tras las rejas.

Estaba empezando a sentir una sensación de esclavitud relacionada con el coronavirus. Contraer el virus en familia limitó nuestras vidas por un par de semanas, pero el impacto mundial fue paralizante. Si bien el impacto inicial impidió nuestros planes de visitar Maui durante un período prolongado, las continuas restricciones de viaje no nos permitieron visitar a Ed en el hospital. Todo lo que podíamos hacer desde casa era orar y pedirle a Dios que liberara a Ed de la esclavitud de las drogas que había alterado su forma de pensar.

Era optimista de que Peter tendría algunos encuentros positivos con Ed, ya que Donnie no estaba en la misma isla. En Virginia, nos aferramos a la esperanza de que Dios usaría el accidente de bicicleta de Ed como un catalizador para un cambio positivo, tal como había usado las circunstancias de la prisión de JD para lograr la libertad. Dios tiene una manera de usar la peor "basura" en la vida como fertilizante para producir algunos de los frutos más asombrosos de la vida. Sólo Dios puede hacer tal cosa. Nosotros solo debíamos esperar y observar y esperar lo que estaba por venir.

# Capítulo 24
## *El Pródigo Regresa*

Donnie y yo continuamos comunicándonos, mientras Peter llamaba a Ed al hospital todos los días. Entre los dos en comunicación directa con el Centro Médico de Queen, supimos que las heridas de Ed eran graves. Además de romperse la pelvis, también se había dañado el hombro. Todos esperábamos que el hospital pudiera mantener a Ed bajo su cuidado, mientras continuaba desintoxicándose de las drogas. Si bien nos emocionó saber que Ed estaba vivo a pesar de su grave accidente, esperábamos que la situación también sirviera para curar su mente.

*(De izquierda a derecha: Will y Donnie en Maui Cyclery en Paia)*

Donnie había sido un apoyo increíble para Ed durante todo el proceso. Teniendo en cuenta la adicción de Ed a la metanfetamina y sus episodios aleatorios de pensamiento delirante, no siempre fue fácil de manejar para Donnie. Si bien había días en que Ed podía limpiar bicicletas y ayudar en la tienda, había otras ocasiones en las que aparecía mentalmente fuera de sí. La mentalidad y el estado de ánimo de Ed eran paralelos a su consumo de drogas. El 5 de junio, Donnie me envió un mensaje para decirme que Ed estaba experimentando algunos síntomas graves relacionados con su abstinencia de drogas. Mostró un comportamiento irracional y ataques de ira, lo que lo convirtió en un paciente difícil de tratar. Tenía miedo de que el hospital tuviera la tentación de echarlo a la calle.

A medida que el cuerpo de Ed se adaptaba a la falta de sustancia, también estaba lidiando con el dolor asociado con una cadera rota y un hombro fracturado. Las enfermeras le dijeron a su hermana Diane que había sido difícil trabajar con él. En uno de los peores momentos de Ed, en realidad trató de estrangular al médico que lo atendía. Al parecer, a Ed le preocupaba no poder volver a andar en bicicleta nunca más. Sin embargo, cuando el médico exclamó: "Volverás a montar", Ed lo soltó y se disculpó por su reacción. Mientras Peter intentaba comunicarse con Ed por teléfono, todavía no podía visitarlo en persona debido al coronavirus.

El comportamiento de Ed había sido errático, lo que me hizo preguntarme si su riesgo de fuga era elevado. Mientras esperábamos y nos preguntábamos sobre el estado de ánimo de Ed, estábamos emocionados a medida que pasaban los días. Escuchar que todavía estaba presente en el hospital y que había sobrevivido un día más sin usar drogas ni huir, valía la pena celebrarlo. Continuamos orando para que su mente se recuperara lo suficiente como para tomar decisiones inteligentes sin que su paranoia irracional se activara.

Peter realmente se preocupaba por Ed y se había enterado de la adicción a las drogas de Ed en San Diego. Había un trabajo de gabinete de cocina que Ed no había terminado en la casa de Peter, y Peter fue a buscarlo. Encontró a Ed consumiendo drogas en su tienda. Sintiendo una tremenda vergüenza, Ed regresó al lugar de trabajo y terminó el trabajo para Peter. Después de completar el trabajo, comenzó a llevar a Ed a comer, buscando ayudar a Ed a liberarse de la adicción. Peter y su familia se mudaron a la Universidad de Hawái cuando Ed fue a vivir en la calle. Hablé con Peter en 2017 cuando encontré a Ed en Maui. Después de que Ed fuera admitido en el Queen's Medical Center en Honolulu, Peter era la persona perfecta para continuar con el seguimiento de Ed.

Era como si la batuta de cuidar de Ed hubiera pasado de Donnie a Peter en las dos primeras semanas de junio. Cada vez que el hospital quería hablar con un representante de la familia, Diane respondía las llamadas. Peter descubrió que el hospital estaba listo para transferir a Ed a una casa de transición después de aproximadamente 10 días. Aparentemente, ese era el protocolo normal para una persona sin hogar local que estaba en recuperación, cuando no hay familia presente para recogerlos. Los profesionales médicos sintieron que su cadera, hombro y otras diversas heridas ya no necesitaban atención, por lo que lo reubicaron.

Peter llamó a Ed a las nuevas instalaciones y descubrió que a Ed no le gustaba nada el lugar. Estaba ansioso por salir. Peter no estaba seguro de qué decirle a Ed, ya que todos asumimos que la casa de transición sería una mejor situación para mantener a Ed sin drogas mientras se recuperaba de sus heridas y se mantenía sobrio. Todos los días corríamos el riesgo de que Ed saltara a la calle, aunque el hecho de que estuviera en una isla desconocida hacía que esa opción fuera mucho menos atractiva. Después de todo, Ed no podía simplemente regresar a su campamento en Paia. Al menos tenía una cama y tres comidas al día si se quedaba donde estaba. Peter hizo todo lo posible para animar a Ed a seguir con el plan mientras su cuerpo sanaba.

La mamá de Ed llamó a Peter para obtener una actualización sobre su condición y estado de ánimo. Todos tenían la esperanza de que el período de desintoxicación podría ser una respuesta a la oración y ayudar a Ed a recuperar el sentido. El 14 de junio de 2020 recibí un mensaje de texto que cambió toda la trayectoria de mi viaje para buscar a Ed, mi amigo de la infancia. El mensaje era de la Sra. Pelzner y decía: "Acabo de hablar con Ed y me dijo que está listo para volver a casa". Estaba en medio de una reunión cuando recibí el mensaje de texto. No había forma de que pudiera concentrarme en la reunión después de leer las noticias. Me preguntaba qué habría pasado para que Ed cambiara de opinión y hablara con su madre sobre su posible regreso. Necesitaba saber desesperadamente, así que me excusé de la reunión y encontré un lugar tranquilo para llamar a la mamá de Ed.

Aparentemente, cuando Peter habló con la Sra. Pelzner, ella solicitó el número de teléfono directo a la habitación de Ed. Estaba ansiosa por hablar con su hijo, a quien no había visto desde principios de octubre de 2014. Aproximadamente seis años después, Ed habló con su madre, 11 días después de su accidente de bicicleta. Fue durante esa conversación que expresó su deseo de volver a casa. Le pedí que transmitiera la conversación y lo hizo.

Confesó que cuando Ed contestó el teléfono, no reconoció su voz al otro lado de la línea. Pidió hablar con su hijo, Ed Pelzner. A lo que Ed respondió: "Este es Ed". Ella dijo: "No, necesito hablar con mi hijo, Ed Pelzner". No estoy seguro de si ella simplemente no podía imaginar hablar de verdad con él o si su voz de alguna manera sonaba diferente a lo que recordaba. Ed insistió: "¡Mamá, este es tu hijo, Ed Pelzner!". Ella continuó: "Oh, bueno, no sonaba como tú". Luego, los dos pasaron un rato charlando sobre los detalles del accidente y las heridas que había sufrido. Por supuesto, cualquier madre querría saber cómo estaba su hijo, ante todo. Una vez que expresó interés en regresar a casa, ella le dijo que trabajaría en los detalles y se comunicaría con él.

Después de hablar con la Sra. Pelzner por teléfono, ambos estábamos emocionados más allá de las palabras sobre el cambio de opinión de Ed. Si bien este había sido un giro milagroso de los acontecimientos, nos dimos cuenta de que todavía había algunos obstáculos importantes que superar. El obstáculo número uno tenía que ver con la realidad de las restricciones relacionadas con el COVID-19. Nadie podía viajar para visitar a Ed o viajar con él como co-pasajero. El obstáculo número dos se relacionaba con el comportamiento errático de Ed. No estábamos seguros de si Ed podria mantener el estado de ánimo que mostraba cuando hablaba con su madre por teléfono. Había expresado su deseo de dejar las decisiones sobre el centro de tratamiento en manos de Peter y la Sra. Pelzner, por lo que esperábamos que se mantuviera allí el tiempo suficiente para organizar su regreso.

Descubrimos un tercer obstáculo cuando investigamos los itinerarios de vuelo y nos dimos cuenta de que no había vuelos directos desde Oahu al área de Washington, D.C. Eso significaba que Ed tendría que hacer al menos una escala en un aeropuerto desconocido en algún lugar entre Hawái y la costa este. Esto puede no haber sido un problema en circunstancias normales. Sin embargo, teniendo en cuenta la fractura de cadera de Ed, su historial de consumo de drogas y su vida aislada durante seis años, no queríamos correr riesgos innecesarios durante su viaje. El último obstáculo importante fue el hecho de que Ed no poseía ningún documento de identificación legal actual requerido para viajar a casa. ¿Qué tan frustrante es eso? Ed finalmente expresa su deseo y voluntad de regresar a casa y, sin embargo, parece que no podríamos hacerlo realidad.

Empecé a imaginar a Ed cada vez más frustrado en el centro de tratamiento sin dinero y solo con la camisa y los pantalones cortos empapados de sangre que llevaba cuando llegó al hospital. Supuse que solo teníamos unos días antes de que Ed se sintiera tentado a vagar por las calles de Honolulu. ¿Nuestros futuros viajes para personas sin hogar deberían extenderse a Oahu? Estaba emocionalmente exhausto y me preguntaba si mis esperanzas actuales serían efímeras. Después de hacer 14 viajes, ciertamente no tenía intención de rendirme en ese momento, pero oré fervientemente por el regreso de mi amigo. Hice lo mejor que pude para concentrarme en los obstáculos con los que podía ayudar y ofrecer aquellos que estaban fuera de mi control a Dios.

En noviembre de 2013, cuando le pedí a Ed que adquiriera un nuevo pasaporte estadounidense para acompañarnos en nuestro viaje a Ghana, prometió hacerlo. Si bien nunca me envió su pasaporte para obtener una visa de viaje, nunca supe si había presentado la documentación. Descubrí que la amiga de Ed, Stephanie, tenía su pasaporte estadounidense renovado en una caja de almacenamiento en San Diego. Me lo había enviado junto con su licencia de conducir vencida, después de que localicé a Ed en el viaje siete. Si bien le había dado a Ed su licencia de conducir con su billetera vieja en nuestro segundo viaje a Maui, había retenido su pasaporte para un momento como este.

Antes de intentar enviar el pasaporte de Ed a Peter, contacté a Donnie en Maui. Donnie sabía dónde estaba el campamento de Ed en el bosque de Baldwin Avenue, el mismo lugar al que Dustin y yo habíamos ido en bicicleta el verano anterior. Donnie accedió a hacer un viaje al campamento de Ed para buscar cualquier forma posible de identificación legal. Esperamos a que se pusiera en contacto con nosotros y cuando lo hizo, informó que no pudo encontrar ningún tipo de identificación entre las pertenencias de Ed. Donnie también tuvo la amabilidad de embolsar el resto de las posesiones de Ed antes de que otro vagabundo sin hogar tuviera la oportunidad de robarlo.

Después de escuchar de Donnie que no se podía encontrar ninguna identificación, le recordé a la Sra. Pelzner que tenía el pasaporte de Ed. Dado que Ed obtuvo su pasaporte después de que nos vimos en noviembre, no iba a caducar hasta diez años después, enero de 2024. Lo guardé en una caja fuerte a prueba de fuego en mi casa, en la milagrosa posibilidad de que Ed decidiera volver a casa y hacer un viaje misionero como lo habíamos planeado siete años antes. Rápidamente recuperé el pasaporte de Ed de la caja fuerte y lo envié por Fed Ex a Peter en Oahu.

Mientras tanto, la Sra. Pelzner compró un vuelo para Ed programado para partir al día siguiente. Ella reservó su partida de Honolulu el miércoles 17 de junio por la noche, con una escala en San Francisco a la mañana siguiente. Ed tuvo que cambiar de puerta de embarque solo una vez y estaba programado para aterrizar en el Aeropuerto Internacional Washington Dulles alrededor de las 3:30 p.m. el 18 de junio. Peter me avisó una vez que recibió con éxito el paquete de Fed Ex que contenía el pasaporte de Ed. Estaba listo y dispuesto a recoger a Ed en el centro de rehabilitación y llevarlo al aeropuerto de Honolulu, junto con su identificación legal.

Otro problema potencial en el plan era el hecho de que Ed no tenía un teléfono celular. En otras palabras, si Ed se encontraba con algún problema en el camino, no tenía forma de hacérselo saber a nadie. Todos estábamos ansiosos por sus viajes e invitamos a amigos de nuestras iglesias a orar por esta tremenda respuesta a la oración y el tramo final del viaje. Estábamos emocionados, pero él aún no estaba en casa. Como dicen, "No cantes victoria...".

La Sra. Pelzner y yo coordinamos nuestros esfuerzos para armar un plan que permitiera a Ed regresar a casa en la ruta más rápida y directa. Ninguno de nosotros quería perderse esta oportunidad después de que Ed pronunciara las palabras: "Es hora de volver a casa, estoy listo". Todavía estaba el pensamiento persistente, compartido por la Sra. Pelzner y yo, "¿Qué pasa si Ed cambia de opinión?" Esta posibilidad creó un sentido de urgencia para actuar rápidamente mientras Ed deseaba regresar a casa. Habíamos hecho todo lo que estaba a nuestro alcance para crear una ruta segura y semi-directa a casa. El resto estaba en manos de Ed, así que ofrecimos más oraciones y esperamos noticias de Peter. Mientras Peter tenía el pasaporte de Ed en la mano, estaba programado para supervisar la primera etapa del viaje de Ed. Planeaba recogerlo y llevarlo al aeropuerto con su pasaporte.

Como el día de viaje de Ed estaba sobre nosotros, y yo no estaba seguro de como se sentía Ed conmigo. Si bien su madre dijo que había sido amable con ella por teléfono, no quería asumir que su buena voluntad se extendería a otros. Desde 2017,

Sandra y yo habíamos visitado a Ed en Maui durante tres veranos seguidos y cada vez había dejado en claro que no estaba listo para volver a relacionarse con nadie de su pasado. Mi esperanza era que su nueva relación con su madre también pudiera extenderse a nosotros. Fue difícil para mí creer que sucedería, ya que había experimentado una relación distante y combativa de Ed durante tres años consecutivos.

Mi curiosidad pudo más que yo, así que decidí llamar a Peter. Quería saber si tenía alguna idea sobre la actitud de Ed hacia mí. Llamé a Peter el miércoles por la noche de la partida programada de Ed. Peter confirmó que tenía programado llevar a Ed al aeropuerto alrededor de las 8:30 p. m. más tarde esa noche, para estar presente para su hora de salida a las 10:30 p. m. Tenga en cuenta que Ed no tenía equipaje ni pertenencias que revisar, solo la ropa que llevaba puesta, por lo que dos horas fueron tiempo más que suficiente para que Ed encontrara el camino a la puerta de embarque.

Le agradecí a Peter por su voluntad de transportar a Ed y por desempeñar un papel tan importante desde que descubrimos que Ed estaba en el hospital. Entonces me armé de valor para hacer la pregunta que rondaba mi mente: "Oye, cuando hables con Ed, ¿te importaría mencionar mi nombre para ver cómo responde y qué siente por mí?" Peter respondió: "Ya sé lo que piensa de ti, ya que tu nombre surgió hoy". Mi corazón comenzó a acelerarse, nervioso por lo que Peter podría decir a continuación. Me atreví a preguntar: "¿Y qué siente Ed por mí ahora?" Para mi sorpresa, Peter respondió: "Cuando surgió tu nombre antes, Ed preguntó: '¿Crees que Will puede perdonarme por mantenerme alejado de él todos estos años? Ha sido un gran amigo para mí, así que espero que no tenga ningún resentimiento contra mí'". Se me llenaron los ojos de lágrimas mientras absorbía las palabras de Peter, que me sorprendieron por completo. "Vaya, ¿Ed dijo eso?" Pregunté con una sensación de incredulidad. "Sí, lo hizo". Me conmovió la emoción y le agradecí a Peter por compartir esa valiosa noticia.

Decidí tomar un riesgo más, a la luz de los comentarios de Ed a Peter. "¿Te importaría darme la línea directa a la habitación de Ed?" "¡Por supuesto!" Peter respondió, antes de pasármela. Le di las gracias y le pedí que me mantuviera informado una vez que dejara a Ed en el aeropuerto más tarde esa noche. Estuvo de acuerdo y colgué el teléfono. Me quedé paralizado en mi silla, sin saber qué diría Ed si lo llamaba. Había estado en esta empresa durante seis años en ese momento, por lo que toda la situación se sentía demasiado surrealista. Me sentía como antes de hacer una llamada sobre una entrevista de trabajo, que uno ha estado esperando durante años y, sin embargo, está increíblemente ansioso porque no quiere hacerse ilusiones. Siempre existe la posibilidad de que no consigas el trabajo o, en mi caso, la posibilidad de que Ed me diga una vez más que retroceda. O tal vez tuvo que llamar a un médico acerca de los resultados de las pruebas que podrían ser catastróficas o para celebrar. Ambos escenarios podrían ayudar a explicar cómo me sentía. Experimenté una confusión interna al saber que 14 viajes me llevaron a esta llamada telefónica. ¿Cómo respondería Ed? Llamé al teléfono para averiguarlo.

Dije una oración rápida mientras marcaba el último grupo de números. El teléfono sonó dos veces antes de que alguien contestara. Escuché una voz que reconocí demasiado bien al otro lado de la línea, "Este es Ed". "Hola Ed, soy tu viejo amigo Will Cravens. ¿Cómo estás?" Ed respondió de inmediato: "Me alegro mucho de que hayas llamado, estoy bien. ¿Peter te dio mi número? "Sí, lo hizo, y entiendo que vendrás a casa mañana". Ed continuó con emoción en su voz: "Sí, así es, ¿estarás en el aeropuerto?" Respondí sin dudarlo: "Si quieres, lo haré. Sandra y yo nos encantaría estar allí para darte la bienvenida." Ed respondió: "Por supuesto, si no es mucha molestia. ¡Estoy emocionado de verlos a ambos y tengo mucho que contarles!". ¿Es este el mismo Ed de Maui? Me preguntaba. ¿Alguna vez has orado oraciones que en el fondo no estabas tan seguro de que alguna vez serían respondidas? ¿Quizás una fe del tamaño de una semilla de mostaza es suficiente, si evita que te rindas?

Ed se disculpó por no ser más amigable cuando lo veíamos cada verano en Maui. Luego agregó: "Espero que sepas que no fue algo personal. Decidí romper todo contacto con personas de mi pasado, pero ahora estoy listo para volver". Era difícil creer las palabras que estaba escuchando. Me preguntaba qué explicaba el cambio de mentalidad y comportamiento de Ed. Era como hablar con un humano completamente diferente al que habíamos encontrado en Maui los últimos tres veranos. ¿Qué había hecho Dios en ese escenario de accidente para producir un cambio tan significativo? No me quejaba en absoluto. Estaba lleno de asombro y gratitud a Dios por este increíble milagro. Charlamos un poco más antes de finalizar la llamada. Cuando estaba a punto de colgar, Ed agregó: "Oye Will, te amo amigo, ¡y no veo la hora de verte mañana!". Le respondí: "Yo también te amo, Ed. Nos vemos mañana en el aeropuerto, así que viaja seguro".

Cuando terminó la llamada, me senté en mi silla y reproduje toda la conversación en mi mente. Me preguntaba cómo sería ayudar a Ed a romper su adicción a la metanfetamina. No tenía ni idea de cómo ayudarlo a terminar con su ciclo autodestructivo y su dependencia de la metanfetamina. Me di cuenta de que sería mejor aprender rápido, ya que estaría en casa en menos de 24 horas. También estaba el tema de que Ed se mudaba de regreso a la casa de sus padres. Su madre tenía 88 años y su padre era un veterano de la Segunda Guerra Mundial de 94 años. En lugar de contemplar todo lo que podría salir mal, mi espíritu se elevó ante la idea de que Ed realmente regresara a casa. Mientras aumentaba la emoción, subí corriendo las escaleras y desperté a Sandra, que ya estaba dormida. "¿Nunca adivinarás con quién acabo de hablar por teléfono?" Su rostro contenía una expresión mixta de curiosidad y molestia, después de haber sido despertada abruptamente de su sueño. Con frustración en su tono, siguió el juego: "No sé, ¿quién?" No perdí tiempo respondiendo, "¡Ed!" La noticia la sacó de su estado de somnolencia: "¿Tu amigo sin hogar, Ed?" Ella preguntó en estado de shock. "¡Sí, mi amigo sin hogar por el que hemos estado orando y buscando durante los últimos seis años!" Se sentó lista para escuchar más.

La puse al tanto de mi conversación con Peter, lo que me llevó a pedir el número de Ed. Compartí los detalles de mi conversación con Ed y le hice saber que nos había invitado a encontrarnos con él en el aeropuerto. Nos sentamos allí por un minuto en silencio, absorbiendo todo. Nuestras emociones intentaban seguir el ritmo de lo que nuestras mentes habían escuchado. ¿Quizás nuestro cerebro procesa más rápido que nuestro corazón? Había tantas preguntas provocadas por la decisión de Ed de regresar a casa. Hablamos sobre cómo sería su recuperación, cómo se las arreglaría para viajar solo, cómo sería vivir con dos personas mayores y más. Imagínese tener el hogar vacío durante los últimos 34 años y luego que su hijo adicto en recuperación se mude a casa. ¿Como seria eso? Pronto lo descubriríamos.

Las preguntas que inundaban nuestras mentes no tenían fin, lo que hizo que conciliar el sueño fuera un poco complicado esa noche. Decidimos orar juntos y devolverle nuestras preocupaciones a Dios. Después de todo, ambos sentimos que Él era el que estaba detrás de este giro milagroso de los acontecimientos. Ciertamente, Él tenía respuestas a las preguntas que solo habíamos comenzado a considerar. Le dimos gracias por los acontecimientos que estaban ocurriendo. Oramos por el viaje seguro de Ed durante la noche y por su restauración de la mente y la libertad de las drogas. Ofrecimos algunas oraciones por la familia de Ed, ciertamente por sus padres, quienes estaban a punto de experimentar un cambio significativo. Cuando concluimos nuestra oración, Sandra se volvió a dormir rápidamente, lo cual no fue tan fácil para mí.

Recuerdo haberle dicho a Steve Bowman en varios de nuestros viajes para personas sin hogar: "Este viaje será una serie de tres milagros. El primer milagro será que Dios nos permita localizar a Ed, que parecía una aguja en un pajar, con un vagabundo desaparecido entre otros 13.000. El segundo milagro sería la voluntad de Ed de volver a casa o recibir ayuda con su adicción. Y el tercer y último milagro sería la liberación de Ed de las drogas y la restauración de su mente". Estábamos agradecidos de experimentar el milagro uno en el viaje siete, cuando localizamos a Ed en Maui. El camino para localizarlo había sido todo menos fácil, pero experimentamos la mano de Dios dirigiéndonos todo el camino. Y después de siete viajes más, Ed llamó para decir que estaba listo para regresar a casa. Estábamos encantados de estar en vísperas del milagro número dos, después de 14 viajes. ¡Todo el proceso me inspiró a orar aún más por el milagro número tres! Seguramente si el Dios Viviente estaba dispuesto a realizar los dos primeros milagros, ¿por qué se detendría antes del tercero? El tiempo lo diría.

Al día siguiente, Sandra y yo estuvimos presentes en el aeropuerto de Dulles, junto con los padres de Ed, otro amigo de la escuela secundaria de Ed llamado Mason y uno de sus vecinos, llamado Todd. El Sr. Pelzner esperó en el auto ya que tenía problemas para caminar. Mason, Todd y la Sra. Pelzner se unieron a Sandra ya mí en el área de reclamo de equipaje del aeropuerto.

Como Ed viajaba sin teléfono celular, no estábamos completamente seguros de que lo veríamos en la puerta de embarque cuando llegara su vuelo. Debido al coronavirus, Peter no pudo acompañar a Ed por el aeropuerto para despedirlo. Eso significaba que había una pequeña posibilidad de que Ed nunca abordara su vuelo en Oahu. Además, Ed podría haberse perdido en San Francisco durante su escala esa misma mañana. Ya había comenzado a preguntarme si necesitaría programar un viaje sin hogar para buscar a Ed en San Francisco, que tiene una población callejera mucho mayor. Mientras esperábamos en el Aeropuerto Internacional de Dulles, ciertamente esperaba que ese no fuera el caso. ¿Por qué esperar en una situación plagada de posibilidades desafortunadas parece hacer que el tiempo se sienta como si se moviera a un ritmo más lento? Los cinco nos quedamos mirando las puertas de seguridad, todos con la esperanza de ver el rostro de Ed.

Vimos una multitud de pasajeros abriéndose paso a través de las puertas dobles hacia el área de reclamo de equipaje. Le pregunté a un hombre si había llegado de San Francisco, a lo que respondió: "Sí, lo hice". Le agradecí mientras buscábamos con mayor intensidad, escaneando cada rostro que atravesaba esas puertas. Unos minutos más tarde, cuando la multitud comenzó a disminuir, notamos una figura alta cojeando a través de las puertas usando un bastón. Efectivamente, era Ed quien se dirigía hacia nosotros. Su expresión facial parecía tan emocionada de vernos como nosotros de verlo a él.

Ed saludó a su mamá con un abrazo y un beso, aunque ella estaba nerviosa por el coronavirus contagioso en ese momento. El amigo de Ed, Mason, ofreció sus saludos, al igual que el vecino de Ed, Todd. Sandra y yo esperamos nuestro turno, luego le dimos un cálido abrazo y le dimos la bienvenida a casa. Es difícil encontrar las palabras para capturar la emoción que todos sentimos en ese momento significativo. Como había adivinado, Ed no tenía absolutamente ningún equipaje que recuperar, así que simplemente nos dirigimos al auto. La mayoría de las personas sin hogar viajan ligeras, una lección de la que podemos aprender los que vivimos en hogares. Sin embargo, Ed llegó literalmente con una muleta y la ropa que llevaba puesta. Dado que Ed había sido trasladado de urgencia a un hospital en una isla diferente 15 días antes, nunca regresó a su campamento ni tuvo un momento para traer sus pertenencias. Y así, después de un cálido saludo, nos dirigimos al auto de sus padres. Noté que Ed parecía estar experimentando algo de dolor, así que agarré una silla de ruedas y le ofrecí llevarlo. Estaba muy feliz de tomar asiento.

*(De izquierda a derecha: La mama de Ed al fondo,
Ed y Will en el aeropuerto de Dulles)*

El papá de Ed, que había estado esperando en el auto, salió del vehículo cuando vio venir a su hijo. Los vimos abrazarse y reírse juntos. El Sr. y la Sra. Pelzner estaban ansiosos por llevar a cenar a su hijo perdido hace mucho tiempo para celebrar la ocasión. Le dije a la Sra. Pelzner que nuestra iglesia estaba planeando un servicio especial el próximo domingo para darle la bienvenida a Ed a casa. Sabía que Steve Bowman estaba ansioso por conocer finalmente a Ed, al igual que muchos otros que habían hecho viajes a California para buscarlo. Le pregunté a un amigo mío llamado John Zoller, si podíamos tomar prestado el gran pabellón al aire libre de su iglesia. Necesitábamos un espacio como ese para albergar un servicio especial para celebrar el regreso de mi amigo perdido. John dijo alegremente: "¡Sí!". así que hicimos planes para darle la bienvenida al pródigo a casa, cuatro días después de su regreso. También sabía que la hermana de Ed, Diane, estaba en tránsito desde Colorado, con su esposo Doug. Diane estaba emocionada de ver a su hermanito cara a cara y conducía por todo el país para que esto sucediera. Mientras que Ed acababa de llegar a casa, ¡la fiesta estaba por comenzar!

# Capítulo 25
## *Una Celebración de Regreso a Casa*

El sábado 20 de junio, pasé por la casa de los Pelzner para recoger a Ed para la cena. Ed le había prometido a Sandra que cenaría con nuestra familia en Maui en 2018. Aunque no cumplió la promesa cuando regresamos a Paia en 2019, Ed le dijo a Sandra en el aeropuerto dos días antes: "Estoy listo para esa cena familiar ahora, si todavía la quieres". El rostro de Sandra se iluminó con una sonrisa e hicimos planes para el sábado por la noche. En el camino de regreso de la casa de los padres de Ed, decidí cambiar un poco las cosas. Le conté a Ed sobre mi amigo Steve Bowman. Mencioné que había estado dispuesto a hacer nueve viajes sin hogar para buscarlo, y que asistió a nuestra escuela secundaria rival en Herndon, Virginia. Ed parecía interesado, así que continué: "De hecho, la hija de Steve, Holly, hizo un viaje y su hija Kara, dos". Con eso, Ed estaba claramente conmovido por los esfuerzos de esta familia, aunque nunca se habían conocido. Entonces le pregunté: "Entonces, ¿quieres conocerlos?" Sin dudarlo, Ed respondió: "¡De todas maneras!"

Llamé a la familia Bowman para informarles que traería una visita sorpresa a su casa. La esposa de Steve, Lisa, dijo: "Nos dirigimos a cenar y no tenemos mucho tiempo". Luego agregó: "¿Incluso si el invitado es mi amigo sin hogar Ed?" Lisa preguntó: "¿Estás bromeando?" "No señora, la veré en cinco minutos". Nos dirigimos directamente, para que finalmente pudieran encontrarse cara a cara. Steve y Lisa habían planeado viajar a Maui durante el mismo tiempo que Sandra y yo esperábamos estar allí en el verano de 2020. Sin embargo, el COVID-19 canceló sus planes y los nuestros. Aunque habíamos imaginado que los Bowman finalmente se encontrarían con Ed en Paia, Dios intervino y les permitió conocer a Ed en su propia casa.

Lisa debe haber enviado a Steve al camino de entrada, porque nos estaba esperando cuando llegamos. Ed y yo salimos de mi camioneta y yo hice las presentaciones. Steve estaba fuera de sí cuando Ed le agradeció todos sus esfuerzos en la búsqueda en su nombre. Incluso agradeció a Steve por cuidar a otras personas sin hogar en las calles. Steve respondió: "Valió completamente la pena y lo haría de nuevo si tuviera la oportunidad. Soy un mejor hombre por eso". Simplemente fui un espectador de su reunión, ya que noté que las hijas de Steve miraban desde la ventana. Hice un comentario sobre ellas y Steve le preguntó a Ed: "¿Te importaría conocer a mis hijas? Ambos han vivido en las calles de San Diego y les encantaría conocerte". Ed respondió: "¡Por supuesto que si, me encantara conocerlas!". Con eso, las chicas y Lisa, todas salieron para conocer a Ed. Su intercambio fue conmovedor y tomé una foto de la familia Bowman con Ed. Les recordé la fiesta de bienvenida de Ed la noche siguiente y dijeron: "No nos atreveríamos a perdérnosla. ¡Nos vemos entonces! Desde la casa de Bowman, llevamos a Ed a mi casa para cenar con mi familia, la cita para cenar que habíamos estado esperando desde 2017.

*(De izquierda a derecha: Holly, Ed, Kara, Steve y Lisa)*

Llegamos a mi casa, donde Sandra estaba preparando la cena. Habíamos invitado a mi mamá, quien fue como una segunda madre para Ed cuando éramos niños. Ed estaba muy agradecido con todos por la cena, por abrir nuestra casa y por darle la bienvenida en el aeropuerto. Cuando la comida estuvo lista, nos sentamos a comer y Ed preguntó: "¿Te importaría si digo la bendición?" Respondimos al unísono: "Claro que no", y así lo hizo. Fue una velada inolvidable y, por supuesto, Sandra estaba encantada de que Ed hubiera cumplido su promesa.

El domingo 21 de junio fue el gran día. Invité a todas las personas que habían venido con nosotros a buscar a Ed y que habían participado en los viajes para personas sin hogar. Nos reunimos bajo el gran pabellón al aire libre que el pastor John Zoller había proporcionado amablemente para la ocasión. Había mucho aire que fluía libremente para calmar los temores del coronavirus.

Mi inspiración para la fiesta de esa tarde provino del mismo pasaje bíblico que me inspiró a dejar la seguridad del "99" por el "1". Jesús realmente contó tres historias en Lucas capítulo 15, para comunicar cómo se siente Dios acerca de aquellos a quienes la sociedad a menudo menosprecia. En ese relato, eran los líderes religiosos de Su época, quienes estaban juzgando a los que consideraban marginados. La tercera y más conocida de las tres historias, fue la del hijo pródigo.

Jesús contó la historia de un hijo que le pidió a su padre su parte de la herencia y luego abandonó a su familia. El hijo malgastó el dinero de su padre en vino, mujeres y fiestas, hasta que no le quedó dinero. Sin dinero y sin amigos que se quedaran para ayudarlo, se vio obligado a alimentar los cerdos para ganarse la vida. Ese trabajo era considerado increíblemente degradante, ya que los cerdos son animales inmundos tanto para los judíos como para los musulmanes. Un día en particular, cuando estaba alimentando a los cerdos, tenía tanta hambre que consideró comerse la comida en el abrevadero donde estaba dándosela a los cerdos. Justo antes de dar su primer bocado, el hijo "recuperó el sentido". En lugar de comer la baba de cerdo, decidió volver a casa y suplicar el perdón de su padre. Él pensó: "Quizás mi papá tenga piedad y me contrate como sirviente. Incluso sus sirvientes comen mejor que esto."

Cuando su padre vio a su hijo a lo lejos, corrió a su encuentro. ¡En lugar de maldecirlo, castigarlo o avergonzarlo, arrojó sus brazos alrededor de su hijo y lo abrazó! No lo contrató como sirviente. En cambio, le dio a su hijo un anillo para su dedo, una chaqueta para su espalda y sandalias para sus pies. Esos artículos significaban que el padre aceptaba a su hijo nuevamente en la familia. El increíblemente conmovedor acto de amor del padre hacia el hijo fue la forma en que Jesús comunica la forma en que Dios nos ama, incluso cuando nos alejamos de Él. Esperaba tomar prestadas esas ideas para el servicio para celebrar el regreso de mi amigo Ed.

Además, el padre del relato del hijo pródigo mató al ternero engordado y organizó una fiesta extravagante para su hijo que se había perdido. Si bien no proporcioné ternera esa noche, contratamos un camión de comida mexicana con unos tacos bastante sabrosos. Otros de nuestra iglesia que habían estado orando por Ed durante sus seis años de deambular, también se presentaron para celebrar. La hermana de Ed, Diane, y su esposo, Doug, quienes fueron los que condujeron más lejos para la ocasión, estuvieron presentes. Además, algunos amigos de nuestros días de escuela secundaria incluso nos sorprendieron con su asistencia.

*(De izquierda a derecha: Doug (el cuñado de Ed), Ed y su hermana Diane)*

Comenzamos la fiesta con música en vivo, seguidos por dos invitados a quienes pedí compartir desde el principio el impacto de este viaje en sus vidas. Steve Bowman fue primero. Recordó nuestro primer viaje viviendo en las calles, capeando la lluvia y caminando millas en busca de Ed. En medio del discurso de Steve, Ed gritó: "¡Gracias, Steve, te amo!". Steve respondió: "Yo también te amo, Ed, y lo haría todo de nuevo". Steve pasó a hablar del impacto que los nueve viajes han tenido en su vida, su familia y su fe. Se conmovió hasta las lágrimas, al igual que muchos en la audiencia esa noche.

*(Steve Bowman sharing at Ed's homecoming party)*

Después de Steve, invité a Eric Locklear al frente para compartir públicamente. Eric habló de conocernos a los dos en la escuela secundaria y estar en el mismo equipo de lucha libre que Ed. Mencionó cómo su vida había sido impactada radicalmente para lo positivo, como resultado de esta aventura. Eric mencionó presentarse en la iglesia como respuesta a que su esposa Carolee le contó sobre los viajes para personas sin hogar que vio publicados en Facebook. Aunque había iniciado el viaje como un escéptico, Eric poco después se comprometió al 100 %. No pasó mucho tiempo antes de que estuviera en un viaje sin hogar con nosotros en San Diego, seguido de un viaje en bicicleta para encontrarse con Ed (y Owen) en Maui. Toda su vida y su familia habían cambiado en el proceso, lo cual Eric compartió abiertamente en la celebración de Ed. Ed expresó la misma gratitud a Eric durante su discurso, como lo había hecho con Steve.

Antes de tomar el micrófono, mi amigo Erik Palmer cantó la canción "Reckless Love" de Cory Asbury. Si no está familiarizado con la melodía, le sugiero que la descargue, ya que la letra encajaba perfectamente con el estado de ánimo y el mensaje de la noche. Justo cuando Erik terminó de cantar, subí al escenario y comencé agradeciendo a todos por acompañarnos. Ofrecí un agradecimiento especial a quienes habían hecho un viaje con nosotros a San Diego o Maui, y mencioné a cada persona por su nombre, repasando la lista de más de 40 participantes durante el curso de los 14 viajes. Mencioné la razón por la que asumí esta misión simplemente respondiendo una pregunta: "¿Cómo me gustaría ser amado, si los roles se hubieran invertido?

Ciertamente no me gustaría ser olvidado. ¿Quién podría?" Constantemente me desafía lo que significa amar a otro ser humano de la forma en que me gustaría ser amado si estuviera en su lugar.

Hice participar a la audiencia y les pedí a todos los que habían vivido sin hogar con nosotros en un viaje a San Diego que se pusieran de pie. Mientras permanecían de pie, les pedí a todos los que habían hecho un viaje a Maui con nosotros que se pusieran de pie. Luego dije: "Si alguna vez ha orado por Ed Pelzner en este viaje, entonces levántese". Con más de la mitad de los invitados de pie, le hice señas a Ed y le pregunté a mi amigo: "Oye, Ed, ¿ves a estas personas de pie?". Con una voz temblorosa y cargada de emociones, respondió: "Sí". Entonces dije: "Míralos, te aman y yo también, y no estás solo en esto. ¡Estamos aquí para apoyarte!" Les dije a todos los que estaban de pie que podían sentarse y luego invité a Ed al frente del pabellón. Se abrió paso lentamente al frente con el uso de su bastón. Tenga en cuenta que solo había estado en casa durante tres días, y esto fue 18 días después de su accidente.

Cuando Ed llegó al frente, se paró a mi derecha y le conté la historia de Jesús preocupándose por las personas oprimidas y arruinadas, como nosotros. Mencioné a Jesús defendiendo a las personas a quienes los líderes religiosos de su época menospreciaban. Le dije la ilustración de la oveja perdida, la moneda y el hijo perdidos, del capítulo 15 de Lucas. Agregué que Jesús estaba haciendo una ilustración con respecto a comunicar el tipo de gracia que Dios tiene para personas como nosotros. También quería comunicar la falta de gracia y aceptación que los sacerdotes religiosos de su época habían mostrado hacia aquellos con quienes había estado socializando. Jesús estaba dispuesto a defender a los marginados de su época.

Luego le conté a Ed sobre el hijo que dejó a su padre y deshonró a su familia. A pesar de que su hijo no merecía nada más, su padre le había dado la bienvenida a la familia. Quería personalizar eso para Ed, así que levanté un anillo. Se lo di a Ed y le dije: "Esto es para ti". Hice lo mismo con un par de sandalias nuevas que Ed había dicho que quería. Además, saqué una sudadera que había comprado en San Diego durante uno de nuestros viajes para buscar a Ed. Era una sudadera de la marca Rip Curl y tenía el símbolo del oso de California en el frente. También tenía el eslogan de Rip Curl "Live the Search (Vive la Búsqueda)". Le dije a Ed que estos tres artículos, similares a la chaqueta, el anillo y las sandalias en la historia de Jesús del hijo pródigo, significan que él pertenece y que no tomaríamos sus decisiones del pasado en su contra. Ed murmuró un emotivo "gracias" mientras recibía sus nuevos regalos y continuaba escuchando.

Agregué: "'Live the Search' significa algo diferente para mí que para Rip Curl. Para mí, 'Live the Search' significa que nunca dejamos de ir tras los que están perdidos. 'Vive la búsqueda' implica que siempre estemos atentos a aquellos que están luchando y necesitan nuestro aliento. Debemos mantener una vida que tenga los brazos abiertos para aquellos que están perdidos y esperando que alguien venga a buscarlos. "Vivir la Búsqueda" debe verse en nuestro estilo de vida, no una postura relegada a uno o dos viajes misioneros por año. Y mientras celebramos tu regreso, la búsqueda no ha terminado. No ha terminado, porque hay más personas como tú y como yo que todavía están perdidas y esperando a que vivamos la búsqueda". Ed escuchó y asintió, claramente abrumado por la emoción. Tuvo dificultad para mantener el contacto visual, mientras ingería las palabras y el amor que lo rodeaban.

*(Entregando a Ed su nueva sudadera Rip Curl, "Live the Search")*

Por último, dije: "Se necesitará un pueblo para ayudar a Ed a vencer su adicción a las drogas de una vez por todas. Si está dispuesto a apoyar a Ed mientras lucha en esta batalla final y le pedimos ayuda a Dios, para ver el tercer y último milagro de que Ed se libre de las drogas, ¿podría unirse a nosotros desde el principio? Una gran cantidad de amigos se nos unieron al frente, donde pusieron las manos sobre Ed y oraron por él. Entre las 20 o más personas que estaban orando por Ed, estaba mi amigo Paul Arnold de San Diego. Él había estado viviendo con familias en nuestra comunidad durante medio año en ese momento, y me llenó el corazón de ver a Paul orando por Ed.

*(Grupo orando por Ed al final del servicio de bienvenida)*

Al cierre de la parte formal de nuestra presentación y oración por Ed, tocamos más música, comimos comida increíble y celebramos su regreso. Invité a todas las personas que alguna vez habían estado en un viaje sin hogar con nosotros a venir y tomarse una foto con Ed. Fue como un reencuentro inolvidable, aunque nos faltaron algunos que no pudieron asistir. Muchas de las personas se estaban conociendo por primera vez, ya que había tantos viajes separados. Sentí que cada participante del viaje anterior había formado un vínculo familiar al vivir en las mismas trincheras de la calle, aunque no todos lo habíamos experimentado en la misma semana en particular.

*(Algunos de los participantes del viaje para personas sin hogar, presentes en la fiesta de bienvenida de Ed*

Para mí, los participantes anteriores se sintieron como hermanos y hermanas, cuyas acciones habían hecho más para mantenerme en la lucha de lo que podían imaginar. Le dije a Sandra más tarde esa noche: "¡Este fue, con mucho, el punto culminante de mis 30 años de trabajo y ministerio sin fines de lucro!" Era como una fiesta que esperaba que no terminara. Miré alrededor de ese pabellón a las caras impactadas. Consideré la cantidad de vidas tocadas en el camino, aquellas en San Diego, en Maui, en el pabellón esa noche y aquellos que nos animaron a través de las plataformas de redes sociales. El impacto continúa incluso ahora, mientras lees este increíble relato de un milagro moderno. Estoy tan agradecido con Dios que no concedió mi pedido de oración y no me permitió encontrar a Ed en el primer viaje; ¡imagínese lo que me hubiera perdido!

Ed regresó a nuestra casa esa noche para una fiesta de pijamas. Teniendo en cuenta que los padres de Ed tenían entre 80 y 90 años, queríamos darles descansos regulares, ya que ellos cargaban con la mayor parte de la responsabilidad de la recuperación de Ed. Como dije, "Va a tomar un pueblo". Por esa razón, pasamos una hoja de inscripción esa noche para aquellos que querían ser voluntarios con Ed en los próximos días, semanas y meses. Traté de reclutar un equipo de personas dispuestas a apoyar a Ed. Por lo que había estado leyendo sobre la recuperación de la metanfetamina, se necesitan aproximadamente dos años sin consumir la droga para ver una transformación significativa. Entendiendo que iba a requerir un equipo dispuesto a caminar con Ed, pensé: "¿Por qué no reclutar lo antes posible, mientras tengo una audiencia solidaria?"

*(Ed y Will en la celebración de regreso a casa)*

Cuando llevamos a Ed de regreso a nuestra casa, estaba fuera de sí. No podía dejar de contarnos a Sandra y a mí lo mucho que había significado para él la velada y cuánto amaba y apreciaba a todos. Para mí, todavía era increíblemente surrealista. Cuando buscas a alguien, esperando y orando por su recuperación algún día, es un verdadero milagro si tus oraciones se cumplen y cuándo. Ed había estado en casa menos de una semana, y no había asimilado por completo que en realidad estaba presente y quería cambiar. Tampoco estábamos seguros de qué esperar de la noche a la mañana en nuestra casa. La metanfetamina puede dañar el cerebro de un usuario, a menudo causando síntomas muy similares a la esquizofrenia. Ed compartió sobre sus luchas mentales y mencionó haber escuchado voces en el transcurso de sus seis años en las calles, mientras estaba drogándose.

Teníamos tantas preguntas para Ed y, sin embargo, no queríamos abrumarlo. Su comportamiento fue simple y agradecido más allá de lo que puedas imaginar. Ciertas cosas a las que nos hemos acostumbrado, como usar Alexa de Amazon para reproducir música o decirte el clima, fueron cosas que sobresaltaron a Ed. Imagínese vivir sin aparatos electrónicos durante seis o siete años. Considere cuánto ha cambiado en nuestra cultura durante ese tiempo; es alucinante. Ed no entendía ciertas referencias musicales y cinematográficas. Cuando lo llevamos a dar un paseo por la ciudad, iba diciendo: "Hola, ¿cómo estás?" a casi todas las personas que pasamos en la acera. Lo hizo en un paseo por la capital de nuestra nación en Washington, D.C. y la gente se sorprendió por su amabilidad. Nos sentimos como si fuéramos los anfitriones de "Buddy the Elf", en lugar de un amigo sin hogar. Estaba tan lleno de alegría y gratitud.

Me había estado devanando los sesos para pensar en algo divertido y memorable para hacer con Ed para ayudar a construir nuevos recuerdos. Dadas las restricciones asociadas con COVID-19, sin mencionar la incapacidad de Ed para moverse sin dolor debido a su pelvis fracturada, se me ocurrió la idea de pescar. Pensé que podría alquilar un bote en la Bahía de Chesapeake y Ed podría sentarse en el bote y pescar. Ed estaba encantado con la idea y el clima era perfecto. Invité a Eric Locklear y pensé que saldríamos a pescar todo el día el lunes siguiente.

Ed todavía estaba en las nubes, reviviendo y discutiendo los eventos de su fiesta de bienvenida la noche anterior. Mientras conducíamos hacia la Bahía de Chesapeake en Maryland, también disfruté de ponerme al día con Eric. No sabíamos si tendríamos suerte con los peces, pero no importaba en absoluto, porque era un día de recreo con tres viejos amigos que nunca hubiera imaginado tener.

Al final resultó que, tuvimos suerte. El capitán que contratamos nos llevó a un lugar de la bahía donde picaban los peces y pasamos un rato inolvidable. Por supuesto, la nueva versión feliz y agradecida de Ed agradeció al capitán y al primer oficial cada vez que pescamos un pez. En un momento después de pescar su tercer Rockfish, Ed se volvió hacia el capitán y le dijo: "Te amo, gracias por ser un tipo tan genial". Al sentir la incomodidad del momento, le pregunté al capitán: "¿Está acostumbrado a recibir comentarios como ese?" Él respondió: "Para nada, hombre, la gente suele maldecirme si cree que no ha pescado lo suficiente. ¡Tu amigo es bienvenido en mi barco en cualquier momento! Ciertamente estuve de acuerdo y agradecí a Dios por el regreso de Ed y su actitud increíblemente positiva.

*(Eric, Ed y Will pescando en la bahía de Chesapeake)*

¡Nuestro día fue inolvidable! Empacamos nuestro pescado fileteado fresco en hielo, luego buscamos un restaurante local de mariscos para cenar. Queríamos saborear los últimos momentos de nuestra salida antes de emprender el viaje de regreso a casa.

Cuando dejé a Ed en la casa de sus padres, revisé su horario con la Sra. Pelzner. Ya tenía una lista de personas inscritas para llevar a Ed a comer o realizar alguna actividad todos los días durante el próximo mes. Ese grupo de increíbles voluntarios ayudó a brindar apoyo diario a Ed durante los primeros tres meses de su recuperación. Además, Sandra y yo coordinamos al menos una noche cada semana para Ed, para ayudar a que sus padres tuvieran un descanso. Eric y Carolee Locklear decidieron hacer lo mismo, lo que ayudó a compartir la responsabilidad de su recuperación. La mamá y el papá de Ed parecieron apreciar el apoyo, al igual que Ed.

No solo hemos tenido la suerte de conocer a algunas personas y familias fantásticas que mostraron su apoyo a Ed, sino que una pareja muy generosa expresó su interés en comprarle una bicicleta a Ed. Ed mencionó que extrañaba mucho montar en bicicleta y habíamos estado esperando que su cadera se recuperara lo suficiente como para que pudiera volver a hacerlo. Cuando llego el momento, contacté a Donnie en Maui Cyclery, sabiendo que ese tipo de elección recaía en su experiencia. Donnie recomendó una bonita bicicleta nueva de una empresa de Tennessee que fabrica bicicletas con cuadro de titanio. Sorprendimos a Ed con la bicicleta y Donnie generosamente equipó a Ed con un montón de extras para que su experiencia en bicicleta fuera un poco más satisfactoria. Le enviamos una foto de Ed usando su nuevo kit, mientras lo modelaba en su nueva bicicleta, para que Donnie pudiera mostrar la transformación de Ed en la tienda. La mayoría de las personas que frecuentan Maui Cyclery en Paia conocen a Ed. Eso incluye a Owen Wilson, a quien Eric y Ed pudieron conocer. Si usted visita la tienda de Donnie, agradézcale por todo lo que hizo por Ed, que no fue poco.

*(Ed en su nueva bicicleta de titanio con kit de Donnie de Maui Cyclery)*

Supongo que podría seguir y seguir con tremendas historias de la restauración y recuperación de Ed, pero todavía estamos en los primeros días y Ed acaba de celebrar cuatro meses de vida libre de drogas. Tenemos nuestros ojos puestos en la meta de ayudarlo a llegar a los dos años y ser testigos de los otros milagros que Dios tiene reservados para Ed. Su gran sueño en este momento es hacer un viaje misionero con nosotros para trabajar en un orfanato con nuestros socios en Limatambo, Perú. Simplemente estamos esperando que las fronteras se vuelvan a abrir sin las restricciones asociadas con el Coronavirus. Por supuesto, Steve Bowman me ha informado que, si Ed va a servir, él también quiere unirse al viaje. Eric Locklear se hizo eco del mismo deseo, al igual que la hermana de Ed, Diane. Estoy seguro de que tendremos muchos más reclutas a bordo antes de que comience el viaje.

*(Ed se emocionó un poco cuando celebramos los 90 días sin drogas)*

Y así, la aventura continúa. Ed está decidido a permanecer libre de sustancias, y ciertamente tiene un grupo de personas detrás de él para ayudarlo incondicionalmente. Ha comenzado a aceptar algunos trabajos ocasionales para ganar algo de dinero para el viaje a Perú. Además, se ofrece como voluntario semanalmente ayudando a empacar alimentos para familias que no les alcanza para comer. Es el mismo ministerio en el que Paul Arnold se ofrece como voluntario todas las semanas (Bridge Feeds).

Un día, recientemente, Ed expresó su deseo de quedarse en Perú y servir en el orfanato durante tres meses completos o más. Quiere quedarse después de que se vaya el equipo de corto plazo. Nos dimos cuenta de que no podemos simplemente dejar a Ed en un país extranjero para que sirva solo con nuestro socio del orfanato. Nos preguntábamos quién podría ayudar a Ed mientras explora ese sueño. Paul dijo: "¡Si Ed va, entonces yo también!". Imagínese eso, dos chicos sin hogar de San Diego, sirviendo lado a lado en un orfanato para ayudar a los niños pobres en un país extranjero. Solo Dios puede hacer que cosas así sucedan. Estoy emocionado de ver cómo se desarrolla cuando las fronteras se vuelvan a abrir.

Mucha gente me ha hecho preguntas sobre la propia perspectiva y supervivencia de Ed en el transcurso de sus seis años en la calle. He considerado algunas de las mismas preguntas, incluido su viaje de San Diego a Maui. Recientemente pasé cuatro horas con Ed en un viaje por carretera desde Virginia Beach de regreso al norte de Virginia y decidí usar el tiempo para entrevistar a Ed sobre su experiencia. El próximo capítulo es mi mejor esfuerzo para registrar la propia versión de la historia de Ed. ¡No querrás perdértelo!!

# Capítulo 26
## *El Otro Lado de la Historia*

Como se dice comúnmente, "Hay dos lados en cada historia". Si bien el centro de este libro es mi versión de lo que ocurrió durante nuestro viaje sin hogar, es posible que te hayas preguntado sobre el lado de la historia de Ed. Bueno, no estás solo. De hecho, no puedo decirte cuántas noches Steve y yo reflexionamos y discutimos las decisiones y el paradero de Ed mientras acampábamos bajo las estrellas en las calles de San Diego. Nos preguntábamos dónde estaba Ed y qué estaba haciendo. Diría: "Si Ed alguna vez aparece, tengo muchas preguntas que hacerle". Así que ahora que Ed está cerca, eso es precisamente lo que hice.

En un reciente viaje por carretera de cuatro horas con solo nosotros dos en el automóvil, decidí pedirle que compartiera su historia. Le hice saber que nuestra entrevista era para la conclusión de este libro. Ed estaba muy emocionado de comenzar y dijo: "Quiero que se cuente esta historia". Presioné la grabadora en mi teléfono y los siguientes detalles son de nuestra conversación del 4 de septiembre de 2020.

Su historia comenzó seis años antes, a fines de septiembre de 2014. Ed me dijo que había estado en una etapa de regresión. En sus propias palabras, dijo: "Me estaba resbalando. Las drogas y toda la situación se habían vuelto demasiado para mí. Creo que mi madre había estado hablando con Rex Huffman, el propietario que administraba el espacio de mi tienda en el almacén". Ed dijo que su madre se presentó en su tienda un día en particular a fines de septiembre. Dijo que ella parecía estar bastante destrozada. Según Ed, su madre entró en la tienda y expresó su deseo de salir a comer con él. Él le dijo que tenía un trabajo que terminar, pero sintió que algo no estaba bien.

Ed confesó sentir un nivel de traición cuando su madre mencionó a Rex, su arrendador. Tenga en cuenta que esta es la versión de Ed de la situación. Cualquier madre preocupada que intente comunicarse con su hijo, quien a su vez no se molesta en responder sus llamadas desde el otro lado del país, se va a preocupar. Cuando ella apareció para ayudar, Ed confesó que se sintió invadido. Ed también mencionó a dos viejos amigos llamados Mason y Brett, que se presentaron en su puerta esa misma semana. Creía que estaban trabajando en conexión con su madre y que habían conspirado con el propietario para que lo expulsaran de su carpintería. Habiendo hablado con Mason y Brett, eran simplemente dos amigos preocupados que sabían que Ed estaba en un mal lugar y querían ayudar. Independientemente, Ed vio esto como una especie de intervención injustificada, con la que no quería tener nada que ver.

Ed les dijo a Mason y Brett que necesitaba ir a cortarse el cabello, cuando en realidad, simplemente quería irse y evitar cualquier confrontación o conflicto. Regresó para espiarlos y los vio empacar sus cosas y cambiar la cerradura de la puerta de su tienda. Ed estaba siendo desalojado por no pagar el alquiler y su arrendador, Rex, ya le había otorgado un extenso período de gracia. Cuando Ed no respondió a la solicitud de pagos atrasados de Rex y este no quería llamar a la policía, llamó a los padres de Ed en la costa este. La Sra. Pelzner solicitó la ayuda de algunos de los amigos de Ed, sin saber cómo podría responder al desalojo pendiente.

Ed expresó que se sentía herido por la forma en que se manejaban las cosas. Le pregunté: "¿Cómo te gustaría que hubieran manejado la difícil situación si todo volviera a suceder?". Él respondió: "Ojalá se hubieran quedado fuera de mi negocio y me hubieran permitido colapsar y ser desalojado". Le pregunté a Ed cómo pensaba que podría haber respondido si las cosas hubieran sucedido como él deseaba.

Pasó de mi pregunta y, en lugar de responder, me contó sobre un momento en que lo habían expulsado de Boy Scouts. Cuando le pregunté la razón por la que lo expulsaron de los Scouts, respondió: "Tomé una flecha y envolví el extremo en papel higiénico, luego la sumergí en combustible para carbón y le prendí fuego. Disparé la flecha a una tienda de campaña y se quemó hasta los cimientos. No había nadie en la tienda, pero fue suficiente para que me expulsaran". Luego respondió a mi pregunta y dijo: "Me maneje sin ningún problema cuando me sacaron de los Boy Scouts, y también habría manejado mi desalojo sin ningún problema".

Ed continuó: "Cuando estaba en los Boy Scouts, aprendimos un poco sobre cómo salvar a una víctima de ahogamiento. Nuestro instructor comentó que la persona que asiste a la que está en peligro también corre el riesgo de ser ahogada por la víctima en pánico. Es importante entender los riesgos involucrados para ambas personas, de la misma manera que una azafata siempre te dice: 'Ponte la mascarilla antes de intentar ayudar a otros'". Le pregunté: "¿Cómo se relaciona eso con que tu mamá y tus amigos fueran a ayudarte en San Diego?" Ed respondió: "Existe una relación entre la persona que ayuda a alguien y la persona a la que se ayuda. Creo que faltaba ese elemento en mi situación, ya que fui excluido de su plan obviamente preconcebido".

Como la persona que realizaba la entrevista, simplemente estaba tratando de entender su mentalidad. Quería saber en qué estaba pensando Ed cuando decidió salir a la calle. No estoy culpando a ninguno de los lados. Sé que la mamá de Ed, Brett y Mason, y todos aman a Ed y se fueron a San Diego en septiembre de 2014 con la única intención de ayudar a Ed. Si bien Ed percibió su presencia como una intrusión, vio los eventos que ocurrieron como una "intervención" no deseada. Ed confesó que su razón para romper los lazos con todas las relaciones pasadas se basaba en su comprensión de esa semana en particular. Él ve ese incidente como el catalizador de su decisión de vivir sin hogar. Estoy seguro de que su madre y sus amigos lo verían de otra manera. Sin embargo, cuando se trata de un adicto a las drogas, la percepción a menudo no está alineada con la realidad. Indepen-dientemente, esa fue la situación que lanzó a Ed a las calles el 3 de octubre de 2014. Su madre me llamó para compartir sobre la elección de Ed, cuando regresó a casa desde California.

Ed confesó que había comenzado a escuchar voces en su cabeza mientras vivía solo en su tienda. Las voces comenzaron a perseguirlo antes de que lo desalojaran. Añadió: "Cuando vi a mis amigos cambiando la cerradura de la puerta de mi tienda, nunca regresé ni me puse en contacto con Rex, mi arrendador". Le pregunté a Ed a dónde fue desde allí y mencionó que se había encontrado con un vagabundo ese mismo día, en el área de Robb Field, cerca de Ocean Beach. Él recordó: "No quería culpar a otra persona por mi situación, así que dejé que siguiera su curso y seguí adelante". No pudo recordar el nombre del hombre, aunque Ed recordó que era de Colorado. Su nuevo amigo sin hogar tenía una bicicleta con un asiento para niños montado en la parte trasera. El hombre tenía dos perros pequeños, que había entrenado para montar en el asiento del niño. Los dos se hicieron amigos rápidamente y Ed comenzó a dormir en Robb Field, que resultó ser el parque donde dormimos Steve, Brian y yo en nuestro primer viaje sin hogar.

Cuando le pregunté a Ed cómo sobrevivió y cómo pudo encontrar comida, respondió: "Me volví bastante bueno con los dedos pegajosos. Robaba hamburguesas y filetes de una tienda de comestibles llamada Ralph's. Aunque, cuando tenía unas tres semanas en lo de las personas sin hogar, ¡me asusté! Me costó mucho mantener mi mierda en orden, así que le dije a mi amigo sin hogar en la bicicleta que pidiera ayuda. Hizo una llamada y apareció un policía en Robb Field".

El policía encontró a Ed en medio de un ataque de pánico y le dijo: "No te asustes, estoy aquí para ayudarte". Ed sintió el peso de lo que él llamó una "situación que cambia la vida". Dijo que en el transcurso de las primeras semanas había seguido reproduciendo el recuerdo de su madre y sus amigos apareciendo en su tienda. Cuando internalizó la realidad de vivir en las calles sin dinero y sin pertenencias, fue más de lo que podía manejar mental y emocionalmente. El oficial de policía llevó a Ed al hospital psiquiátrico en Rosecrans Street e informó al personal médico sobre el colapso de Ed. Pude recordar que Gumby conoció a un oficial de policía en el viaje seis, quien le dijo que había escoltado a Ed a un hospital psiquiátrico cuando lo encontró con una crisis nerviosa.

Ed mencionó a una enfermera de admisión, quien lo calmó y le dijo: "¿Sabes lo que queremos de ti? Nada más que pasar el rato y hablar con un médico que estará aquí mañana. A Ed se le asignó un dormitorio y se reunió con el médico al día siguiente. Después de que a Ed le hicieran un examen psiquiátrico, el médico lo asignó a una casa de crisis administrada por una organización sin fines de lucro conocida como Charter Oaks. Ed fue reubicado en el refugio en el centro de San Diego luego de su evaluación. El personal lo apoyo mucho en su situación. Ed describió la Fundación

Charter Oaks como un lugar atendido por personas afectuosas. Recordó que a todos los que ingresaban solo se les permitía permanecer un máximo de diez días.

Ed describió sus diez días como un programa muy organizado en el que se le animaba a involucrarse con el personal que estaba capacitado para diagnosticar su situación y brindarle ayuda. La gente allí buscaba poner a cada individuo en un camino con el plan correcto, adaptado a su situación específica. Al final de diez días de evaluación, Ed fue enviado al Refugio del Proyecto Alpha. En 2015, el refugio solo estaba abierto durante los meses de invierno, entre noviembre y febrero. Ed ingresó al refugio del Proyecto Alpha en algún momento de noviembre de 2014 y comenzó a familiarizarse con el personal.

Ed se emocionó al hablar de los trabajadores del Proyecto Alfa. Recuerda que el personal fue increíblemente amable con él. La mayor parte del personal estaba compuesto por ex-adictos y personas sin hogar, que habían tenido historias de éxito. Habían mantenido el curso y completado su programa, y ahora se desempeñaban como entrenadores. Ed mencionó que su instalación era conocida como una "tienda mojada". Esto significaba que el refugio no expulsaría a un participante si olía a alcohol. Si bien podían expulsar a un individuo con una mala actitud, o alguien que creaba problemas, se inclinaban más del lado de la gracia. Estaba claro que realmente querían ayudar a los participantes y no estaban buscando oportunidades para enviar a la gente de vuelta a las calles.

El personal del Proyecto Alpha trabajó arduamente para ayudar a cada individuo. Sus asistentes sociales ayudaron a cada ocupante a desarrollar un plan para su mejora. Ed recordó a un hombre que trabajaba en el Proyecto Alfa, que expresó su fe en él. Dijo que su apoyo había sido tan significativo que Ed escribió una carta a su oficina en Mission Hills para expresar su gratitud. Estaba agradecido por la inversión que habían hecho en su vida, desde el día que llegó al Proyecto Alfa.

A Ed se le llenaron los ojos de lágrimas cuando compartió y agregó: "Estoy avergonzado de no recordar su nombre. Recuerdo que era de México y usaba una gorra de béisbol, y fue increíblemente amable". Ed se enteró de que el Proyecto Alpha estaba buscando financiación adicional, se necesitaban alrededor de siete millones de dólares para adquirir su propio edificio. El personal invitó a Ed a una reunión en el ayuntamiento con el Ayuntamiento de San Diego. Tuvo el honor de ser uno de los participantes del programa, con el privilegio de compartir ante los miembros del Concejo Municipal Marti Emerald y Donna Frye.

Durante la última semana de enero de 2015, el Proyecto Alfa comenzó a ubicar a las personas en otras viviendas, ya que su ocupación temporal estaba próxima a cerrar. Asignaron a Ed al Centro City Corps del Ejército de Salvación, un refugio ubicado en 825 7th Avenue en el centro de San Diego. Ed recordó haber sido recibido en la puerta por un caballero negro mayor, que actuaba como una especie de sargento de instrucción para los nuevos reclutas. Reunieron a Ed y algunos otros en una habitación, donde se les presentó una orientación del refugio. El sargento proporcionó una lista completa de reglas y expectativas que debían seguirse si un participante deseaba quedarse.

El líder habló con firmeza: ";Señores, aquí no consumirán ninguna droga, se los aseguro! ¡Estarás limpio en este refugio y aprenderás a desarrollar un currículum y conseguir un trabajo! Veo a algunos de ustedes desplomándose en sus sillas. Necesito que te sientes derecho ahora mismo y demuestres respeto con tu postura. Mañana comenzaremos, así que desempaque y descanse un poco, porque no toleraremos ninguna excusa". Después de que concluyó la orientación, ese mismo líder seleccionó a Ed y lo invitó a su oficina. Ed recordó con cariño: "Por alguna razón, fue amable conmigo y me dijo que le gustaba y que quería ayudarme a tener éxito. Era extremadamente genial". Le pregunté a Ed si todavía estaba usando drogas cuando ingresó al refugio del Ejército de Salvación. Él respondió: "No, pero no porque no quisiera. Me acababa de quedar sin dinero y no es que tu traficante le esté dando bolsas gratis a alguien porque le gustas. Una forma de limpiarse es quedarse sin dinero y eso lo pondrá en orden rápidamente".

Mientras Ed residía en refugios del centro de San Diego, confesó cierto hábito que había desarrollado durante ese tiempo. Ed disfrutó explorando los hoteles de lujo y escabulléndose en sus vestíbulos para ubicar y usar sus jacuzzis. Después de registrarse en el refugio del Ejército de Salvación y ver a 24 hombres apiñados en una habitación individual en 12 literas, Ed no estaba muy entusiasmado. Eligió un colchón en la litera superior para dejar sus cosas y luego se fue a comprar algo de comida. Mientras se hospedaba en el Proyecto Alpha, el personal lo ayudó a registrarse para recibir cupones de alimentos, también conocidos como EBT (Transferencia electrónica de saldo). Ed calificó para recibir $350 al mes en crédito EBT para alimentos, por lo que estaba agradecido. Fue de compras con sus cupones de alimentos, etiquetó su comida con su nombre y luego la guardó en la despensa del Ejército de Salvación. Escondió su ropa en un armario cerca de su litera y se dispuso a pasar la noche. Quería explorar algunos de los jacuzzis de los hoteles locales en North Harbor Drive.

El viernes 30 de enero de 2015, Ed se dirigió al Manchester Grand Hyatt Hotel en 1 Market Place en el centro de San Diego. Comentó: "Realmente me gustaron los jacuzzis en sus torres gemelas". Esa noche en particular, Ed conversó con un chico que conoció en el jacuzzi. Por alguna razón, le dijo al hombre que su hermana vivía en Parker, Colorado. Ese hombre también era de Parker, lo que llevó a una conversación más profunda. El hombre le preguntó a Ed: "¿Vas a ir al concierto de la banda de Steve Miller más tarde esta noche?". Ed preguntó dónde se llevaría a cabo el concierto. El residente de Parker respondió: "Justo aquí en este hotel, para la noche final de la convención de Ameritrade. Esa es la razón por la que estoy aquí como empleado".

Luego le preguntó a Ed si estaba con uno de los vendedores. Ed respondió honestamente: "Vivo aquí en San Diego. Solo vengo aquí porque me gustan los jacuzzis del hotel". El chico respondió: "Bueno, deberías venir al concierto, ya que es un atuendo informal y habrá comida y bebidas de cortesía". ¿Quién era Ed para decir que no? Decidió aprovechar al máximo la oferta.

Ed entró en el área reservada para el concierto. Notó que algunos de los técnicos se preparaban para la banda. Mientras estaba cerca del escenario, una mujer se le acercó y le preguntó cuál era su historia. Ella resultó ser un asistente de la Banda Steve Miller. Ella estaba trabajando duro y comentó: "A Steve le gusta que sus programas salgan según lo planeado y es un poco perfeccionista". Ella fue muy amable y le dio la bienvenida diciendo: "Espero que disfrutes el espectáculo". Nadie le pidió a Ed que presentara una identificación o que mostrara un gafete de entrada. Mientras tanto, Ed se sirvió la deliciosa comida y las bebidas gratis. Dijo que la banda tocó todos los éxitos clásicos de Steve Miller Band y sonó increíble. Ed sabía que si bien el Proyecto Alpha requería que todos estuvieran adentro a las 8 p. m., el toque de queda en el refugio del Ejército de Salvación era a medianoche. No tenía intención de llegar tarde en su primera noche, pero planeó acortarlo lo más posible. Después de todo, no todos los días uno se topa con un evento así.

Cuando Ed se acercó al refugio alrededor de las diez para la medianoche, el hombre que trabajaba en la puerta principal comentó: "¡Apestas a alcohol!". Hizo que Ed tomara un alcoholímetro y cuando Ed falló, comentó: "Está bien, amigo, te vas de aquí. ¡Empaca tus cosas y sal a la carretera!". Acompañó a Ed a la habitación para recoger sus pertenencias entre la habitación llena de 23 hombres dormidos. Ed se apresuró a empacar sus cosas y salió con su mochila repleta de ropa. Aunque todavía tenía comida en la despensa, el hombre le dijo que tendría que regresar al día siguiente para recuperarla. En ese momento, Ed había estado sin hogar durante aproximadamente cuatro meses y mencionó que había aprendido a viajar ligero.

Ed cruzó la calle hasta un estacionamiento abierto, donde pasó la noche bajo las estrellas. Mencionó encontrarse con un tipo en el estacionamiento que le ofreció una cerveza. Ed comentó: "El alcohol no es mi veneno. Lucho con la metanfetamina. Lo que me pasó en el Ejército de Salvación esa noche tenía que pasar. Son una gran organización y sabía que rompí sus reglas. Me merecía que me echaran y lo sabía". Ed se adelantó en la línea de tiempo y mencionó haber conocido a un hombre llamado Mark Saxon, que trabaja con el Ejército de Salvación en Maui. Mark era un veterano de la Tormenta del Desierto que no tenía hogar antes de trabajar con el Ejército de Salvación en Hawái. Ed agregó: "Mark es pastor y es un gran tipo. Me gusta el Ejército de Salvación e incluso postulé para trabajar con ellos, aunque no conseguí el trabajo". Ed claramente no estaba amargado por haber sido expulsado.

Le pregunté a Ed sobre su adicción a las drogas durante ese tiempo. Él respondió: "Durante ese tiempo, no estaba buscando drogas activamente, ni estaba tratando de evitarlas. Simplemente estaba tratando de hacer que algo funcionara con la vivienda y quería volver a ponerme de pie". Al día siguiente, Ed se despertó en el estacionamiento del centro. Se dirigió de nuevo al Proyecto Alfa para ver si podría volver a entrar, después de haber sido expulsado del Ejército de Salvación. Le dijeron que potencialmente podrían encontrarle una cama si estaba dispuesto a esperar. Ed durmió afuera por tres noches más hasta que hubo un colchón de repuesto disponible. Ed recordó haber comprado comida la tarde anterior con su EBT. Confesó que hubo momentos en que él y otros intercambiaron puntos EBT y comida para obtener algo de metanfetamina. Cuando ese era el caso, compensaba su falta de comida asistiendo a una de las comidas patrocinadas por la iglesia, a las que nuestros equipos se habían acostumbrado. Ed expresó su aprecio por el programa del gobierno que le proporcionó alimentos y especuló que el programa EBT reduce las tasas de criminalidad. Razonó que las personas sin hogar con el estómago lleno tienen menos probabilidades de robar a otros como una cuestión de supervivencia.

Después de tres noches en las calles, el Proyecto Alfa le dijo a Ed que tenían una cama libre. El miembro del personal que atendía la puerta principal, conocido como "Shorty", reconoció a Ed cuando regresó. Lo primero que dijo fue: "¡Tienes que bajar y darme 20 hombre!" Sin dudarlo, Ed se dejó caer e hizo 20 flexiones. Shorty agregó: "Puedes regresar, pero será mejor que no me decepciones". Ed prometió seguir las reglas cuando pasó junto a Shorty. Ed comentó: "No me importaría trabajar en el Proyecto Alpha algún día".

Durante el mes de febrero de 2015, cuando Ed regresó al Proyecto Alpha, frecuentó la Biblioteca de San Diego para leer sobre las últimas bicicletas, ciclistas y carreras. Cuando Ed se enteró de que Lance Armstrong consumía drogas para competir, le gustó aún más como compañero entusiasta de las bicicletas y consumidor de productos químicos. Ed mencionó el uso del Neil Good Day Center que estaba conectado al Proyecto Alpha. Recordó a uno de los hombres que trabajaban en la puerta de entrada diciendo: "Oye, Ed, hubo un tipo que vino a buscarte esta semana". Ed se preguntó si el hombre se refería a Mason o a mí. De hecho, hice mi primer viaje en busca de Ed entre el 9 y el 13 de febrero de 2015. Visité el Neil Good Day Center en el centro durante esa semana, así que ese hombre se refería a mí. Nos debimos cruzar por cuestión de días.

Dado que el Proyecto Alpha estaba programado para cerrar para la primavera a fines de febrero, reasignaron a las personas a refugios en los alrededores. Ed fue reubicado en un refugio en Carlsbad, California, 35 millas al norte del centro de San Diego. El nombre del albergue administrado por católicos era "La Posada de Guadalupe". Ed mencionó haber visto el nombre de Deborah Szekely en una de las paredes, en conmemoración de importantes contribuyentes financieros para ese refugio en particular. Ed había hecho algunos trabajos para ella cuando dirigía su negocio, restaurando muebles en su casa. Habló con cariño del refugio y del personal allí, y mencionó específicamente a un caballero negro mayor llamado Charles, aunque Ed se refirió a él como Chuck. Ed dijo que él y Chuck se hicieron amigos rápidamente, durante los aproximadamente tres meses que vivió allí.

A fines de febrero, antes de que el Proyecto Alpha cerrara sus puertas por la temporada, Ed hizo una conexión especial. Estaba caminando hacia los hoteles de Harbor Drive para hacer un poco de jacuzzi, cuando notó un gran yate de vela. Lo que le llamó la atención fue el grupo de hombres que trabajaban arduamente para restaurar la cubierta. Dado que esa había sido el área de especialización de Ed, les hizo un comentario sobre su trabajo.

Un hombre llamado Daniel, de Sudáfrica, preguntó: "¿Sabe algo sobre el acabado de la madera?" Ed respondió: "Sí". Daniel le hizo algunas preguntas técnicas sobre el trabajo. La respuesta de Ed demostró claramente su conocimiento. Daniel quedó impresionado y se volvió hacia el capitán y le preguntó: "Oiga, capitán, ¿qué piensa acerca de contratar a este tipo?" Como resultado, a Ed le ofrecieron un trabajo en el acto, que aceptó de buena gana. Esa decisión significó que Ed tuvo que tomar el tren temprano al centro de San Diego desde Carlsbad, cinco días a la semana.

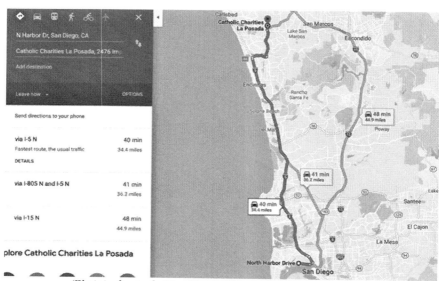

*(El viaje diario de 35 millas de Ed al trabajo en San Diego,*
*Cortesía de Google Maps)*

La goleta de gavia de 185 pies se construyó en 2010. El capitán del barco era un hombre llamado Jim Thom. Jim era un capitán experimentado de Inglaterra con su esposa y dos hijos como pasajeros a bordo. Además de Daniel, un tercer miembro clave de la tripulación fue Para de España. Ed quedó cautivado por la belleza del barco y comenzó a trabajar la semana siguiente. Se adaptó rápidamente a su nuevo viaje diario de 35 millas en tren. Confesó subirse al tren dos veces al día sin pagar la tarifa y se jactó: "Solo me atraparon una vez, aunque viajé gratis durante los tres meses que trabajé a bordo del yate".

Ed recordó haber sentido una afinidad inmediata con Daniel. Su amistad le dio a Ed un nivel de comodidad con su nuevo jefe, lo que lo llevó a compartir abiertamente su camino hacia las calles y su batalla contra la metanfetamina. Sin juicio, Ed fue aceptado a bordo. Una vez que Daniel y el Capitán Thom reconocieron su nivel de habilidad en el acabado de la madera, comenzaron a consultar a Ed y le pidieron su opinión sobre diferentes proyectos bajo cubierta. Ed ayudó a restaurar la madera en todo el navío. Incluso pintó el ancla del barco. Ed se enorgullecía mucho de trabajar en una goleta tan magnífica.

*(El Atlántico 2010, goleta de 185 pies)*

Ed recordó a cierto hombre que trabajaba en el barco, que no se preocupaba por él. A menudo cuestionaba el trabajo de Ed, así como sus consejos. El antagonista parecía estar celoso después de que Ed se ganó al capitán y al primer oficial con su conjunto de habilidades. Si bien a ese hombre no le gustaba Ed, contrató a un amigo llamado Eric, quien sí gustaba de Ed. Ed recordó a una amable mujer que trabajaba bajo cubierta y cocinaba para toda la tripulación. Él dijo: "Quería agradecerle por cocinar para mí mientras trabajé a bordo durante esos tres meses, así que le compré una caja de chocolates con mi EBT. Lo hice el día antes de irme a Maui". Ed agregó: "Creo que la vi un par de años después en Maui en una tienda de comestibles. Se fijó en mí y me tomó una foto, aunque puede que fueran las drogas las que me hacían ver cosas".

Cuando Ed comenzó a trabajar a bordo del Atlántico, los escuchó tocar la canción "Totally Wired" de The Fall. No creía en las coincidencias y lo vio como una señal. Él razonó: "Les gustaba la misma música que a mí y yo estaba luchando contra la adicción a la metanfetamina, por lo que su encuentro ese día no sucedió por accidente". Ed se detuvo y preguntó: "¿Crees que el Señor me abrió esa puerta de oportunidad, aunque estaba luchando contra las drogas?" Antes de que pudiera responder, respondió a su propia pregunta: "¡Sí, lo creo!" Mencionó tener que hacer el largo viaje al trabajo al final de cada largo día. Ed se dirigía a la estación de tren, se escabullía a bordo del tren y viajaba hacia el norte de regreso a Carlsbad.

Ed me comento: "Hice un amigo en el refugio en Carlsbad, llamado Enrique. Era un buen chico de México y nos llevábamos bien". Agregó: "Además de Enrique y Chuck, disfruté el aspecto social de mis conexiones en La Posada de Guadalupe".

*(Patio del Refugio La Posada de Guadalupe)*

Ed recordó una noche en particular cuando llegó al refugio con aliento a alcohol. Si bien no bebió tanto como la noche en que regresó al refugio del Ejército de Salvación, se había bebido más de una cerveza. El guardia que vigilaba esa noche en particular quería que expulsaran a Ed del refugio. Hizo que Ed esperara junto a la puerta mientras localizaba a un señor mayor que estaba a cargo. Cuando ese hombre llegó a la puerta y escuchó la acusación contra Ed, sorprendió a Ed por lo que le dijo al guardia de seguridad. "¿Sabes lo que vamos a hacer con esto? Absolutamente nada. Le daremos gracia y le daremos la bienvenida para tener otra oportunidad". Dicho esto, el hombre mayor abrió la puerta y permitió que Ed pasara arrastrando los pies y se dirigiera a su habitación. Ed se emocionó al contar ese incidente específico.

Durante aproximadamente tres meses, Ed trabajó duro restaurando la madera, tiñendo la cubierta superior, pintando y haciendo otras cosas a bordo del Atlantic. Se dio cuenta de que el enorme yate debía zarpar hacia Alaska a fines de mayo, lo que lo dejó con una decisión que tomar. Ed había disfrutado trabajando en el barco y tramó un plan para hacer un trabajo similar en otro lugar. Escuchó de un capitán local que había un bullicioso puerto marítimo en Oahu, Hawái, por lo que decidió dirigirse en esa dirección.

Había estado ahorrando dinero mientras trabajaba en el Atlántico y se aventuró al aeropuerto en tren con su amigo Chuck del refugio Guadalupe. Ed habló con una mujer en el mostrador de American Airlines sobre sus opciones de boletos. Por alguna razón, un boleto a Oahu en ese momento costaba aproximadamente $1,500. Mientras Ed estaba de pie en el mostrador contemplando un costo tan alto, el empleado de American dijo: "Puedo conseguirte un boleto de ida a Maui por $200 si te vas la próxima semana". A Ed le gustó mucho más ese precio e hizo la compra. Comentó que su amigo Chuck se puso muy triste después de que Ed comprara su boleto. Tal vez pensó que Ed podría cambiar de opinión y no seguir adelante con eso. La sensación fue mucho más sombría en el viaje en tren de regreso a Carlsbad después de que Ed hizo la compra. Los dos hombres disfrutaron de una cena juntos esa noche, sabiendo que a Ed le quedaba una semana antes de partir.

*(Chuck del Refugio La Posada de Guadalupe)*

Como Ed nos mencionó a Sandra ya mí cuando lo vimos en el viaje siete, confesó: "Pensé que el estado de Hawái era solo una gran isla. Pensé que podría tomar un autobús de Maui a Honolulu. Supongo que debería haber prestado más atención en la clase de Geografía en la escuela secundaria". Le esperaba una revelación geográfica cuando llegó a Maui la semana siguiente. Mientras tanto, a Ed le quedaba una última semana para terminar de trabajar a bordo del Atlantic y despedirse de sus amigos.

El capitán Jim Thom no era el tipo de hombre con el que bromear. Una vez le comentó a Ed que, si todas las cuerdas que cuelgan de los tres mástiles grandes y las velas estuvieran planas, medirían aproximadamente siete millas de largo. Intentando bromear con el capitán, Ed dijo: "Supongo que todas esas cuerdas son innecesarias si el barco se hunde en su camino a Alaska". El capitán Jim se puso muy serio y dijo: "Nunca bromeamos sobre el hundimiento de un barco, no es cosa de risa". Ed se dio cuenta de que se había pasado de la raya y se disculpó.

Ed mencionó a un amigo que había hecho a bordo llamado Louie. Louie había servido como marinero durante muchos años y aparentemente descuidó su higiene dental. Como resultado, tuvo que hacer numerosas citas para reparar el deterioro mientras estaban en el puerto. Ed comentó: "El cristal de metanfetamina había hecho su parte de daño en mi propia boca, así que tuve cuidado de nunca bromear con Louie sobre su mala higiene bucal. Me interesó cuando vi la diferencia que hizo, y estaba celoso, queriendo recuperar mi sonrisa limpia".

Otro aspecto de la tripulación en el Atlántico que se destacó para Ed fue el gran talento que poseía cada hombre. Le impresionó el hecho de que cada miembro de la tripulación pudiera hacer cualquier nudo, coser las velas, reparar roturas mecánicas y estar listo para ajustar las velas para prepararse para una tormenta. Se dio cuenta de que su tiempo de trabajo a bordo estaba llegando a su fin y fue un momento emotivo para él mientras se preparaban para partir hacia Alaska. Su propio vuelo estaba programado para volar a Maui aproximadamente una semana antes de su partida, por lo que el momento era perfecto. Había estado disfrutando de sus nuevas amistades y su rutina semanal, mientras manejaba la vida entre el refugio en Carlsbad y el trabajo a bordo del Atlántico. La vida que había comenzado a sentirse cómoda y familiar durante esos tres meses estaba a punto de detenerse.

Ed mencionó la pena por su partida del refugio en Carlsbad y pasó más tiempo con su amigo Chuck, cuando pudo. Chuck le dio a Ed una bonita caja de madera como regalo. Ed recordó otro hábito que había desarrollado en el transcurso de esos tres meses. Mencionó explorar la gran biblioteca en el centro de San Diego. Su tema favorito en los periódicos era el ciclismo. Había estado siguiendo la Vuelta a España (La Volta), también conocida como "La Volta a Catalunya". Le gustaba coleccionar artículos de periódicos y notas sobre las carreras, que guardaba en la caja que le había dado Chuck. El ciclista favorito de Ed era un hombre llamado Alberto Contador, conocido como "El Pistolero". Ed comentó que su compañero de barco Para, era de España. Para también era fanático de El Pistolero, por lo que los dos disfrutaron discutiendo las carreras. Cuando Ed se estaba despidiendo más tarde esa semana, le dio la caja llena de artículos de ciclismo a Para. Si bien apreció la caja de regalo de Chuck, decidió regalarla para poder viajar ligero a Maui.

Ed se reconectó con una vieja amiga llamada Judy Hartley. Se habían hecho amigos en San Diego antes de que Ed saliera a la calle y él quería hacerle saber que pronto se iría. Judy es en realidad la hija del famoso productor del programa de Carol Burnett, Joe Hamilton. Antes de que Joe se casara con Carol, estaba casado con una mujer llamada Gloria Hartley. Judy es la menor de sus ocho hijos y hijastra de Carol Burnett. Ed dijo que un amigo en común le había presentado a Judy muchos años antes. Él y Judy solían frecuentar un pub con sala de billar y parecían llevarse bien. Su relación era estrictamente platónica y estaba claro que Ed valoraba su amistad. Ed recordó haber cenado con su amiga Judy la noche anterior a su partida. Incluso lo llevó al aeropuerto al día siguiente para despedirlo.

Ed compró una mochila de lona en la tienda Army-Navy Surplus Store para guardar todas sus pertenencias terrenales. Fue a presentar sus respetos a la tripulación del Atlantic justo antes de partir. Su amigo Daniel de Sudáfrica dio un último paseo con Ed en la cubierta de esa magnífica goleta. Se puso muy serio cuando se dirigió a Ed y le dijo: "Hagas lo que hagas, no arruines tu vida con metanfetamina. Si no tienes cuidado, te matará. Ed se emocionó mucho cuando me volvió a contar esa parte de su historia. Comentó: "Daniel realmente me quería y creía en mí. ¿Puedes creerlo? Ese tipo significó mucho para mí". Fue una despedida sincera entre Ed y el equipo, pero era hora de seguir adelante.

Judy llevó a Ed al Aeropuerto Internacional de San Diego a tiempo para su vuelo y él partió a Maui. Salió del área de San Diego a fines de mayo o principios de junio de 2015. Dicho esto, nos cruzamos por completo en los viajes dos a seis. Cualquiera que nos dijera que lo había visto, estaba tristemente equivocado. Nos encontramos con varios hombres que se parecían a Ed e incluso conocimos a algunos que compartían el mismo nombre. Me gustaría darles a esas personas el beneficio de la duda y creo que experimentamos muchos errores de identidad.

Mientras tanto, Ed llegó a Maui sin un plan de acción y sin nadie que lo recogiera en el aeropuerto. Aunque había ahorrado una buena cantidad de dinero trabajando a bordo del Atlantic, no estaba seguro de cómo gastarlo. Ed recordó haber salido del aeropuerto de Maui y dirigirse al Centro Queen Kaahumanu para tomar un autobús local. Sin estar seguro de hacia dónde se dirigía y al no ver la ciudad de Honolulu en la lista como una opción, los ojos de Ed se dirigieron a un pueblo llamado Lahaina en el lado oeste de la isla. Recordó: "No tenía ni idea de adónde ir, pero siempre disfruté del Lahaina Beach House Bar en el paseo marítimo de Pacific Beach, así que Lahaina, Maui, fue mi elección". Con ese sentido de la lógica, Ed compró un boleto de autobús de ida y se dirigió hacia Lahaina.

Pasó sus primeras semanas en un albergue en Lahaina. Conoció a un chico llamado Chris Trovolone, que era un local. Ed le alquiló una habitación a una mujer llamada Sherry y le gustó el ambiente en Lahaina. Se hizo amigo del hijo de Sherry, J.J., quien se refería a sí mismo como "el Rey del West Side". JJ no estaba en drogas, pero disfrutaba de buena cantidad de vodka. Chris era un compañero consumidor de drogas y dejó una de sus agujas hipodérmicas en la parte trasera del auto de J.J. Cuando la madre de J.J., Sherry, encontró la aguja y acusó a su hijo, J.J. le dijo que era el bolso de Chris, no el suyo. A su vez, Chris culpó a Ed y le dijo que Ed había dejado la aguja en su bolso. Ed había comenzado a hacer trabajos ocasionales para Sherry en los múltiples albergues que ella administraba, y la acusación no ayudó a fomentar la confianza.

Ed se dio cuenta de que estaba gastando sus ahorros demasiado rápido en el albergue y estaba interesado en encontrar una vivienda de menor costo. Había dos refugios para personas sin hogar en Maui, uno en Kahului cerca del aeropuerto y el más agradable en Lahaina. Ed intentó conseguir una habitación en el albergue de Lahaina y solicitó una vivienda más permanente. Descubrió que pueden pasar aproximadamente seis meses antes de que pueda ser admitido en su programa general de vivienda, por lo que trató de instalarse en el refugio local.

Ed se hizo amigo de otro hombre llamado Daniel. Se refirió a Daniel como "un fanático de la velocidad de Portland Oregón". Daniel había saltado la fianza y volado a Maui para evitar los cargos pendientes en Oregón. Le preguntó a Ed: "¿Puedes limpiarte?" Añadió: "Si queremos ser admitidos en el refugio, tenemos que pasar su prueba de drogas". Ed mencionó comprar lo que él llamó un "limpiador de orina". Como no estaba familiarizado con el término, le pregunté a Ed qué era un limpiador de orina. Él respondió: "Un limpiador de orina es orina falsa y la viertes en la taza cuando alguien administra una prueba de drogas. La orina sintética se puede comprar en un estanco o en una tienda de tabaco. Con un hábito de drogas, es importante aprender diferentes técnicas para vencer al sistema". Aparentemente, Daniel pasó la prueba y fue aceptado en el refugio. Sin embargo, lo echaron poco después, cuando falló una prueba aleatoria de drogas una noche cuando ingresó al refugio.

Ed conoció al hombre que dirigía el refugio en Lahaina. Su nombre era Wayne y le gustaba Ed. Ed confesó estar muy nervioso por tomar la prueba con Wayne y mencionó atarse la bolsa de orina sintética a la pierna. Le pregunté si eso era para ocultarlo y me respondió: "Sí, pero también fue para asegurarse de que el limpiador de orina se calentara a la temperatura de mi cuerpo, ya que entregar una taza de orina fría es un delatador". Ed recordó que cuando Wayne le dio la prueba, se paró unos metros detrás de él y esperó. Eso requirió un engaño cuidadoso por parte de Ed, pero se las arregló para lograrlo sin que lo atraparan.

Una vez que le entregó la taza a Wayne, Ed observó cómo el cuidador mojaba el probador químico en la taza y miraba la cara de Ed. Sintió que era un juego de póquer, ya que el hombre miró fijamente a Ed, intentando leer su reacción. Mientras Wayne hacía todo lo posible por evaluar la expresión de Ed, trató de discernir si estaba mintiendo. Aparentemente, Ed pasó la prueba y cuando Daniel fue expulsado, Ed fue asignado inmediatamente a una habitación diferente. Tuvo que residir con unos pocos extraños.

Ed usó teléfonos celulares gratuitos para comunicarse mientras estuvo allí. Las personas sin hogar se refieren a los teléfonos inteligentes gratuitos como "teléfonos de Obama", acreditados al presidente por aprobar el proyecto de ley que les dio los teléfonos durante su mandato. Mencionó que alguien le robó el teléfono mientras vivía entre extraños en la habitación. Agregó que los teléfonos de Obama eran amados por las personas sin hogar. Una de las principales razones por las que sus amigos los apreciaban era que proporcionaban acceso gratuito a la pornografía. Ed dijo: "Además del acceso a la pornografía, muchas personas sin hogar los usan para hacer negocios con drogas". Le sorprendió que se pagaran con dólares de los impuestos estadounidenses. Estoy bastante seguro de que el gobierno de los Estados Unidos no tenía en mente las drogas y la pornografía cuando aprobó el proyecto de ley, proporcionando a las personas sin hogar teléfonos celulares gratuitos.

Daniel le dijo a Ed que sabía quién robó su teléfono e hizo todo lo posible para recuperarlo. Daniel y Ed compartían una pipa de metanfetamina, que él describió como una pipa de vidrio con un pequeño orificio en la parte superior. Ed dijo que puedes comprarlos en cualquier tienda de tabaco. La palabra clave para solicitar uno es pedir un "quemador de incienso". Cualquier empleado que trabaje en una tabaquería sabrá que está preguntando por una pipa de metanfetamina. A pesar de que Daniel fue expulsado del refugio, los dos siguieron siendo amigos cercanos y se drogaban juntos regularmente. Ed comentó que su hábito compartido creó un fuerte vínculo entre los dos. Agregó: "Daniel no era un fanático de usar agujas, pero yo no tenia ningún problema con 'slamming', el término callejero que se usa para inyectarse drogas".

Durante el primer año de Ed en Lahaina, se mudó del albergue al refugio y estaba esperando su aceptación en una vivienda permanente. Recordó que después de que su compañero de cuarto, Daniel, se drogo, se cansó de correr y esconderse. Decidió regresar a Portland, Oregón, para enfrentar los cargos que se le imputaban allí. Poco después de que Daniel se fuera a Oregón, Ed fue aceptado en la vivienda permanente para personas de bajos ingresos. Además, Ed había estado buscando nuevas formas de ganar dinero, y fue en ese momento cuando conoció a Leo.

Leo era un tongano del Pacífico Sur. Invitó a Ed a unirse a su mano de obra semanal que se encargaba de levantar enormes tiendas de campaña todos los jueves. Trabajar con Leo también incluía trabajar los domingos, cuando había que desmontar esas mismas tiendas. Las carpas servían como techo temporal para una feria artesanal, que exhibía productos locales a los turistas visitantes. Ed recordó que el trabajo intensivo en mano de obra tomaba aproximadamente tres o cuatro hombres para levantar una sola tienda en aproximadamente tres horas. Fue un trabajo agotador.

Además, los trabajadores tenían que ganarse el respeto de Leo. Ed recordó un día en particular cuando Leo le dijo que levantara el poste central solo. Ed luchó durante bastante tiempo mientras Leo lo reprendía y le decía que estaba demasiado débil para hacer el trabajo. Después de innumerables intentos fallidos, Ed confesó que simplemente no era lo suficientemente fuerte. Leo se burló de él por ser demasiado débil. Cuando Ed se sentó derrotado, observó cómo Leo caminaba hacia cada una de las cuatro esquinas de la tienda, aflojaba las ataduras de cada poste y luego levantaba el poste central con facilidad. Leo le había encomendado a Ed una tarea imposible, ya que nadie puede levantar el poste central cuando los postes de las esquinas están bien atados. Sin aflojar las correas, Leo sabía que no se podía hacer. Ed vio eso como una prueba de carácter, después de lo cual, Leo lo trató amablemente como parte del equipo.

Así como Ed se había ganado el respeto de Leo, Ed desarrolló la misma cantidad de respeto por Leo. Era de una isla de Samoa y anteriormente había pasado un tiempo en prisión. Ed comentó que Leo no era un consumidor de drogas. Comentó que Leo era un hombre de familia y sus padres también vivían en la isla. El padre de Leo era un tallador de madera profesional. Ed se emocionó al recordar un día en que Leo accidentalmente aplastó su mano con un martillo, mientras levantaba una tienda de campaña. Ed quería ayudar a Leo a llegar al hospital, pero Leo le gritó: "¡Ed, vuelve al trabajo y levanta esa tienda!". Ed hizo lo que le dijeron, pero no le gustó ver a Leo sufriendo.

Con el tiempo, los dos se hicieron amigos. Leo ofreció: "Mi hermana es dueña de este negocio de carpas y es un trabajo difícil. ¿Te gustaría trabajar con mi papá levantando carpas más pequeñas al costado de la calle para su negocio de tallado?" Ed sabía que la oferta de Leo era un honor y una mejora, así que la aceptó con gratitud.

La semana siguiente, Ed comenzó a trabajar con el padre de Leo en Kaanapali. Llegó a conocer bien al padre de Leo. Rápidamente aprendió la rutina diaria de montar las pequeñas tiendas de campaña en la acera, dando sombra a las tallas de madera y a los compradores. Ed disfrutó conversar con el papá de Leo. Ed recordó con una sonrisa: "El padre de Leo hacía predicciones sobre compradores potenciales cuando veía a un grupo de turistas que se dirigían en nuestra dirección desde los cruceros". Ed recordó: "El papá de Leo diría algo como: '¿Ves a esa mujer con el gran sombrero floral?' Hoy va a comprar una gran escultura de madera. Y el hombre de pantalones caquis con la camisa de golf azul cielo, definitivamente va a hacer una compra'". Cuando la multitud llegó a las tiendas, Ed observó con asombro cómo el viejo artista se transformaba en un vendedor inteligente. "Aloha, señora. ¿Puedo mostrarte una auténtica talla de madera hawaiana, que solo se encuentra en la isla de Maui...? Ed quedó cautivado por el encanto del dulce hombre, al igual que muchos de los turistas. El padre de Leo demostró su talento como artista talentoso y vendedor simpático, dos rasgos que son muy útiles en una isla como Maui.

Después de vivir en Lahaina durante aproximadamente siete meses, a Ed se le aprobó una vivienda permanente. Daniel acababa de irse al continente cuando Ed conoció a Lars. Lars era un joven inteligente del norte de California, aunque tenía familia en Oahu. Lars no era un consumidor de drogas. En cambio, Ed comentó que Lars estaba extremadamente interesado en Dios. Construyeron una amistad viviendo en la misma residencia y pasaron tiempo discutiendo temas aleatorios como la matanza de chinchillas por sus pieles. Lars también tenía una cuenta de Netflix, por lo que los dos se engancharon viendo la serie conocida como "Narcos". Narcos es una serie dramatizada sobre agentes de la DEA en la vida real que persiguen al notorio narcotraficante colombiano Pablo Escobar. De hecho, uno de los principales agentes de la DEA en los que se basa la serie (el agente Steve Murphy), asistía a la misma iglesia que yo en el norte de Virginia. Ed recordó haber disfrutado el programa ya que cubría un aspecto diferente de la escena de las drogas que había sido una parte tan importante de su vida.

Cuando la temporada turística amainó y el negocio fue lento, Ed consiguió un trabajo a corto plazo en el Torneo Anual de Baloncesto por Invitación de Maui, que se lleva a cabo anualmente en el Centro Cívico de Lahaina. Mientras trabajaba todos los días en el Centro Cívico, también se acomodaba en la vivienda permanente. Había dos dormitorios en la casa que le habían asignado a Ed. Lars estaba en una habitación y Ed estaba en otra habitación con un compañero de habitación diferente. Ed dijo que la presión asociada con vivir en la casa comenzó a afectarlo. Algunos de los otros residentes que Ed conocía fueron desalojados cuando se administraron pruebas de drogas al azar. Ed comenzó a temer que lo atraparan durante una prueba de este tipo y odiaba la presión constante. Su adicción a las drogas había crecido con su flujo constante de ingresos y no tenía ningún deseo de dejarlo. En lugar de vivir con el temor inminente de ser desalojado, decidió mudarse a Paia. Había estado viviendo en Lahaina durante casi un año y sintió que era hora de seguir adelante. Cuando le pregunté a Ed cuál era la razón por la que eligió a Paia, respondió: "Las chicas se veían mejor allí".

Ed comentó: "Un día decidí que vivir en una vivienda permanente era demasiado ortodoxo para mí, así que le informé al arrendador que me mudaría". En ese momento, Ed tenía una bicicleta que había comprado en Craigslist. Usó la cuenta de Craigslist de su amigo Chris para hacer la transacción. Chris era el mismo tipo que había acusado falsamente a Ed de dejar una aguja en el auto de J.J. Cuando Ed usó su cuenta de Craigslist, Chris trató de extorsionar a Ed por el uso de su computadora. Ed estaba listo para partir. Empacó todas sus pertenencias terrenales y las metió en una sola mochila. Montó su bicicleta y se fue a Paia en el verano de 2016.

Ed encontró un lugar en Paia conocido como "Middles". Compró una tienda de campaña, que se convirtió en su hogar en una playa de allí. Él dijo: "Descubrí Paia después de escuchar a Lars mencionarlo. Solía visitar a Paia cuando vivíamos en Lahaina. Estaba listo para un cambio con cero pruebas de drogas y pensé que Paia sería el lugar". En realidad, Ed no había vivido en las calles durante bastante tiempo. Se las había arreglado para encontrar refugios, albergues y viviendas para personas de bajos ingresos con éxito, desde su colapso mental en Robb Field Park en el otoño de 2014. Estaba listo para volver a la libertad de las calles y aceptar la falta de vivienda.

Ed mencionó que su transición a vivir solo, junto con su aumento en el uso de drogas, lo llevó a escuchar más voces. Las voces eran similares a las que lo atormentaban cuando vivía solo en su taller de carpintería en San Diego. No estaba completamente convencido de que las voces que escuchaba en su cabeza estuvieran relacionadas con su adicción a la metanfetamina. Ed comentó: "Algunas de esas voces comenzaron a atormentarme".

En lugar de culpar a los químicos que estaba fumando, Ed llegó a creer que las voces en su cabeza estaban relacionadas con un programa financiado por el gobierno federal dirigido a adictos sin hogar. Mencionó que la frecuencia de las voces que escuchaba aumentaba cuando estaba solo en su tienda. Cuando le pregunté por qué creía que aumentaron después de dejar la residencia permanente, respondió: "Es porque estaba viviendo en una instalación de vivienda financiada con fondos federales y los que controlaban las voces no querían quedar expuestos". Es difícil razonar con un adicto que cree que la CIA está detrás de cada idea extraña que se le pasa por la cabeza.

Ed mencionó que no se mudó a Paia tan abruptamente como se dijo. Pasó unos meses entre su tiempo en Lahaina y Paia, viviendo en el área de Kahului. Kahului está un poco más poblada de lugareños que Paia. Ed se conectó en el Centro de Vida Familiar en Kahului y habló con cariño de un hombre llamado Pastor Dan. Ed describió al pastor Dan como un hombre amable, de pelo largo, que conducía un autobús VW clásico y se preocupaba por la comunidad de personas sin hogar. Recordó un día en particular cuando se sinceró con Dan y compartió su historia personal. Ed se volvió hacia mí y me preguntó: "¿Sabes lo que hizo el pastor Dan cuando terminé de compartir?" Le respondí: "No, Ed, ¿qué hizo?". Respondió visiblemente conmovido por el recuerdo: "Lloró. ¿Puedes creerlo?" Entonces Ed exclamó con profunda emoción: "Él realmente se preocupaba por mí". Ed lloró y se tomó un descanso para compartir su historia.

Al recordar a quienes lo habían cuidado en Maui, Ed también mencionó a un amable trabajador del Ejército de Salvación llamado Mark Saxon. Anteriormente había comentado sobre su aprecio por Mark cuando compartió la historia de cómo lo botaron por beber en el refugio del Ejército de Salvación en el centro de San Diego. Ed estaba tratando de transmitir que la gente fue muy amable con él durante su viaje viviendo en las calles. Agregó: "Algún día espero retribuir y ayudar a otros de la forma en que me ayudaron a mí". Miré directamente a Ed y comenté: "Creo que si lo harás, querido amigo. Dios no te rescató de tu situación sin un propósito."

Cuando Sandra y yo fuimos a Maui a buscar a Ed en agosto de 2017, recibimos un aviso de que habían visto a Ed merodeando por el Centro de Vida Familiar y el Ejército de Salvación en Kahului. Ahí es donde buscamos además de las tiendas de bicicletas. Aparentemente, no estábamos lejos. Aunque cuando llegamos, Ed residía principalmente en una tienda de campaña en Paia.

Cuando le pregunté a Ed cuál era la razón por la que finalmente se mudó de Kahului a Paia, mencionó que le pincharon varias llantas en el centro de Kahului. Había una especie de espinita local que hacía estragos en los neumáticos de su bicicleta y no podía permitirse el lujo de seguir comprando unos nuevos. Ed mencionó que una tarde empujó su bicicleta al estacionamiento de la iglesia del pastor Dan con otra llanta pinchada. Recordó haber conocido a un hombre muy amable que estaba saliendo del edificio de la iglesia cuando llegó Ed. El hombre le preguntó a Ed qué necesitaba y Ed respondió: "Tengo un neumático pinchado". Una vez más, Ed se emocionó ante el recuerdo de una persona más que le mostró bondad. Él dijo: "Ese tipo me llevó a una tienda de bicicletas y me compró una cámara de aire nueva y una llave que necesitaba para cambiar la llanta. Incluso me dejó quedarme con la llave inglesa. ¡Estoy muy agradecido por personas como el, que me mostró amabilidad cuando estaba luchando! Estoy listo para devolverles en la misma forma en que me dieron a mí".

*(El Centro de Vida Familiar en Kahului)*

Parte de la experiencia de Ed en Maui le permitió conocer a varios nativos locales de la isla. Otro día, cuando Ed estaba frustrado por las espinas que perforaban sus llantas, un nativo local compartió una creencia común sobre el origen de las espinas. Él dijo: "Creemos que los colonos blancos plantaron originalmente los arbustos espinosos en nuestra isla para evitar que los hawaianos nativos vivieran en los arbustos". Ed mencionó algunos otros lugareños que hablaron con orgullo sobre su historia. Comentaron en particular sobre la ejecución del explorador británico Capitán James Cooke, quien realizó tres viajes a las islas de Hawái.

La historia enseña que los hawaianos creían que el Capitán Cooke había explotado a su gente. En respuesta, su tercer regreso se encontró con oposición. Los nativos hawaianos lo mataron el 14 de febrero de 1779. Ese sentimiento pareció trasladarse a los colonos blancos y se ha perpetuado a lo largo de los años. Aunque James Cooke fue su ejemplo principal sobre cómo se sentían los nativos acerca de los no isleños, todavía hay algunos nativos que tienen dificultades con los colonos del continente. Ed creía que se había ganado el respeto de los lugareños, de la misma manera que lo había hecho con Leo.

Ed mencionó vivir en una tienda de campaña por el resto de su tiempo en la isla. Estimando que Ed dejó Lahaina en la primavera de 2016 y pasó un par de meses en Kahului, habría aterrizado en Paia alrededor de agosto de 2016. Durante sus meses en Kahului, Ed acampó cerca de la biblioteca, pero cuando se mudó a Paia, comenzó acampando en la playa. Si bien Ed dijo que confiaba en los nativos de la isla con los que se había hecho amigo en Lahaina y Kahului, la población de la playa estaba compuesta por personas sin hogar del continente. Ed mencionó que le robaron en varias ocasiones. Es difícil cerrar una tienda de campaña. Tenía bicicleta, ropa, comida y otras pertenencias robadas por otras personas que vivían en la playa. Mencionó que regresó en una ocasión para descubrir que le habían robado toda su tienda.

Las personas sin hogar no tienen seguro de vivienda. Cuando pierdes tus cosas o te las roban, es definitivo. Aprender dónde acampar, dónde esconder tus cosas y en quién confiar es importante para sobrevivir en las calles. Nuestros equipos aprendieron esa misma lección en nuestros numerosos viajes a San Diego. El desarrollo de la inteligencia de la calle es fundamental.

Después de numerosos altercados y robos, Ed decidió trasladar su campamento a Baldwin Avenue. La mayoría de las personas sin hogar no deambulan por ese camino empinado. Ed residió en ese mismo lugar durante los tres veranos que visitamos Maui buscándolo. Como una forma de ganar algo de dinero, Ed consiguió un trabajo poco después de conocer a algunas personas en Paia. Su primer trabajo en la ciudad fue como lavaplatos en Flatbread Company. Había un gerente en Flatbreads llamado Nick que le dio un trabajo a Ed.

Si bien Nick fue responsable de contratarlo, Ed trabajaba bajo A.J., su supervisor. Ed no estaba seguro de que duraría mucho tiempo trabajando allí. Él dijo: "Yo era el único hombre blanco que trabajaba en esa cocina, todos los demás lavaplatos eran ciudadanos hawaianos. Después de conocerlos, todos nos llevamos bien". Nick entendió que Ed no tenía hogar y generosamente le ofreció comida en varias ocasiones. La esposa de Donnie también trabajaba en Flatbreads a tiempo parcial. El restaurante estaba situado a la vuelta de la esquina de Maui Cyclery.

Ed conoció a Donnie cuando se mudó a Paia en 2016. Donnie recordó haber conocido a Ed en San Diego en un momento en que Ed estaba haciendo ciclismo competitivo. Le dieron una calurosa bienvenida a Ed en la tienda de bicicletas de Donnie y le dieron un trabajo de medio tiempo. Le pagaban $5 por bicicleta para lavarlas después de que los arrendatarios las devolvían.

Ed desarrolló un ritmo de vida que disfrutaba en la isla. Aunque sus voces internas que lo perseguían estaban empeorando, continuó con su hábito de metanfetamina. La lucha de Ed para manejar las voces lo llevó a renunciar a su trabajo en Flatbreads. Él dijo: "Simplemente no pude mantener la calma". Donnie tenía paciencia con Ed, y cuando se desanimaba, Donnie le decía a Ed que se tomara un descanso. Hubo momentos en que Donnie decía: "Ed, necesito que des un paseo. Estás asustando a mis clientes".

Ed mencionó un día en particular cuando se despertó sintiéndose atormentado por las voces. Recordó haber ido en bicicleta a Kahului desde Paia para robar algo de alcohol de la tienda de comestibles Food Lion. En su camino de regreso a Paia, se pinchó una llanta. Ed encadenó su bicicleta a un árbol y comenzó a caminar de regreso hacia Paia. Continuó bebiendo mucho, con la esperanza de que la mezcla de alcohol y drogas silenciara las voces que lo acosaban. Dijo que bebió tanto que se desmayó durante buena parte del día.

Ed sintió que estaba perdiendo la cabeza y comenzó a desafiar a los autos en medio de la carretera. Saltó frente a algunos autos que viajaban a unas 40 millas por hora, desafiándolos a golpearlo. Ed comentó: "Sabía que, si uno me golpeaba de frente, silenciaría las voces". Fue ese mismo día que una trabajadora social llamada Ruth estaba detrás del volante de uno de esos autos. Como trabajadora social, sabía que algo andaba muy mal, así que se detuvo para tratar de convencer a Ed de que entrara en razón. Él le gritó, por lo que se dirigió de nuevo a su coche.

Vio a Ed saltar frente a otro automóvil que se aproximaba y cuando el vehículo frenó, Ed comenzó a golpear el capó. Su ira estaba fuera de control, al igual que su evidente desprecio por su vida. Ruth llamó a la policía y aparecieron poco tiempo después. Mientras tanto, Ruth vigilaba de cerca a Ed para proporcionarle a la policía un informe detallado. Su deseo era ayudarlo.

Esa situación se dio en junio de 2017, aproximadamente dos meses antes de que Sandra y yo viajáramos a Maui. Los policías llevaron a Ed a un hospital local, aunque le dieron la información de Ed a Ruth, en caso de que ella quisiera hacer un seguimiento. Investigó un poco en línea, que fue cuando descubrió la historia de ABC News San Diego sobre mi búsqueda de Ed. Encontró un número de teléfono de Google que había publicado y me llamó. Quería hacerme consciente de la presencia de Ed en Maui. Me dijo que había visto a Ed en una tienda de bicicletas local antes, lo que nos ayudó a Sandra y a mí a concentrarnos en nuestros esfuerzos de búsqueda en la isla. También mencionó el Centro de Vida Familiar en Kahului.

Mientras tanto, los policías llevaron a Ed al hospital de Maui. Ed recordó despertarse en su habitación del hospital e intentar recordar todo lo que había sucedido. Le faltaba un zapato y su camisa estaba rota. Trató de recordar dónde exactamente había guardado su bicicleta el día anterior. Alguien del departamento de salud mental le hizo a Ed una gran cantidad de preguntas, tratando de entender su ruptura con la realidad. Hizo todo lo posible para responder a sus preguntas y trató de reconstruir fragmentos del día anterior. Alguien del hospital lo llevó de regreso a su tienda en Baldwin Avenue. Encontró su bicicleta al día siguiente, encadenada donde la dejó.

Mientras Ed compartía conmigo, me di cuenta de que esto no era un hecho aislado. Durante mi segundo viaje a Maui en el verano de 2018, Eric y yo le mostramos una foto de Ed a nuestra camarera y le preguntamos si lo había visto. Ella comentó: "Sí, vi ese tipo hace una semana. Iba en su bicicleta y desafió a nuestro auto. Montó su bicicleta directamente hacia nosotros y si no nos hubiéramos desviado del camino, lo habríamos matado". Ella comentó: "Ese tipo tiene un deseo de muerte, parecía que quería que lo golpeáramos". Le conté a Ed sobre nuestra conversación con la camarera y me confesó: "Estuve luchando contra esas voces mentales de forma intermitente durante los tres años que viví solo. Aunque en realidad comenzaron en la primavera de 2014, cuando vivía solo en mi tienda en Hancock". Ese fue el momento en que Ed dejó de devolverme las llamadas telefónicas.

Le pregunté a Ed si pensaba que las voces estaban empeorando en el transcurso del año pasado y respondió: "Sí". Ed dijo: "Había una guerra interna en mi cabeza. Sentía como si mi mente fuera el campo de batalla donde los pensamientos del bien contra el mal compiten y desafían mi vida". Le pregunté a Ed: "Además de desafiar a los autos, ¿has intentado quitarte la vida en otras ocasiones?". Él respondió: "¡Seguro! La primera vez que hice un intento fue durante el verano justo antes de que mi mamá viniera a San Diego y me desalojaran. Había estado luchando contra las mismas voces y me cansé. Tomé una larga cadena de metal que tenía en mi tienda, la conecté a un collar de perro y me puse el collar alrededor del cuello. Luego caminé hacia el puente del ferrocarril no muy lejos de mi tienda. Subí al puente para quitarme la vida. Até la cadena al puente y estaba a punto de saltar cuando un hombre subió por el sendero de abajo con su perro. No quería traumatizar al tipo, así que regresé a mi tienda".

Ed continuó mencionando una ocasión más que tuvo lugar a finales de abril de 2020, unos dos meses antes de su accidente de bicicleta en Paia. Ed me dijo que trepó a un árbol de Banyan ubicado en el bosque no lejos de su campamento en Baldwin Avenue. Se estaba cansando de las voces en su mente, que se habían vuelto extremadamente negativas. Ed odiaba el hecho de que estuvieran constantemente arriba y abajo y quería acabar con ellas de una vez por todas. Ató una soga de verdugo en el extremo de un trozo de cuerda y la ciñó alrededor de su cuello. Ed ató el otro extremo de la cuerda a la rama en la que estaba sentado. Se sentó encaramado en el borde de la rama tratando decidir por donde saltar.

Ed confesó: "Supongo que estuve en esa rama durante al menos dos horas. Estaba pensando en suicidarme y escuché una voz que me decía que diera el salto. Al mismo tiempo, escuché otra voz animándome a no saltar. Cuando volví a bajar un par de horas más tarde, la única voz me acusó de ser un cobarde por bajar".

Fue difícil escuchar a mi amigo contar esas historias. Quería llorar y dije: "¡Ed, no eres un cobarde! Hiciste lo valiente al descender y enfrentarte a la vida, en lugar de acabar con ella". Agregué: "Necesitas aprender qué voces escuchar, el bien contra el mal. Cualquier voz que te diga que te quites la vida es obviamente mala, y escuchaste la voz correcta en ambos escenarios. Doy gracias a Dios que escuchaste esa voz y creo que los cientos de personas que han estado orando por ti durante los últimos seis años pueden ver una respuesta a sus oraciones. ¡Es un milagro que estés en casa con nosotros, vivo y bien!" Ed respondió: "Creo que tienes razón. Tenía curiosidad cuando me desperté en el hospital de Oahu después de mi accidente de bicicleta. Me preguntaba qué estaba pasando y por qué me habían trasladado de una isla a otra. Supongo que Dios me perdonó la vida más de una vez".

Estuve de acuerdo con Ed y creo que es un milagro que esté de vuelta en casa, capaz de funcionar en su sano juicio. Llamé a Donnie unas tres semanas después del regreso de Ed y le pregunté: "¿Cuál fue el período de tiempo más largo que viste a Ed actuando completamente normal durante los últimos tres años, mientras vivía en Paia?" Donnie respondió: "Hubo un tiempo en que Ed tuvo otro accidente grave de bicicleta. Mi esposa y yo lo ayudamos y él estaba muy agradecido. Actuó completamente normal durante unas ocho horas". Luego pregunté: "¿Entonces el hecho de que Ed esté actuando normal con todos nosotros durante tres semanas es un gran logro?" Donnie respondió: "¡Es un milagro!" ¡Y realmente lo creo!

Le pregunté a Ed qué pensaba sobre su situación y las circunstancias que llevaron a su regreso. Él respondió: "Dios definitivamente tiene algo que ver con esto y con mi historia". Luego le pregunté: "¿Crees que podrás mantenerte alejado de la metanfetamina e involucrarte en ayudar a los demás, como has querido hacer durante años?" Ed respondió: "¡Oh, sin duda, seguro!" Si Dios estuvo dispuesto a intervenir y ayudarnos a localizar a Ed, traerlo a casa y aclarar su mente, ¡ciertamente puede completar la restauración de Ed y ayudarlo a realizar sus sueños! Dios es un obrador de milagros y mi mejor amigo Ed es un ejemplo perfecto de ese hecho.

No hay humano en el planeta por el que valga la pena renunciar. Estoy convencido de que un buen pastor siempre está dispuesto a ir tras los perdidos, aunque la búsqueda nos ponga en peligro. ¡Las personas valen el riesgo! Al menos Dios cree eso. ¿Nosotros también lo creemos?

# Capítulo 27
## ¿99 por Qué?

Este viaje comenzó para mí en octubre de 2014, cuando Ed desapareció por primera vez. No tenía ni idea de los giros, vueltas y caídas que estarían asociados con mi decisión de embarcarme en esta aventura. Todo lo que sabía era que mi amigo no estaba y que, si hubiera sido yo, querría que alguien fuera a buscarme. ¿Cómo te sentirías si hubieras sido tú en las calles? No me detuve a considerar el peligro potencial o el costo de la decisión. Simplemente sentí que era lo correcto. Me inspiró la forma en que Jesús cuidó de los marginados de su época, y quería vivir la vida de manera similar. Cuando Jesús fue cuestionado sobre su decisión de asociarse con la chusma, no tuvo ningún problema en defender su elección o la de las personas que los líderes religiosos juzgaban duramente.

El concepto de dejar la comodidad para buscar a otro en peligro resonó dentro de mí al leer el capítulo 15 de Lucas. Por supuesto, imaginé que la oveja perdida era mi amigo Ed, y no tenía idea de que habría más ovejas que encontrarnos en el camino. La vida tiene una forma peculiar de ofrecer sorpresas cuando estamos dispuestos a correr riesgos en nombre de otra persona. No había garantía de que alguna vez localizaríamos a Ed o que él quisiera cambiar después de que lo encontráramos. Estoy convencido de que las mejores cosas de la vida llegan cuando somos persistentes. Es imperativo que no tiremos la toalla y renunciemos, especialmente cuando las circunstancias no se mueven en la dirección que deseamos. Podemos estar igualmente tentados a darnos por vencidos cuando los resultados deseados no se obtienen en el tiempo que esperamos que sucedan. La vida es desordenada y no se debe permitir que las circunstancias negativas socaven una decisión tomada para ayudar a otra persona.

No tengo idea, incluso hoy, si mi amigo Ed permanecerá libre de drogas, ni puedo controlarlo. Sin embargo, puedo amar a Ed y apoyarlo en su viaje. Si Ed se cae y usa metanfetamina nuevamente, no descalificaría el viaje y la inversión que hemos hecho en su vida. Imagina invertir solo en personas con las que puedas garantizar un resultado positivo. No hay humanos así. Todos los seres humanos, incluidos usted y yo, somos capaces de tomar buenas y malas decisiones en cualquier etapa de nuestra vida. Demostrar confianza en otra persona a la que otros se han dado por vencidos es algo poderoso y digno de correr el riesgo. No estoy seguro de si lo captó en el capítulo 26, pero cada vez que Ed contaba las historias de las personas que creían en él, se emocionaba. El poder de creer en cualquier individuo a quien otros hayan renunciado puede servir como catalizador para su cambio.

Si bien dejé la seguridad de los "99" por el "1" que imaginé que era Ed, nunca imaginé a todos los demás. Mi vida es mucho más rica por haber conocido a Paul, JD,

Donnie, el padre Joe Coffey, Kyle, Candace, Tom y muchos otros. Esa lista solo rasca la superficie de aquellos que conocí en nuestros viajes al oeste. Además de esas relaciones, he sido bendecido más allá de las palabras por los hombres y mujeres sacrificados que han estado dispuestos a acampar en las calles, caminar millas, pasar sin comer y arriesgarse a sufrir daño para unirse a mí en este viaje épico. Estoy increíblemente agradecido por Steve, Eric, Georgia, Brian, Sandra, AG, Maria, Kara, Laki, Peter, Betsy y aproximadamente otras 30 personas que estuvieron dispuestas a avanzar al frente y vivir en las trincheras conmigo. No cambiaría un solo viaje, ni pienso dejar de ir. Espero con ansias el día en que Ed esté lo suficientemente bien como para unirse a mí en un viaje por la calle para ayudar a los demás.

En algún momento del camino, mi viaje original de 99 por "1" se convirtió en 99 por "más". Como comentó una mujer en Facebook durante nuestra primera aventura sin hogar, "Todos los que conoces son el Ed de otra persona". Ese fue un tremendo consejo que nos ha servido mucho durante este viaje. Una bifurcación importante en el camino fue cuando decidimos regresar a San Diego después de darnos cuenta de que Ed estaba en Maui. Nuestra decisión de seguir amando a los demás en las calles de California hizo crecer nuestros corazones y llevó la misión en una dirección mucho más amplia. Nunca podría haber imaginado regresar a San Diego si hubiera sabido que Ed no estaba allí; sin embargo, Dios expandió mi corazón por aquellos que encontré en las calles mientras estuve allí.

Si bien aprendí mucho sobre las relaciones y la perseverancia durante los últimos seis años desde que comenzó esto, la importancia de la "presencia" también fue un factor importante. En otras palabras, ¿qué hubiera significado si mi búsqueda se hubiera limitado a la búsqueda por teléfono y en línea? ¿Qué tal si hubiera pagado a un investigador privado? En mi opinión, no hay sustituto para tu presencia con otra persona. Muchos padres trabajadores luchan por un equilibrio entre dedicar muchas horas para mantener a sus familias y estar realmente con sus hijos. Hay padres, que tienen un tiempo tan limitado con sus hijos, que buscan suplir la falta de presencia brindando regalos generosos y casas grandes. Al final, ¿qué significan los regalos si no hay presencia personal? No estoy tratando de alimentar un sentimiento de culpa en nadie. Sin embargo, el tiempo de calidad y la presencia personal marcan la diferencia a la hora de comunicar que realmente nos interesamos por otro.

De la misma manera que el loco Ted me desafió a vivir en las calles como una forma de encontrar a Ed, me desafió a hacer algo radical como una forma de entender el mundo en el que vivía mi amigo. El mejor maestro es la experiencia personal. Tal vez haya visto el programa de televisión "Undercover Boss" (Jefe Clandestino). Si bien el programa presenta a gerentes y propietarios de empresas que se infiltran para descubrir cómo funcionan realmente sus empleados detrás de escena, siempre hay una segunda revelación. En algún momento durante las horas de trabajo del gerente de alto nivel como trabajador de incógnito, generalmente ven a través de los ojos de sus empleados, que han sido desatendidos. Esa revelación a menudo tiene un impacto significativo entre el director ejecutivo de una empresa y sus empleados. El desafío de Ted para mí ciertamente proporcionó una educación sobre las personas sin hogar, además de lo que significaba cuidar de ellos. El principio de estar con personas a su nivel y caminar algunos kilómetros en sus zapatos es importante en las familias, los negocios y, ciertamente, cuando se trata de la amistad.

Como padre, líder, pastor y presidente de una organización sin fines de lucro, nunca quiero pedirle a alguien que haga algo que yo no estoy dispuesto a hacer. Sentí que el desafío de Ted de vivir en las calles fue para mí, fundamental para todo el viaje. Después de experimentar mi primera semana en las calles con Steve y Brian, invité a otros. Nadie respeta a un líder militar que envía sus tropas a la batalla, si él mismo no tiene cicatrices de batalla y experiencia previa en el campo. Creo que mi liderazgo en el campo importaba, especialmente cuando otros mostraban interés en unirse a mí.

Una vez que tuve algunos viajes en mi haber, comenzó a ocurrir algo extraño. Alguien se pondría en contacto conmigo y me diría algo como: "Conocí a una persona sin hogar el otro día en Washington, DC. ¿Te importaría si les doy tu número de teléfono ya que eres el experto con los vagabundos? De manera similar, cuando mi esposa Sandra y yo comenzamos a trabajar con musulmanes locales de Ghana, recibía llamadas de vez en cuando que decían: "Conocí a un musulmán local de África y escuché que usted y su esposa los invitan a casa para cenar, ¿te importaría invitarlos? En ambos casos, tendría la misma respuesta: "Si los conociste, entonces deberías invitarlos a tu casa a comer". ¿No sería bueno si pudiéramos simplemente delegar ciertas relaciones que nos hacen sentir incómodos a otras personas que están más familiarizadas con ese tipo particular de persona? Por supuesto, sería más fácil, pero no estaría bien.

Si tu hijo se perdiera en las calles, ¿te imaginas pedirle a otra persona que busque en tu lugar? Si fueras lo suficientemente joven y físicamente capaz, ¿no te gustaría ir? Creo que cuando Jesús ordenó a sus seguidores que amaran a Dios y amaran a los demás de la manera en que todo ser humano desea ser amado, en realidad lo dijo en serio. El mandato de amar a los demás como nos gustaría que nos amaran si los roles se invirtieran no es una responsabilidad que debemos delegar a otra persona. Crecemos en fe y carácter cuando aprendemos a amar a las personas que no son como nosotros, que no piensan como nosotros, que no creen como nosotros creemos. No podemos delegar el amor.

Creo que este viaje ha sido un desafío a lo largo de cada paso del proceso. La primera área de crecimiento requería que amara a Ed lo suficiente como para arriesgar mi propia salud y bienestar para ir tras él. Imagino ese paso como dejar la seguridad de los 99 por el 1. La segunda fase de este proceso, que facilitó el crecimiento, fue decidir amar a las personas más allá de mi amigo Ed. Tomar la decisión de regresar a las calles de San Diego y cuidar a otras personas además de Ed, amplió la visión original de "uno" a "más". Mientras buscábamos al "uno", llegamos a amar a las otras personas que conocimos en el proceso. Esa dinámica adicional resultó ser un tremendo beneficio, no una carga. Cualquiera puede amar a su amigo de la infancia, pero amar a un extraño en la calle requiere algo muy diferente. Necesitaba que me empujaran a dar ese paso y, en retrospectiva, estoy agradecido de haberlo hecho.

Por último, me refiero a la etapa final de la curva de aprendizaje que se produjo en el transcurso de esos años como "99 de por vida". Lo que quiero decir con eso es que la forma en que aprendimos a tratar a las personas en las calles no debe quedar relegada exclusivamente a las calles. Tampoco debe limitarse a dos viajes semanales en un año determinado. Era el mismo principio de aplicar la regla de oro a Ed que apliqué a mis amigos inmigrantes de Ghana. Simplemente hice la misma pregunta: "Si los roles se invirtieran, ¿cómo querría ser amado?" Si bien la respuesta a esa pregunta variará, la pregunta y el principio siguen siendo los mismos.

Cuando se trataba de Ed, razoné que nunca querría que me olvidaran. Cuando me puse en su lugar, supe que querría que alguien me buscara, así que lo hice. Cuando pregunté cómo me gustaría que me trataran si estuviera trabajando en un país extranjero, separado de mi familia, tuve una respuesta diferente. Pensé: "Si estuviera solo en un país extranjero, me gustaría ser incluido por otros y ser invitado". Esa línea de pensamiento llevó a nuestras noches y cenas de Ghana con nuestros nuevos amigos de nuestras tiendas locales de comestibles y otras. Mi vida es más rica como resultado de esas relaciones en ambos sentidos.

Otro aspecto de adoptar la forma de vida "99 de por vida", requiere que mantengamos esa perspectiva, a medida que avanzamos en nuestras rutinas diarias. Debe ser orgánico. Quiero decir que uno no necesita viajar a una tierra lejana para vivir la vida en misión. Si la misión incluye amar a Dios y amar a los demás, podemos hacer que eso sea parte de nuestro estilo de vida y carácter cotidianos sin importar dónde estemos.

Tengo algunos amigos que son ateos y me dicen que prefieren implementar el ejercicio de amar a los demás, pero se saltan el primer mandamiento de amar a Dios. Cómo un individuo elige amar y a quién elige amar depende de ese individuo. Para mí, a nivel personal, encuentro mi inspiración para amar a los demás de la manera en que creo que Dios me ama con sacrificio y sin condiciones. Sé que tengo muchos defectos y estoy lejos de ser perfecto y, sin embargo, Dios todavía me ama, con errores y todo. Lejos de mí poner límites y restricciones a quien amo en base a los errores de su pasado o de su presente.

No estoy seguro de ti, pero estoy motivado para cambiar cuando las personas que me rodean conocen las deficiencias de mi vida y, sin embargo, todavía creen en mí. Si nos hubiéramos embarcado en esta misión con restricciones sobre a quién amaríamos y serviríamos en función de sus elecciones, la búsqueda de Ed se habría detenido cuando descubrimos que era un adicto. La noticia entristeció mi corazón, pero nunca cejamos en nuestra búsqueda. Si amo a los demás de la forma en que quiero ser amado, entonces no me gustaría que me abandonaran cuando descubran mis faltas.

En consecuencia, así es precisamente como el Dios vivo nos ama a ti y a mí. Jesús demostró ese hecho a lo largo de su vida, pero un ejemplo especifico me impulsó en este viaje. Me inspiró la forma en que el defendió a la chusma y los marginados con los que se juntaba en Lucas capítulo 15, versículo uno. Quiero ser más así, aunque los líderes religiosos u otros me juzguen por la compañía que tengo. Si esa es la forma en que Jesús amó, entonces puedo aprender de su ejemplo.

Mientras escribo este capítulo final, he estado planeando un viaje misionero con Ed para trabajar con huérfanos en Perú. Cuando le pregunté a Ed sobre sus esperanzas y sueños futuros, respondió: "Quiero ayudar a otros que están en problemas, de la misma manera que Dios puso a las personas en mi camino para ayudarme". Reconoció a muchas personas que conoció a lo largo de su lucha, como enviados por Dios para guiarlo y protegerlo. Agregó: "Will, creo que nunca culmine mis intentos de suicidio porque Dios me estaba protegiendo y escuchó las oraciones de todos". Está agradecido de estar vivo y bien, y expresa su deseo todos los días de mantenerse libre de drogas.

Cuando le pregunté a Ed cuánto tiempo planea servir en Perú, respondió: "Mientras me permitan quedarme". Le hice saber que una persona sin visa puede permanecer tres meses en el orfanato. Ed agregó: "¡Entonces son tres meses!". Estaba nervioso por su respuesta, preguntándome quién podría quedarse con Ed para servir durante tres meses. Después de orar al respecto, decidí preguntarle a Paul Arnold qué pensaba sobre la solicitud de Ed. Paul pasó algún tiempo pensando y orando sobre la idea y me llamó al día siguiente. Él dijo: "Después de orar por Ed y Perú, he decidido que quiero ir y servir junto a él durante los tres meses". Estamos planeando comenzar ese viaje a fines de enero de 2021, si las fronteras están abiertas a los EE. UU. y se levantan las restricciones de COVID-19. Imagínese eso, nuestros dos amigos sin hogar de San Diego y Maui, sirviendo a los huérfanos lado a lado en Perú. ¡Es increíble!

*(De izquierda a derecha: Paul Arnold y Ed Pelzner)*

Justo cuando Ed se acercaba a los 100 días de sobriedad de las drogas, me hizo una pregunta inesperada. "Oye, Will, ¿te importaría si me hago un tatuaje a juego con el 99 por 1 que tienes en el brazo derecho?". Él razonó: "Tiene sentido, ya que soy el '1' que buscaste". Le respondí: "No me importaría en absoluto, Ed, de hecho, me sentiría halagado". Y así, localizamos a un tatuador local, y Ed agregó a su tinta.

La visión de valorar a los que se pierden, dejando el conforte para buscarlos, es siempre una causa digna. Veo ese recordatorio todos los días en mi brazo derecho. Al darme cuenta de que probablemente me encontraré con una persona que se siente perdida y necesitada de amor en un día determinado, considero un privilegio cuando encuentro esas oportunidades dentro de mi rutina de vida normal. "99 por Vida" implica que considero lo que significa amar a los que están en mi camino de la forma en que me gustaría ser amado si estuviera en su lugar. Ahora Ed tiene el mismo recordatorio diario en su brazo. ¿Y si todos viviéramos así, sin el tatuaje como recordatorio? No podemos hacer que los líderes mundiales o gubernamentales nos obliguen a hacer tal ejercicio, y tampoco podemos delegar esa responsabilidad. Sin embargo, podemos decidir vivir de esa manera. Imagínate si lo hiciéramos. ¿Y usted?

*(Ed y Will mostrando sus tatuajes: "99 por 1")*

# Acerca del Autor

**Will Cravens** *es presidente y fundador de 99 for 1, Inc. y Endurance Leadership, Inc.; ambas organizaciones sin fines de lucro que buscan humanizar a las personas sin hogar y formar líderes que comparten el deseo de cambiar el mundo para mejor. Él y su esposa Sandra ayudan a coordinar y liderar viajes que cambian la vida alrededor del mundo a través de las organizaciones.*

*Will es un comunicador profesional que habla regularmente para empresas, conferencias, iglesias y otras organizaciones. Para programar una conferencia, comuníquese con 99 for 1 en: Will@99for1.org*

*Twitter: @wcravens*
*Facebook: will.cravens1*
*Sitio web de viajes: enduranceleadership.org*
*#99for1*
*Facebook: 99-For-1*